中国佛教史

任继愈 主编

第一卷

中国社会科学出版社

图书在版编目（CIP）数据

中国佛教史（第一卷）/任继愈主编．—北京：中国社会科学
出版社，1985.6（2024.12重印）

ISBN 978 - 7 - 5004 - 0178 - 0

Ⅰ.①中…　Ⅱ.①任…　Ⅲ.①佛教史—中国　Ⅳ.①B949.2

中国版本图书馆 CIP 数据核字（2009）第 009008 号

出 版 人	赵剑英	
责任编辑	黄燕生	
责任校对	张　维	
责任印制	戴　宽	

出　　版	中国社会科学出版社	
社　　址	北京鼓楼西大街甲 158 号	
邮　　编	100720	
网　　址	http://www.csspw.cn	
发 行 部	010 - 84083685	
门 市 部	010 - 84029450	
经　　销	新华书店及其他书店	

印刷装订	北京君升印刷有限公司	
版　　次	1985 年 6 月第 1 版	
印　　次	2024 年 12 月第 10 次印刷	

开　　本	880×1230　1/32	
印　　张	19.75	
插　　页	2	
字　　数	370 千字	
定　　价	38.00 元	

本卷执笔人： 任继愈　杜继文　杨曾文

目　　录

序

佛教的创始人是悉达多（Siddhārtha），族姓为乔达摩（Gautama），中国古译为瞿昙，相传为净饭王太子，生于迦毗罗卫（Kapilavastu），该地现在尼泊尔王国境内。他一生传教活动在印度北部、中部恒河流域一带。释迦牟尼（Śākyamuni）是佛教徒对他的尊称。关于他的生卒年，根据文献史料的推断，约生于公元前565年，死于公元前490—前480年之间，略早于中国孔子（孔子的生卒年为公元前551—前479年)[①]。

佛教在印度开始传播时期，正是印度奴隶社会比较发达的时期。印度封建化的过程历时较长，大约从公元前一世纪到公元后六世纪，印度的封建经济才逐渐巩固下来。进入封建社会后，印度奴隶制残余曾延续了很长时期。早期佛教是为当时的印度奴隶主阶级服务的，后期的佛教大乘则为封建地主阶级服务。

佛教开始传播于尼泊尔、印度、巴基斯坦一带，以后

[①] 参看汤用彤《印度哲学史略》，中华书局1960年版，第59页。

南到斯里兰卡、印度支那半岛，北到中亚细亚，随着中国与中亚各国经济、文化的交流，佛教于两汉之际传入中国，在中国的社会历史条件下，开始生根、发展，成为中国封建社会上层建筑的组成部分。

佛教在中国的传播和发展，经历了近两千年的漫长的岁月，它在中国封建社会各阶层中曾起过广泛影响。自从它传入中国那一天起，一直是适应当时封建地主阶级的需要来宣传解释其宗教学说的。不少中外学者认为中国的佛教背离了印度佛教原旨，使印度佛教走了样。这种看法不是没有一定的道理，但这种看法是不太妥当的。

思想意识是一定社会的产物，各种社会有它的成长和衰落的过程。印度佛教也有它生长和衰落的过程，总在不停顿地发展、变化着。印度的佛教，不但在一两千年间有很大的变化，即使拿佛陀一生的宗教活动来说，据后人的研究，他早期传教和后期传教，其侧重点也不同。究竟什么是佛教的原样？佛陀死后约百年左右时间，佛教徒中间对教义教规的理解已发生了严重的分歧，形成上座部、大众部两大部派；随后，这两部派又不断发生分化，形成了十八部（或二十部）。接着又出现了佛教大乘教派。大乘教派中先有龙树、提婆倡导的中观学派，后来又有无著、世亲倡导的唯识学派。大乘自称得到佛陀的"了义"，而小乘许多学派并不服输，与大乘并存，各立门户，都继续流传。由此可见，在印度事实上并不存在一个标准的佛教样板。如果要把印度佛教的各种教派分化、兴衰变迁的道理讲清楚，就不能只在佛教内部去寻找佛教变迁的原因，而应当从印度的社会历史中去寻找佛教兴衰变迁的原因。这属于另外的题目，不属于中国佛教史的范围。我们的任务是考察中国佛教的历史，揭示出它的发展变化的规律，从而有助于加深认识东汉以后中国的古代封建文化，更好地认识中国的哲学史、文学史以及整个历史。

社会实践表明，一切事物都在发展变化，古人所信奉的"天不变，道亦不变"的观点只能表达取得政权的地主阶级的主观愿望。哲学和宗教看起来高入云霄，好像不食人间烟火，实际上它们仍然是一定的社会的经济生活和政治生活的反映，只是有时是直接的反映，有时是间接的反映，有时是曲折的反映罢了。社会经济生活和政治生活总在不断地发展变化，从而反映经济生活和政治生活的哲学、宗教也相应地改变。我们应当通过考察佛教在中国这块土地上初传、滋长、兴盛、衰微的全部过程，从中找出规律性的东西。

封建社会与近代社会不同，敬天法古，几乎是一切封建社会的共同信条。哲学有许多学派，宗教有许多教派，往往打出不同标志的旗帜以广招徕。但旗帜并不真正代表它的实质。以人们所熟悉的中国儒家为例。从春秋时期儒家创立，经过汉代的儒，宋明的儒，一直到清末"五四"以前的"孔家店"，大家习惯于把孔子所创立的儒家看作一个一成不变，影响中国文化历史达两千年之久的学派。其实汉代所信奉的儒学已经不是孔、孟、荀为代表的儒学。汉代的儒把燕、齐方士推演阴阳五行、占星变、言灾异、信祯祥、迎神送鬼、求雨止雨那一套都算作儒家的内容。这是儒、道（道术、道

3

士）合流的儒。宋代程朱理学自命为得到尧舜禹相传的十六字真传①，自称为洙泗正宗。其实宋儒是以孔子为招牌，大量吸收了佛教和道教宗教世界观和宗教修养方法。如提倡涵养静坐，以观喜怒哀乐未发气象，致力于"天理人欲之辨"、要人们"存天理、去人欲"。"存天理、去人欲"不是一个哲学问题，而是一个神学问题，是教人如何消灭罪恶，拯救灵魂，进入天国（理想的精神境界）的问题。近代的康有为也曾抬出孔子的招牌，托古改制。中国历代儒家各派都自称自己的教派得到了教主的真传。中国佛教史的发展，也表明各个时代的佛教学派、学说与释迦的关系甚少，而与它所处的社会制度、阶级利益的关系甚深。"我们不把世俗问题化为神学问题，我们要把神学问题化为世俗问题"。② 这是我们研究各种宗教史的态度，也是我们研究佛教史的方法。

东汉时中国人知道西方有佛，一般是通过西方僧人的翻译介绍的。隋唐以后，由于译述介绍的佛教经典的增多，逐渐有了中国人自己的著述，其中包括对佛经的注解和阐明佛教的专著。今存的汉译佛教经典，绝大部分是在东汉到唐中期（前后历时约八百年）这一段时期翻译过来的。唐以后，也有些零星译述，约五百卷左右，其内容多为旧译佛经的补充，且多为零星小品，在社会上起的影响也不大。唐以后，还有大量的佛经译为西藏文字被保存下来，

---

① "人心惟危，道心惟微，惟精惟一，允执厥中。"（《尚书·大禹谟》）
② 《马克思恩格斯全集》第1卷，人民出版社1956年版，第425页。

这也是我国佛典文献中一大财富。藏文佛经中，大部分是译自梵文，也有一小部分是由汉译转译成藏文的。可见，西藏地区自古与中原地区文化交流频繁。

东汉及三国时期汉译佛经都是由来自天竺、大月氏、安息、康居等地以及我国西部地区的僧人介绍过来的。当时所根据是天竺文字还是西域文字，现在还不甚清楚，其中可能有不少是西域当地的语言。到南北朝时，中国人讲到佛教的翻译时还常说"译胡为秦"（秦指苻秦、姚秦）。现存的《四十二章经》，据说为摄摩腾译，从内容看可能是《阿含经》中的某些章节的节译或编译，但今天已难以确指它是《阿含经》中的哪些章节了。"译所不解，则阙不传，故有脱失，多不出者"①。译者不懂的就不译，其中阙失是不可避免的。何况，在佛教传入初期为传教需要只选译某佛经的一部分也是十分自然的。事实上，即使译者自以为懂得的，其译文也未必符合佛书的原意，因为当时的佛教信徒，都是用当时当地的中国流行的宗教观念和文化思想来认识佛教的。一种新的宗教思想信仰，传到一个陌生的民族中间，并要求取得当地的群众的信任，不是一件容易的事。传教者要善于迎合当地群众的思想和要求，并且采取一些办法以满足他们的要求。理论在一个民族中实现的程度，决定于理论满足于这个民族的需要的程度。

东汉继承了西汉以来的宗教神学目的论的传统，谶纬

---

① 《法句经序》，《出三藏记集》卷七。

迷信比西汉更盛行，经王莽、刘秀的利用和提倡，已遍及朝野。东汉社会上流行的宗教迷信有占星、望气、风角、卜筮等。《后汉书·方术列传》序说：

> 汉自武帝颇好方术，天下怀协道艺之士，莫不负策抵掌，顺风而届焉。后王莽矫用符命，及光武尤信谶言，士之赴趣时宜者，皆骋驰穿凿，争谈之也。

在两汉当时迷信盛行的风气下，佛教也被中国人看成社会上迷信宗教的一种，这完全是可以理解的。袁宏《后汉纪》说：

> 沙门者，汉言息心，盖息意去欲，而欲归于无为也。

旧译"涅槃"为"无为"，汉人所理解的佛教，是黄老之术的佛教。汉代神仙方术，往往通过符咒、治病、占星、禳灾、祈福，预言祸福来吸引信徒群众。汉代佛教徒也往往迎合当时社会上神仙方术之士、道士们的传教手法，也兼用占验、预卜吉凶、看病等方术以接近群众。据佛教史籍记载，东来的有名的高僧，都会一些方术。如安世高，"博学多识，综贯神模，七正①盈缩，风气吉凶，山崩地动，针脉诸术，观色知病，鸟兽鸣啼，无音不照"②。《高僧传》也说安世高通晓"外国典籍及七曜五行，医方异术"。汉末三国时，康僧会"明解三藏，博览六经，天文图纬，多所综涉"③。昙柯迦罗"善学

---

① 七正，即七政，日月五星运行有规律，可用运算推知其变化。
② 《安般守意经序》，《出三藏记集》卷六。
③ 《高僧传》卷一。

四韦陀，风云星宿，图谶运变，莫不该综"①。此外，后来的外国僧人求那跋陀罗，"天文书算，医方咒术，靡不该博"②。求那毗地"明阴阳，占时验事，征兆非一"③。佛教传入中国所以能被接受，首先不一定是他们那一套"安般守意"的禅法及般若学，看来他们的方术更能吸引一部分群众。

《后汉书·乌桓传》："……使〔犬〕护死者神灵归赤山……如中国死者魂归岱山也。"《水经注·汶水注》引《开山图》曰："太山在左，亢父在右，亢父主生，梁父主死。"因此，三国时汉译佛经，有把"地狱"译为"太山"的。可见汉代人对佛教的态度，不论在理论方面还是在传教僧人的行动方面，都是以对待中国神仙方术、道教的眼光去迎接这一外来宗教的。神仙方士、道士的迷信宣传，很适合中国封建贵族们希望长生不死，永远过着他们剥削享乐生活的贪愚妄想。佛教的教义本来和这种中国方术道士的一套很不接近，但事实上，中国人当时的确把佛教理解为方术的一种。甚至佛教徒和道教徒名称也很接近。道教徒称为道士，佛教徒称为"道人"，这个称谓直到东晋南北朝时还流行。④

佛教传入中国的初期，为了在中国站住脚，先要与中

---

① 《高僧传》卷一。

② 《高僧传》卷三。

③ 同上。

④ "愍度道人始欲渡江，与一伧道人为侣"（《世说新语·假谲篇》）。当时僧人自称"贫道"。僧人支孝龙多游朱门，时人讥之，支孝龙答曰："君见其为朱门，贫道如游蓬户。"

国本土的宗教迷信特别是道教相融合，中国人也用看待道教的眼光来看待佛教，所以当时的人称赞佛教的主张是：

> 浮屠者，佛也，西域天竺有佛道焉。佛者，汉言觉，其数以修慈心为主，不杀生，专务清净。其精者号沙门。沙门者，汉言息心，盖息意去欲，而欲归于无为也。又以人死精神不灭，随复受形，生时所行善恶，皆有报应，所贵行善修道，以炼精神而不已，以至无为而得为佛也。佛身长一丈六尺，黄金色，项中佩日月光，变化无方，无所不入，故能通百物而大济群生。……有经数十万，以虚无为宗，包罗精粗，无所不统，善为宏阔胜大之言，所求在一体之内，而所明在视听之外，世俗之人以为虚诞，然归于玄微深远，难得而测。故王公大人，观死生报应之际，莫不瞿然自失。（袁宏《后汉纪》卷十）

东汉社会上一般人所理解的佛教，有神通，项中佩日月光，变化无方，无所不入，这是中国所熟悉的"神人"、"至人"；"专务清净，息意去欲而欲归于无为"，这是中国的黄老之学和原始道教的口号。

汉末、三国，社会上一般人心目中的佛教，不过如此。虽然佛教的教义在当时已有较系统的介绍，但还不能说在社会上已有广泛的影响。在中国哲学家及其思想文献中，如当时的嵇康、阮籍、王弼、何晏，以及西晋的其他重要思想家的文字及著作中，都尚未发现有受过佛教明显影响的迹象。相反，倒是从早期佛典译文中可以见到佛教迁就中原道教的迹象。这一时期的佛教虽说佛、道融合，实际上是佛教融于道教，佛教迎合了道教。南朝慧皎在评论三国魏地佛教时认为很不符合佛教的规矩：

> 魏境虽有佛法，而道风讹替，亦有众僧未禀皈戒，正以剪落殊俗耳。设复斋忏，事法祠祀[①]。

用后来的僧众的清规戒律来衡量汉的僧人，当然认为不合佛教的标准，所以说"道风讹替"。其实佛教当时的面貌就是那个样子，和道教徒的修行方式相近，不能算"讹替"。当时"设复斋忏，事法祠祀"，倒是完全真实的，因为当时的中国人士理解的佛教确是祠祀的一种，是用来祈福的。

中国佛教史的发展，主要是在中国封建社会的前期汉唐和封建社会的后期宋元明清历史时期进行的。因此，中国佛教历史与中国封建社会的经济发展、政治斗争的关系至为密切。中国封建社会历时甚久，佛教传入的时间，当在西汉末年、东汉初年，当时封建豪强地主当权，以后的察举制度为豪强地主相互援引，相互勾结，形成盘根错节的封建贵族世代拥有特权的权势集团。它是后来魏晋南北朝门阀士族地主阶级的前身，佛教传入时，所依靠的社会力量是汉代的皇室及贵族上层。东汉桓帝延熹九年（公元166年）襄楷上书说：

> 又闻宫中立黄老浮屠之祠，此道清虚，贵尚无为，

---

① 《昙柯迦罗传》，《高僧传》卷一。

好生恶杀，省欲去奢。

在宫廷帝王及贵族们的特权垄断之下，神仙长生，祠祀求福，也是一种奢侈的精神享受特权，一般老百姓办不到。三国时，佛教传播得更为广泛，一般广大群众只是被作为特权贵族施舍的对象才接触到它。如《三国志》卷四十九《吴志·刘繇传》记载：

> 笮融，丹阳人……大起浮屠祠，以铜为人，黄金涂身……下为重楼阁道，可容三千余人，悉课读佛经，令界内及旁郡人有好佛道者听受道，复其他役，以招致之，由此远近前后至者五千余人户。每浴佛，多设酒饭，布席于路，经数十里，民人来观及就食且万人，费以巨亿计。

像笮融这样的贪残的官吏，信佛是为了他个人祈福，下令他管辖下的老百姓，凡信佛诵经的，免其徭役，还多设酒饭，招引来观者及就食者。可见这一带地方已有不少信徒，佛教的影响逐渐扩大。自然也有些群众虽未必真心信佛，只是为了逃避繁重的徭役，才来为他诵经拜佛的。

中国哲学史，以魏晋南北朝作为一个历史断代来划分，因为这一时期的封建社会有它的某些特点，和它以前以后的封建社会都不相同。佛教史接触涉及的问题和中国哲学史有许多共同或相关的地方，因而对佛教史的分期和我们编写的中国哲学史的分期力求一致。哲学史、佛教史所讲的内容分属两个领域，但它们都是从不同的角度反映同一个中国社会。其中也有许多共同相关的问题。我们撰写的佛教史与中国哲学史相互呼应，此略则彼详，此详则彼略，以期相互配合，避免重复。

由于佛教资料丰富，而建国三十年来，还没有一部中国佛教的通史，我们这部佛教史力求取材广泛，叙述详尽。佛教经典有些特殊名词、概念，为一般古籍所罕见，佛经翻译的文体也别具一格，不易为一般读者所理解，我们力求用现代科学的语言，把它的本来的意义介绍给读者，并提出我们自己的看法，给以评论。中国佛教史以东汉到三国为第一卷。晋、南北朝的佛教内容丰富，印度各派佛教已基本介绍到中国来，并在中国已有所滋长发展，拟把这个时期分为上、下两卷。

隋唐时期，是中国封建社会第二次大一统王朝的重建，国力强盛，文化繁荣，在当时对世界文化有过积极贡献。佛教在这样的社会历史条件下，由南北朝时期的滋长发展到盛大，形成了具有国际影响的许多宗派。对这一时期，我们也拟分为上、下两卷来论述。

宋元明清，是中国封建社会的后期，由于社会政治条件的改变，中国的封建主义从思想意识的各方面都在加强，中央集权的统治也更趋强化。经过隋唐时期三教鼎立，走向宋明以后的三教会同，形成了以儒家为中心的儒教。佛、道两教形式上走向衰微，而实际上佛、道两教的宗教精神已渗透到儒教内部。儒教之成为宗教，多得力于佛、道两教为其支柱，而在两教中，佛教则起着主要的作用。从唐中期历宋元明清，我们还要论述西藏佛教，因为它也是中国佛教史的一部分，而且有它的特色和意义。宋元明清这一时期，也拟分上、下两卷来论述。

清末民初，中国封建社会解体，中国沦为半殖民地半封建的社会。反映中国封建社会的意识形态也起了相应的变化。这一时期的佛教在社会上仍有相当影响，某些佛教宗派又有所抬头，但这时西方现代思潮涌进中国，佛教所服务的对象及其社会作用也与古代佛教有所不同，它是欧亚现代思潮汇合时期的佛教。我们拟把这个时期单独作为一卷，其时间段限于中华人民共和国成立以前。

佛教全书总称三藏。三藏浩如烟海，按内容来说，大致可分为四类：

第一类，关于佛教基本知识入门的书，如名词概念的解释，不论大乘小乘，只要是佛教徒都要具备的佛教常识，即古人所说的事数，如"五蕴"、"四谛"、"十二缘生"等，属于"佛教手册"之类的。

第二类，关于佛教戒律，这是用来维持僧众集体生活规范的。

第三类，关于佛的传记、故事的宣传，对佛教信徒来说，是用来坚定佛教徒的信念，树立榜样以资遵循，也是为了普及。

第四类，关于佛教宗教理论方面的，其中包括宗教修养方法。

前两类多属于佛教徒内部学习的经典，对社会影响不很大。第三类，既是对佛教徒内部的宣传材料，也是面向社会的。第四类影响所及，不限于佛教徒内部，它与当时的主要社会思潮相激荡、交融，息息相关，思想、文学、艺术、哲学，往往与佛经中的这一类著作发生多种联系。因此，本书的重点放在佛教的哲学思想的介绍与批判方面。佛教为了达到宗教宣传的目的，曾充分利用文学、艺术、音乐、壁画与雕塑等各种形式，对中国文化艺术产生过巨大影响。这方面论述也是本书南北朝、隋唐各卷的一个重点。随着佛教在中国的传播，因明学也曾为中国学者所关注，特别在西藏地区有所发展，由于长期缺乏整理，这一部分学问行将湮没，本书在隋唐部分也将给以介绍和评论。既然是中国佛教史，我们还要结合中国社会的特点，对寺院经济的形成及其作用，对佛教寺院组织也给以适当的论述。

佛经翻译先后历千年之久，由分散到有组织有计划，其分工合作的制度并取得的有成效的经验，今天仍有参考价值，本书也将在隋唐时期列为专章给以介绍。

佛教在中国的传播和发展，与中国的社会经济、政治情况是不可分的；同时也应看到，中国封建社会经济结构和政治结构有它的特殊性，以封建宗法制度为核心，宣扬三纲五常的封建专制主义统治了中国两千多年，而支持这一社会制度的主要思想支柱，是儒家和后来转化而成的儒教。佛教对中国的纲常名教起着夹辅作用，在思想方面它是为封建统治者征服人心的一个方面军，但不是主力军。只是在局部地区，如解放前的西藏，它取得过政教合一的绝对统治地位。在广大汉族地区，它和统治者配合得很好，虽也有时遭到过打击，随即又受到重视。中国佛教的命运与中国封建地主阶级的命运共休戚，相终始。如果只看到佛教的活动，而没看到佛教是在一种什么样的更大范围的社会历史背景之下所起的作用，那就会对中国佛教的历史地位和影响难以做出适当的评价。

我们这本书，从佛教开始传入，就把它放在中国本土传统文化的附属地位。东汉三国时期的佛教，属于佛、道融合时期，它依附于方术、道士；晋、南北朝时期的佛教，属于佛、玄融合时期，它依附于玄学，并在依附的情形下逐渐得到滋长。隋唐时期佛教势力比过去有了更大的增长，寺院经济力量也逐渐雄厚，建立宗派，完成体系，并向国际化方向发展，属于三教鼎立时期，它虽然势力比过去盛大，也只是三教（儒释道）中之一支，并未能凌驾于儒教之上。进入封建社会后期的宋元明清时代，随着封建社会的停滞和衰退，佛教势力已趋于衰微。此时儒教已形成，并包容了佛教中对当时封建地主阶级有用的东西。佛教是依靠中国封建地主阶级的成长而起家的，也随着封建地主的没落而没落。对佛教有所偏爱的人们，虽惋惜它的衰败，却不能挽救它的衰颓。一种社会有兴衰，伴随着某种社会的一些宗教也有兴衰，我们不信佛教经典中所说的有什么"末法时期"，我们只相信社会历史发展规律；这个规律对任何伟大人物、伟大历史事件都是无情的，它是不可改变的。

宗教的存在除了思想认识的原因外，还有其阶级土壤和社会土壤。只要有阶级、有贫富、有压迫，人们不能自己掌握自己命运，就为宗教提供了存在的条件。即使社会制度改变了，旧社会遗留下来的旧思想作为一种社会现象，它不会很快在生活中消逝，看不到它存在的顽固性和相当大的社会影响，也是不对的。

从事中国佛教史的研究工作，前辈学者作过不少努力，也有很大的贡献，如杨仁山、蒋维乔、黄忏华、欧阳竟无、梁启超诸人都有过开创性的功劳。稍后，如吕澂、熊十力、汤用彤、陈寅恪、陈垣诸先生的著作，为研究佛教史及佛教思想提供了极为重要的思想资料和发展线索，特别是汤用彤、陈寅恪先生对佛教史研究的贡献，至今仍为国内外学者所称道和尊重。

事物是发展的，社会在前进，人类的智慧也随着社会历史的前进而前进。1949年共和国成立后，中华书局要重印汤用彤先生的《两汉魏晋南北朝佛教史》，汤先生很不满意他的旧作，多次和我谈起，要我协助他重新写一部中国佛教史。只是多年来，政治运动接连不断，广大知识分子不遑宁处，这个愿望竟未能实现。这十几年我国已有一些断代史的研究和作为文化史的部分的较详尽的关于佛教史的论著，这是可喜的现象。但这些著作毕竟不能代替中国佛教通史。值得庆幸的是我经过浩劫，终于走上了光明大道，中国佛教史的研究也获得新的生机。我们自知才力和学识有限，要写出有高度科学水平的中国佛教史还有不少困难有待于克服，但是我们有机会见到前人所没有见过的材料；我们有可能吸收近年国际学者研究的新成果；我们比前人更幸运，因为我们开始运用辩证唯物主义和历史唯物主义这个最新最犀利的工具来解剖佛教史，有了这个工具，就可以透过历史的迷雾，比前人看到更多的历史真相。历史发展总有它的前因后果，但因果之间的联系，有时是内在的必然的，有时是表面的偶然的，各种社会现象纷纭复杂，弄不好很容易使人上当受骗。历史上重要的人物对历史的发展往往起着关键性的作用，这是古今历史学家都注意到的。但个人与社会的关系，个人在社会中的地位，以及个人最终被时代和阶级关系所制约，这样一条真理，只有马克思主义才能给人以正确的答案，而这一条也正是我们的前辈学者所不能认识的。

今人叙述古人，往往有两种毛病，一是站在古人的立场来重述古人的话头，所谓以经解经。这种转手贩运的办法，看起来没有走样，却并不能真正把古人的精神表达出来，使今人看不懂；一是任意发挥，或者把古人所没有的思想说成古已有之，也有人用现代西洋哲学某一学派来比附。这样做，看起来条理清晰，可是由于发挥过多，把不属于古人的思想说成古人的思想，缺少科学性。用这两种办法研究历史都是有害的。如何用科学的语言，把佛教思想中不科学的、但又结构严密的宗教哲学体系讲清楚，这是一个很艰巨的任务，我们力图使我们所介绍的佛教思想尽可能准确、可信，符合历史实际。

我们不信仰佛教，也不认为佛教所宣传的是真理。但是我们认为佛教的产生和发展，有它的社会根源，思想根源。它的产生和发展不是偶然的，而是必然的。它所指出的解脱道路是假的，它所反映的当时的社会苦难却是真的。这就要求我们对它认真对待，不能掉以轻心。几千年来的广大佛教信奉者是受害者。他们信仰虔诚，态度严肃，真心相信佛教可以帮助摆脱现实苦难。他们的行为虽不足效法，但他们成为宗教的俘虏是值得同情的，放在一定的社会历史条件来看待这一现象，是完全可以理解的。我们也还要指出宣传佛教的人们中间确有一些利用佛教作为工具谋取私利的，历代封建统治者确曾利用佛教麻痹人民的反抗意志。看不到这一点，也是不对的。因此，我们只讲清楚道理，对佛教作为宗教，我们批判的锋芒所向是佛教的宗教世界观，而不是当前信奉佛教的群众；揭露的是佛教麻痹人民的宗教本质，而不是针对虔诚的善男信女。这样既尊重曾经存在的历史事实，也尊重千百万宗教信徒的宗教感情。不必讳言，马克思主义的世界观与宗教的世界观是根本对立的，但宗教信仰是个人的自由，我们反对任何人把自己的观点强加于人。信宗教有自由，不信宗教也有自由。宗教问题是可以讨论的，而且也应该讨论的。我们对佛教史上的许多理论问题，采取说理的态度，以理服人。

佛教属于唯心主义宗教体系，它通过唯心主义的理论的论证，把人们引进信仰主义的大门。它的逻辑分析、心理分析相当细致，辩证法思想也相当丰富。佛教哲学比起欧洲中世纪的神学和中国的封建主义哲学都更精密。正是由于佛教的输入，才使得中国的宋明理学改变了它的面貌，完整地构造了儒教的思想体系。也正是由于佛教的传播，才使得中国的道教在某些方面吸收了佛教的内容，形成了佛教道教交互影响的局面。中国佛教是在中国发展成长的，它已成为中国的传统思想的组成部分。它的哲学的解答虽然是错误的，但是它提出了问题，迫使人们进一步寻求正确的答案，它对我国文化有过积极作用。

伴随着佛教的宗教活动，同时丰富了我国的音乐、舞蹈、绘画、建筑、文学等各个领域。伴随着佛教的传播，推进了我国与邻国的文化交流，加深了相互间的友谊与了解。如果我们善于总结历史经验，不仅对古代历史研究有意义，对今后的国际文化发展也有积极意义。

最后应当说明，马克思主义的历史唯物主义的原理虽只有简单的几条，但如何正确运用于研究中国佛教史，却是一个艰难的有待于通过科研实践不断解决的问题。就我们来说还是刚刚开始摸索经验，理论水平确实不高，缺点错误一定不少，深望读者指正，以便今后改进。

本书第一卷的执笔者（按姓氏笔画为序）有任继愈、杜继文、杨曾文同志，刘苏同志担任抄写及校对工作。为了便于读者了解印度佛教的基本情况，特将黄心川同志的《印度佛教哲学》附录于后。

任继愈

1980 年于北京

第 一 章

佛教传入以前，秦汉时期中国社会上流行的宗教迷信和方术①

佛教在两汉之际传入的时候，中国封建社会还处在发展的早期阶段。中国封建社会的经济政治和文化在当时世界上居于发达的先进的地位，中国已形成中华民族的宗教和哲学理论。在社会上占统治地位的宗教是对于天帝和祖先神的崇拜和信仰，并且已拥有系统的唯心主义神学理论，与此相应，有各种各样的方术流行。春秋战国时期，地主阶级为了建立封建新制度也曾提出过唯物主义的哲学理论，但在它夺取全国政权以后，逐渐采取唯心主义哲学作为自己的思想武器，这种哲学一般带有一定的宗教信仰主义色彩。佛教传入中国，在它向社会广泛传播的过程中，不能不受到传统的宗教和哲学的制约和影响。实际上，佛教作

---

① 哲学思想对佛教思想影响很大，本书不能详细阐述，可参看我们编写的《中国哲学史》秦汉部分有关章节。

为一种外来宗教之所以能在中国扎下根来，并且发展成为中国的民族宗教，成为中国封建上层建筑的一个组成部分，正是因为佛教迎合了中国封建社会的需要，适应或吸取了中国传统宗教和哲学的某些特点。

第一节　五行、五德、五帝

至上神天帝的观念形成很早，殷周以来认为天帝（或称帝、上帝）是自然界和人类社会的最高主宰，而最高统治者国王自称是天帝在人世间的代表，是接受"天命"行施统治人民的权力的。天帝观念在不同历史时期有一些不同表现。秦汉时期曾盛行的"五帝"崇拜，也是这种天帝观念的表现形式。"五帝"观念在先秦已开始形成，它与阴阳五行学说是密切相关的。

战国时期，随着各诸侯国经济生产、交换的发展和各国间兼并战争的进行，逐渐出现全国统一的趋势。在这种情况下，各派学者编著种种哲学、政治学说，以供封建统治者采纳。其中，阴阳五行学说曾对秦汉时期的宗教和哲学发生重大影响。

按照《荀子·非十二子篇》的说法，这一学说的最早创立者是子思及其门徒孟子。荀子批评他们说："略法先王而不知其统，犹然而材剧志大，闻见杂博，案往旧造说，谓之'五行'。甚僻违而无类，幽隐而无说，闭约而无解……"孟子也提出"五百年必有王者兴，其间必有名世者"(《孟子·公孙丑下》)的历史循环论的观点。仅根据这一段话，还不足以断定孟子是主张五行相克，搭配"五方"、"五帝"的五行学派。因此有人怀疑这一段话不一定指的是孟子。我们认为阴阳五行学说实际是由比孟子稍后的邹衍（公元前305—前240年）完成的，并且通过他的活动广泛地传播到北方各诸侯国。

邹衍是齐国人，史书记载：

> 自邹衍与齐之稷下先生，如淳于髡、慎到、环渊、接子、田骈、邹奭之徒，各著书言治乱之事，以干世主，岂可胜道哉？……邹衍之术，迂大而宏辩……故齐人颂曰：谈天衍……（《史记·孟子荀卿列传》）

> 邹衍之所言，五德终始，天地广大，书言天事，故曰谈天。（《史记集解》引刘向《别录》）

关于邹衍的著作，《汉书·艺文志》所录《邹子》四十九篇和《邹子终始》五十六篇皆已佚失。《史记·孟子荀卿列传》说：

> 邹衍睹有国者益淫侈，不能尚德，若《大雅》整之于身，施及黎庶矣。乃深观阴阳消息，而作怪迂之变，《终始》《大圣》之篇十余万言。其语闳大不经，必先验小物，推而大之，至于无垠。先序今，以上至黄帝，学者所共术，大并世盛衰，因载其祥度制，推而远之，至天地未生，窈冥不可考而原也。先列中国名山大川、通谷、禽兽、水土所殖，物类所珍，因而推之，及海外人之所不能睹。称引天地剖判

3

以来，五德转移，治各有宜，而符应若兹……

邹衍还认为中国为"赤县神州"，内有九州，中国之外，还有如赤县神州者九大州，周围有大海环绕。

> 然要其归，必止乎仁义节俭，君臣上下六亲之施，始也滥耳。（《史记·孟子荀卿列传》）

邹衍"称引天地剖判以来，五德转移，治各有宜，而符应若兹"以及"因载其机祥度制，推而远之"等，可以说都是在运用和发挥天人感应和循环论思想。

邹衍讲的"五德"，即《尚书·洪范》中讲的水、火、木、金、土五种物质，也称为"五行"。《洪范》虽称是来自"上帝"传授（"天乃锡禹洪范九畴"〔五行乃九畴之一〕），但认为五行是构成世界万物的最基本的物质因素。邹衍对《洪范》的五行说进行唯心主义的改造，并加上天人感应和天道循环论的观点，创立了"五德终始"说。《吕氏春秋》有这样一段记载：

> 凡帝王者之将兴也，天必先见祥乎下民。黄帝之时，天先见大螾大蝼。黄帝曰：土气胜。土气胜，故其色尚黄，其事则土。及禹之时，天先见草木，秋冬不杀。禹曰：木气胜。木气胜，故其色尚青，其事则木。及汤之时，天先见金刃生于水。汤曰：金气胜。金气胜，故其色尚白，其事则金。及文王之时，天先见火，赤乌衔丹书，集于周社。文王曰：火气胜。火气胜，故其色尚赤，其事则火。代火者必将水，天且先见水气胜。水气胜，故其色尚黑，尚黑其事则

水。水气至而不知数，备将徙于土。（《名类》）

邹衍所说的"五行终始"，主要是说五行相胜的循环过程，即木胜土、金胜木、火胜金、水胜火、土胜水……而人类历史就是按照五行相胜的次序分为五个大的环节的无限循环的过程；历史上帝王政权的交替就是按照五行相胜的公式进行的。战国后期一些封建诸侯都希望上天按照"五德终始"的循环次序使他得到新的机会，像过去的圣王一样建立统一的王朝。《史记·孟子荀卿列传》载：

> 邹子重于齐。适梁，惠王郊迎，执宾主之礼。适赵，平原君侧行撇席。如燕，昭王拥彗先驱，请列弟子之座而受业，筑碣石宫，身亲往师之。

可见，邹衍的学说在战国末年北方各国受到的重视。

《吕氏春秋·十二纪》以当时的天文历法学说与阴阳五行思想相比附，认为春夏秋冬和东西南北的方位都与阴阳五行有关。如：

> 〔春〕其日甲乙（甲乙，木日也——东汉高诱注，下同），其帝太皞（伏羲氏以木德王天下之号，死祀于东方，为木德之帝），其神句芒（少皞氏之裔……木德之帝，死为木官之神），其虫鳞（鱼属也，龙为之长），其音角（角，木也，位于东方）……其数八（五行数五，木第三，故数八）①……

---

① 《尚书·洪范》五行的次序是水、火、木、金、土。五行的五与其中某一行排列次序之和，即为该行之数。即水六、火七、木八、金九、土十。

5

〔夏〕其日丙丁（火日也），其帝炎帝（少典之子，姓姜氏，以火德王天下，是为炎帝，号曰神农；死托祀于南方，为火德之帝），其神祝融（颛顼氏后……为高辛氏火正，死为火官之神），其虫羽（羽虫，凤为之长），其音徵（徵，火也，位在南方）……其数七（五行数五，火第二，故曰七）……

〔秋〕其日庚辛（金日也），其帝少皞（帝喾之子……以金德王，号为金天氏，死配金，为西方金德之帝），其神蓐收（少皞氏裔，有金德，死托祀为金神），其虫毛（毛虫之属，虎为之长），其音商（商，金也，其位在西方）……其数九（五行数五，金第四，故曰九）……

〔冬〕其日壬癸（水日也），其帝颛顼（黄帝之孙……以水德王天下，号汤氏，死祀为北方水德之帝），其神玄冥（官也，少皞氏之子，曰循，为玄冥师，死祀为水神），其虫介（介，甲也——引者按，指龟类动物），其音羽（羽，水也，位在北方）……其数六（五行数五，水第一，故曰六也）……

当时的阴阳五行学说与殷周以来的天帝崇拜是结合在一起的。在关于天的神化方面，除了一般所说的"天"、"上帝"以外，还认为在天的四方有四个帝，这四个帝原来都是人间的"圣王"，都曾以五行的某一"行"（"德"）作为天命所归的标志进行统治，死后则成为主管四方、四时和五行之神。即：东方天帝太皞，属木，主春，因为木青色，故亦称青帝；南方天帝炎帝，属火，主夏，因火赤色，故亦称赤帝；西方天帝少皞，属金，因金白色，故亦称白帝；北方天帝颛顼，属水，主冬，因水黑色，故亦称黑帝。如果再加上得"土德"的黄帝，则正好有五帝。

早在春秋以前，五帝之说已有所流传，秦国曾利用它来为自己称雄四方制造舆论。《史记·封禅书》说，秦襄公（前777年为侯）"居西垂，自以为主少皞之神，作西畤（畤，祭坛），祠白帝"；秦宣公（前675年即位）时，"作密畤于渭南，祭青帝"。进入战国以后，这种思想有所发展。秦灵公（前424年即位）"作吴阳上畤，祭黄帝；作下畤，祭炎帝"；秦献公（前384年即位）听说栎阳雨金，"自以为得金瑞，故作畦畤栎阳，雨祀白帝"。战国末年吕不韦（？—前235年）修《吕氏春秋》，即吸收了当时五德终始的宗教思想。

第二节　秦汉王朝的"五帝"、"太一"的崇拜和祠祀

"五帝"崇拜和祠祀

在秦始皇建立统一的封建专制主义中央集权的过程中，曾利用阴阳五行学说为自己服务，论证秦王朝统治的合法性和神圣性。史载：

> 自齐威、宣之时，邹子之徒，论著终始五德之运，及秦帝而齐人奏之，故始皇采用之。……邹衍以阴阳主运显于诸侯，而燕齐海上之方士传其术不能通，然则怪迂阿谀苟合之徒自此兴，不可胜数也。（《史记·封禅书》）

> 秦始皇既并天下而帝，或曰："黄帝得土德，黄龙地螾见。夏得木德，青龙止于郊，草木畅茂。殷得金德，银自山

溢。周得火德，有赤乌之符。今秦变周，水德之时。昔秦文公出猎，获黑龙，此水德之瑞。"于是秦更命河曰"德水"，以冬十月为年首，色上黑，度六为名，音上大吕，事统上法。（《史记·封禅书》）

按照阴阳五行学说，水在季节上属冬，颜色是黑色，五德循环的位数是六，在音律上属阴，水阴主刑杀；因此，秦得水德，就应以冬十月为岁首，崇尚黑色（衣服、旌旗为黑色），以六为度量单位（如符是六寸，步为六尺之类），以大吕（大吕为阴律之始）为正音，以法为施政准则。秦始皇就是这样做的。

秦始皇认为自己的统治得到上天的委命，因而很重视祭祀上帝。他即皇帝位三年（前219年），即率领齐、鲁儒生博士七十余人到泰山去封禅，并刻石歌功颂德。所谓"封"，即在泰山顶上筑坛祭祀天帝；"禅"是在泰山下的梁父山上祭地神（"地主"）。此外，秦始皇仍按时祭祠青、黄、赤、白四帝，还祭祀"八神"，即：天主、地主、兵主（祠蚩尤）、阴主（祠传说的蓬莱、方丈、瀛洲"三神山"）、阳主（祠之罘山）、月主（祠莱山）、日主（祠盛山）、四时主（祠琅邪），等等。

秦汉之际，五德终始学说在社会上有很大影响，以至于汉高祖刘邦起兵反秦时，也要借助这类神话故事来争取人们的支持。《汉书·高帝纪》载，刘邦担任亭长押送刑徒赴骊山途中，放走刑徒，带其中壮士十余人逃亡，

夜经泽中，令一人行前。行前者还报曰："前有大蛇当

径，愿还。"高祖醉，曰："壮士行，何畏！"乃前，拔剑斩蛇。……后人来至蛇所，有一老妪夜哭。人问妪何哭，妪曰："人杀吾子……吾子，白帝子也；化为蛇，当道，今者赤帝子斩之，故哭。"人乃以妪为不诚，欲苦之，妪因忽不见。后人至……告高祖，高祖乃心独喜，自负。诸从者日益畏之。

这当是刘邦周围的人编造的故事。编造者显然不认为秦王朝得水德，而认为秦如统一全国之前一样仍是得金德（秦襄公祠白帝；秦献公以为得金瑞，祠白帝），因为火胜金，刘邦灭秦当得火德，所以称赤帝子杀白帝子。因此，刘邦称汉王后虽以十月为岁首，但崇尚赤色。不过，看来汉高祖本人对此并无定见。《汉书·高帝纪》还说：

> 二年（前205年），东击项籍而还入关，问："故秦时上帝祠何帝也？"对曰："四帝，有白、青、黄、赤帝之祠。"高祖曰："吾闻天有五帝，而有四，何也？"莫知其说。于是高祖曰："吾知之矣，乃待我而具五也。"乃立黑帝祠，命曰北畤。有司进祠，上不亲往，悉召故秦祝官，复置太祝、太宰，如其故仪礼。因令县为公社。下诏曰：吾甚重祠而敬祭。今上帝之祭及山川诸神当祠者，各以其时礼祠之如故。

汉高祖立黑帝祠，大概是认为直接代替周朝（火德）而得水德的缘故。西汉的统治者虽然也利用早已流行的五德终始的宗教学说为自己改朝换代寻找理论根据，但是许多制造理论的学者们长期没有形成一致的意见。到文帝时，有人上书说汉承秦后，当为土德（土胜水），应改正朔，服色

9

尚黄。"时丞相张苍好律历，以为汉乃水德之时，河决金隄，其符也。"（《汉书·郊祀志》）提出反对的意见。此后朝廷虽认为汉得土德，但并没有进行相应的改制。直到汉武帝太初元年（前104年）才正式按土德改制：定历法，以正月为岁首①，崇尚黄色，数用五，定官名，协音律。

秦在雍地立四畤祠四帝，汉高祖又增立北畤祠黑帝。汉初几个皇帝对这五帝的祭祀十分重视，其祭祀礼仪与秦相似。汉文帝另在长安西北的渭阳立五帝庙，祭祀五帝。

所谓"五帝"说本来是国家分裂的产物。商、西周国家统一，只有"天"、"上帝"，而没有各据一方的五帝。东周以后，随着诸侯割据称雄局面的发展，才逐渐形成五帝说。秦据西方，为表明自己受天命，自称得"金瑞"，注重祠白帝；后来也祠青、赤、黄帝，这大概与它企图统一全国的政治野心有关。汉建国后增祠黑帝，以受水德自命；后来虽认为直接承周而得土德，却没有因此而特别重视黄帝，也许当时国家已经统一，并不需要强调五帝各自的方位，而是采取一律尊奉的态度。皇帝的"郊祀"，就是祭这五帝。但汉代对五帝的看法已有新的发展，其中对"黄帝"特别指出是"制四方"的。《淮南子·天文训》在介绍"五星"时对"五帝"有个概括说法：

---

① 以正月（建寅）为岁首，实际不是按五德说改正朔的，而是按汉时流行的"三统"说改的。按照这种说法，夏为黑统，商为白统，周为赤统，历史永远按黑、白、赤三统循环。汉继周，自然应为黑统，行夏历，以正月为岁首。参见董仲舒《春秋繁露·三代改制质文》。

> 东方，木也，其帝太皞，其佐句芒，执规而治春，其神
> 为岁星（木星），其兽苍龙，其音角，其日甲乙。南方，火
> 也，其帝炎帝，其佐朱明，执衡而治夏，其神为荧惑（火
> 星），其兽朱鸟，其音徵，其日丙丁。中央，土也，其帝黄
> 帝，其佐后土，执绳而制四方，其神为镇星（土星），其兽
> 黄龙，其音宫，其日戊己。西方，金也，其帝少皞，其佐蓐
> 收，执矩而治秋，其神为太白（金星），其兽白虎，其音商，
> 其日庚辛。北方，水也，其帝颛顼，其佐玄冥，执权而治
> 冬，其神为辰星（水星），其兽玄武，其音羽，其日壬癸。

五帝既是各据一方的帝，也是金木水火土五大行星的主宰
者。在它们之上，需要一个更高的统一的天帝，这就是汉
武帝提倡奉祀的"太一"神。

象征大一统的"太一"神

汉初经过长期发展生产和削弱诸侯王势力、巩固中央集权
的斗争，到汉武帝时已出现封建大一统的政治局面。汉武帝虽
仍继续祭祠五帝，但已不以此为满足，元光二年（前133年），

> 亳人谬忌奏祠太一方，曰："天神贵者太一，太一佐曰
> 五帝。古者天子以春秋祭太一东南郊……"于是天子令太祝
> 立其祠长安东南郊，常奉祠如忌方。（《史记·封禅书》）

这里明确指出五帝只是"太一"神之"佐"，可见，"太一"
是至上神。《史记·天官书》说太一帝常住在紫微垣的天极
星（北极星）上。元鼎元年（前113年）汾阴某巫挖掘出一

个古鼎，有司奏称是黄帝的宝鼎，它的出土是当今皇帝受天命的祥瑞。方士公孙卿趁机伪造"鼎书"上奏武帝，说："黄帝得宝鼎宛胊，问于鬼臾区。鬼臾区对曰：'帝得宝鼎神策，是岁己酉朔旦冬至，得天之纪，终而复始。'于是黄帝迎日推策，后率二十岁复朔旦冬至，凡二十推，三百八十年，黄帝仙登于天。"并说，武帝得宝鼎，其冬是"辛巳朔旦冬至"，将与黄帝一样登天而成仙。武帝为此非常高兴，令祠官在甘泉设太一祭坛（泰畤），坛分三层，五帝坛各按方位环居下面，其中黄帝坛位于西南方。坛下还开设八条"鬼道"。祭祠仪式和供物与祭祠雍地五帝畤相似。主持太一祭典的祝宰穿紫色绣衣，祭五帝的各穿如五帝所具之色的衣服。第二年汉武帝以祭天礼仪亲自来太一坛祭祠，

> 其赞飨曰："天始以宝鼎神策授皇帝，朔而又朔，终而复始，皇帝敬拜见焉。"（《汉书·郊祀志》）

从元封元年（前110年）开始，武帝还带人几次到泰山举行隆重的封禅仪式，所采用的也是"如郊祠太一之礼"。在泰山的一次祭祠中，武帝的赞飨辞曰：

> 天增授皇帝泰元神策，周而复始，皇帝敬拜太一。（《汉书·郊祀志》）

汉武帝时的太一就是统辖其他五帝的至上神。这种情况的出现，是封建专制主义中央集权进一步巩固和国家大一统局面在宗教领域的反映；也可以说，"太一"正是汉武帝在天上的影子。

除"太一"之外，汉武帝还祭祀其他种种神祇，如在汾阴设坛祭祀与天帝对应的"后土"（地神），还祭祀日、月、星、山川之神和皇室祖先等等。

在汉武帝以后，汉王朝的祭祀制度没有发生根本的变化，直到东汉时期也大致如此；只是太一已经取得统一的上帝的地位，而没有必要称为"太一"了。

古代人们认为人死后灵魂是不灭的，这个不灭的灵魂，也就是鬼。

> 大凡生于天地之间者皆曰命，其万物死皆曰折，人死曰鬼。此五代之所不变也。（《礼记·祭法》）
>
> 众生必死，死必归土，此之谓鬼。（《礼记·祭义》）

人们对死者进行墓葬和按时进行祭祀，就是为了使死者的灵魂得到安定的归宿，在阴间世界的生活得到保障。

神和鬼没有严格的界限。一般人死后被称为鬼，而一些原始公社制社会的著名部落首领和在历史上有过重大贡献的人物，因为受到人民的爱戴和拥护，死后往往被尊为神。例如我国古代传说中的三皇：伏羲、神农、女娲；五帝：黄帝、帝喾、颛顼、尧、舜，原来都是某一部落或部落联盟的首领，因为生前给人民带来这样或那样的利益，死后被人尊为神。一些有重大发明的人，例如周人的祖先后稷传说教人稼穑，死后被奉为稷神；共工氏之子后土，善治水，死后被奉为社神。夏、商、周的统治者为了表明自己受天命，为真命天子，也竭力抬高其祖先的地位，把他们的祖先说成是在天帝周围的神，与天帝共同享受他们的祭祀，这叫作"配天"。古籍记载：

> 夏后氏亦禘黄帝而郊鲧，祖颛顼而宗禹；殷人禘喾而郊冥，祖契而宗汤；周人禘喾而郊稷，祖文王而宗武王。（《礼记·祭法》）

> 昔者周公郊祀后稷以配天，宗祀文王于明堂以配上帝。（《孝经·圣治章》）

这里提到的"禘"，是指祭天（从郑玄注）。

汉朝皇帝为祈求神灵的保佑，除了天帝、五帝以外，对山川之神要祭祀，对祖先要祭祀，对古代的圣人也要祭祀，如《后汉书·桓帝纪》：

> 桓帝延熹八年（165 年）正月，遣中常侍左绾之苦县，祠老子……十一月使中常侍管霸之苦县祠老子。（《后汉纪》分别作"正月"、"十二月"）

《水经注·涡水注》：

> 涡水又北经老子庙东，庙前有二碑，在南门外。汉桓帝遣中官管霸祠老子，命陈相边韶撰文……

民间的祠祀也很普遍，只是不像帝王贵族那样排场阔气。

第三节　鬼神观念

在佛教传入中国以前，中国史书上关于鬼的描述是各种各样的，基本上可分为以下几种类型：

（一）感恩报答者

《左传·宣公十五年》记载，魏武子有爱妾无子，武子有病，命其子魏颗说："一定要把她嫁出去！"在病危时又嘱咐说，"一定要把她杀死为我殉葬！"武子死，魏颗把此女嫁了出去。他说："父亲病危时精神错乱，我按他精神清醒时的嘱咐办事。"后来魏颗带兵与秦国军队作战，见一个老头用草绳把秦将杜回绊倒，他顺势把杜回俘虏。晚上，他梦见老头对他说："我就是你嫁出去那个女人的父亲，你按照你父亲清醒时的遗命办事，我因此报答你。"这就是有名的成语"结草还报"的由来。

（二）报怨复仇者。这类传说最多，兹仅举几例

《国语·周语》（参见三国韦昭注引《周春秋》）记载，周宣王无罪而杀杜伯，后三年，宣王会诸侯，杜伯（鬼）射杀宣王。

《左传·庄公八年》载，齐襄公使彭生杀死鲁桓公，后又借故杀死彭生。他在姑棼地方打猎，看见一头大猪，从者喊："这是公子彭生！"襄公用箭射猪，猪站起来吼叫，把襄公吓得掉在车底下。

《左传·僖公十年》载，晋惠公改葬被献公害死的太子申生，大臣狐突到曲沃，遇见申生（鬼）对他说："夷吾（惠公）无礼（指他占有父妾），我请示上帝了，要把晋国

送给秦，让秦人祭我。"狐突求他不要这样，说："神不接受不是本族人的祭祀，人民也不祭祀不是本族的神，那么，你的祭祀怎么能得到保证呢？况且老百姓又有什么罪，也使他们亡国绝祀。希望你好好考虑一下。"申生同意了他的看法，表示要向上帝再请示一下。后来，申生通过巫者转告狐突说："上帝许我惩罚罪人了，他将死于韩国。"

直到东汉时，还有这一类传说。《后汉书·王忳传》载，有一个女子与其丈夫赴任，经一亭止宿，被亭长害死。后来这个女子的鬼魂在亭内为怪，连杀许多过客。王忳经过此处，夜里遇见此鬼，问何故杀人。"对曰：妾不得白日自诉，每夜陈冤，客辄眠不应，不胜感恚，故杀之。"王忳答应为她平冤，此鬼"解衣于地，忽然不见"。

（三）通过方术召唤死者魂魄

《史记·封禅书》载，汉武帝时，齐方士少翁"以鬼神方见上"。武帝宠爱的王夫人死，少翁在夜里用方术致王夫人鬼魂来让武帝见。

《后汉书·刘根传》载，颍川太守史祈以方士刘根"妖妄"而把他逮捕，问他："汝有何术而诬惑百姓？若果有神，可显一验事，不尔，立死矣！"刘根回答说："实无他异，颇能令人见鬼耳。"在史祈的催促之下，刘根"左顾而啸"；一会儿工夫，史祈的"亡父祖近亲数十人皆反缚在前，向根叩头曰：'小儿无状，分当万坐'。顾而叱祈曰：'汝为子孙，不能有益先人，而反累辱亡灵，可叩头为吾陈谢'。"史祈急忙上前求请谢罪,刘根不加理睬,与鬼魂忽然不见。

从上述例子可以看出,当时的人们虽然认为鬼是阴间世界能独立活动的生命实体,但他们的容貌、性情与生前是一样的;他们也常常出入于阴阳两界,并且常在生前所在的地方活动;他们能够依据生前的个人遭遇而采取报恩或复仇的活动;他们的最高主宰者也是上帝。这种鬼魂观念与印度佛教讲到的鬼魂观念是不一样的。印度佛教讲的鬼与活人之间不发生直接关系。当然,在佛教传入中国之后,也逐渐地吸收中国的鬼神的观念。

此外,一些史书还记载人与神之间也是没有严格的界限的,认为人可以与神发生神秘的交感而生圣人。例如,传说伏羲氏之母华胥"履大人迹于雷泽而生包牺氏(伏羲氏)于成纪,蛇身人首"(司马贞《三皇本纪》);神农氏(炎帝)之母女登"感神龙而生炎帝,人身牛首"(《三皇本纪》);汉高祖刘邦,据传也是其母刘媪与神龙交感而生。"刘媪尝息大泽之陂,梦与神通,是时雷电晦暝,太公往视,则见蛟龙于其上,已而有身,遂产高祖"(《史记·高祖本纪》)。

中国古代也有灵魂与天帝交往的思想。如《史记·赵世家》载,秦穆公大病七日而醒,说:"我之帝所甚乐,吾所以久者,适有学也。帝告我:'晋国将有大乱,五世不安……'"臣下把这些话记下来,即为"秦谶"。赵简子大病七日而醒,说:"我之帝所甚乐,与百神游于钧天,广乐九奏万舞,不类三代之乐,其声动人心……帝告我:'晋国且世衰,七世而亡……'"臣下也记下来以备后查。这里提到的"帝所",可以说就是天堂。但当时的人们认为,到"帝所"者只有王侯贵族才行,也没有讲善恶因果关系。这与其他宗教讲的天堂(佛教称为"天"、"净土")是有区别的。

中国还有一种精灵投胎的迷信思想,但没有具备印度系统地宣传轮回转世的因果报应的思想。例如,《左传·宣公三年》载,郑文公的姜燕姑梦"天使"送给她兰花,说:"我是伯鯈,是你的祖先,把这棵兰花送你为子,因为兰花很香,人们都喜欢它。"此后生子即起名叫作"兰",此即继文公的穆公。这个神话是说郑穆公是从兰花转生的。

第四节　方士和神仙

战国时期出现一种神仙家学派。《汉书·艺文志》说:

> 神仙者,所以保性命之真,而游求于外者也。聊以荡意平心,同死生之域,而无怵惕于胸中……

其所录神仙家的书目许多都冠以"黄帝"、"太一"名称,大概是直接继承道家。与邹衍创立阴阳五行学说同时的神仙家有宋毋忌、正伯侨、充尚、羡门高,都是燕人。他们"为方仙道,形解销化,依于鬼神之事"(《史记·封禅书》)。从现存资料来看,《庄子》书中已有不少神仙家思想。

《庄子》把一些掌握"道"的至高原则的理想人物称为"真人"、"至人"、"神人"、"圣人",说他们可以不食人间烟火，凌空飞行，长生不老，过着愉快的生活。例如〈逍遥游〉说到列御寇乘风飞行，轻飘飘地周游天下，十五天往返一次。又说比他更有能耐的"至人"、"神人"、"圣人"，能连风也不凭借，"乘天地之正，而御六气之辩，以游无穷"。此篇还说在藐姑射山有神人，"不食五谷，吸风饮露，乘云气，御飞龙，而游乎四海之外"。〈大宗师〉说，"真人""登高不栗，入水不濡，入火不热"，"其寝不梦，其觉无忧，其食不甘，其息深深；真人之息以踵，众人之息以喉"。这些思想直接被神仙家吸收。

秦汉时期的神仙家也被人称为方士，认为他们掌有一种可以与鬼神往来的方术。秦始皇时的徐市、韩终、侯公、石生、卢生，汉武帝时的李少君、栾大等，都宣称在勃海湾中有蓬莱、方丈、瀛洲三座神山，上面住着神仙。那里的宫殿是用黄金白银建成的，禽兽全是白色的。未到此处时，望之如云，等到了跟前，三神山忽然到了水下。如果坐着船去，风就会把船刮跑。总之，那里是难以到达的。据称，此处的神仙，著名的有羡门、高誓、安期生等，他们保存有长生不老之药。卢生曾对秦始皇说："真人者，入水不濡，入火不热，凌云气，与天地久长。"这与《庄子》的说法几乎完全一样。

这种神仙思想与传统的上帝鬼神观念不完全相同。传统的以上帝为首的诸神一般都是自然界和人类社会的某一方面的主宰者。方士们讲的神仙却是在世外洞天清闲安逸、逍遥自在的，虽不轻易和人往来，但据称可与方士往来。

如果有人按照方士的指导认真修炼，据称可以成仙。封建统治者希求永远享受荣华富贵，对神仙家的宣传十分有兴趣。战国时齐威王、齐宣王和燕昭王都曾派人入海求三神山，找长生不老药。后来，秦汉统治者为了追求长生不老，也曾花大量金钱派人求仙寻药。

秦始皇二十八年（前219年），齐方士徐市上书言海中三神山事，始皇派他带童男女数千人入海求仙人；三十二年（前215年），又派燕方士卢生入海去找仙人羡门、高誓；派韩终、侯公、石生去寻找仙人不死之药；三十五年，卢生对始皇说：

> 臣等求芝、奇药、仙者，常弗遇，类物有害之者。方中，人主时以微行以避恶鬼，恶鬼避，真人至。人主所居而人臣知之，则害于神。真人者，入水不濡……。今上治天下，未能恬惔。愿上所居宫毋令人知，然后不死之药殆可得也。（《史记·秦始皇本纪》）

于是，秦始皇不再称“朕”，而自称“真人”，此后行动诡秘，不使人知，也很少接近大臣。卢生、侯公因对秦始皇的专制统治不满，不愿为他去求仙寻药而逃跑了。秦始皇为此大怒，说：

> 吾前收天下书，不中用者尽去之，悉召文学方术士甚众，欲以兴太平，方士欲练以求奇药。今闻韩众去不报，徐市等费以万计，终不得药，徒奸利相告以闻。卢生等吾尊赐之甚厚，今乃诽谤我，以重吾不德也……（《史记·秦始皇

下令御史拷问在咸阳的儒生方士，坑死其中四百六十人。

秦始皇三十七年（前210年），徐市因数年没有求得神药，怕受到惩罚，诈称："蓬莱药可得，然常为大鲛鱼所苦，故不得志，愿请善射与俱，见则以连弩射之。"始皇信以为真，令以后出海求仙者要带捕巨鱼器具。秦始皇本人也一再巡游各地，登山入海，希望遇仙得到长生不老药。

汉朝初年，政府因为忙于恢复发展生产和巩固政权，对鬼神祭祀还无力大事铺张。到汉武帝时，国力强盛，大力利用和发展宗教，祭太一神，封禅，祭山川，改正朔等等。汉武帝为了长寿不老，也任用许多方士，叫他们去求仙寻药。

李少君称自己有祠灶、谷道（也称"辟谷"，不吃五谷）、却老的秘方，受到武帝的崇信。他自称七十岁，能役使鬼神，长生不老。对武帝说：

> 祠灶皆可致物（物，指鬼神），致物而丹沙可化为黄金，黄金成以为饮食器则益寿，益寿而海中蓬莱仙者乃可见，见之以封禅则不死，黄帝是也。臣尝游海上，见安期生，安期生食巨枣，大如瓜。安期生仙者，通蓬莱中，合则见人，不合则隐。（《史记·封禅书》）

武帝听了很高兴，亲自祠灶，派方士入海求蓬莱神仙，并且着手炼丹砂药物，希望变出黄金来。后来李少君病死，汉武帝还以为他没有死，是"化去"的，让另外方士继续干下去。此后，许多燕齐方士来向武帝讲神仙方术的事情。

元光二年（前133年）亳人谬忌奏祭祀太一神的方术，被武帝采纳。元狩二年（前121年）齐方士少翁以致鬼神的方术被武帝崇信，拜他为"文成将军"。少翁说："上即欲与神通，宫室被服非象神，神物不至。"于是做了许多画上云气的车，按五行相克的顺序择日驾车，说是可以避恶鬼。又建甘泉宫，中筑台室，画天地太一诸鬼神，置祭具，说可以迎天神，但神总也没见到来。少翁想摆脱困境，自写帛书喂在牛肚子里，说："此牛腹中有奇!"杀牛得帛书，没想到武帝认得是他的笔迹，就把他杀了。

但武帝并不死心。元鼎四年（前113年），有人上书推荐胶东方士栾大，说他曾与少翁同师。栾大好说大话，对武帝说：

> 臣常往来海中，见安期、羡门之属，顾以臣为贱，不信臣……臣之师曰："黄金可成，而河决可塞，不死之药可得，仙人可致也。"然臣恐效文成（少翁），则方士皆掩口，恶敢言方哉!（《史记·封禅书》）

武帝为鼓励栾大，推诿说：少翁是误吃马肝死的，你如果能按他那套去做，我没有什么可吝啬的。栾大提出条件说，希望给他高贵的地位，佩上印信，这样才可与神相见。他并且当场为武帝表演了一套小魔术，使棋子互相碰撞。当时武帝正为黄河决口和黄金没有铸成而烦恼，对栾大寄予很大希望，立即拜栾大为"五利将军"，不到一月，又给他"天士将军"、"地士将军"、"大通将军"印，还封他为"乐通侯"，封给二千户，赐列侯甲第，僮（奴隶）千人，嫁给他卫长公主，给黄金十万斤。武帝又刻"天道将军"玉印送他，让使者穿羽衣，夜立白茅之上，栾大也穿羽衣，站在白茅上受印。称"天道"的意思，是为天子引导神来见的意思。栾大常在夜里在家祭祠，说是迎神下来。后又称入海访师，离开京城。武帝终于发现自己上当受骗，又把栾大杀了。

齐方士公孙卿看到武帝对在汾阴地方挖出的古鼎感兴趣，就趁机伪造鼎书，说此书受自申公。申公是齐人，已死，曾与安期生是朋友，受黄帝遗言，只留下这份鼎书，他曾说："汉兴复当黄帝之时"，"汉之圣者，在高祖之孙且曾孙也。宝鼎出而与神通，封禅。封禅七十二王，唯黄帝得上泰山封"，"汉帝亦当上封，上封则能仙登天矣"。公孙卿又说，当初黄帝采首山铜铸鼎于荆山下，鼎成，有龙从天上垂胡须下来把黄帝迎上天去，群臣后宫七十余人得乘龙上天。武帝听了十分向往，说："嗟呼！诚得如黄帝，吾视去妻子如脱屣耳！"后来，公孙卿又说："仙人好楼居"，建议武帝兴建高台楼馆，伺神降临。武帝赶忙在长安、甘泉等地建立宫馆，让公孙卿持节设祠具等候神人降临。又在长安建三十丈高的通天台，为招神仙之用。当然，神是盼不来的。武帝为了安慰自己，在建章宫北边挖了一个大池，叫作"泰液池"，里面建立蓬莱、方丈、瀛洲、壶梁这样几个岛，表达他对神山仙岛的渴慕。

汉武帝每次东巡海上（今山东沿海），都有许多齐方士书言神仙献奇方的，有时达万人。汉武帝常派出数千人去海上寻仙。他一再上当受骗，虽也开始有些疑惑，但一直抱有一种侥幸心理。正如《史记·孝武本纪》所说的那样："天子益怠厌方士之怪迂语矣，然终羁縻弗绝，冀遇其真。"

从上述事例可以看出，秦汉的神仙家、方士把人死当成一种很大的不幸，而把登天成仙，长生不老当成修炼的最高目标。他们把祭灶、炼丹砂、变黄金，以及求仙寻药，当作达到成仙目标的几种修行方法。

第五节　卜　　筮

卜筮是我国最古老的占问吉凶的方式，商周时期已有大量文字记录。卜通常是用龟甲和兽骨（主要是牛肩胛骨）进行占卜。"筮"是用蓍草进行占卜。卜、筮二者往往同时采用。《尚书·洪范》记载，周初商王族箕子向周武王提出治国应当注意的八件大事（"八政"），其中第七件大事就是"稽疑"（考察疑难问题）。

> 稽疑，择建立卜筮人，乃命卜筮。曰雨、曰霁、曰蒙、曰驿、曰克（雨、霁等皆卜兆，即龟甲上不同裂纹的名称）；曰贞、曰悔（贞、悔是占卦的两种方式，"内卦为贞，外卦为悔"）。凡七：卜五，占用二，衍忒（推衍人事的吉凶）。汝则有大疑，谋及乃心，谋及卿士，谋及庶人，谋及卜筮。汝则从，龟从，筮从，卿士从，庶民从，是之谓大同；身其康强，子孙其逢吉。汝则从，龟从，筮从，卿士逆，庶民逆，吉。卿士从，龟从，筮从，汝则逆，庶民逆，吉。庶民

从，龟从，筮从，汝则逆，卿士逆，吉。汝则从，龟从，筮逆，卿士逆，庶民逆，作内吉，作外凶。龟筮共违于人，用静吉，用作凶。

这说明卜筮在国家重大决策过程中占的重要地位。

周朝朝廷设有"太卜"和"占人"的官职，负责卜筮吉凶。

太卜掌三兆（三种卜兆）之法：一曰玉兆；二曰瓦兆；三曰原兆。其经兆之体，皆百有二十，其颂皆千有二百。（《周礼·春官·太卜》）①

占人掌占龟，以八筮占八颂，以八卦占筮之八，故以眂吉凶。凡卜筮，君占体（龟纹络表象），大夫占色（纹络颜色），史占墨（纹络广度），卜人占坼（裂纹）。（《周礼·春官·占人》）

朝廷还设有"龟人"专门养龟，取龟甲以卜。朝廷每逢举行祭祀或要举行重大内政、外事活动，都要向上帝和祖先占卜吉凶。

春秋以后，各诸侯国也设专人主管卜筮。晋献公想立骊姬为夫人，叫人卜筮，结果"卜之不吉，筮之吉"。献公表示要以筮占为准，卜人不同意，说："筮短龟长，不如从长。且其繇（占辞）曰：专之渝（变），攘（捐弃）公之羭（善）。一熏（香草）一莸（臭草），十年尚犹有臭。必不

① 据传说，《周礼》是周公作的，实际当成书于战国以后，其中也反映了一些古代国家制度的情况。它关于周代设有卜、占之类官职的记载，还是比较可信的。

可。"但献公并不理会这一套（《左传·僖公四年》）。从这个例子看来，有的卜人也借占卜进行劝谏，而当政者并不一定都是采纳的。

《周易》是一种占卜的书，正是在社会上盛行占卜的情况下逐渐形成的。

秦始皇统一中国以后，仍设立太卜官，"焚书坑儒"时唯有"医药卜筮种树之书"不焚。秦始皇晚年听说"今年祖龙死"的谶言，即求卜，"卦得游徙吉"，于是出游以避灾。汉因秦制，也设太卜官。吕后死后，丞相陈平、太尉周勃等平定吕氏叛乱，派人迎代王刘恒（文帝）为帝。代王犹豫不决，"卜之，兆得大横（龟纹横正）。占曰：'大横庚庚，余为天王，夏启以光'。"占辞意思是说，横纹吉利，应像夏启那样继父为王。于是决定入京继位。

当时民间也有以占卜为业者。据传文帝时有一个著名的占卜者（"日者"），叫司马季主。他有一套占卜理论："分别天地之终始，日月星辰之纪，差次仁义之际，列吉凶之符，语数千言，莫不顺理。"（《史记·日者列传》）

武帝时候，迷信天地神鬼，收罗了一大批占卜者，经常为他占卜吉凶。北击匈奴，西征大宛，南伐北越，都事先进行卜筮。有时高兴，赏赐给卜者达数千万。卜者邱子明富贵腾达，显赫一时。当时所用的占卜方法有很多种。《史记·日者列传》载：

孝武帝时，聚会占家问之，某日可取（娶）妇乎？五行家日可；堪舆家（看风水定吉凶）曰不可；建除家（据月和十二辰定吉凶）曰不吉；丛辰家（以十二辰神灵定吉凶）曰大凶；历家曰小凶；天人家曰小吉；太一家曰大吉。辩讼不决，以状闻。制曰："避诸死忌，以五行为主。"人取于五行者也。

在东汉谶纬迷信泛滥的情况下，占卜术更是五花八门，除以后在介绍望气、风角时将提到的七政、元气、六日七分以外，还有遁甲（利用天干占卜吉凶）、逢占（应人所问而占卜）、挺专（折竹而卜）、孤虚（利用天干地支搭配日辰占卜）等等。

两汉占卜术盛行，是有其深刻的社会原因的。如《后汉书·方术列传》序说：

> 汉自武帝颇好方术，天下怀协道艺之士，莫不负策抵掌，顺风而届焉。后王莽矫用符命，及光武尤信谶言，士之赴趣时宜者，皆骋驰穿凿，争谈之也。

第六节　占星术

我国古代人民在长期从事畜牧业和农业的生产实践过程中，观察日月星辰视运动①的基本规律，形成了古天文学，从而制定历法，指导农业生产。

我国早在远古传说时代就已注意观察天象。《周易·系

---

① 天文学把从地球上所观测到的天体运动称为"视运动"，它与天体在宇宙空间的真实运动是不一样的。

辞》："古者包羲氏之王天下也，仰则观象于天，俯则观法于地"；《尚书·尧典》说尧"乃命羲、和，钦若昊天，历象日月星辰，敬授人时"。《史记·天官书》说，在高辛氏以前掌管天文星象的是重、黎，唐虞时是羲、和，夏代是昆吾，殷商是巫咸，周朝是史佚、苌弘，春秋时宋国是子韦，郑国是裨灶，战国时齐国是甘公（甘德），楚国是唐昧，赵国是尹皋，魏国是石申。汉代的太史令除写史以外，还要观测天象。司马迁的父亲司马谈是汉初的太史令，曾跟著名的天文学家唐都学天文。

据甲骨文记载，早在殷商时代已有对日食、月食的观测。在历法方面，根据对太阳的周年视运动①的观测制定了二分（齐分、秋分）、二至（夏至、冬至）日。当时已开始用天干（甲、乙、丙、丁……）和地支（子、丑、寅、卯……）配合起来记载日期。到西周时期，人们对天体运动的认识更进了一步，基于对恒星的观察提出二十八宿。二十八宿是把天球赤道附近的恒星分为二十八组，从北半球观测，二十八宿正好在南方天空中横过，相继东升西没。由于这二十八组恒星的位置是相对不变的，所以以此为坐标可以比较清楚地观察"七曜"即日月和五大行星的视运动途径和一些不常见的星如彗星、流星、新星等的运行变化。我国很早就认识到五大行星在恒星间自西向东移行，

---

① 太阳的周年视运动是指太阳每天在恒星间不断从西向东运行，反映在天象上就是每天晚上恒星比前一天要提前升起。

快慢不一，而岁星（木星）十二年运行一周天（实际上是11.86年）；把一周天分为十二次，岁星正好每年进入一次。这样就产生了"岁星纪年法"。春秋时期，据《史记·天官书》记载，在二百四十二年之间，"日食三十六，彗星三见，宋襄公时星陨如雨"，其中鲁文公十四年（公元前613年）秋七月，"有星孛入于北斗"，是世界上第一次对周期彗星——哈雷彗星①的记录。这说明我国当时在天文观测方面已形成比较完整的历法。天文学家已观测出回归年的长度即太阳在众恒星间移行一周所需的时间是 365 ¼ 日（比真正回归年长度长 11 分钟），朔望月（月亮圆缺的周期）的长度是 29.53 日。前者是一年的时间，后者是一月的时间。如果以十二月为一年，则比回归年日数少，置十三月则日数多，于是采取置闰月的方法。战国时期，对天体及其运行的认识进行了系统的总结，已初步形成我国古天文学体系。当时的天文学家如赵国的尹皋、楚国的唐昧、齐国的甘德（著《天文星占》八卷）、魏国的石申（著《天文》八卷）②等在观测和论证天体运行方面都做出了重大成就。战国后期的《礼记·月令》和《吕氏春秋·十二纪》中所载二十八宿的名称及所占天区的划分更加完备，对五大行星的运行规律也有了进一步认识。在历法制定方面，到秦始皇统

---

① 这颗周期性彗星是由英国天文学家哈雷（1656—1742年）于1682年发现，故名。它大约每76年出现一次。

② 甘、石的著作已佚失，唐代《开元占经》中辑录一部分。

一中国，已在"二分"、"二至"的基础上增加为二十四节气（立春、雨水、惊蛰、春分……），这对指导农业生产很有用处。

尽管如此，天文科学与神秘主义的占星术长期交织在一起。这主要是由于当时科学水平不高，人们对天体构造和实际运行规律认识不够，特别是对一些罕见的天象如日食、月食、彗星、流星雨、新星等，对五大行星视运动中的顺行、逆行和留的复杂现象，还做不出科学的解释，因而认为各种天象是天帝意志的表现。商周时期的巫、祝、史、卜要经常通过观测天象来占卜人事吉凶。司马迁曾说："文史星历，近乎卜祝之间"（《汉书·司马迁传》），到汉代仍然是这种情况。董仲舒及当时的今文经学家，也往往是星象占验家。他们认为上天对君主的"谴告"和降下的"符瑞"也要通过天象表现出来。《史记·天官书》、《汉书·天文志》、《后汉书·天文志》虽然总结了天文科学的巨大成绩，但同时也包含大量占星术的成分。西汉末年及东汉初年出现的大量谶纬图书中，有不少是讲星象占验的。《汉书·艺文志》说：

> 天文者，序二十八宿，步五星日月，以纪吉凶之象，圣王所以参政也。《易》曰："观乎天文，以察时变。"

这就是古代占星术的由来。不少国家古代天文学也都是与占星术混杂在一起。

下面把占星术的内容作简单的介绍。

日占

古代占星者看来，太阳代表着世上一切阳的方面，它特别是最高统治者国君（皇帝）的象征。从太阳的形象，可以推知世上国君统治的情况。他们说：

> 日者，众阳之精，内明元黄，五色无主，以象人君，光照无主，不可以明也。……圣王在上，则日五色备。……日大光，天下和平，天下俱昌，延年益寿，世无极。（京房《易传》，《唐开元占经》卷五引）

> 日者，天子之象，君父夫兄之类，中国之应也。夫明主之践位，群贤履职，天下和平，黎民康宁，则日丽，扬其光曜。（《春秋潜谭巴》，《唐开元占经》卷五引）

> 日月不光，有亡国死王，不出五年。（《河图帝览嬉》，《唐开元占经》卷五引）

太阳如果明亮，就表明国君施政正确（"有道"），天下就和平昌盛；太阳如果暗淡无光，就表明国君统治腐败（"无道"），就要亡国。这里所说的日无光，有时也指太阳发生黑子或日食。

西汉成帝河平元年（前28年）三月，太阳有黑子，即"日出黄，有黑气大如钱，居日中央"。京房《易传》以为"祭天不顺兹谓逆，厥异日赤，其中黑"。

如果发生日食，自然是国君的统治发生问题。

> 董仲舒《灾异对》曰："人君妒贤嫉能，臣下谋上，则

日食。既先雨雹，杀走兽。"

《淮南子》曰："君失其行，日薄食无光。"

京房《易说》曰："下侵上则日食。"

《易萌气枢》曰："昭明蔽塞，政在臣下，亲戚于朝，君不觉悟，即杂气失以星奔，日食为咎。"（《唐开元占经》卷八引）

月占

在古代占星家看来，月亮是世上属于阴的方面的人事关系（如臣、子、妇、弟）在天象的代表。世上阴的方面的顺逆吉凶，可从月亮形象上表现出来。

《天官书》曰："太阴之精，上为月，月者天地之阴，金之精也。"

《淮南子》曰："月者，天之使也；水气之精者为月。"

《易萌气枢》曰："臣道修则月明有光。"

《高宗占》曰："月者如盛，天下且有主治也。"

董仲舒《灾异对》曰："臣行刑罚，执法不得其中，怨气盛，并及良善，则月食。"（《唐开元占经》卷十七引）

月食尽，女主当之。（《帝览嬉》、《唐开元占经》卷十七引）

月食青色，人民多死者，五谷有伤，籴且大贵……（《荆州占》，《唐开元占经》卷十七引）

五星占

在太阳系中围绕太阳运转的较大的行星除地球外，还有水星、金星、火星、木星、土星。古代人们对五大行星及其复杂的视运动缺乏完整的科学认识，把它们的不同运动形象看作是上帝意志的表现。在汉代，还把五星分别看作是五行的精灵，五帝（青帝、白帝、赤帝、黑帝、黄帝）^① 之子。

> 天有五帝，五星为之使。（《春秋纬》、《唐开元占经》卷十八引）

> 五星者，天之五佐。（《史记·天官书》）

> 五星者，五行之精也，五帝之子，天之使者，行于列舍（指二十八宿），以司无道之国。王者施恩布德，正直清虚，则五星顺度，出入应时，天下安宁，祸乱不生。人君无德，信奸佞，退忠良，远君子，近小人，则五星逆行变色，出入不时，扬芒角怒，变为妖星、彗、孛、扫、天狗、枉矢、天枪、天桔、挽云、格泽；山崩、地震、川竭、雨血；众妖所出，天下大乱，主死国灭，不可救也。余殃不尽，为饥旱疾疫。（《荆州占》、《唐开元占经》卷十八引）

当时的占星家还认为，五大行星各自分别象征五方、五帝、五事等神灵和事物。木星（岁星）是东方青帝（苍帝）的使者，五行中"木"的精灵，主春，决定农业的丰歉。木星与国君五常之一的"仁"（"恩德孝慈"）和五事之

---

① 汉代纬书还为"五帝"起了名字，即"东方苍帝，神名灵威仰，精为青龙；南方赤帝，神名赤熛怒，精为朱鸟；中央黄帝，神名含枢纽，其精为麟；西方白帝，神名白招矩，精为白虎；北方黑帝，神名叶光纪，精为玄武"（《太平御览》卷八十八引《河图》，并见唐孔颖达《礼记注疏·郊特牲》引《春秋纬》等）。

一的"貌"（"威仪举动"）是密切相应的。如果国君"仁亏貌失，逆春令"，上帝"罚出木星"①；它如果顺行（"赢"），国家无事，如果是逆行（"缩"），"其国有忧，将亡国倾败。"

火星（也叫"荧惑"）是南方赤帝（炎帝）的使者，五行中"火"的精灵，主夏，决定天气干旱。火星与国君五常的"礼"（"辨上下之节"）和五事的视（"明察善恶"）密切相应。如果国君"礼亏视失，逆夏令"，则上帝罚出火星，五星占部分参见《史记·天官书》、《淮南子·天文训》、《洪范五行传》（《唐开元占经》卷三十引）等。它或前或后，顺逆无常。于是，世上会发生暴乱、内讧、疾病、死丧、饥馑、战争等等。

土星是中央黄帝的使者，五行中"土"的精灵，主季夏，主土。土星与国君的五常的"信"（"言行不二"）和五事的"思"（"心宽容受谏"）密切相应。如果国君"五常五事皆失"，那么，土星运行失常，国家就要丧失领土，或发生山崩、地震等。

金星（太白星），是西方白帝的使者，五行中"金"的精灵，主秋，主兵主刑杀。金星与国君五常的"义"（"举动得宜"）和五事的言（"号令民众"）密切相应。如果国君"义亏言失，逆秋令"，那么，上帝就会罚出金星，它"当

---

① 　五星占部分参见《史记·天官书》、《淮南子·天文训》、《洪范五行传》。（《唐开元占经》卷三十引）等。

出不出，当入不入"，世上就要发生战乱，国君遭到篡杀。

水星（辰星），是北方黑帝的使者，五行中"水"的精灵，主冬，主水主刑。水星与国君五常的"智"和五事的"听"（"不惑是非"）密切相应。如果"智亏听失，逆冬令"以及刑罚不当，那么水星"变怪"，四时风雨不调，发生水灾。

恒星占

古人把月球轨道（白道）和太阳视运动轨道（黄道）附近天区分布的恒星按月亮相对恒星运动的周期数字（27.32 天）分为二十八组，因月亮每天入住（宿）一组，故称之为二十八宿。《史记·天官书》按当时的五帝信仰，把二十八宿分属其中四帝（黄帝除外）的四种神兽（或"精"）之下，即：

> 东宫苍龙，包括角、亢、氐、房、心、尾、箕七宿；
> 南宫朱雀，包括井、鬼、柳、星、张、翼、轸七宿；
> 西宫白虎，包括奎、娄、胃、昴、毕、觜、参七宿；
> 北宫玄武，包括斗、牛、女、虚、危、室、壁七宿。

按照占星家的说法，天上的二十八宿与地上十二州（汉武帝时置十三州，战国时则是各个诸侯国）密切相应，每二、三宿主世上一州。如果在某一宿出现怪变星象，那么，地上某州就会发生相应的灾异。不仅如此，每个星宿在占星家看来也往往有神秘的含意。例如心宿和房宿代表"明堂"，是"天王布政之宫"，如果火星运行到这个星区，朝廷就会发生不吉利的事情。如果火星进入角宿星区，世上就会发生战争。

北斗七星是二十八宿以外的恒星。它们与其他恒星东升西没不一样，它是围绕北极星运转。古人根据斗柄所指的方位（"建"）来判明季节、时间，对它十分重视。《史记·天官书》把北斗比作绕北极星运转的车子，说："斗为帝车，运于中央，临制四乡，分阴阳，建四时，均五行，移节度，定诸纪，皆系于斗。"因而认为北斗星是兼主全国各州的，如果在北斗星区发生变异星象，就要影响到全国。正如《史记·天官书》所说：

> 二十八舍（宿）主十二州，斗秉兼之（北斗兼主十二州），所从来久矣。

二十八宿之外另一个星区拱极星区叫"中宫"，又叫"紫微垣"。历代占星家都把紫微垣看成是朝廷的象征。汉代尊奉至上神"太一"神，于是认为天极星（北极星）是"太一"神住的地方，它旁边的三星是"三公"（太尉、司徒、司空），后勾四星包括"正妃"和"三宫"，而周围的十二颗星是守卫宫廷的"藩臣"。据称，如果在这个星区出现怪变星象，如彗星、流星等，那么，朝廷就要发生乱子。

星变谴告

先秦以来，人们对于彗星、流星雨、新星等罕见天象一直不能进行科学解释，因而把这些现象的出现看成是大难临头的征兆。

战国时石申说，彗星也叫孛星、拂星、扫星，"其状不同，为殃如一，期不过三月，必有破国乱君，伏死其辜。余殃不尽，当为饥旱疾疫之灾"（《唐开元占经》卷八十八引）。汉代谶纬书说，彗星如在东方出现，是"将军谋王"；在西方出现，则"羌胡叛中国"；在南方出现，"天下兵起"；在北方出现，则"夷狄"内侵（《春秋运斗枢》，载《古微书》卷九）。《春秋》载鲁文公十四年"有星孛入于北斗"，如前所述，这是世界上第一次关于哈雷彗星的记载。董仲舒按他的神学天命论观点对此解释说：

> 孛者，恶之所生也。谓之孛者，言孛之有所妨蔽，暗乱不明之貌也。北斗，大国象。后齐、宋、鲁、莒、晋皆弑君。（《汉书·五行志》）

汉成帝时刘向则解释说：

> 君臣乱于朝，政令亏于外，则上浊三光（日月星）之精，五星赢缩，变色逆行，甚则为孛。北斗，人君象，孛星，乱臣矣，篡杀之表也。《星传》曰："魁者（指北斗的天枢、玑、权、衡四星），贵人之牢。"又曰："孛星见北斗中，大臣诸侯有受诛者。"……夫彗星较然在北斗中，天之视人显矣，史之有占明矣，时君终不改寤，是后，宋、鲁、莒、晋、郑、陈六国咸杀其君，齐再弑焉。（《汉书·五行志》）

这些迷信思想在古代已遭到有识之士的驳斥，如唐代刘知幾就指出他们占星家自己也不一致，难以自圆其说：

"且每叙一灾，推一怪，董（仲舒）京（房）之说前后相反，向（刘向）歆（刘歆）之解父子不同。"比如春秋桓公三年"日有食之"，董仲舒、刘向认为是预示"鲁宋杀君易许田"，刘歆认为是预示晋曲沃庄伯杀晋侯，京房又认为预示后楚庄称王。又庄公七年，夜中星陨如雨，刘向认为夜指中国，他儿子刘歆认为白昼指中国。刘知幾还指出，这些星象家都是"前事已往，后来追证，课彼虚说，成此游词"（《史通·书志五行》）。历史上像刘知幾这样的不迷信、有见解的人是少数，社会上大量存在的还是那些乌烟瘴气的宗教迷信。当时的占星家把彗星的出现，看作是上帝对国君的警告，如果国君不幡然改悟，就有国破身亡的危险。

相传我国很早就有对流星雨的观测和记录。《竹书纪年》记载："帝癸（夏桀）十五年，夜中星陨如雨。"对于这种罕见天象，古人同样也认为是天意的一种表现。汉成帝永始二年（前 15 年）二月，"夜过中，星陨如雨，长一二丈，绎绎未至地灭，至鸡鸣止"。对此，当时以言灾异著称的谷永解释说：

> 日月星辰烛临下土，其有食陨之异，则遐迩幽隐靡不咸睹。星辰附丽于天，犹庶民附丽王者也。王者失道，纲纪废顿，下将叛去，故星叛天而陨，以见其象。《春秋》纪异，星陨最大，自鲁严以来，至今再见。臣闻三代所以丧亡者，皆由妇人群小，湛湎于酒。《书》云："乃用其妇人之言，四方之逋逃多罪，是信是使。"《诗》曰："赫赫宗周，褒姒灭之"……（《汉书·五行志》）

有些占星者往往借天意来提醒君主要行为检点，同时他们也是真正相信天变可畏，不仅是为了吓吓君王。

天空中有的恒星平时暗弱，因为内部激变，它的亮度突然增强几千到几百万倍，甚至增强到一亿到几亿倍，以后慢慢减弱。我国古代一般把这种新星现象叫作"客星"。《汉书·天文志》载，汉武帝"元光元年（前134年）六月，客星见于房。"占星家认为，这是"为兵起"的征兆。元帝初元元年（前48年）四月，"客星大如瓜，色青白，在南斗第二星东可四尺"。占星家认为这是发生水灾饥馑（"为水饥"）的征兆。

总之，在占星家看来，日月星辰的有规律的出没是上帝安排的秩序。一切天象都是上帝意志的表现，日食、月食及彗星、流星、新星等罕见天象，则是上帝对世上最高统治者的"谴告"。古代一些很有成绩的天文学家往往也就是占星家，在他们的天文学著作中充斥着神秘主义的占星术的东西。

第七节　望气和风角

我国古代人民在从事农牧业生产中认识到风云变化和天气、季节有密切关系，因而很注意对风云的观测。《管子·侈靡篇》曾描述不同的云与下雨的关系，说："云平而雨不甚。无委云（积云），雨则邀（速）已"；《吕氏春秋·名类》谈到物炎相应时提到："山云草莽，水云鱼鳞（原作'角麟'，据章学诚《札记》改），旱云烟火，雨云水波"，说明人对云形状观察的细致。《吕后春秋·有始》把风分为八类："何谓八风？东北曰炎风，东方曰滔风，东南曰熏风，南方曰巨风，西南曰凄风，西方曰飔风，西北曰厉风，北方曰寒风。"这八种风的不同名称，反映了人们对四季不同方向风的特征的认识。这都是科学的描述，不是迷信。

但是，正如古代天文学不得不和占星术结合在一起一样，当时对风云的观测也不能摆脱宗教神学的影响。后来逐渐形成了神秘主义的望气和风角学说，谓从中可以预测社会人事的吉凶祸福。

望气

是依据云气的色彩、形状和变化来占验人事吉凶的一种方术。《吕氏春秋·明理》说：

> 至乱之化，君臣相贼，长少相杀，父子相忍，弟兄相诬，知交相倒，夫妻相冒，日以相危，失人之纪，心若禽兽，长邪苟利。其云状有若犬、若马、若白鹄、若众车，有其状若人苍衣赤首不动，其名曰天衡；有其状若悬釜而赤，其名曰云旃（旗）；有其状若众马以斗，其名曰滑马；有其状若众植华（或作"藿"）以长，黄上白下，其名蚩尤之旃。

到汉代，有个叫王朔的人善于望气。《史记·天官书》对望气的方术作了介绍。据说，若仰望云气，可达三四百里；若在桑榆树上平望可达一二千里，登高远望可达三千里。如果看到云气上有兽的形状，那就会顺利。还说，各地的云气色彩不一样。华山以南的云气下黑上赤；在嵩高、三河之郊，气是赤色；恒山以北，气下黑上青；勃碣、海岱之间，气皆黑色；江淮之间，气是白色。如果两军对垒而战，看到云底部大而前面呈细长形，那么双方"当战"；云青白色而前面稍低，就会"战胜"；云前面赤而稍仰起，将"战不胜"……此外，《天官书》还说在各种不同的场所有不同的云气，

> 北夷之气如群畜穹闾，南夷之气类舟船幡旗。大水处、败军场、破国之虚、下有积钱、金宝之上，皆有气，不可不察。海旁蜃气象楼台，广野气成宫阙然。云气各象其山川人民所聚积。

汉文帝十五年（前 165 年），赵人望气者新垣平对文帝说："长安东北有神气，成五彩，若人冠冕焉……天瑞下，宜立祠上帝，以合符应。"文帝采纳他的说法，在渭阳设五帝庙。

望气者认为，在日旁以及皇帝所在的地方都有一股非同一般的云气，这叫作"天子气"。汉初王朔望气，很注意观察日旁的云气，认为"日旁云气，人主象"。《洛书》说："有云象人，青衣无手，在日西，天子之气。"（《史记·正义》引）还认为，凡是命里注定要当皇帝的，即使还没有即位，他周围也有五彩绚丽的"天子气"。据《史记·项羽本纪》载，在项羽设"鸿门宴"之前，范增劝项羽采取措施把刘邦害死，说："吾令人望其（刘邦）气，皆成龙虎，成五彩，此天子气也。急击勿失！"此外，《汉书》载，汉

武帝的爱妾赵倢伃（倢伃，封号，相当于嫔妃）是汉昭帝的生母，她在河间家里时，有望气者说这个地方有"奇女"，于是武帝急忙派人把她召来。汉宣帝刚生下来不久，其父母史皇孙和王夫人因罪被武帝杀死，他也被带进监狱。望气者声言："长安狱中有天子气"，武帝听了害怕，派人把长安诸官府监狱中的犯人全杀死，因宣帝被关在"郡邸狱"且有人保护，没有被杀。《后汉书·光武纪》记载，王莽末年，望气者苏伯阿曾到南阳，看了春陵（光武帝刘秀故乡）城郭表示惊奇，说："气佳哉！郁郁葱葱然！"刘秀起兵回到春陵，"远望舍南火光赫然属天，有顷不见"。方士（"道士"）西门君惠、李守等扬言："刘秀当为天子，其王者受命，信有符乎？不然何以能乘龙而御天哉！"

可见，望气方术的理论根据是天人感应的神学目的论。

风角

风角是依据风的方向、强弱、状态和声音来进行占验吉凶的一种方术。《后汉书·郎顗传》注说："风角谓候四方四隅之风，以占吉凶也。"《史记·天官书》说汉代著名的占岁者是魏鲜，他每年正月初一从风向、风力等来占验一年气候和农事的丰歉情况。

> 风从南方来，大旱；西南，小旱；西方，有兵；西北，戎菽（胡豆）为（"为"即"成"，成熟）；小雨，趣兵（有战争）；北方，为中岁；东北，为上岁；东方，大水；东南，民

42

有疾疫，岁恶。故八风各与其冲对，课多者为胜，多胜少，久胜亟，疾胜徐。旦至食，为麦；食至日昳，为稷；昳至铺，为黍；铺至下铺为菽；下铺至日入，为麻。欲终日，有云，有风，有日。日当其时者，深而多实；无云有风日，当其时，浅而多实；有云风，无日，当其时，深而少实；有日，无云，不风，当其时者稼有败。如食顷，小败；熟五斗米顷，大败。则风复起，有云，其稼复起。各以其时用云色占种所宜。其雨雪若寒，岁恶。是日光明，听都邑人民之声。声宫，则岁善；商，则有兵；徵，旱；羽，水；角，岁恶。……正月上甲，风从东方，宜蚕；风从西方，若旦黄云，恶。

在农业生产力很低、人们不得不靠天吃饭的情况下，这种占岁方术正是人们在大自然面前无能为力的反映。占岁主要是占验农业丰歉，后来形成以风占验人事吉凶的"风角"方术。

关于风角方术，《唐开元占经》卷九十一保留了一些材料。说占候风者，要在高旷的土山上立五尺竿，用八两鸡毛编成"羽葆"，吊在竿上让风吹动，参照它测到的风向、风力来进行占验。如果风清和畅，温凉适时，没有尘埃，这叫"祥风"；"天气晦暗"，云气昏浊，"风声寒惨，埃壒蓬勃"，这叫"灾风"；"风势伤杀"，时有时无，声间眊耳，这叫"小人魅惑风"，表明朝廷"君任小人，远君子"；此外，根据不同风的样态，还有"上下不宁风"、"政化未明风"、"大兵将至风"、"刑罚惨刻风"、"大丧风"、"旱火风"、"大水杀人风"等等。当然，一般的占候风者所用的手续还要简便些。

这种神秘主义的风角方术，在尊天神学和谶纬迷信十分盛行的东汉时期特别流行。《后汉书》记载：

> 郎颛……父亲，字仲绥，学京氏《易》，善风角、星算、六日七分（用《易经》占卜吉凶的一种方术），能望气占候吉凶，常卖卜自奉。安帝征之，对策为诸儒表，后拜吴令。时卒有暴风，宗占知京师当有大火，记识时日，遣人参候，果如其言。……（《郎颛传》）

> 李南……少笃学，明于风角。和帝永元中，太守马棱坐盗贼事被征，当诣廷尉。……南特通谒贺。棱意有恨，谓曰："太守不德，今当即罪，而君反相贺耶！"南曰："旦有善风，明日中时应有吉问，故来称庆。"旦日，棱延望景宴，以为无征，至晡乃有驿使赍诏书原停棱事。（《李南传》）

在《后汉书·方术传》中除讲李南善风角外，还有任文孙"明晓天官、风角秘要"；谢夷吾，"学风角、占候"；杨由"少习《易》，并七政（日、月、五星占验术）、元气（阴阳占验术）、风去占候"；李郃"通《五经》，善《河》、《洛》、风、星"；段翳"习《易经》，明风角"；樊英"习京氏《易》，兼明五经。又善风角、星算、《河》、《洛》七纬（《易》、《书》、《诗》、《礼》、《乐》、《孝经》、《春秋》的纬书），推步灾异"，皆有传。从这些例子也可以看出，当时不少儒者也兼方士，他们一般都精通《五经》及其纬书，往往兼通几种方术。汉代方术与经学、神学的结合，乃是汉代经学的特点。

第 二 章

佛教输入中国

关于佛教何时传入中国的问题，古来没有一致的结论。魏晋以后道教和佛教之间斗争加剧，双方为了提高自己，贬低对方，各造假说把本教的历史提前，因而在关于佛教何时传入中国的问题上也产生了许多不同的说法。其中不少说法离奇古怪，纯属凭空编造；有的说法虽有一定的历史根据，但也掺杂不少虚构或浮夸成分。从现有史料分析，佛教在西汉末年已经西域传入中国内地，到东汉以后逐渐在社会上流行。因此，如果不断定具体年月而笼统地说佛教在两汉之际输入中国内地，也许更符合实际。

第一节　关于佛教输入中国的一些传说

佛教传入中国内地的初期，依附于当时社会上广泛盛行的神仙方术，并没有引起人们特别的注意。当时信奉佛教的只是统治阶级中的极少一部分人。魏晋以后，由于统治阶级的提倡，特别是由于社会的连续动乱，人民群众幻想通过宗教摆脱现实苦难，因而佛教得到广泛的传播。与此同时，东汉末年创立的道教也得到发展。道教是在道家思想基础上吸取神仙家、各种迷信方术的思想而成立的，而在其发展过程中也受到佛教的极大影响。佛教和道教出于争权夺利的需要，互相进行攻击诽谤。西晋道士王浮伪造《老子化胡经》①，说道教的教祖老子西涉流沙，入天竺为佛，从事传教，化导胡人，释迦牟尼实为其后世弟子。其目的是为了说明道教比佛教资格老，理应比佛教资格领先。此后，佛教徒制造了种种说法进行反驳，其内容不外是两个方面：（1）早在老子之前佛陀已经在世，佛教传入中国很早；（2）佛教比道教更早地得到中国最高统治者的信奉。这种争论到唐朝达到高潮。从今天来看，对这种种说法似乎已不值得详加考虑，但因为其中一些具有代表性的说法曾在佛教史上发生重大影响，所以还有进行介绍的必要。

这些说法按时期来分大致有如下八种：

---

① 本经已佚，卷数不明，可见北周甄鸾《笑道论》（载《广弘明集》卷九）所引；20世纪初从敦煌发现的《老子化胡经》卷一、卷十，已非原著，载于《大正藏》卷五十四，可参考。关于王浮的事迹，可见《高僧传》卷一《帛远传》。

（一）三代以前已知佛教

刘宋宗炳《明佛论》说：

> 伯益述《山海》："天毒之国，偎人而爱人。"郭璞传："古谓天毒即天竺，浮屠所兴。"偎爱之义，亦如来大慈之训矣，固亦闻于三五之世（按："三五"指三皇五帝，"三五之世"泛指三代之前）矣。（《弘明集》卷二）

唐道宣在所著《归正篇·佛为老师》中也说：

> 余寻终古三五帝皇，有事西奔，罕闻东逝。故轩辕（黄帝）游华胥之国，王邵云即天竺；又陟昆仑之墟，即香山（佛教所传阎浮提洲——世界的最高中心，即昆仑山）也。……故伯益述《山海》："申毒之国，偎人而爱人。"郭璞博古者曰："申毒即天竺也，浮屠所兴。"今闻之说曰："地殷土中，物壤琛丽，民博仁智，俗高理学，立德厚望，何负诸夏？古称爱人之国。"世挺贤之人，岂虚构哉！（《广弘明集》卷一）

按照西汉刘歆《上山海经表》所说，《山海经》是唐虞时代协助大禹治水的伯益所作，《隋书·经籍志》说相传是夏禹所作。但我们从其内容来看，此书当成于战国之后。司马迁在《史记·大宛列传》中虽提到《山海经》的名字，但对其所记怪物表示怀疑。刘歆定《山海经》为十八篇，《汉书·艺文志》在"形法家"中著录《山海经》却只有十三篇。据清代学者考证，刘向校此经时只有十三篇，没有

47

《海内经》（一篇）和《大荒经》（四篇），到其子刘歆时才增加这五篇成十八篇①。上述宗炳知道宣所引的《山海经》正出自十三篇之外的《海内经》。原文说：

> 东海之内，北海之隅，有国名朝鲜、天毒（晋郭璞注：天毒即天竺国，贵道德，有文书，金银钱贵，浮屠出此国中也，其人水居，偎人爱人）。

说此"天毒"即天竺，这在地理位置上是完全不符合的。如果说此篇伪造于刘歆之时，那末，当时西汉与西域早已往来，已知印度的确切地理位置，不至于把印度列于"东海之内，北海之隅"，与朝鲜为邻，如果此篇伪造于武帝之前，当时对印度一无所知，"天毒"不会是天竺。因此，这里的"天毒"二字很可能是误写或无知的佛教徒故意加上的。此外，即使说"偎人而爱人"也不一定与佛教有必然联系。如果说有联系，为什么不说朝鲜当时也盛行佛教呢？至于道宣所说黄帝游华胥之国等等（《列子·黄帝篇》讲黄帝梦游"华胥氏之国"），本属子虚乌有，更不值一提。

如果从时间上进行考察，更可以看出这些说法的荒谬。印度这个古国对时间的概念极不认真，古来中国佛教僧侣也利用这点来自我炫耀。说三代之前（即在大约三四千年前）中国已知佛教。这时佛陀尚未降生，何来佛教？虽然

---

① 见清毕源《山海经新校正·山海经篇目考》。

学术界对佛陀的生卒年代还没有一致结论，但各种说法相差也不过一二百年。主要有这样几种说法：（1）现在比较流行的说法是依据《众圣点记》（见《出三藏记集》卷十一《善见律毗婆沙记》①）的记录，认为释迦的生卒年当为公元前565年—前485年；（2）按东南亚佛教流行国家的说法，佛陀的生卒年为公元前624年—前544年或公元前623年—前543年；（3）据希腊史和印度史资料，阿育王即位在公元前271年，而说一切有部论书之一《部执异论》说释迦死后第116年阿育王即位，这样释迦的生卒年当为公元前466年—前386年；也有人认为阿育王即位当在公元前268年，这样释迦的生卒年当为公元前463—前383年。我们参照这些说法，可以有力地帮助辨别关于佛教传入中国的一些说法的真伪。

（二）周代已传入佛教

古来一些佛教僧侣为了说明佛教教祖释迦牟尼比道教教祖老子资格更老，而且佛教很早以前已传入中国，故意曲解中国史书和佛经中的一些记载，编造释迦牟尼的生卒年月。历史上比较有影响的说法是《魏书·释老志》的说法：

> 释迦生时，当周庄王九年。《春秋》鲁庄公七年夏四月，恒星不见，夜明，是也。

---

① 亦见隋费长房《历代三宝记》卷十一《善见毗婆沙律》卷十八。

鲁庄公七年（前687年）相当于周庄王十年，而不是九年。隋费长房《历代三宝记》、《隋书·经籍志》等采用此说①。此说最早见于三国时谢承《后汉书》，记佛在周庄王九年癸丑七月十五日寄生于净住国摩耶夫人腹中，至周庄王十年甲寅四月八日生（唐韩鄂《岁华纪丽》卷三注）。本来印度佛经关于释迦的生年没有记载，只是对释迦生时一些所谓祥瑞有不少描述，《普曜经》说：释迦生时，"普放大光，照三千界"；《瑞应本起经》说："沸星下现，侍太子生"；《本行经》说："虚空无云，自然而雨"②……中国佛教僧侣依据天人感应的神学天命论，把这些神秘说法与《春秋》鲁庄公七年"四月辛卯夜，恒星不见，夜中星陨如雨"的记载互相附会，说正是在这天，释迦诞生。

此后，因西晋道士王浮造《老子化胡经》说老子在周幽王时已西渡流沙，入印度为佛。于是，僧侣便把释迦生年更往前推，说释迦早在周昭王时已经出世，并且当时中国已有人知道西方有"圣人"诞生。唐法琳于武德五年（622年）就傅奕上《废省佛僧表》而作《对傅奕废佛僧事》说：

> 《周书异记》云：周昭王即位二十四年甲寅四月八日，江河泉池忽然泛涨，井泉并皆溢出，宫殿人舍、山川大地，咸

---

① 《历代三宝记》卷一称，佛在周庄王九年癸巳四月八门寄胎，十年仲春二月八日夜生；《隋书·经籍志》与《魏书》同；唐法琳《对傅奕废佛僧事》（《广弘明集》卷十一）引作佛于周庄王九年癸巳四月八日寄胎，于十年甲午二月八日夜生。

② 以上引的经文有的已佚，此引自《历代三宝记》卷一。

悉震动，其夜五色光气入贯太微，遍于西方，尽作青红色。周昭王问太史苏由曰："是何祥也？"对曰："有大圣人生于西方，故现此瑞。"昭王曰："于天下何如？"由曰："即时无他，一千年外声教被于此土。"昭王即遣镌石记之，埋在南郊天祠前。当此之时，佛初生王宫也。穆王即位三十二年。见西方数有光气，先闻苏由所记，知西方有圣人处世。穆王不达其理，恐非周道所宜，即与相国吕侯西入，会诸侯于涂山，以禳光变。当此之时，佛久已处世。至穆王五十三年壬申岁二月十五日，平旦暴风忽起，发损人舍，伤折树木，山川大地皆悉震动，午后天阴云黑，西方有白虹十二道南北通过，连夜不灭。穆王问太史扈多曰："是何征也？"对曰："西方有大圣人灭度，衰相现耳。"……（《广弘明集》卷十一）

《周书异记》是一部伪书，从所述内容及所用语言来看，大概是作于佛教广泛流行的南北朝时期，北魏昙无最在公元520年与道士姜斌辩论时已曾引用此书（《续高僧传》卷二十三，《广弘明集》卷一）。把释迦生年提到周昭王二十四年（当为前977年），这在中国佛教史上也有相当影响。《续高僧传》卷八北齐沙门统法上答高句丽丞相问、伪书《穆天子别传》（《历代三宝记》卷一注引）都采此说。宋志磐撰佛教史书《佛祖统纪》（说佛生于周昭王二十六年）、元念常《佛祖历代通载》（说佛生于周昭王二十五年）的说法也是由此演变而来。

上述关于释迦诞生的传说都暗示中国在西周已有人知道佛教，而有的记载则公然声称佛教在西周已传入中国。梁僧祐《弘明集后序》说：

《列子》称："周穆王时，西极有化人来，入水火，贯金石，反山川，移城邑，乘虚不坠，触实不碍，千变万化，不可穷极，既能变人之形，又且易人之患。穆王敬之若神，事之若君。"观其灵迹，乃开士（菩萨）之化；大法萌兆，已见周初；感应之渐，非起汉世……

唐道宣等《简诸宰辅叙佛教隆替状》也说：

《列子》云：周穆王时西极有化人来，反山川，移城邑，千变万化，不可穷极，穆王敬之若圣。此则佛化之初及也。

上述《列子》引文在其《周穆王篇》。《列子》虽称是周列御寇作，但实际是魏晋时人的伪造[①]。从本书整个内容来看，它当属于道家著作，但其中已杂有不少佛教思想。这里所说的"西极之国有化人来"，等等，就是用道家神仙家的语言所描绘的来去自由的佛，其形象与《庄子》中的"真人"、"至人"极为相似。魏晋时期不少老庄学者同时崇信佛教，他们用老庄思想来理解佛教，用老庄的语言来叙述佛教，因此，在《列子》中有这种描述是本不足怪的。但佛教僧侣以此记载作为周世已有佛教的证据，自然是站不住脚的。

佛教僧侣之所以竭力把佛教传入中国的时间提前，也是为了向封建统治阶级表明佛教的存在并非如某些儒者和道教徒所攻击的那样："帝王无佛则大治年长，有佛则虐政

---

① 参见杨伯峻《列子集释》（龙门联合书局 1958 年版）附录三《辨伪文字辑略》。

祚短"，"佛来汉地，有损无益，"而是对统治者十分有利的。唐法琳上书驳斥傅奕废佛主张时曾搜罗一些周代已有佛法的说法作为根据，然后说：

> 故知周世佛法久来，生盲人云："有佛祚短"，良可悼矣。（《广弘明集》卷十一）

既然周代流行佛教没有影响它的国祚久长，那么统治者也就用不着担心佛教会有损于自己的统治了。

（三）孔子已知佛教

唐道宣在《归正篇》中引《列子·仲尼篇》说：

> 太宰嚭问孔子曰："夫子圣人欤？"对曰："丘也博识强记，非圣人也。"又问："三王圣人欤？"对曰："三王善用智勇，圣非丘所知。"又问："五帝圣人欤？"对曰："五帝善用仁义，圣非丘所知。"又问："三皇圣人欤？"对曰："三皇善用时，圣非丘所知。"太宰大骇曰："然则孰为圣人乎？"夫子动容有间曰："丘闻西方有圣者焉，不治而不乱，不言而自信，不化而自行，荡荡乎人无能名焉。"[①] 据斯以言，孔子

[①] 以上引文与今本《列子·仲尼篇》稍有差异。今本是："太宰见孔子曰：丘圣者欤？孔子曰：圣则丘何敢？然则丘博学多识者也。商太宰曰：三王圣者欤？孔子曰：三王善任智勇者，圣则丘弗知。曰：五帝圣者欤？孔子曰：五帝善任仁义者，圣则丘弗知。曰：三皇圣者欤？孔子曰：三皇善任因时者，圣则丘弗知。曰：然则孰者为圣？孔子动容有间，曰：西方之人有圣者焉，不治而不乱，不言而自信，不化而自行，荡荡乎民无能名焉。丘疑其为圣，弗知真为圣欤？真不圣欤？"

深知佛为大圣也。

这里所说的"太宰嚭",原文是指商(春秋宋国)的太宰。按照《列子》的上述说法,早在春秋末年孔子已知四方有"圣人",他"不治而不乱,不言而自信,不化而自行",超过中国历史上著名的三皇五帝和夏商周三代开国君主。这当是魏晋时期信仰佛教的老庄学者为了美化佛教而借孔子之口所编造的寓言;所说的西方"圣人",正是用老庄玄学语言描绘的佛的形象。在儒家学说一直占据正统地位的情况下,借孔子之口说佛是古来未有的圣人,这对佛教的传播自然是有利的。历史上不少佛教徒都引用此文作为美化佛教、贬低其他宗教的重要根据。北周道安《二教论》说:"若老氏必圣,孔何不言?以此校之,理当推佛"(《广弘明集》卷八);北周甄鸾《笑道论》说:"故知孔子以佛为圣,不以道为圣也"(《广弘明集》卷九);唐法琳上书驳傅奕时也说:"若三王五帝必是大圣,孔丘岂容隐而不说,便有慝圣之愆。以此校量,推佛为大圣也。"(《广弘明集》卷十一)

但《列子》所说毕竟是一种寓言,以此为根据说春秋末年中国已知佛教,当然是荒谬的。据前所述,现在学术界对佛陀生卒年代的推定以及当时中外关系情况,这是完全不可能的。

(四)战国末年传入佛教

晋王嘉《拾遗记》卷四载:燕昭王七年(前305年),

54

> 沐胥之国来朝，则申毒国之一名也。有道术人名尸罗，
> 问其年，云：百三十岁。荷锡持瓶，云发其国五年乃至燕
> 都。善衔惑之术，于其指端出浮屠十层，高三尺，乃请天神
> 仙，巧丽特艳，人皆长五六分，列幢盖鼓舞，绕塔而行，歌
> 唱之音如真人矣。……又吹指上浮屠，渐入云里。

所说印度"道术人"，"荷锡持瓶"，"指端出浮屠"，等等，
是明明把他作为一个会魔术的比丘来加以描述的。但《拾
遗记》的记载并不是历史事实。作者王嘉是苻秦方士[①]，原
书本十九卷、二百二十篇，后经战乱大部分遗失，梁朝肖
绮搜罗补缀，定为十卷。肖绮在书序中说，文起伏羲、炎
帝，止于西晋末年，但实际内容不止于此。此书有不少荒
诞离奇的记载。所谓沐胥国，大概是从《列子·黄帝篇》
的"华胥国"推衍而来，其实印度并无此名称。历史虽载
燕昭王礼贤下士，招延学者方士，但并没有关于外来僧人
或"道术人"的记述。本章第二节将要谈到，印度在公元
前三世纪阿育王统治之前，佛教还没有传到印度西北地区，
当然不可能传到中国。

（五）中国在先秦曾有阿育王寺

宋宗炳《明佛论》说：

> 道人澄公（指西域僧佛图澄，232—348 年）仁圣，于

---

① 见《晋书·艺术传·王嘉传》。

石勒、虎之世谓虎曰："临淄城中有古阿育王寺处，犹有形像承露盘在深林巨树之下，入地二十丈。"虎使者依图搜求，皆如言得①。近姚略叔父为晋王（《高僧传·法和传》作"晋王姚绪"）于河东蒲坂古老所，谓阿育王寺处，见有光明，凿求得佛遗骨于石函银匣之中，光曜殊常，随路迎睹于潮上比丘，今见存新寺。由此观之，有佛事于齐晋之地久矣哉。（《弘明集》卷二）

这里没有讲中国何时开始有阿育王寺。北齐魏收《魏书·释老志》则讲佛死后百年阿育王"以神力分佛舍利，役诸鬼神造八万四千塔，布于世界，皆同日而就"，并说在洛阳、彭城、姑臧、临淄都有阿育王寺。唐法琳在《对傅奕废佛僧事》中明确地说，佛死于周匡王四年（前609年），其后一百一十六年，

东天竺国有阿育王收佛舍利，役使鬼神，散起八万四千宝塔，遍阎浮提。我此汉土九州之内，并有塔焉。育王起塔之时，当此周敬王二十六年（前494年）丁未岁也。塔经周世，经十二王。至秦始皇三十四年（前213年）焚烧典籍，育王塔由此沦亡，佛家经传靡知所在。（《广弘明集》卷十一）

按照上述说法，在春秋末年中国已有阿育王"役诸鬼神"或"役使鬼兵"建造的佛塔。这种说法的荒唐无稽自不待言。

---

① 《高僧传·佛图澄传》云："虎（石虎）于临淄修治旧塔，少承露盘。澄曰：临淄城内有古阿育王塔，地中有承露盘及佛像，其上林木茂盛，可掘取之。即画图与使，依言掘取。"与此稍异。

阿育王是印度历史上以保护佛教著称，佛教在阿育王时取得很大发展。随着佛教经典输入中国，中国佛教徒对阿育王这个历史人物也充满着宗教感情。西晋安法钦译《阿育王传》七卷、梁僧伽婆罗译《阿育王经》十卷，都介绍阿育王保护佛教和修建八万四千塔（寺）的事迹。因此，如果在中国能发现阿育王寺遗址和他制的佛像，这对苦于搜寻文献证明佛教早已传入中国的佛教徒来说，将是个莫大帮助。魏晋以后，不少僧侣怀着对阿育王的狂热崇敬四处寻找阿育王寺塔。他们把一些中国古代某些年代不明的建筑遗址指为阿育王寺塔遗址，把从地下发掘的一些金属制像说成是阿育王时的佛像[①]。实际上，阿育王在印度虽大力修建寺塔，但所谓在遍天下建八万四千塔的说法只不过是个神话。中国佛教徒也明知阿育王从万里之遥派人来华造寺是不可能的，便利用当时人的迷信心理，妄说是阿育王派"鬼兵"修造的。至于先秦时代已有佛像的说法，也是不合事实的。因为即使在印度佛像的兴起也是在公元一世纪以后，中国在先秦是既无佛教也无佛像的。

（六）秦始皇时有外国僧众来华

唐法琳在《对傅奕废佛僧事》中说：

[①] 《高僧传》卷十三《慧达传》载东晋于建业发掘出阿育王寺址及佛舍利金函，于会稽也发现阿育王塔，于丹阳掘得阿育王时金像；同书卷五《昙翼传》说东晋于江陵得阿育王造佛像，都充满宗教传说的色彩。

> 释道安、朱士行等《经录》云：始皇之时，有外国沙门
> 释利防等一十八贤者赍持佛经来化始皇。始皇弗从，乃囚防
> 等。夜有金刚丈六人来破狱出之。始皇惊怖，稽首谢焉。①

秦始皇从即秦王位到统一中国死于皇帝位上，是公元前
246—前210年；阿育王在位的时间约当公元前273—前232
年。就是说，秦始皇和阿育王在位的时间大致是相同的。
阿育王派出大量使者和传教师到印度各地和印度周围各国
传教，有的经印度西北、伊朗高原和小亚细亚，远达埃及
和希腊。从中外交通来进行考察，虽然从先秦以来中国内
地与古西域之间已有某些民间往来，对古西域已有一些模
糊认识。例如《吕氏春秋·古乐》提到"大夏之西"，同书
《本味》篇说："大夏之盐、宰揭之露，其色如玉"；但是，
没有任何材料可以说明当时印度已与中国发生往来。秦始
皇时有佛教僧众来华的记载最早见于隋费长房《历代三宝
记》卷一，但上面并未讲引自道安、朱士行《经录》。如果
道安《经录》上有这一记载或古来有这种传说，梁僧祐
《出三藏记集》和北齐魏收的《魏书·释老志》不会不置一
词。至于朱士行《经录》，当是伪书，《出三藏记集》未载
此书。《历代三宝记》卷十五虽列《朱士行汉录》一卷，但
说"传记有目，并未尝见"。可见，关于秦始皇时有佛僧来

---

① 《广弘明集》卷十一。同书卷二十五唐道宣等《简诸宰辅叙佛教隆
替状》亦载此文。《历代三宝记》卷一虽载此文，但未讲出自何处，而且文
中"释利防等一十八贤者赍经来化"，下无"始皇"二字。

华的传说是不可信的。

（七）汉武帝时已知佛教

说汉武帝时中国有人知道佛教，这在当时历史条件下并不是不可能，但现存资料的有关说法却难以证明其可信。刘宋宗炳《明佛论》说："东方朔对汉武劫烧之说"，是说东方朔已知佛教。但梁慧皎《高僧传·竺法兰传》却说：

> 昔汉武穿昆明池，底得黑灰，以问东方朔。朔云不知，可问西域人。后法兰既至，众人追以问之，兰云：世界终尽，劫火洞烧，此灰是也。

所谓劫烧之说，是佛教对世界构成和发展的一种看法。《长阿含经·世纪经》上说，世界变化无常，按一定程序终而复始地循环不已，每一个循环周期叫作一"劫"，每一劫包括四个阶段，即："坏"（世界因火灾或水灾、风灾毁坏）、"空"（世界毁灭，空旷无物）、"成"（世界重新形成）、"住"（世界形成后正常存在）。上述"劫烧"、"黑灰"，是指世界因"火灾"烧毁后剩下的黑灰。这种"劫烧"说至少是在佛教传入中国后相当一个时期才会被人了解。汉武帝时虽已通西域，但至今没有可靠资料证明佛教已输入中国。东方朔生活的年代与张骞大致同时，虽然知识渊博（《史记·东方朔传》："好古传书，爱经术，多所博观外家之语"），但没有记载说他知道佛教，而且上述两段引文也是有矛盾的。宗炳《明佛论》明确地讲东方朔知道"劫烧"

之说，而在宗炳之后慧皎的《高僧传》却说东方朔回答武帝说："不知，可问西域人"，直到东汉时才由印度僧做出解释。因此，说东方朔已知佛教也是缺乏根据的。

《魏书·释老志》还有个说法：

> 及开西域，遣张骞使大夏还，传其旁有身毒国，一名天竺，始闻浮屠之教。

公元前二世纪中叶，大月氏从东方迁徙到阿姆河以北地区，在征服大夏以后，从游牧生活转为农耕定居生活，风俗习惯逐渐与当地大夏人和邻国安息相同；当时佛教已开始从印度西北传到此地。张骞出使西域，曾在大月氏逗留一年多，应当说，他是有可能了解到印度佛教的。但作为一个外国使者，人地两生，语言又不通，是否会对一种异地的宗教予以注意，这是难说的。《史记·大宛传》、《汉书》的《张骞传》和《西域传》关于西域的记载主要是依据张骞回国后的介绍，其中虽也介绍了印度的地理位置、气候风俗，但没有一语道及佛教。正如刘宋范晔《后汉书·西域传》所说：

> 至于佛道神化，兴自身毒，而二汉方志，莫有称焉。张骞但著地多暑湿，乘象而战。

比范晔稍后的魏收在《魏书·释老志》上所说张骞"始闻浮屠之教"，大概是他的一种推论，而不是张骞对武帝的报告。隋费长房《历代三宝记》卷二说："张骞使大夏还，汉始知有身毒国"，是符合实际情况的。至于《广弘明集》卷二所转载的《魏书·释老志》竟将此文改为：

> 及开西域，遣张骞使大夏，还云：身毒天竺国有浮屠
> 之教。

好像张骞回国曾把报告印度有佛教当成一件大事。时代越晚，传说得越具体，这显然不可信。一种宗教在它没有广泛传播并产生重大社会影响之前，人们对它一般是不注意的；而在它一旦得到盛行而要追溯它的最初的历史，则多属编造，往往不顾事实。这在中国和外国宗教史上都有类似情况。

此外，在中国佛教史上说汉武帝时已知佛教的另一种根据是说汉武帝祭祀匈奴休屠王的"金人"；金人即佛像。梁刘孝标（462—521年）注《世说新语·文学》篇引《汉武故事》说：

> "昆邪王杀休屠王，以其众来降，得其金人之神，置之甘泉宫。金人皆长丈余，其祭不用牛羊，唯烧香礼拜。上使依其国俗祀之。"此神全类于佛。岂当汉武之时，其经末行于中土，而但神明事之耶？

这里只说"此神全类于佛"，对汉武帝时是否有佛教还不敢完全肯定，而《魏书·释老志》则肯定地说汉武帝时已有佛教流行：

> 汉武元狩中，遣霍去病讨匈奴，至皋兰，过居延，斩首大获。昆邪王杀休屠王，将其众五万来降。获其神人，帝以为大神①，列于甘泉宫。金人率长丈余，不祭祀，但烧香礼

---

① 《广弘明集》卷二载《释老志》、《册府元龟》卷五十一皆作"天神"。

拜而已。此则佛道流通之渐也。

这两个说法虽然在文字上详略不同，结论也稍异，但都强调祭祠金人的方法不同一般，一个说"其祭不用牛羊，唯烧香礼拜"；一个说"不祭祠，但烧香礼拜而已"。就是说，他们都提示当时是用祭祀佛像的方法祭祠金人的。那么，这些说法有无真实的历史根据呢？

刘孝标注《世说新语·文学》篇所引的《汉武故事》，原题汉班固撰，《隋书·经籍志·史部》卷九著录二卷，但没有题班固撰。从此书内容看，与《史记》、《汉书》极不相类，有不少怪诞之词，此书大部分已佚，现存《汉武帝故事》已寥寥无几。宋晁公武《郡斋读书志》卷二引唐张柬之《书洞冥记后》云："《汉武故事》，王俭造。"王俭是南齐人。唐朝去南北朝不远，张柬之所说当有根据①。《魏书·释老志》的说法虽不一定是引自《汉武故事》，但同样也是缺乏历史根据的。据《史记》的《卫将军骠骑列传》和《匈奴列传》，《汉书》的《武帝纪》、《卫青霍去病传》、《匈奴传》的记载，武帝元狩二年（前121年）春，霍去病

---

① 宋晁载之《续谈助》卷一《洞冥记后跋》说："张柬之言，随其父在江南，拜父友孙义强，李知续二公，言：似非子横（按指《洞冥记》原题作者东汉郭宪）所录。其父乃言：后梁尚书蔡天宝与岳阳王启称湘东昔造《洞冥记》一卷。"可见张柬之的说法当是从了解南朝文坛的故老处听来。晁载之还说："昔葛洪造《汉武内传》、《西京杂记》，虞义造《王子年拾遗录》、王俭造《汉武帝故事》，并操觚凿空，恣情迂诞……"。这段话，大概是承袭原张柬之《书洞冥记后》而来。

将万骑出陇西，过焉支山千余里，在皋兰山下大败匈奴，"破得休屠王祭天金人"；同年夏，霍去病追击匈奴，"过居延"；同年秋，匈奴浑邪王杀休屠王并率其兵众降汉。可见，汉得休屠王祭天金人是在浑邪王投降之前，而不是如上面所说在此之后。司马迁和班固每逢提到休屠王金人时总是明确地说是"祭天金人"，班固甚至说过："休屠王作金人，为祭天主"（《汉书·金日磾传赞》）。他们也从没有说过"列于甘泉宫"、"烧香礼拜"之类的话。但《世说新语·文学》篇注和《魏书·释老志》在讲金人时都把"祭天"二字去掉，是故意暗示此金人即金制佛像。

其实，匈奴是有祭天的传统习惯的。《史记·匈奴列传》：

> 岁正月，诸长小会单于庭祠。五月，大会龙城，祭其先、天地、鬼神。秋马肥，大会蹄林，课校人畜。

《后汉书·南匈奴传》说：

> 匈奴俗岁有三龙祠，常以正月、五月、九月戊日祭天神。

匈奴单于自认为是上天所立，是上天的代理人。汉文帝时冒顿单于给文帝书自称是"天所立匈奴大单于"；老上单于即位，在其致汉朝书中自称是"天地所生，日月所置匈奴大单于"。既然他们有崇拜上天的宗教意识，因而重视祭天是很自然的。对此，司马迁作为汉武帝的同时代人是很清楚的。他在休屠王的"金人"前特别加上"祭天"二字正是说明它是匈奴祭天的神主（偶像）。

对此，隋唐以前不少人也明确地说过。例如三国时孟康《汉书音义》说：

> 匈奴祭天处本在云阳甘泉山下，秦夺其地，后徙之休屠王右地，故休屠王有祭天金人像，祭天主也。①

唐司马贞《史记索引》引三国时韦昭的话说：

> 作金人以为祭天主。②

当然，也有人把金人解释为佛像。《史记·卫将军骠骑列传》的《索引》引三国张宴云：

> 佛徒祠金人也。

此外，《史记·匈奴列传》的《索引》还说：

> 崔浩（北魏人）云：胡祭以金人为主，今浮图金人也。
>
> 孟说（指上引《汉书音义》）恐不然。

这些说法都是从佛教已经流行的情况往前推论的。东汉末年丹阳人笮融曾大祠涂金佛像，此后，社会上祠佛像之风一直很盛。因此，人们据此推论汉武帝时的休屠王金人即佛像是很自然的。

---

① 此引《史记·匈奴列传》集解，《汉书·匈奴传》注引"孟康曰"文字稍异，最后一句作"故休屠有祭天金人像也。"

② 持这种看法的还有三国时的如淳。《史记·卫将军骠骑列传》的《集解》引如淳曰："祭天为主"。

实际上，汉武帝时（公元前二世纪）印度佛教还处于部派佛教时期，社会上既没有成文佛经，也没有制造佛像。当时的佛教以佛塔为信仰崇拜中心，而直到公元后一—二世纪，随着佛教徒对佛陀的不断神化和大乘佛教的逐渐形成，印度佛教在吸收希腊和波斯的宗教文化的基础之上，才逐渐有佛像的制作和崇拜。因此，说汉武帝时已有佛像祭祀是不能成立的。

（八）刘向发现佛经

刘向（约前77—前6年），字子政，汉成帝时任光禄大夫、中垒校尉，曾校阅朝廷所藏图书，编成《别录》，此为我国图书目录学的最早著作；后来的佛教徒传说他在校阅图书时曾发现佛经。这种说法最早见于宋宗炳的《明佛论》，说："刘向《列仙叙》，七十四人在佛经"。（《弘明集》卷二）梁刘孝标《世说新语·文学》篇注：

> 刘子政《列仙传》曰："历观百家之中，以相检验，得仙者百四十六人，其七十四人已在佛经，故撰得七十，可以多闻博识者遐观焉。"如此即汉成、哀之间，已有经矣。

梁僧祐《出三藏记集》卷二则说：

> 昔刘向校书已见佛经，故知成帝之前佛法久至矣。

隋费长房《历代三宝记》卷二进一步有所发挥：

> 大夫刘向自称："余览典籍往往见有佛经。"及删《列仙

传》云："得藏书，缅寻太史创撰《列仙图》，自六代迄于今七百余人，向检虚实定得一百四十六人，其七十四人已见佛经。"推此岂非《汉时经目》及古、旧二录、《道安录》所载《十二贤者》等经例是①；所余止有七十二人为《列仙传》？

此书卷十五著录《旧录一卷》，注曰："似前汉刘向搜集藏书所见经录。"此后，历代佛教学者都认为刘向校书时已见佛经，在西汉成帝以前汉地早有佛经流行。

但比刘孝标稍后的颜之推（北齐、隋时人）在所著《颜氏家训·书证》篇中说：

> 《列仙传》，刘向所造，而赞云七十四人出佛经……盖由后人所羼，非本文也。

刘歆据其父刘向《别录》所作的《七略》连方技、术数等书目都著录（见《汉书·艺文志》），但无一语道及佛经，这绝不是忽略，而确实当时没有佛经。实际上，在刘向所处的时代，在毗邻印度南部的斯里兰卡才刚刚出现用文字写的佛经（前一世纪），而在印度北部直到公元后一——

---

① 此属错误推断。以上经录，除《道安录》以外，皆属伪书。据《历代三宝记》卷十五，《汉时经目》全名是《汉时佛经目录》，注云："似是伽叶摩腾创译《四十二章经》，因即撰录"；《古录》一卷，注云："似是秦时释利防等所赍来经目录"；《旧录》，见正文；《道安录》，是指道安撰《综理众经目录》一卷。这些目录，费长房说都没亲见。

《十二贤者》，据《出三藏记集·新集安公古异经录第一》，全名是《十二贤者经》，《旧录》作《十二贤经》，当时只存目录。费长房认为《十二贤者经》等"古异经"当是刘向以前已流传汉地的佛经，这是没有根据的。

二世纪才出现成文佛经①，当时在中国是不可能有成文佛经传入的，至于《历代三宝记》所说的《旧录》，当是后人根据上述说法伪托刘向所作，更是不足置信的。

《列仙传》曾长期在社会上流行，但其《赞》后来已被道士改过。南宋志磐《佛祖统纪》卷三十五说：

> 梁孝标注《新语》引《列仙传序》言："七十四人已见佛经"，今书肆板行者乃言："七十四人已在仙经"，盖是道流擅改之耳。

由此也可以看出，在围绕佛经何时传入中国问题上，佛教和道教的斗争也是十分激烈的。佛教徒伪造历史说佛教早在西汉成帝前已输入汉地，不少佛经曾存入皇家图书馆，是为了取得与道教竞争的有利筹码。对此，道教徒当然是反对的。

总之，以上种种说法虽在中国佛教史上为不少佛教僧侣学者深信不疑，但从当时的历史条件和各种资料进行考察，都是不能成立的。佛教传入中国的可靠年代，是在西汉末年和东汉初年的时候。

第二节　佛教从印度向西域的传播

佛教创立于公元前六—前五世纪的古印度，开始主要

---

① 可参见日本中村元、笠原一男、金冈秀友监修《亚洲佛教史·中国编 V》第 5 章《出土佛典介绍》（日本佼成出版社 1975 年版）等。

流行于恒河中上游一带地方。到公元前三世纪孔雀王朝阿育王时及其以后，佛教向印度各地以及周围国家传播。向南传到斯里兰卡和东南亚国家；向北传入大夏、安息以及大月氏，并越过葱岭传入中国西北地区，最后传入中国内地。在佛教向北传入中国的过程中，汉对西域交通的开辟起了促进作用。为了叙述方便，下面先就这个问题作简单介绍。

汉与西域的交通

汉时所谓的"西域"，一般是指玉门关（现甘肃敦煌西）、阳关（现甘肃敦煌西南）以西，葱岭（帕米尔）以东，天山以南，昆仑山以北的广大地区。这一带地方有三十六国，后来分裂为五十多个小国。随着中西交通的发展，人们也往往把通过以上地区与汉地有着交通往来的中亚、西亚甚至南亚次大陆一些国家也称为西域。

西域三十六国曾长期处于匈奴的控制之下，匈奴在那里设"僮仆都尉"，对西域各国进行残酷的奴役和剥削。汉武帝为了联合匈奴的宿敌大月氏共同抵御匈奴，在建元三年（前138年）派张骞等人出使大月氏。大月氏原居敦煌、祁连山之间，在汉文帝时被匈奴打败，被迫西迁，先居伊犁河流域，后又西迁至葱岭以西，阿姆河以北地区。张骞在途中被匈奴俘获，拘禁十年，后来逃走，西到大宛（乌兹别克斯坦共和国费尔干纳），经康居（在阿姆河以北，咸海与巴勒喀什湖之间一带地方）到达大月氏。当时大月氏已从游牧生活转变为定居的农耕生活，国王也已换人，因而不愿联汉东御匈奴。张骞在此地逗留一年多，没有达到目的，只好回国。归途中他又被匈奴俘获，后趁匈奴内乱逃回汉朝。他把在西域各地的见闻详细地告诉武帝，对中亚各国和南亚的印度的地理位置、历史、物产等作了介绍，扩大了人们的眼界。

元狩四年（前119年），汉武帝为联合乌孙（现新疆天山以北地区）抗击匈奴，派张骞率三百人出使乌孙。张骞在乌孙又派副使多人到大宛、康居、大月氏、大夏（在阿姆河以南，今阿富汗一带地方）、安息（在今伊朗）、身毒（印度）等国，沟通汉与这些国家的正式往来。

此后，汉武帝为了打败匈奴，在河西置酒泉、武威、张掖、敦煌四郡，进一步联络西域各国，扩大在这个地区的政治势力。元封三年（前108年），汉出兵打败亲附匈奴的楼兰（今新疆罗布淖尔西北）、姑师（即车师，今新疆吐鲁番盆地）两国，加强了对这些地方的控制。太初元年（前104年），汉武帝为从大宛夺取汗血马，派贰师将军李广利率兵攻伐大宛；大宛败降，汉掠得好马三千余匹。于是，"西域震惧，多遣使来贡献，汉使西域者益得职"（《汉书·西域传》）。此后，汉在轮台（现新疆轮台县）、渠梨（现轮台县东南）置兵屯田，以供应来往使者。宣帝神爵三年（前59年），任郑吉为西域都护，都护治龟兹（现新疆库车县）东边的乌垒城，把西域诸国正式置于自己管辖之下，并在莎车（现新疆莎车县）置屯田校尉，负责驻守和屯田事宜。汉元帝时，又在车师前王庭（现新疆吐鲁番附近）置戊己校尉，管理屯田和防务。

此后，包括东汉时期在内，虽然朝廷与西域各国的臣属关系时断时续，但人民之间的经济文化交流是从未间断的。

汉与西域各国的交通路线主要有两条：（1）自敦煌西出玉门、阳关，从故楼兰西行到鄯善，沿昆仑山北麓，经于阗（现新疆和阗）至莎车，此为南道。由南道西逾葱岭，经巴达克山，到达阿姆河流域的大月氏、安息；南越大雪山（兴都库什山）则是古印度西北部的迦湿弥罗（即克什米尔）。（2）从玉门北行至伊吾，由此西进达车师前王庭，然后沿天山南麓，溯塔里木河西行，经龟兹到疏勒（现新疆喀什市），此为北道。由北道西逾葱岭达大宛、康居、奄蔡（在欧亚咸海与里海之间）。葱岭的西南有罽宾（在现克什米尔）、乌弋山离（在现阿富汗东部）；而在罽宾东南则是身毒国，其西方是高附、安息、条支（在波斯湾西北岸，今叙利亚、伊拉克一带地方）；条支以西是大秦（即梨轩，罗马帝国的东方领地）。北道土地肥沃，人口稠密，与西方交通也比较频繁。从宣帝以后，西域都护即设在北道乌垒。以上南道和北道因都在天山南侧，位于塔里木盆地南北两边，也统称天山南路。此外，还有一条天山北路，即从哈密出发沿天山北麓而行，中经乌孙、大宛，至康居。这条道路不如以上两条道路重要。这几条沟通中西联系的道路，就是闻名世界历史的"丝绸之路"。

汉与西域的交通对于我国汉民族和西北各兄弟民族的经济文化交流具有极大促进作用，同时也促进了我国人民与世界人民的友好往来。汉朝先进的冶炼生产技术、丝绸等物品和科学文化通过上述交通路线传到葱岭以西，直到欧洲遥远地方，对于世界各国物质文明的发展做出贡献。西方一些物产，例如汗血马等家畜，苜蓿、葡萄、胡桃、蚕豆等植物也陆续传到中国，丰富了中国的物质资源和经济生活；而西方的文化艺术也对发展中国的文化艺术提供了新的养料。

就在这个中外经济文化交流的过程中，佛教从印度向西北邻国传播，并越过葱岭传入中国西北地区，最后传入中国内地。

阿育王时期佛教的传播

释迦牟尼创立佛教以后，带领弟子主要在印度恒河中上游地区传教。他死之后的一二百年，由于奴隶制社会经济的进一步发展和奴隶主阶级城市国家之间兼并战争的进行，印度逐渐出现统一的趋势。公元前四世纪中叶，在恒河流域和印度中部地区建立了摩揭陀国的难陀王朝。公元前327年，马其顿国王亚历山大（前336—前323年）率领希腊军队入侵印度，曾到达印度西北地区的旁遮普一带地方，因为遭到印度人民的坚决抵抗和希腊军队内部产生厌战情绪，亚历山大被迫退出印度，但却在印度西北地区建立两个殖民地的省。公元前324年，旃陀罗笈多推翻难陀王朝建立了孔雀王朝，定都华氏城（今巴特那）。在西北地区驱逐了希腊殖民者，并着手统一全印度的事业。到他孙子阿育王（前273—前232年）时，建立了全印度统一的奴隶制中央集权国家。

阿育王是佛教史上有名的保护佛教的国王，被佛教徒尊为"法阿育王"。他为了利用宗教巩固奴隶制统治秩序，对佛教、婆罗门教、耆那教等各种宗教都采取保护政策，任命"正法大官"（dharma-mahāmātra）专门负责宗教事务。但阿育王特别崇信和扶植佛教，使佛教实际居于国教的地位。阿育王每年向佛教僧侣施舍大量金钱，经常举行豪奢的佛教集会，到处建立寺塔，树立石碑石柱，用各种文字铭刻"法敕"，宣传佛教教义和宗教道德。在他的直接资助下，由上座部著名长老和尚目犍连子帝须主持举行了佛教第三次结集（实际是上座部结集），重新宣明佛教的传统教义和戒律，把一些为贪图优厚待遇而假冒佛教僧侣的外道从僧团中驱逐出去。据南传佛教历史记载，阿育王时期曾派出大量佛教传教师到印度各地以及印度周围国家传教。巴利文斯里兰卡历史书《大王统史》第十二章记载：

> 目犍连子长老为显扬佛教，于结集结束之后，预见到将来在边境地带树立教法，在迦剌底迦月（八月），把诸长老派遣到各地。派末田地（或作"末阐提"）长老到迦湿弥罗·犍陀罗国，摩诃提婆长老到摩醯沙曼陀罗国，勒弃多长老到婆那婆沙国，史那人昙无德到阿波兰多迦国，摩诃昙无德到摩诃勒陀国，摩诃勒弃多到史那世界，末示摩到雪山地

方，须那和郁多罗两长老到金地国。目犍连长老派大摩哂陀
长老与自己的其他弟子一地臾、郁帝夜、参婆楼、拔陀沙罗
诸长老到楞伽岛，说："你们应到美丽的楞伽岛去建立美丽
的教法。"①

这里所提到的迦湿弥罗即古印度西北的克什米尔，犍陀罗
在古印度西北印度河流域的上游一带地方（今巴基斯坦北
部白沙瓦附近），楞伽岛即今斯里兰卡，其他一些地名相当
于现在的什么地方尚无定论。一般认为，摩醯娑曼陀罗在
印度南部的海得拉巴地区，婆那婆沙国大概在印度中部拉
其普他那地区，而阿波兰多迦国在印度西部旁遮普一带地
方，摩诃勒陀国在孟买东北的哥达瓦里河上游一带，臾那
世界指居住印度西北的希腊移民聚居地，雪山地方则是喜
马拉雅山南麓的尼泊尔。金地国大概是指缅甸濒临孟加拉
湾的劈磅和渺名一带地方，或指马来半岛。总之，通过这
个记载可以看出，在阿育王统治时代，佛教已经超出恒河
流域，传播到印度各地和毗邻印度的中亚、南亚和东南亚
一些国家。

不仅如此，据阿育王时期的碑文《摩崖法敕》（第十
三）记载，佛教传教师甚至远及安息、大夏、埃及和希腊。
碑文上说：

---

① 译自日译《南传大藏经》第六〇卷。本文亦见同卷载《岛王统史》
第8章；还可参考汉译《善见律毗婆沙》卷二。

73

王复于距其领土六百由旬①的邻国——希腊王安条克所住之处，及北部的托勒密、安提柯、马伽期以及亚历山大四王所住之处，南部的朱拉王国、潘地亚王国和锡兰，皆得法胜；更于王所属领地的臾那人、堪坡加斯人、那巴卡的那巴穆德人、贺札斯人及比丁尼喀人、安得拉人以及普林达人之间，亦得法胜。王使所到之处，皆归顺王所宣示之正法；王使末到之处，闻王如法之教敕及其教法，皆依法行之，或将来当行之。②

这里提到的安条克是指公元前261—前246年领有小亚细亚西岸、西亚和中亚一部分的塞琉古王朝的国王安条克二世；托勒密是公元前285—前247年在位的埃及国王托勒密·菲拉得佛斯；安提柯是公元前278—前239年在位的马其顿国王安提柯·贡那特；马伽斯是死于公元前258年的西林尼（在今利比亚北部昔兰尼加）的国王，亚历山大是公元前272—前258年在位的伊庇鲁斯（在今希腊西北）的国王。至于朱罗国和潘地亚国则是当时位于印度南部的两个小国。阿育王领地的臾那人是居于印度西北的希腊移民；堪坡加斯人是居于现在阿富汗一带地方的民族。上述塞琉古王朝是马其顿国王亚历山大部将塞琉古所建，以叙利亚为统治中心，故又称叙利亚王国，中国史书称之为条支。就在塞

---

① 由旬：印度里程单位，相当于中国三四十里。
② 译自日本羽溪了谛《西域之佛教》（东京森江书店1923年第3版）第1章引文。

琉古国王安条克二世的时候，位于中亚的帕提亚（中国称为安息），巴克特利亚（中国称为大夏）脱离塞琉古而独立。根据这个碑文，虽不足以说明在阿育王时期佛教已在中亚地区广为流行，但至少可以说印度佛教向这一带地区传播的道路已被打通。

印度西北希腊移民的佛教信仰

孔雀王朝在阿育王死后不久急剧衰落，印度再次陷入分裂局面。公元前二世纪初，以希腊人为统治者的大夏（巴克特利亚）侵入西北印度。后来大夏发生分裂，留守本部的守将宣布独立，占领喀布尔流域和现在巴基斯坦西部一带地方，而侵占当时印度西北旁遮普的一支成立以舍竭（奢竭罗，现巴基斯坦东北的锡亚尔科特）为中心的希腊式城市国家。佛经上称这个国家为"天竺舍竭国"。汉译佛经《那先比丘经》（有二卷本、三卷本，皆失译人名，附东晋录）和巴利文《弥兰陀王问经》，记载了这个国家的国王弥兰陀与来自克什米尔罽宾的高僧那先之间的问答式的谈话。弥兰陀国王原来不信佛教，"喜读经学异道，悉知异道"，后向那先比丘询问佛法，共同就人的精神与身体、善恶果报、生死轮回、佛的真实性、佛教的修行规则、比丘与教团等一系列问题进行广泛深入的讨论，最后，国王皈依佛教。汉译《那先比丘经》记载：

王言："得师如那先，作弟子如我，可得道疾。"王诸所问，那先辄事事答之。王大欢喜，王即出中藏好衣值十万，以上那先。王语那先："从今已去，愿那先日与八百沙门，共于官中领食，及欲所得，皆从王得之。"（卷下）

佛经的记载虽然难免有夸张的地方，但基本还是属实的。弥兰陀王施舍的舍利壶已经出土，此外，一些碑文记载了在印度西北的希腊移民信仰佛教的情况，如供养佛舍利，向寺院施舍门、石柱、水池、物品等。公元前二世纪中叶，大月氏从东方徙来征服大夏以后，一些希腊式城市国家也逐渐被大月氏吞并。实际上，后来大月氏的佛教正是从印度西北地区和大夏直接传承下来的。

部派佛教的分布

从阿育王直到公元前后一段时期内，印度佛教已从早期佛教进入部派佛教时期。公元前一世纪以后，从上座部和大众部中先后分立出来的部派已达十八部或二十部之多。据一些文字记载和考古资料，各部派的分布情况大致如下：说一切有部、经量部、法藏部、化地部、饮光部主要分布在西北印度地区；正量部、犊子部、法上部、贤胄部、六城部，主要分布在印度西南部和西部沿海一带地区；大众部、一说部、说出世部、鸡胤部（牛家部）分布在从中印度到西北印度一带地方；制多山部及从它分立出来的东山部、西山部等南方大众部分布在南印度以阿摩罗伐帝为中心的地方，被称为案达罗派。在这个地方和斯里兰卡还有称作方等派和大空派的部派存在。各个大的部派都有自己的经（《阿含经》）、律、论三藏。由于分布的地区不同，编集经典使用的语言也不一致。例如西北印度最有势力的说一切有部一般使用梵语或接近梵语的俗语佉卢虱底语（驴唇文），以印度西部苏拉赛那为主要基地的正量部等部派，则用阿帕普兰沙语，以阿瓦底为主要基地的上座部则用派萨奇语，以印度中南部马哈拉施特拉地方为主要基地的大众部，则使用马哈拉施特拉语。这一切部派佛教被公元一世纪以后产生的大乘佛教统称为小乘佛教。因此，在此期间从印度传到印度周围各国的佛教都属于小乘佛教，从印度西北地区犍陀罗和迦湿弥罗传到安息、大夏、大月氏等中亚地区的佛教主要是小乘佛教说一切有部[①]。

最初佛教经典不用文字记载，全靠口头传育，直到公元前一世纪以后，才逐渐形成用文字写的佛教经典。这种经典大部分都写在桦树皮和贝叶上，近代在印度、中亚和我国新疆都发现了这类佛典断片。

大月氏的佛教

大月氏原居我国敦煌、祁连山一带地方，在汉文帝时（公元前176年或前174年）被匈奴冒顿单于打败，往西逃走，中经乌孙、大宛，公元前130年左右到达妫水（阿姆

[①] 参见日本佐佐木教悟、高崎直道、井之口泰淳、塚本启祥《佛教史概说·印度篇》第7章（日本平乐寺书店1976年第12次印刷）。

河），征服大夏，占有整个阿姆河、锡尔河流域。公元前128年张骞出使西域曾经康居到过这里。据《汉书》、《后汉书》的《西域传》记载，大月氏后来分裂为休密、双靡、贵霜、肸顿、都密"五部翕侯"（即五部君长），其中以贵霜部最为强大。大约在公元一世纪上半叶，贵霜翕侯丘就却攻灭其他四翕侯，自立为王，建立贵霜王国，西侵安息，占有喀布尔平原，南侵印度，灭濮达、罽宾；至其子阎膏珍（约公元45—78年）时攻占整个印度西北地区，并建立了对恒河流域的控制权。到迦腻色迦王（约公元78—120年）以后，贵霜王国在印度的统治包括整个恒河和印度河流域，定都富楼沙（今巴基斯坦北部白沙瓦），成为拥有中亚广大领土的西起咸海、东至葱岭的大帝国。

大月氏在征服大夏以后，社会生产从游牧转为农耕生活，并迅速吸收当地的古代波斯、希腊和印度文化，社会制度和文化逐渐与安息等国相同，如《汉书·西域传》所载：

> 大月氏国，都兰氏城……土地风气，物类所有，民俗钱货，与安息同。

如前所述，印度西北地区及毗邻国早在公元前三世纪以后已有佛教输入，在前二世纪大夏入侵印度西北所建立的舍竭国也已流行佛教，因此可以说，大月氏至迟在公元前一世纪已开始信仰佛教。《三国志·魏志·东夷传》注所引《魏略·西戎传》载：

> 昔汉哀帝元寿元年（前2年），博士弟子景卢受大月氏

王使伊存口受《浮屠经》。

这就是一个可信的证明。在丘就却建立贵霜王国并占领印度广大领土以后，印度佛教迅速向大月氏所占领的一切地方传播，至迦腻色迦时由于采取鼓励和扶植各种宗教的政策，佛教取得很大发展。据唐玄奘《大唐西域记》卷三记载，迦腻色迦王"机务余暇，每习佛经，日请一僧入宫说法。"因为各部派异说纷纭，莫衷一是，王下令召集各方僧侣在印度西北克什米尔举行佛教集会，由说一切有部著名论师胁尊者组织主持，重新宣明佛教三藏，集成《大毗婆沙论》等理论著作。这就是佛教史上第四次结集，实际上只是说一切有部的结集。迦腻色迦王到处建立佛教寺塔，他在国都郊外建立的大塔，六世纪初北魏使者宋云和僧惠生赴西域求法经过这里时还见到此塔，当时此塔名"雀离浮图"。（北魏杨衒之《洛阳伽蓝记》卷五）

贵霜王朝时代，在印度西北地区最有势力的佛教部派仍是说一切有部，此外，正量部、饮光部、法藏部、化地部、大众部等部派也有一定影响。同时，大乘佛教也逐渐在印度南部、西北地区形成，日益扩大社会影响。大乘主要经典《般若经》、《法华经》、《华严经》、《阿弥陀经》、《维摩经》等等大都在这个时期形成。大乘佛教的著名论师马鸣（约二世纪）、龙树（约二三世纪）也都活跃在这个时期。龙树主要活动于印度中部、南部地区，但其影响迅速扩展到全印度。他所著《中论》、《十二门论》、《大智度论》

等发挥了《般若经》的理论，创立了大乘佛教中观学派。

公元一世纪以后，在印度出现了最早的佛的造像，这对以后佛教的通俗宣传和广泛传播有极大影响。这个时期在婆罗门教基础上形成的印度教、波斯的祆教和希腊的宗教在社会上也相当流行，它们与佛教互相影响。从地下发掘的贵霜王朝的钱币的铸像可以看出，当时社会上对印度教的湿婆神、佛、波斯祆教的神、希腊宗教的神都很崇拜。有一枚迦腻色迦时期的钱币，刻有穿希腊服装的释迦牟尼像，而周围是用希腊字母拼成的"佛"字。在印度西北犍陀罗（以现在白沙瓦为中心）、中部的秣兔罗（在现在亚格尔北部）保留下来的佛教寺塔建筑和佛教雕刻、美术，都体现着希腊文化与中亚、印度文化互相融合的色彩。

贵霜王国的中心是横贯中亚"丝绸之路"的枢纽。它不仅与中国西域各国有着政治上的外交往来，而且还进行频繁的经济、文化交流。在欧亚各国进行通商贸易的过程中，中国的丝绸、漆器、铁器，印度的珠宝、香料，埃及和西亚的玻璃都要通过贵霜王国。在这个时期印度的佛教也通过贵霜不断传到西域各国和中国内地。大月氏不仅最早向中国传入佛教，而且东汉、三国时期在中国的大月氏译经僧支谶（支娄迦谶）、支曜，以及支谦最早向中国介绍了大乘佛教经典。

安息和康居的佛教

在大月氏西部的国家是安息（帕提亚）。公元前三世纪，属于马萨革泰部落联盟的游牧部落的帕勒——达依人从北方进入伊朗高原的帕提亚，开始隶属于塞琉古王朝，公元前247年在阿尔萨克二世领导下脱离塞琉古王朝而独立。在密特里达提一世（前171—前138年）时候，安息趁塞琉古王朝内乱之机，夺取了伊朗高原西部地区，并夺取大夏和印度一部分领土，建立了西至幼发拉底河，东至兴都库什山的强大王国。到国王密特里达提二世（公元前123—前88年）时，曾打败南侵的塞种人，并继续南侵印度，夺取了印度西北印度河和契那布河之间的恒叉始罗地方。就在这个时期，安息与西汉开始发生关系。《史记·大宛传》载：

> 安息在大月氏西可数千里。其俗土著，耕田，田稻麦，蒲陶酒。城邑如大宛，其属大小数百城，地方数千里，最为大国。临妫水，有市，民商贾用车及船，行旁国或数千里。以银为钱，钱如其王面，王死辄更钱，效王面焉。书革旁行以为书记。

这说明安息的社会经济以农耕为主，同时因地处东西交通要道，商业贸易十分发达。安息文化受波斯、希腊文化影响很大，社会流行袄教，但因其领土已深入印度西北，且与印度内地有密切经济往来，大约在大月氏贵霜王朝建立前后也已开始流行佛教。《汉书·西域传》说：

> 安息国，王治番兜城……土地风气，物类所有，民俗与乌弋、罽宾同。

罽宾在印度西北克什米尔，早已流行佛教。安息所传播的佛教当与印度西北地区的佛教大致相似。在安息故领土范围，今阿富汗西部接近古印度犍陀罗的迦尔拉巴特盆地，发现一些公元一——二世纪的佛塔遗址，在出土的金质舍利容器上还刻有佛像。安息在很长时期内只是流行小乘佛教，特别是说一切有部。从东汉桓帝建和二年（公元148年）来华的安息僧安世高和汉灵帝末（公元二世纪末）来华的安玄的经历、译经情况可以了解当时安息佛教流行情况。梁僧祐《出三藏记集》卷十三载安世高传云：

> 安息国王正后之太子也。幼怀淳孝，敬养竭诚，恻隐之仁，爱及蠢类，其动言立行，若践规矩焉。加以志业聪敏，刻意好学，外国典籍，莫不该贯……俊异之名，被于西域。远近邻国，咸敬而伟之。世高虽在居家，而奉戒精峻，讲集法施，与时相续。时王薨将嗣国位，乃深惟苦空，厌离名器；行服既毕，遂让国与叔，出家修道，博综经藏，尤精阿毗昙学，讽持禅经，略尽其妙。既而游方弘化，遍历诸国。

安世高身为王族太子，平时虔信佛教，父死即舍王位出家，由此可见安息佛教在社会上已非常盛行，王公贵族也很崇信。他出家"尤精阿毗昙"和禅经，在汉地所译佛经多属《阿含经》单品，可见他所信奉的是从印度西北传入的小乘佛教说一切有部。因为早期阿毗昙主要是说一切有部的理论著作。这一部派在宗教修行方面又特别重视"禅观"，即通过禅定静虑来领悟早期佛教的基本原理。

至于安玄，《出三藏记集》卷十三说：

> 为优婆塞，秉持法戒，毫厘弗亏，博诵群经，多所通习。汉灵帝末，游贾洛阳有功，号骑都尉。性虚静温恭，常以法事为已务。渐练汉言，志宣经典，常与沙门讲论道义……与沙门严佛调共出《法镜经》。

玄口译梵文，佛调笔受。

安玄是个周游各地的商人、佛教居士，也广读佛经。他比安世高晚来东汉约四十年，翻译出早期大乘佛教经典《法镜经》（即《大宝积经·郁伽长者会》的异译）。由此可见，此时大乘佛教已传入安息。从这个例子也可以看出，在当时从事各国贸易的商人中也有从事传教活动的。

在安息东北，大月氏北方的国家是康居。据《汉书·西域传》记载：

> 康居国，王冬治乐越匿地。到卑阗城。去长安万二千三百里，不属都护……户十二万，口六十万，胜兵十二万人。……与大月氏同俗。

这里一些地名已难考证其确切所在，但康居国大致在咸海以东，锡尔河流域一带地方。西汉武帝时张骞出使西域，曾经康居联系到达大月氏，此后，康居常派质子侍汉，贡献礼品。康居何时传入佛教，已无文字记载可查，但在公元二世纪末以来，康居僧侣继月氏、天竺、安息之后，也向中国传入佛教，著名的译经僧康孟详、康僧铠、康僧会译出不少大乘佛教经典，可见，康居在此很早以前已传入佛教。

龟兹和于阗的佛教

在葱岭以东是中国西北地区的塔里木盆地，其南北两侧各有由一系列沙漠绿洲连接起来的通道，它们是沟通中西关系的主要通道，也是佛教输入中国内地的主要路线。北道以龟兹为中心，南道以于阗为中心。关于龟兹的早期佛教，史书无征，但据《高僧传·鸠摩罗什传》记载，直到公元四世纪中叶，此地仍以小乘佛教为主。现存关于于阗建国和早期佛教的记载多系神话，不能令人全信，但从这些资料可以发现某些佛教输入的线索。

《大唐西域记》卷十二把于阗称为"瞿萨旦那国"，说此国国王自称是"毗沙门天之祚胤"。相传印度阿育王太子遭到陷害，双目被人抉出①，阿育王发怒；把身边大臣的家族驱至雪山以北，这些人在于阗西界"推举酋豪"，尊立为王。与此同时，

> 东土弟子蒙谴流徙，居此东界，群下劝进，又自称王。

后来东西两方发生战争，东方取胜，其王收抚西方民众，在于阗地方建城立国。后国王无子，向毗沙门天神像祈祷，"神像额上剖出婴孩"，并于神前地上涌出"地乳"哺育婴

---

① 有《阿育王息坏目因缘经》一卷。此经只讲阿育王大夫人及近臣耶奢因设计害太子被烧死，而无阿育王驱遣辅佐家族之事。

儿。因此，于阗国王自称是毗沙门天的后代，并以"瞿萨旦那"（意谓"地乳"）为国号；在我国西藏文献中也有类似的记载。

这个于阗立国传说没有可靠的史实证据。据《史记》、《汉书》记载，在汉武帝时（公元前二世纪）于阗国已经存在，因此，于阗立国至少应在公元前二世纪以前。这里所说的"毗沙门天"原是印度婆罗门教中的北方保护神，佛教吸收这个说法把它作为护法神"四天王天"之一，也称"多闻天"。可见，上述于阗立国传说应是在佛教输入后才形成的。

《洛阳伽蓝记》卷五载《宋云行记》记述北魏使者宋云在于阗听到的传说：于阗王原不信仰佛教，有一商人领一个叫毗卢旃的比丘来对王讲："今辄将异国沙门来在城南杏树下"，后此王当面受此比丘感召，信仰佛教，为建寺塔。《大唐西域记》卷十二亦载此传说，但称毗卢旃比丘为"毗卢折那阿罗汉"，明确地讲他来自迦湿弥罗。

> 王城南十余里有大伽蓝，此国先王为毗卢折那阿罗汉建也。昔者，此国佛法未被，而阿罗汉自迦湿弥罗国至此林中，宴坐习定。时有见者，骇其容服，具以其状，上白于王。王遂躬往，观其容止，曰"尔何人乎，独在幽林？"罗汉曰："我，如来弟子，闲居习定。王宜树福，弘赞佛教，建伽蓝，召僧众。"王曰："如来者，有何德，有何神，而汝鸟栖，勤苦奉教？"曰："如来慈愍四生，诱导三界，或显或隐，示生示灭，遵其法者，出离生死；迷其教者，羁缠爱

网。"王曰："诚如所说，事高言议。既云大圣，为我现形，
若得瞻仰，当为建立，罄心归信，弘扬教法。"罗汉曰："王
建伽蓝，功成感应。"王苟从其请，建僧伽蓝，远近咸集，
法令称庆，而未有犍椎扣击召集。王谓罗汉曰："伽蓝已成，
佛在何所？"罗汉曰："王当至诚，圣鉴不远。"王遂礼请，
忽见空中佛像下降，授王犍椎，因即诚信，弘扬佛教。

据此，于阗的佛教是从印度迦湿弥罗直接输入的。该书还
讲，离王城西三百余里是勃伽夷城，中有一座佛像，是于
阗古代某王子在逾雪山讨伐迦湿弥罗国的战争中带回的。
无论此传说的真伪如何，这再次反映于阗佛教和迦湿弥罗
的密切关系。

据《汉书·西域传》记载，早在汉武帝时，迦湿弥罗
的罽宾国就与汉政府发生联系。罽宾是公元前二世纪中叶
由塞种人建立的国家，曾多次向汉遣使奉献，汉也曾派使
者为罽宾立王授印。罽宾与汉的交通一般都经过天山南路
南道的东西要冲于阗国，据此可以认为，于阗传入佛教大
概在公元前二世纪以后，而至迟应在公元前一世纪末大月
氏向中国内地传入佛教之前，于阗国曾长期流行迦湿弥罗
的小乘佛教，后来虽也传入大乘佛教，但在相当长时间内
并未受到社会重视。《出三藏记集》卷十三载：魏甘露五年
（公元260年）朱士行到于阗寻得大品《般若经》让弟子送
回洛阳，但

　　未发之间，于阗小乘学众，遂以白王云："汉地沙门欲

86

以婆罗门书惑乱正典。王为地主，若不禁之，将断大法，聋盲汉地，王之咎也。"王即不听赍经。士行愤慨，乃求烧经为证。王欲试验，乃积薪殿庭，以火燔之……

于阗国的小乘僧侣奉小乘佛经为"正典"，视大乘佛教为"婆罗门书"，甚至有能力怂恿国王出面阻止大乘佛典流入内地，这正说明了于阗当时仍奉小乘佛教为正统。

总之，印度佛教到前三世纪阿育王时已开始从恒河流域扩展到全国各地，并逐渐向国外传播，成为世界性宗教。佛教从印度西北传到安息、大夏、大月氏、康居，东逾葱岭传入中国西北地区，经天山南路二道的龟兹、于阗等国，进玉门关、阳关而传入中国内地。大月氏建立横跨中亚、印度广大地区的贵霜王国时期，佛教进一步向外发展，很多印度、中亚各国的佛教僧侣经西域各地来到中国内地译经传教。在佛教从印度向西域的传播过程中，开始传播小乘佛教，后来又传播大乘佛教，但直到公元三、四世纪，一些地方仍以小乘佛教为主。

第三节　两汉之际佛教的输入

两汉之际西域与中国内地的往来

为了说明两汉之际佛教传入中国内地，有必要首先就这个时期两汉政府与西域的交通情况进行集中介绍。

自汉武帝开辟对西域的交通以来，西域各国与汉内地的政治往来和经济、文化交流一直十分频繁。汉宣帝时，派卫司马统辖鄯善以西诸国，但对北道诸国还没能建立巩固统治。神爵三年（前59年），役属西域的匈奴日逐王叛离匈奴而投降汉朝，汉才正式控制了西域南北道，任命原"护鄯善以西使者"郑吉为西域都护，驻守于龟兹东北的乌垒城，负责管辖西域的诸事宜。汉元帝时，又置戊己校尉，屯田于车师前王庭，协助西域都护镇守西域。此后，西域各国与汉的关系愈益密切，西域各国与汉的使节、商贾来往不绝。

在西域诸国中，乌孙最为强大，汉武帝为了争取乌孙共同抵御匈奴，曾以江都王刘建之女细君作为公主嫁给乌孙王为妻，与乌孙结为亲戚关系。汉宣帝末年，公主携乌孙男女三人回长安养老。汉哀帝元寿二年（公元前1年），乌孙大昆弥（王号）到长安朝见汉皇帝。王莽始建国五年（公元13年），乌孙大小昆弥遣使贡献。汉成帝时，康居遣子入长安为侍子（质子），并贡献，虽与汉关系不很密切，但互相的交往还是一直保持着的。宣帝时，龟兹国王娶乌孙公主之女为妻，自认为也是汉的亲戚，大力仿效汉的风俗和制度，其子在汉成、哀时与汉的来往很密切。在葱岭西南，位于印度西北的罽宾国与汉也有往来。汉武帝时其王曾杀汉使者，此后汉曾派人到罽宾为立王，授印绶，但立罽宾王后来与汉使不和，杀汉使以下七十余人。汉成帝时，罽宾王派使者入汉贡献谢罪，朝廷因其处地遥远没有派使者回访，但罽宾由于贪图汉的赏赐和为了与汉进行贸易，仍数年派一次使者入汉朝见和贡献。

王莽时期，西域各国因王莽的倒行逆施和欺诈政策而先后叛离朝廷。始建国五年（公元 13 年），焉耆诸国杀都护但钦。天凤三年（公元 16 年），王莽派大使五威将王骏、西域都护李崇率领戊己校尉出西域，当时各国王臣出城迎接、贡献。王骏为报都护被杀之仇，率莎车、龟兹兵千余人进攻焉耆诸国，但遭到反击被杀。此后西域各国与朝廷一度中断关系，而被迫再次从属匈奴，但与汉地民间的往来还是没有中断的。

东汉建国以后，西域各国对朝廷的从属关系虽然在一段时期内没有正式恢复，但东汉在西域的影响很大，彼此的往来也日益密切，而到明帝时再次正式建立对西域的统辖制度。据《后汉书》的《光武纪》、《明帝纪》和《西域传》的记载：

光武帝建武五年（公元 29 年），占据河西五郡（武威、张掖、酒泉、敦煌、金城）的窦融（当时已归属东汉）以朝廷的名义立莎车王康为"汉莎车建功怀德王，西域大都尉"，使统领西域五十余国。

建武十四年（公元 38 年），"莎车国、鄯善国遣使来献"，从此西域诸国又与中央朝廷发生交往。

建武十七年（公元 41 年），"莎车国遣使贡献"，光武帝按照窦融的意思通过莎车使者授莎车王贤以西域都护印绶，后来反悔，追回成命，改授以汉大将军印绶；但莎车王贤仍自称大都护，役属西域诸国。

建武二十一年（公元45年）冬，"鄯善王、车师王等十六国（《西域传》作十八国）皆遣子入侍奉献"，并请求朝廷派遣西域都护。光武帝因国内初定，顾不上外事，退还诸国侍子，对他们厚加赏赐，虽表示暂不派出都护，但同意西域诸国的建议，让诸国侍子留在敦煌，表示东汉将派出都护，以牵制莎车的扩张。

汉明帝永平十六年（公元73年），派太仆祭肜出高阙，奉车都尉窦固出酒泉，驸马都尉耿秉出居延，骑都尉来苗出平城，伐北匈奴。窦固破呼衍王于天山，留兵屯伊吾卢城，置宜禾都尉以屯田。从此，西域与中央朝廷的关系得到恢复。

永平十七年（公元74年），"西域诸国皆遣子入侍"；明帝派奉车都尉窦固、驸马都尉耿秉、骑都尉刘张出敦煌、昆仑塞、击破白山虏于蒲类海上，进驻车师；设西域都护、戊己校尉，再次确立对西域的统辖制度。

此外，《后汉书·西域传》还记载，即使在葱岭以西诸国没有回归中央朝廷管辖之前，它们与汉人也有密切关系。建武初年，莎车王康"率傍国拒匈奴，拥卫故都护史士妻子千余口，檄书河西，问中国动静，自陈思慕汉家"；永平三年（60年），于阗的休莫霸与汉人韩融等人杀死都末兄弟自立为于阗王。

如上所述，在西汉末年和东汉初年，西域与中国内地，以及西域人与汉人之间的交往基本上是一直进行着的。正是在这种交往中，印度的佛教通过西域传到中国内地。

大月氏王使者伊存口授佛经

从公元前三世纪印度阿育王时期以后，印度佛教逐渐传播到印度西北地区、大夏、安息，并沿着丝绸之路向西域各国传播。在西汉末年西域各国到汉的外交使节、侍子，以及商人中可能已有一些佛教信徒。可以想象，由于他们的宗教信仰在当初被人只看作是一种异地习俗，并没有受到特别的重视。而到后来，由于人们对这种特殊信仰看得多了，才开始对它发生兴趣。三国时魏国鱼豢《魏略·西戎传》（《三国志·魏志·东夷传》注引）上有一段记载：

> 昔汉哀帝元寿元年（公元前2年），博士弟子景庐（《魏书·释老志》作"秦景宪"）受大月氏王使伊存口授《浮屠经》。曰复立（《世说新语·文学》篇注引文作"复豆"）者，其人也。《浮屠》所载临蒲塞、桑门、伯闻、疏问、白疏问、比丘、晨门，皆弟子号。

关于这个记载，有必要指出如下几点：

（一）博士弟子景庐之所以愿意接受大月氏使者伊存口授《浮屠经》，说明这种宗教信仰已引起当时社会上某些人的注意。

（二）大月氏在公元前二世纪移居大夏后很快就接受当地的风俗文化，因此在公元前一世纪末盛行佛教并由其来华使者口授佛经，是完全可能的。公元后一世纪大月氏取得统一，建立贵霜王朝，此后有不少佛教僧侣直接来华传教译经。

（三）口授佛经是佛教的传统做法。在公元前一世纪以前，佛教经典没有成文记载，全靠口头传诵，甚至东汉时我国早期的译经，也多从口授。

从《魏略》对《浮屠经》的解释来看，最早的《浮屠经》大概叫作《复豆经》，引文中的"复立"当按照《世说新语》注的引文改作"复豆"（宋徐铉《说文解字》注，"豆"，"徒候切"），与"浮屠"（佛陀 Buddha）同音，而在佛教流行以后才按当时的译法改为《浮屠经》。《浮屠经》[①]很可能是如后来的《本起经》、《本行经》一类的讲佛陀生平的经，由于它是早期翻译佛经，在使用词语方面很不规范，引文中所说佛陀弟子的各种称号，除临蒲塞（即后来优婆塞）外，当是来自魏时各种译抄本《浮屠经》[②] 对"沙门"、"比丘"的不同译法。

楚王英奉佛

东汉初年，在统治阶级上层已有信奉佛教者。当时人们把佛教这种外来宗教看作是中国流行的各种神仙方术的一种，把佛陀依附于黄老进行祭祠，以祈求福祥。《后汉书·楚王英传》记载，楚王刘英年轻时好游侠，结交宾客，

---

① 关于《浮屠经》的内容，还可参考《史记·大宛传》的《正义》引文，及《通典》卷一百九十三和《通志》卷一百九十六"天竺"条注文。

② 汤用彤《汉魏两晋南北朝佛教史》第 1 分第 4 章《汉代佛法之流布》引《广川画跋》、《广弘明集》载阮孝绪《七录序》等，认为魏世朝廷已收集不少佛经，《浮屠经》当有不同译抄本。

晚年"更喜黄老，学为浮屠，斋戒祭祀"。汉明帝永平八年（公元65年），诏令天下有死罪者可用缣（细绢）赎罪。刘英派郎中令奉黄缣白纨三十匹送到国相（代表朝廷主持封国政务）处说：

> 托在蕃辅，过恶累积，欢喜大恩，奉送缣帛，以赎愆罪。

国相立即将这种情况上报。明帝下诏书说：

> 楚王诵黄老之微言，尚浮屠之仁祠，洁斋三月，与神为誓。何嫌何疑，当有悔吝？其还赎，以助伊蒲塞（即优婆塞——男居士）、桑门（沙门）之盛馔。

并把这个诏书下达各封国的国傅（代表朝廷训导封王）。后来刘英广交方士，作金龟玉鹤，上面刻有文字，作为受命的符瑞。永平十三年（公元70年），男子燕广告发刘英与渔阳王平、颜忠等造作图书，密谋造反。朝廷派人调查属实，有司奏刘英"招聚奸猾，造作图谶，擅相官秩，置诸侯王公将军二千石，大逆不道，请诛之。"明帝因刘英是自己的骨肉兄弟（刘英是明帝的异母弟），只是废去刘英的楚王称号，派人把他遣送丹阳（今安徽宣城）泾县，第二年，刘英在到达丹阳后自杀而死。

黄老思想在西汉初年曾作为统治阶级施政的指导思想发挥过积极的作用，而在汉武帝"罢黜百家，独尊儒术"以后，它逐渐与社会上早已流行的神仙家思想、阴阳五行学说以及各种方术相结合，演变成一种宗教迷信，至东汉末年正式成为道教。《汉书·艺文志》所录不少神仙方术的书都冠以黄帝之名①。因此，东汉时期人们把黄老作为祭祠对象是十分自然的。佛教刚刚输入，被人们看作与黄老道术没有什么区别。楚王英所收拢的大批方士中，有的就是信奉佛教的沙门和居士。他们奉行一定的佛教仪式，即"洁斋三月，与神为誓"。按照佛教的规定，居士在一年的正月、五月、九月这三个月的初一到十五日要严守五戒或八戒，不杀生，奉行素食等等，称为"三长斋月"②。虽然史书没有明讲这些沙门和居士是汉人还是西域人，但从楚王英自己也和他们一起奉行斋戒来看，至少可以说他们不全是西域人。

我们从楚王英奉佛的史实可以看出，在东汉初年佛教虽然已输入相当长一段时间，但它只是作为当时流行的重视祭祀的黄老方术的一种，受到统治阶级上层中极少数人的信奉，在社会上没有发生重大影响。

关于东汉明帝感梦遣使求法说

在中国历史上，长期以来流传着汉明帝永平年间因梦

① 《汉书·艺文志》录神仙类书目中有《黄帝杂子芝菌》十八卷；《黄帝杂子十九家方》二十一卷；天文星占类有《黄帝杂子气》33篇，阴阳类有《黄帝阴阳》二十五卷，《黄帝诸子论阴阳》二十五卷；杂占类中有《黄帝长柳梦占》十一卷，等等。

② 见《弘明集》卷十三，晋郗超《奉法要》。此外，可见《梵网经》卷下等。

见佛陀而派人到西域求法的说法，并以此作为佛教正式传入中国的开始。这种说法几乎得到历代统治阶级的承认，例如：后赵著作郎王度上石虎奏议说："往汉明感梦，初传其道"（《高僧传·佛图澄传》）；北魏太武帝在太平真君七年（446年）下的取缔佛教的诏令上说："昔后汉荒君，信惑邪伪，妄假睡梦，事胡妖鬼，以乱天常，自古九州之中无此也"（《魏书·释老志》）；唐太宗《三藏圣教序》说："大教之兴，基于西上，腾汉庭而皎梦，照东域而流慈"（《广弘明集》卷二十二）；唐韩愈在上唐宪宗的《论佛骨表》中也说："佛者，夷狄之一法耳，自后汉时流入中国……汉明帝时始有佛法……"因此，这种说法长期得到史学家所公认。

从现有资料进行考察，汉明帝感梦遣使求法说虽然带有一些虚构成分，但其基本情节还是比较可信的，只不过它不是佛教传入中国的开始。

关于汉明帝感梦遣使求法的记载有很多，说法也很不一样[①]。其中最早的记载当是著于东汉的《四十二章经序》：

---

① 可见《四十二章经序》、《牟子理惑论》、晋王浮《老子化胡经》（《广弘明集》卷九载北周甄鸾《笑道论》引）、东晋袁宏《后汉纪》卷十、宋范晔《后汉书·西域传》、南齐王琰《冥祥记》（《法苑珠林》卷十三引）、梁僧祐《出三藏记集》卷二、梁慧皎《高僧传》卷一、北魏郦道元《水经注》卷十六"毂水注"、东魏杨衒之《洛阳伽蓝记》卷四、北齐魏收《魏书·释老志》，以及《汉法本内传》（《广弘明集》卷一）、《吴书》（《集古今佛道论衡》卷一引），等等。

昔汉孝明皇帝，夜梦见神人，身体有金色，项有日光，飞在殿前。意中欣然，甚悦之。明日问群臣，此为何神也？有通人傅毅曰："臣闻天竺有得道者，号曰佛，轻举能飞，殆将其神也。"于是上悟，即遣使者张骞、羽林中郎将秦景、博士弟子王遵等十二人，至大月支国，写取佛经四十二章，在十四石函中，登起立塔寺。于是道法流布，处处修立佛寺，远人伏化，愿为臣妾者不可胜数。国内清宁，含识之类蒙恩受赖，于今不绝也。

著于东汉末年的牟子《理惑论》基本上延续了这一说法，但在情节上有所发展。

问曰："汉地始闻佛道其所从出耶？"

牟子曰："昔孝明皇帝梦见神人，身有日光，飞在殿前，欣然悦之。明日，博问群臣，此为何人？有通人傅毅曰：臣闻天竺有得道者，号之曰佛，飞行虚空，身有日光，殆将其神也。于是上悟。遣使者张骞、羽林郎中秦景、博士弟子王遵等十二人于大月支写佛经四十二章，藏在兰台石室第十四间。时于洛阳城西雍门外起佛寺，于其壁画千乘万骑，绕塔三匝，又于南宫清凉台及开阳城门上作佛像。明帝存时，预修寿陵曰显节，亦于其上作佛图像。时国丰民宁，远夷慕义，学者由此而滋。"

以上两段引文都是以追叙的方式记述的传闻，其基本情节大体是一致的，即：（1）汉明帝时曾派出使者去西域寻求佛经；（2）从大月氏抄写回佛经四十二章（即《四十二章经》），存放在皇室图书档案馆兰台石室中；（3）从此之后，外来僧人增多，兴建佛寺，佛教在社会上迅速传播。

汉明帝与楚王刘英是同时代人。既然刘英与其身边的沙门、居士已经奉佛，并且还遵守一定的佛教戒律，说明社会上早已有佛教流行。《后汉书》记载：刘英在建武十七年（公元41年）被封为楚王，建武十八年（公元42年）到达封国楚（当今江苏、安徽、河南、山东交界处），此后于中元元年（公元56年）、永平二年（公元59年）、永平六年（公元63年）、永平十一年（公元68年）曾回洛阳朝见皇帝；永平十四年（公元71年）因罪流放到丹阳自杀。在楚王英的活动范围内，人们对他的奉佛举动并没有感到特别的诧异，并且还得到汉明帝的褒奖，说明他的奉佛并不是特别罕见现象。汉明帝从小与刘英关系密切，在他所下的诏书中提到"浮屠之仁祠"，可见对佛教不仅有所了解，而且还抱有好感。如前所述，当时汉地与西域的交通一直没有中断。因此，汉明帝时派人去西域求法道理上是可能的。大月氏当时盛行佛教，在西汉末年其王使伊存已向博士弟子景庐口授佛经，因而汉明帝时派人去大月氏抄写佛经四十二章是很自然的。《四十二章经》不是一部独立的佛经，是辑录小乘佛教基本经典《阿含经》要点的"经抄"，它相当于"佛教概要"一类的入门书[①]。在汉地社会佛教刚流行

---

① 关于《四十二章经》的真伪、翻译、版本诸问题，详见汤用彤《汉魏两晋南北朝佛教史》第1分第3章。本书对此经不作专门介绍论证，但在有关章节将引述其部分内容。

的时候抄回这种佛经也是可以理解的。两汉之际，佛教虽已传入中国内地，但并没有专门兴建佛寺，而在汉明帝时佛教进一步流传之后逐渐兴建佛寺，是佛教发展的必然趋势。后赵时王度的奏议说：

> 汉明感梦，初传其道，唯听西域人得立寺都邑，以奉其神；其汉人皆不得出家。（《高僧传·佛图澄传》）

这是说当时的佛寺是为西域僧侣居住和过宗教生活使用的。从东汉末年的僧侣绝大多数是西域人来看，这个说法大致可信。

总之，汉明帝求法说从其基本情节来说是比较可信的，但它只是说明印度佛教进一步向中国传播，而不能说这是佛教传入中国的开始。至于汉明帝感梦的细节，派遣的使节是哪些人，既然史书难征，我们可以暂置不论，也没有必要做过多的推测。

但在东汉以后，关于汉明帝求法说的虚构浮夸成分越来越多。这主要是由于佛教与道教斗争的激烈，佛教徒为了抬高佛教的地位，故意添枝加叶，把汉明帝求法的传说说得尽可能完备。西晋末年道士王浮为了说明老子早在周幽王时已出关到西域教化"胡"人，而释迦牟尼在汉时才得道，到汉明帝时已入灭，在其伪造的《老子化胡经》中曾利用了当时佛教徒关于汉明帝求法的一些说法：

> 至汉明永平七年甲子（公元 64 年），岁星昼现，西方夜明，帝梦神人长丈六尺，项有日光，旦问群臣。傅毅曰：

"西方胡王太子成道佛号。"明帝即遣张骞等穷河源，经三十六国，至舍卫，佛已涅槃。写经六十万五千言，至永平十八年（公元75年）乃还。（《广弘明集》卷九"笑道论"引）

这里首次提出汉明帝使者出归的年号，并特别加上佛陀成道、涅槃的情节。此后，关于汉明帝求法的年代问题出现了许多说法。例如，南北朝时出现的伪书《汉法本内传》说永平三年（公元60年）遣使；隋费长房《历代三宝记》卷二说永平七年（公元64年）遣使，永平十年（公元67年）回国，宋志磐《佛祖统纪》卷三十五与此相同。之所以出现这种种不同说法，原因就是没有可靠的根据。既然东汉的《四十二章经序》和《理惑论》都没有能够确定年代，以后出现的关于年代的说法自然是不足置信的。

东晋的袁宏（328—376年）和刘宋的范晔（？—445年）都是精通东汉史的学者，他们对于汉明帝遣使求法的基本情节都没有予以否认，只是在记述这个事件时把一些认为虚构的或不甚可信的如年代、使者名字等等成分一律删除。袁宏《后汉纪》卷十"永平十三年"内载：

初，帝梦见金人长大，项有日月光，以问群臣，或曰："西方有神，其名曰佛，其形长大，陛下所梦得无是乎？"于是遣使天竺，而问其道术，遂于中国而图其形像焉。

范晔《后汉书》则说：

世传明帝梦见金人长大，项有光明，以问群臣。或曰："西方有神，名曰佛，其形长丈六尺，而黄金色。"帝于是遣

> 使天竺，问佛道法，遂于中国图画形象焉。

从范晔所用"世传"的字眼里，可以看出在当时也没有关于汉明帝求法的确实可靠的成文资料。

当然，佛教徒对于这样笼统地讲述汉明帝求法是不满足的。但他们看到，原来传说中汉明帝派遣的使者中有"张骞"，这容易与汉武帝时出使西域的张骞相混淆而被论敌利用进行攻击，因而便把张骞等名字去掉，而换上其他名字。例如南齐王琰的《冥祥记》就是这样做的：

> 汉明帝梦见神人，形垂二丈，身黄金色，项佩日光，以问群臣。或对曰："西方有神，其号曰佛，形如陛下所梦，得无是乎？"于是发使天竺，写致经像，表之中夏。自天子王侯咸敬事之，闻人死精神不灭，莫不惧然自失。初使者蔡愔将西域沙门迦叶摩腾等，赍优填王画释迦倚像。帝重之，如梦所见也。乃遣画工图之数本，于南宫清凉台及高（当作"开"）阳门显节寿陵上供养。又于白马寺壁画千乘万骑，遶塔三匝之像，如诸传备载。（《法苑珠林》卷十三）

这样，汉明帝求法说至《冥祥记》而形成一个新的比较完备的说法。这个说法为以后大部分佛教史书所继承，有的还有发展。自然，《冥祥记》也不是没有所本的，它说"如诸传备载"，也是收集当时佛教界流行的一些说法整理而成的。这一说法比以往增加了这样四个方面的内容：

（一）使者名称，把张骞等三人换成"蔡愔"。后来梁慧皎《高僧传·摄摩腾传》则是"郎中蔡愔、博士弟子秦景等"，《魏书·释老志》与此相同。至于为什么偏偏换成"蔡愔"而非其他人，现在还没有可靠资料可以说明。

（二）蔡愔带回印度僧"迦叶摩腾"（或作"摄摩腾"）等。《高僧传》除说摩腾来洛阳外，还有竺法兰。《释老志》则说这二人随蔡愔同回洛阳。关于这两个人的事迹，《高僧传》卷一有他们的传，说摄摩腾是中天竺人，解大小乘经，来洛阳译有《四十二章经》一卷；竺法兰也是中天竺人，自言诵经论数万章，遇见蔡愔前去求法，与摄摩腾相约共同来华传教，后因学徒留阻，一个人后到洛阳，译有《十地断结》、《佛本生》、《法海藏》、《佛本行》、《四十二章》等五部经。

关于摄摩腾的名字，刘宋以前不见记载。到底有无此人？《四十二章经》是不是他译的？现虽难以考证，但说他是汉明帝时人，是没有充分根据的。至于说竺法兰，则可以明显看出是伪造的。梁僧祐《出三藏记集》著录《四十二章经》，说："使者张骞、羽林中郎将秦景到西域，始于月支国遇沙门竺摩腾，译写此经还洛阳"，而根本没有提到竺法兰及其译经。《历代三宝记》卷四录竺法兰译经五部，其中有《十地断结经》，说出自朱士行《汉录》，但在后秦鸠摩罗什以前"十地"通译为"十住"，并且所谓朱士行《汉录》也是后人伪托的。此外，《历代三宝记》还说竺法兰译有《二百六十戒合异》，说是引自《别录》，但《出三藏记集》卷十一有东晋竺昙无兰写的《大比丘二百六十戒三部合异序》，明明说此戒本是他作的。因此，《高僧传》

等关于竺法兰的记载也是不足为信的。

（三）使者带回优填王画释迦倚像等等。关于优填王画像的故事最早出自《阿含经》。《增一阿含经》（东晋瞿昙僧伽提婆译）卷二十八说：释迦上三十三天为其母摩耶夫人说法，地上的信徒因看不见释迦而产生思念之情，跋耆国王优填王用牛头栴檀作五尺高的佛像；迦尸国王波斯匿王用紫磨金作五尺高的佛像，"尔时阎浮提（世界）里内，始有此二如来形象"。这里说的全是佛的立像。其实，释迦在世时根本就没有佛像的制作，直到公元一世纪后期才出现佛像。因此，《增一阿含经》的这个说法当是在盛行佛像崇拜以后才形成的。《冥祥记》所说优填王画释迦倚像本属神话，如果仅仅是指从西域带回的佛像，那么，在汉明帝时似乎还为时过早一点。东汉的《四十二章经序》和《理惑论》都没有讲从西域带回佛像的事；《理惑论》虽讲在南宫清凉台及开阳门上等处作佛图像，但也没有讲是照着西域佛像画的，而且这个说法本身也是难以凭信的。可见，《冥祥记》及其他著作所说从西域带回佛像的说法也是靠不住的。

（四）关于白马寺。《四十二章经》讲汉明帝遣使求法后开始兴建佛寺，《理惑论》明确地讲："时于洛阳西雍门（据《洛阳伽蓝记》卷一，雍门是城西从南向北数的第二门）外起佛寺，于其壁画千乘万骑，绕塔三匝"，但并没有讲其名称是白马寺。《冥祥记》则讲："又于白马寺壁画千乘万骑，绕塔三匝之像"。此后，六世纪北魏郦道元《水经

102

注》卷十六"谷水"条说："……发使天竺，写致经像，始以榆槐盛经，白马负图，表之中夏，故以白马为寺名"；东魏杨衒之《洛阳伽蓝记》卷四说："白马寺，汉明帝所立也，佛教入中国之始"；《魏书·释老志》说："愔（蔡愔）之还也，以白马负经而至，汉因立白马寺于洛城雍门西。……"到底汉明帝时有没有修建白马寺，从现在考察，随着佛教传入中国，为安置西域僧侣居住而兴建一些佛寺是可能的；当然，开始不一定叫白马寺。《高僧传·摄摩腾传》有这样一段话还是很有道理的：

> 愔（蔡愔）等于彼（天竺）遇见摩腾，乃要（邀）还汉地……明帝甚加赏接，于城西门外立精舍以处之……有记云：腾译《四十二章经》一卷，初缄在兰台石室第十四间中。腾所住处，今洛阳城西雍门外白马寺是也。相传云：外国国王尝毁破诸寺，唯招提寺未及毁坏，夜有一白马绕塔悲鸣，即以启王，王即停坏诸寺，因改招提以为白马。故诸寺立名多取则焉。

这里不说蔡愔、摄摩腾的真伪问题。按这段引文，开始安置印度（或西域）沙门的"精舍"（"寺"的异名）、"住处"，后来才成为白马寺，而且白马寺的名称与求法（所谓"白马负经"）没有直接关系。因此，白马寺的名称当是后来才有的。《冥祥记》正是袭用了这个说法。

无论如何，白马寺是我国汉地最早的佛寺。西晋距东汉不远，洛阳白马寺曾是重要译场。据《出三藏记集》卷

103

七—八所载的译经后记，西晋名僧竺法护在太康十年（289年）译《文殊师利净律经》和《魔逆经》，永熙元年（290年）译《正法华经》，都在"洛阳城西白马寺"。不过，在当时称"白马寺"的寺不仅洛阳有，别的地方也有。例如《出三藏记集》卷七载，竺法护也曾在"长安内白马寺"译《须真天子经》。

总之，从东汉《四十二章经序》开始，各种关于汉明帝永平求法的记载都采取追述的形式，没有一种是原始记录或原始记录的转述。越是到后来的记载，情节也越多越详尽，都是把作者所在时代的见闻或想象增添上去。但无论如何，我们仍能从这些繁杂的记载中清理出汉明帝遣使求法的基本情节；对这样一些基本情节，至今还是不应轻易予以否认的。

此外，还有如《汉法本内传》（也作《汉显宗开佛化法本内传》）、《吴书》这样一些著作，在讲述汉明帝遣使求法、译经之外，还讲在佛教传入初期即有沙门与道士比法的神怪内容。北魏太武帝取缔、镇压佛教（446年）之后，佛教、道教的斗争一直十分激烈，大约在北魏中叶，佛教徒伪造《汉法本内传》等书宣扬佛教优越，而诋毁攻击道教。此书早已佚失，据唐智升《续集古今佛道论衡》的引文，此书原有五卷：（1）明帝求法品；（2）请法师立寺品；（3）与诸道士比较度脱品； （4）明帝大臣等称扬品；（5）广通流布品。现存部分章节除讲永平求法外，还讲在永平十四年（公元71年）五岳道士上表请求与佛教沙门比法角试，汉明帝准予比试，在比试中道士自称道经逢火不焚，但以火试经，经被火化，"道士相顾失色，大生怖惧"，南岳道士费叔才当场气死，而摄摩腾沙门

> 踊身高飞，坐卧空中，广现神变。于时天雨宝花在佛僧上，又闻天乐感动人情。大众感悦，叹未曾有，皆逸法兰请说法要。兰乃出大梵音叹佛功德，亦令大众称扬三宝……时有司空阳城侯刘峻与诸官人士庶等千余人出家，及四岳诸山道士吕惠通等六百二十八人出家，阴夫人、王婕好等与诸官人等二百三十人出家……便立十寺，七寺安僧在城邑外，三寺安尼在洛城内。汉兴佛法自此始焉。

无疑，这是极端荒诞无稽的。且不说其神秘成分，就其所说佛、道斗争来说，东汉初年道教还没有正式建立，哪来的道士、道经？再就所举出家的人来说，汉明帝时的司空先后是冯鲂、伏恭、牟融，而没有什么"司空阳城侯刘峻"，其他也是随意编造的。

《吴书》虽成书于三国时的吴国①，但后来已被人改窜，其中关于汉明帝时道士与沙门斗法的故事当是佛教徒依据《汉法本内传》掺杂进去的，也是不足凭信的。

---

① 《隋书·经籍志》、载《吴书》卷二十，注曰："韦昭撰，本五十五卷，梁有，今残缺。"据《三国志·吴志》卷八《薛棕传》、卷二十《韦昭、华覈传》，先后参加《吴书》编纂的人还有丁孚、项峻、周昭、薛莹、梁广、华覈等。《吴书》成书于三世纪中。此史书早已佚失，现散见于《后汉书》、《三国志》注文中。佛教书籍《广弘明集》卷一、《集古今佛道论衡》、《续集古今佛道论衡》等的引文，已被佛教徒篡改，含有不少可疑的内容。

综上所述，佛教在西汉末年和东汉初年逐渐传到我国内地，它依附于社会上盛行的黄老神仙方术，得到统治阶级上层部分人的信奉，为以后佛教的深入传播拉开了序幕。

第 三 章

东汉三国时期的佛教

第一节　佛教传播的社会历史条件

东汉三国时期，是佛教输入中国内地并在中国社会扎根发展的重要时期。佛教的传播和发展是有其深刻的社会历史原因的。

西汉初期，土地问题尚不甚严重。经过了几十年的休养生息，小农经济不断瓦解，贫富两极分化愈益严重。富者田连阡陌，贫者无立锥之地。西汉后期，封建大土地所有制已有很大发展。农民战争对豪强地主势力虽有所打击，但不可能真正解决土地问题。刘秀的东汉政权正是在豪强地主势力的支持下建立起来的，因此对豪强地主的发展基本上采取放任态度。东汉一代，土地兼并一直十分激烈，封建大土地所有制得到急剧发展，豪强地主在经济上政治上都越来越拥有巨大的势力。例如，崔寔《政论》指出：

"上家累巨亿之赀，斥地侔封君之土"①；荀悦《汉纪》卷八说："今豪民占田或至数百千顷"；仲长统也说豪强地主"膏田满野"，"田亩连于方国"②，等等。由于土地兼并不断加剧，东汉流民问题极其严重。广大失去土地的农民沦为豪强地主所经营的封建庄园的依附农民（相当于农奴），过着极为悲惨的贫困生活。

东汉后期，政治越来越腐败。从汉和帝（公元69—105年）以后，外戚、宦官交替专权。他们利用职权对人民巧取豪夺，横征暴敛，更给人民增加严重苦难。正如《后汉书·朱穆传》中所说："……公赋既重，私敛又深。牧守长吏，多非德选；贪聚无厌，遇人如虏。或绝命于箠楚之下，或自贼于迫切之求。"与此同时，水旱、虫蝗、风雹等自然灾害接连不断，它们与沉重的赋役和租税迫使农民挣扎在死亡线上。史书不乏"百姓荒馑，流离道路"，"饥死者，什四五，至有灭亡者"，甚至"人相食"的记载。

这种社会情况给宗教的发展提供了土壤。一方面，广大农民希望借助宗教得到精神安慰，甚至幻想宗教会帮助他们摆脱日益深重的苦难；另一方面，统治者也扶植利用宗教来麻醉人民，巩固统治，当然，就他们自身来说，也乞灵于宗教的神秘力量来使他们延年益寿，长治久安。在这个时期，佛教的不少经典被译成汉文，其社会影响也有

---

① 《通典》卷一《食货一》。
② 《后汉书·仲长统传》载《昌言·理乱篇》及《损益篇》。

增长。道教已初步创立，并开始在社会上广为传播。汉顺帝时，于吉在东海著《太平清领书》，创太平道。同时，张陵在蜀地创五斗米道。他们利用医病和组织生活互助进行传教，在农民中有较大影响。

然而宗教的流行并不能解决日益严重的社会危机，自然也不能取消人民的反抗斗争。随着朝政的更加腐败，豪强地主迅速扩张，农民急剧破产，阶级斗争日益尖锐。桓、灵二帝时，从幽燕到岭南，从凉州到东海，到处都有流民暴动发生。流民暴动的规模也越来越大，从几百人、几千人扩展到几万人、十几万人。从安帝到灵帝的八十余年中，见于记载的农民暴动，大小合计将近百次之多。《后汉书》卷六十八载范晔的"论"说：

> 安顺以后，风威稍薄，寇攘寝横，缘隙而生。剽人盗邑者，不阕时月；假署皇王者，盖以十数。或托验神道，或矫妄冕服。然其雄渠魁长，未有闻焉。犹至垒盈四郊，奔命首尾……

农民起义者有的称黄帝，有的称黑帝，有的称真人和黄帝子。有的"托验神道"，把宗教作为发动和组织农民起义的旗帜。正是由这些平时默默无闻的农民发起的起义，对统治者造成了严重威胁。张角等人利用太平道在农村动员和组织农民，提出"苍天已死，黄天当立；岁在甲子，天下大吉"的口号，于汉灵帝中平元年（184年）发动了震撼全国的黄巾大起义。起义军有三十六万（大方万余人，小方六七千人），在各地农民起义军的配合下对东汉朝廷和地方豪强地主势力给以重大打击。然而由于黄巾起义发生在地主阶级封建割据倾向迅速发展的时代，豪强地主拥有强大的武装，他们同官军配合，处处阻截和镇压农民起义军，农民起义最后被残酷地镇压下去，成千上万的农民遭到地主武装的杀戮。

农民起义失败后，阶级力量对比和社会形势有一些新的变化。封建大土地所有制和封建依附关系仍在继续发展，豪强地主控制农民身兼耕战二职的部曲佃客制得到进一步加强。东汉中央朝廷虽已名存实亡，但各地豪强地主集团利用他们控制的军权、财权，互相争权夺利，形成军阀割据的局面。在这种情势之下，广大人民生活在水深火热的无限苦难之中。

让我们举例说明。

中平六年（公元189年）九月，陇西军阀董卓入京，废少帝，立陈留王刘协为帝（汉献帝）；十一月，自为相国，逼走袁绍、曹操等人，独自把持朝政。董卓贪婪凶残，曾遣军到阳城（现河南登封东南），乘农民举行祭社活动，"悉就断其男子头，驾其车牛，载其妇女财物，以所断头系车辕轴，连轸而还洛，云攻贼大获，称万岁。入开阳城门，焚烧其头，以妇女与甲兵为婢妾"（《三国志·魏书·董卓传》）。初平元年（公元190年），关东州郡起兵，推袁绍为盟主，讨董卓。董卓挟天子迁都长安，强迫"洛阳人数百万口"同行，一路上"步骑驱蹙，更相蹈藉，饥饿寇掠，积尸盈路……悉烧宫庙官府居家，二百里内无复子遗"（《后汉书·董卓传》）。六年以后，即建安元年（公元196

年）汉献帝重返洛阳，宫殿早已成为一片废墟，因各地战乱，城内无粮，百官缺食，有的饿死在墙壁之间。至于平民百姓，自然更是悲惨。

洛阳如此，那么长安呢？董卓进入长安，又以屠杀示威，"卓豫施帐幔饮，设诱降北地反者数百人，于坐中先断其舌，或斩手足，或凿眼，或镬煮之，未死，偃转杯案间……"（《三国志·魏书·董卓传》）。初平三年（公元192年），董卓被杀，其部将李傕、郭汜等攻陷长安，纵兵大掠，"长安老少，杀之悉尽，死者狼藉"（同上）。此后，他们又互相攻杀。据《后汉书·董卓传》说："初帝入关，三辅户口尚数十万。自傕汜相攻，天子东归后，长安城空四十余日。强者四散，嬴者相食，二三年间，关中无复人迹。"

洛阳和长安是两汉京都，所以史书记载比较详细。其他地区，大小豪强的拼杀，特别是对农民起义军的镇压，使大量农民被杀，社会生产遭到极其严重的破坏。曹丕在其《典论·自叙》中对董卓之乱后的国内形势作了生动的描述。其中说：

> ……名豪大侠，富室强族，飘扬云会，万里相赴。兖豫之师，战于荥阳；河内之甲，军于孟津。卓遂迁大驾西都长安，而山东大者连郡国，中者婴城邑，小者聚阡陌，以还相吞灭。会黄巾盛于海岳，山寇暴于并冀。乘胜转攻，席卷而南。乡邑望烟而奔，城郭睹尘而溃。百姓死亡，暴骨如莽。
> （《三国志·魏书·文帝纪》注引）

直到三国鼎立局面形成以后，战争仍不断发生。到底战乱给人民带来多少损失和灾难，是无法估计的。

人祸横流，更伴之以天灾迭起。广大农民连起码的生存条件都得不到保障，哪里还有抵御自然灾害的能力？兴平元年（公元194年）地震，三辅大旱，"是岁谷一斛五十万，豆麦一斛二十万，人相食"；建安二年（公元197年），发生蝗灾，汉水泛滥，"是岁饥，江淮间民相食"；建安二十二年（公元217年），发生世界历史上有名的大瘟疫。曹植《说疫气》说：

> 建安二十二年疫气流行，家家有僵尸之痛，室室有号泣之哀，或阖门而殪，或复族而丧。……人罹此者，悉被褐茹藿之子，荆室蓬户之人耳；若夫殿处鼎食之家，重貂累蓐之门，若是者鲜焉。（《全三国文》卷十八）

可见，在这种自然灾害中，主要的受害者也还是缺吃少穿的平民百姓。当然富贵之家也有遭灾的，只不过数量较少罢了。曹丕与吴质书中说："昔年疾疫，亲故多离其灾，徐、陈、应、刘，一时俱逝"（《三国志·魏志·王粲传》）。徐干、陈琳、应玚、刘桢是著名的"建安七子"中的人物。他们犹不免死于此疫之中。

就是在这样一个多灾多难的战乱时代，为佛教的传播提供了良好条件。农民起义被残酷镇压，军阀混战连年进行，使人们一时看不到摆脱社会苦难的现实的生活出路。在这种情况下，佛教关于人生无常，充满痛苦的说教和因果报应的宿命论理论，适应了当时人们的悲观情绪；而且佛教在精神领域内，在编造的所谓彼岸世界光明自在的境界，为人们在现实苦难中苟延残喘地生活下去提供一种精神慰藉。因此，许多人被佛教宣传所吸引，成为佛教信徒。正如斯大林所指出，当劳动人民起义反抗失败后，

> 他们……不得不退却，不得不把委屈和耻辱、愤怒和绝望埋在心里，仰望茫茫的苍天，希望在那里找到救星。[①]

列宁对于宗教流行的社会原因也有深刻的分析：

> 被剥削阶级由于没有力量同剥削者进行斗争，必然会产生对死后的幸福生活的憧憬，正如野蛮人由于没有力量同大自然搏斗而产生对上帝、魔鬼、奇迹等的信仰一样。对于工作一生而贫困一生的人，宗教教导他们在人间要顺从和忍耐，劝他们把希望寄托在天国的恩赐上。对于依靠他人劳动而过活的人，宗教教导他们要在人间行善，廉价地为他们的整个剥削生活辩护，廉价地售给他们享受天国幸福的门票。[②]

列宁和斯大林关于宗教滋长、传播的原因的论述，也完全适用于中国佛教。在黄巾起义失败以后，佛教开始传播到广大社会基层，而经过三国时期，逐渐发展成为中国盛行的宗教。农民起义曾把原始道教作为起义的组织形式，起义失败以后，道教暂时受到挫折，直到南北朝时才又获得迅速发展。

---

① 斯大林：《悼列宁》。《斯大林全集》第6卷，第43页。
② 列宁：《社会主义和宗教》。《列宁全集》第10卷，第62页。

这里还应当指出，东汉末年和三国时期思想文化的变化也对佛教的传播有一定影响。

西汉武帝以后，儒家在思想文化界占据统治地位，儒家经学通过宣传天人感应的神学唯心主义和纲常名教思想来为维护封建统治服务，它所确认的政治原则和道德信条成为选拔统治人才的标准。然而经学自身的发展，使它越来越空洞烦琐，早在西汉后期，已出现"一经之说，至百余万言"（《汉书·儒林传》），"说五字之文，至于二三万言"（《汉书·艺文志》），经学已走上绝路。东汉时期，谶纬流行，今文经学与谶纬合流，使经学更加虚妄荒诞，降低了束缚人民的力量。东汉后期，各种社会矛盾日益激化，豪强兼并势力急剧发展，中央集权受到削弱。由于外戚宦官交替专权，党争激烈，选举制度腐败，再加上农民起义接连不断，封建统治面临严重危机。在这种不断深化的社会危机过程中，不仅儒家今文经学和谶纬已失去作为统治工具的作用，就是在民间长期流行的古文经学也无助于解决实际的社会问题。在这种情势下，当时经学大师马融（79—166年）、郑玄（127—200年）等人开始脱离家法，综合今古文经学，并注意研究儒家以外各家学说。

马融在安帝初因耻于任大将军邓骘舍人，客于凉州。因羌人暴动，米谷缺贵，"融既饥困，乃悔而叹息，谓其友人曰：'古人有言，左手据天下之图，左手刿其喉，愚夫不为。所以然者，生贵于天下也。今以曲俗咫尺之羞，灭无訾之躯，殆非老庄所谓也。'故往应（邓）骘召"。他打破今古文学的界限，兼注《三礼》（《仪礼》、《周礼》、《礼记》），并崇奉老庄，为《老子》、《淮南子》作注。据称其为人"达生任性，不拘儒者之节"，名高富贵之后，生活奢侈，"奢乐恣性"（见《后汉书·马融传》）。

郑玄兼学今古文，注经很多，不专主一家言。《反汉书》称其注经"括囊大典，网罗众家，删裁繁芜，刊改漏失"。玄曾为袁绍宾客，"绍客多豪俊，并有才说，见玄儒者，未以通人许之，竞设异端，百家互起。玄依方辩对，咸出问表，皆得所未闻"（《后汉书·郑玄传》）。这说明郑玄虽为儒者，也是博通百家的。这个资料也反映当时思想界对所谓儒者已不甚重视，而更推重兼通百家的"通人"。

当时其他一些士大夫也试图寻求新的思想理论。他们杂采儒、名、道、法诸家思想，撰论著书，主张重法治，核名实，举贤才，饬吏治，企图消除危机，巩固东汉统治。

黄巾起义以后，军阀混战，最后导致汉室倾覆，三国鼎立。在这一过程中，儒家名教（伦理道德和政治制度等的总称）受到严重打击，这就有利于名家、法家和道家思想的传播。曹操（155—220 年）在统一北方，建立魏政权的过程中特别崇尚"法术"，为制止豪强地主垄断政权和巩固自己的统治，在用人方面主张"唯才是举"，甚至号召推举"负污辱之名，见笑之行，或不仁不孝而有治国用兵之术"① 的人。这种政策无疑对当时的思想文化产生很大影响。汉魏之际的著名

---

① 《三国志·魏志·武帝纪》注引《魏书》。

政论家仲长统（180—220年）在献帝时官尚书郎，后参丞相曹操军事，著《昌言》十余万言，反对儒家唯心主义"天命"说，主张"人事为本，天道为末"。他也深受道家思想影响，认为"名不常存，人生易灭"，著论引老庄之言曰："安神闺房，思老氏之玄虚，呼吸精和，求至人之仿佛"，甚至说："寄愁天上，埋忧地下。叛散五经，灭弃风雅，百家杂碎，请用从火"（《后汉书·仲长统传》）。说明他对儒家等传统文化已失去信心。著名的"建安七子"之一的徐干作《中论》，详细论证"才智"高于"志行"，"权谋"高于"蹈善"的道理，把管仲"背君事仇，奢而失礼"作为士的典范鼓吹，而对于"知修仁义而不知用武"，"怀让心而不知佞伪"，"守节而不知权"等等的历史人物则加以讥讽。

以上说明，汉魏之际儒家思想的统治地位已发生动摇，文化思想方面出现某种程度的活跃，其中名法和道家思想越来越受到人们重视。

曹魏政权正式建立后，开始仍采取抑制门阀士族地主的政策。文帝建立"九品官人法"，选任"中正"官按人才优劣以定品第，以期直接控制选官权。但随着曹氏政权腐败，朝政逐渐转到门阀士族地主代表人物手中，到齐王芳（公元240年即位）以后，大权被司马氏把持。此后，选官权完全被门阀士族垄断，形成"上品无寒门，下品无士族"的局面。与此相应，在学术上也发生重大变化。魏初重名法，要求循名责实，用人得当，这包含有巩固君权抑制豪强的意思。魏文帝撰《士操》一卷，魏明帝时刘劭撰《人

116

物志》三卷，都是名家著作。《人物志》以名法二家立言而杂糅道家思想，把品鉴人物的一般原则上升到哲学高度探讨。齐王芳以后，君权削弱，皇帝已成虚位，于是在学术上由提倡综核名实而转为提倡无为。玄学应运而生。如《文心雕龙·论说篇》说："迄至正始（241—246年），务欲守文，何晏之徒，始盛玄论，于是聃周当路与尼父争涂矣。"何晏（190—249年）、王弼（226—249年）等人鼓吹"圣人体无"，"天地万物皆以无为为本"①，等等，从政治上说就是要皇帝"无为"，是为世家大族专权制造舆论的。

如上所述，玄学的形成是经历了相当长的酝酿过程的。何晏、王弼用老庄注解《周易》、《论语》，这同汉魏以来背离儒家正统的思潮是一脉相承的。他们的玄学理论是曹魏政权日趋腐化时期的门阀士族地主阶级的世界观。他们吸取两汉神学目的论与唯物主义元气自然论斗争失败的教训，抛弃神学外衣，借用元气自然论的词句作掩饰，从各个方面论证精神性本体的"无"是万物的根本。在认识论上，根据用道家观点解释《周易》的结果，提出"言不尽意"和"得意忘象"的理论，贬低和否认名相和语言在认识世界中的作用。在对待儒家名教的态度上，认为名教出于自然，就是说，封建伦理纲常和等级制度等都是自然的体现。由于这种理论对维护士族官僚统治有利，所以玄学盛行，形成"正始玄风"。正始后期，在司马氏与曹氏的斗争中，

---

① 《晋书·王衍传》引何晏《无为论》。

何晏被杀，王弼夭亡。司马氏代表世家地主利益又提倡名教，借以排除异己，巩固政权。此时嵇康（224—263年）、阮籍（210—263年）等玄学家对司马氏的蛮横专权不满，崇尚自然而反对名教。嵇康公然标榜："老子庄周，吾之师也"，"以六经为芜秽，以仁义为臭腐"，甚至公然"非汤武而薄周孔"[①]。阮籍著《大人先生传》攻击"礼法"，认为是"诚天下残贼乱危死亡之术"，痛斥"君立而虐兴，臣设而贼生；坐制礼法，束缚下民"。

这里要指出的是，东汉末年以来由于儒家统治地位的动摇所带来的思想文化的活跃，特别是许多学者对儒家的攻击批判，为佛教思想的传播提供十分有利的条件。而由于老庄学说地位的不断提高，玄学的形成和盛行，也为佛教在义理上的普及奠定了思想基础。

佛教虽在两汉之际已传入中国内地，但发展极为缓慢。从现存可靠资料来看，在东汉末年以前，除传说西汉哀帝时大月氏使者口授的《浮屠经》和东汉明帝时译者不明的《四十二章经》外，没有其他佛经传译，而到东汉末年桓、灵二帝时，安世高、支谶等外来僧纷纷到洛阳，在汉族地主阶级及其知识分子信徒的支持下译出大量佛经。这种情况之所以发生，除应从当时社会经济、政治以及中外交通情况寻找原因外，不能不认为与东汉末年的思想文化潮流有关。由于儒家思想统治地位的动摇，对人束缚力量的下

---

① 《嵇中散集》卷二《与山巨源绝交书》，卷七《难张辽叔自然好学论》。

降，佛教思想有机会与其他各家思想同时传播；而且，由于社会连续动乱不定和危机严重，它可以与老庄的消极无为和悲观厌世思想一起受到人们的欢迎。例如东汉三国之际的牟子，原是个儒者，精读儒家经传，诸子百家之书，因看到世乱不宁，无仕宦之意，辞绝州郡召辞，

> 乃叹曰："老子绝圣弃智，修身保真，万物不干其志，天下不易其乐；天子不得臣，诸侯不得友，故可贵也。"于是锐志佛道，兼研《老子》五千文。含玄妙为酒浆，玩《五经》为琴簧……（《牟子理惑论·序传》）

可见，在当时一些人看来，佛教与《老子》一样，同属消极无为的"玄妙"思想，在战乱之年，它们同样可以给人以精神安慰。

实际上，在早期佛经翻译中有不少词语直接来自道家著作。例如安世高译的小乘禅法书《安般守意经》说："安谓清，般为净，守为无，意名为，是清净无为也。"道家讲静心养气，以达到养生长寿的目的，称此为"抱一"、"守一"，如《老子》说："圣人抱一"，"神得一以宁"；《庄子·庚桑楚》说："老子曰：卫生这经，能抱一乎"；再如被认为是稷下学派著作的《管子·心术上》说："形安而不移，能守一而弃万苛"。原始道教经典《太平经》中也多次提到"守一"①。因此，某些译经僧也把佛教的禅定译为

---

① 详见本书第2章第2节中"道教的创立和《太平经》"。

"守一"。如传为东汉安世高译《分别善恶所起经》①有偈言说："笃信守一，戒于壅蔽"；严佛调译《菩萨内习六波罗蜜经》②把"禅波罗蜜"（即"禅度"）译为"守一得度"。东汉末年盛行小乘禅法，与社会上流行道家和神仙家的静心养气的神秘主义修炼方术是有关系的。

东汉末年，大乘佛教般若学已传入中国内地。大月氏僧支谶和印度僧竺佛朔在灵帝光和二年（公元 179 年）译出《般若道行经》（也称《小品般若》）十卷。三国吴支谦又把此经改译为《大明度无极经》十卷。尽管如此，般若学说并没广泛流行，它的广泛流行是在魏晋玄学兴起之后；而且，它正是依附于玄学才得到巨大发展的。这自然与它的思想内容同玄学比较接近有关。例如，《般若道行经》把"本无"③当作它的宗教唯心主义哲学体系的至高概念，在某种程度上被当作"本体"应用，认为世界上一切物质的和精神的东西都是"本无"的体现，都是"本无"的产物。如卷五《照明品》说："怛萨阿竭（"如来"的音译，梵语 tathāgata）亦本无……世间亦是本无……一切诸法亦本

---

① 此二经名录于《出三藏记集》卷四，皆谓失译；《历代三宝记》卷四分别列于安世高、严佛调译经录内。

② 同上。

③ "本无"是"真知"（梵语 tathatā）异译，也意译为如如、如实、如，等等。支谶译《道行经》第十四品为"本无品"；此品相当于姚秦鸠摩罗什译《小品般若经》第十五品《大如品》，宋施护译《佛母般若经》第十六品《真如品》。可见"本无"即"大如"、"真如"。

无……般若波罗蜜（即智慧波罗蜜、六度①之一）即是本无"；同卷《本无品》说："诸法本无碍，一本无等，无异本无，无有作者，一切皆本无。"这种论点与魏晋玄学提倡的"以无为本"，"有生于无"的唯心主义本体论是很相假的。再如《般若道行经》认为深广的智慧——"一切智"（梵语 Sarvaj nātā，音译"萨芸若"）是来自认识"诸法悉空"，来自认识一切事物和现象都是虚幻不实的。卷五《分别品》说："心向空，是为观萨芸若"，但又强调神秘直观的作用，否认正常思惟和语言概念在认识中的作用，反对执著名相，说"诸法不可计，不可称"（卷五《不可计品》）；"诸法悉空，不可尽，不可计"（卷六《怛萨优婆夷品》），"诸法不可逮"（同上。鸠摩罗什译《小品般若》卷七《深功德品》，译为"诸法实相，不可得说"）；"佛法经本，无说无教"（卷九《随品》）。这与王弼所说的"圣人体无，无又不可以训，故不说也"② 以及"言不尽意"、"得意在忘象，得象在忘言"（《周易略例·明象章》）的唯心主义认识论，也有十分相似的地方。因此，在曹魏兴起玄学以后，《般若道行经》引起人们的注意和欢迎是可以理解的。汉僧朱士行曾在洛阳讲《般若道行经》，后又到于阗求寻《大品般若经》梵本九十章，派人送回，晋时由竺叔兰等人

---

① 即六波罗蜜。波罗蜜，梵语 Pāramitā 音译，意为到彼岸，度无极，简译为度。大乘佛教宣称修布施、持戒、忍辱、精进、禅定、智慧六个方面，可以超脱生死，到达"彼岸"。故称此六个方面为"六度"。

② 《三国志·魏地·钟会传》注引何劭《王弼传》。

译为《放光般若经》；此外，竺法护译有《光赞般若经》。此后，般若学风行社会，并得到很大发展。

玄学家借用般若学的"空"、"本无"等等概念和唯心主义哲学理论来发挥他们的玄学理论，一些佛教学者用般若学说来迎合玄学，并借用玄学理论来解释般若学说，以推动佛教的深入传播。因此，玄学吸收般若学说和佛教般若学说的玄学化大致是同时进行的。在这个过程中，印度的佛教给中国哲学思想以深刻的影响，同时，中国的学术思想也给佛教以重大影响，形成中国的佛教般若学，为中国佛教的最后确立提供思想基础。

第二节　东汉末年佛教的流行
和道教的创立

桓帝祠黄老、浮屠

东汉初年楚王刘英"更喜黄老，学为浮屠，斋戒祭祀"，"诵黄老之微言，尚浮屠之仁祠"。东汉统治阶级上层把浮屠与黄老看作一回事。汉桓帝也把浮屠与黄老并祠。

汉桓帝名刘志，即位于公元147年，时年十五岁。当时由梁太后和她的哥哥大将军梁冀把持朝政，皇帝不过是个傀儡。延熹二年（159年），汉桓帝在宦官单超、徐璜、具瑗、左悺等人的帮助下，杀死梁冀，又杀梁家重要徒党自三公九卿至州刺史、郡太守凡数十人，罢退梁氏徒党三百余人，而同时封有功的宦官多人为侯，并任用宦官徒党担任朝廷和地方上的重要职务，形成宦官专权的局面。以郭泰、贾彪为首的太学生三万余人，在朝臣陈蕃（太尉）、李膺（司隶校尉）的支持下激烈地抨击宦官集团专权。延熹九年（166年），汉桓帝亲自定李膺、范滂等六百余人为"党人"，下狱治罪。第二年，赦党人归乡，禁锢终身。由于朝政腐败、混乱和频繁的自然灾害，广大人民生活极度困苦，不少地方已发生小规模的农民起义。在社会形势日趋不稳定的情况之下，汉桓帝仍过着极端荒淫腐朽的生活。据史书记载，汉桓帝娶三个皇后，置宫女五、六千人，"食肉衣绮，脂油粉黛，不可赀计"（《后汉书·陈蕃传》）。为了延年祈福，汉桓帝还非常迷信宗教。据《后汉书·桓帝记》记载，延熹八年（166年）春，桓帝派中常侍左悺到苦县（今河南省鹿邑县东）祭祀老子。同年十一月，又派中常侍管霸到苦县祀老子。《后汉书集解》引《孔氏谱》说：

> 桓帝位老子庙于苦县之赖乡，画孔子像于壁。孔畴为陈相，立孔子碑于像前。

又引《老子铭》说：

> 延熹八年八月甲子，皇上尚德宏道，含闳光大，存神养性，意在凌云。是以潜心黄轩（按：指黄帝），同符高宗（按：指商王武丁），梦见老子，尊而祀之。于时陈相边韶，典国之礼，演而铭之。

桓帝还派人到蒙县（今河南商丘附近）祭祀古"仙"王子乔墓。《水经注》卷二十三《汳水注》引《王子乔碑》曰：

王子乔者，盖上世之真人，闻其仙，不知其何代也。博问道家，或言颍川，或言产蒙。初建此城（蒙县北薄伐城），承先民曰：王氏墓。暨于永和之元年（汉顺帝年号，公元136年）冬十二月当腊之时，夜上有哭声……附居者王伯怪之，明则祭而察焉。时天鸿雪，下无人径，有大鸟迹，在祭祀处，左右咸以为神。其后有人著大冠，绛单衣，杖竹立冢前，呼采薪孺子伊永昌曰：'我王子乔也，勿得到我坟上树也。'忽然不见。时泰山万熹，稽故老之言，感精瑞之应，乃造灵庙，以休厥神。于是好道之俦，自远方集，或弦琴以歌太一，或覃思以历丹田（《蔡中郎文集》卷一《王子乔碑》在此下有："其疾病尪瘵者，静躬祈福，即获祚若，不虔恪辄颠踣"）知至德之宅兆，实真人之祖先。

延熹八年秋八月，皇帝遣使奉牺牲致礼祠濯（《蔡中郎文集》作"祇惧"）之，敬肃如也。国相东莱王璋字伯仪以为神圣所兴，必有铭表，乃与长史边乾遂树之玄石，纪颂遗烈。

桓帝还在宫中祭祠黄老。《后汉书·桓帝纪》载：延熹九年（166年）七月，桓帝"祠黄老于濯龙宫"（按：以濯龙池命名，宫在洛阳西北）。《续汉书》说祭老子时设华盖八座[1]。《后汉书·祭祠志》说：桓帝"亲祠老子于濯龙，文罽为坛饰，淳金银器，设华盖之坐，用郊天乐也。"注引《东观汉记》说："祠用三牲，太官设珍馔，作倡乐，以求

---

① 《后汉书集解》引。

福祥。"这是说，桓帝是仿效祭天的仪式祭祠黄老。

桓帝在祭祠黄老的同时还祭祀浮屠。《后汉书·桓帝纪》说：

> 前史（按：指《东观汉记》）称桓帝好音乐，善琴笙。饰芳林而考濯龙之宫，设华盖以祠浮图、老子。

《后汉书·西域传》也说：

> 汉自楚英始盛斋戒之祀，桓帝又修华盖之饰。

《后汉书·襄楷传》载襄楷上桓帝奏议：

> 又闻宫中立黄老、浮屠之祠。

根据以上资料，可以看出：

第一，桓帝时，对黄老的信仰和祭祠比楚王刘英时已有很大发展。楚王刘英仅是爱好黄老之言，在王宫对黄老、浮屠并行祭祠，而桓帝不仅在宫中用祭天仪式祭祠黄老浮屠，而且还在传说老子故乡的苦县建老子庙，多次派专使前往祭祠。蒙且有王子乔"仙人"之庙，各地不少信徒致祭，祈求祛病得福，桓帝也派人前往祭祠。这种情况，与当时道教已经创立并在社会上已有传播是有关系的。

第二，虽然汉桓帝上距刘英经有百年之久，但他仍把浮屠与黄老并行祭祠，把佛教看作是黄老道术的一种。襄楷奏议：

> 又闻宫中立黄老、浮屠之祠。此道清虚，贵尚无为，好

生恶杀，省欲去奢。今陛下嗜欲不去，杀罚过理，既乖其
道，岂获其祚哉！或言老子入夷狄为浮屠。

佛教虽久已传入，但尚未得到广泛传播，因此它的一整套
独特的教义和组织形式还不为世人真正理解，人们仅能就
佛教的一般教义如"断欲去爱"、"行大仁慈"以及戒"杀、
盗、淫"等（参见《四十二章经》）来与黄老之教相比，认
为二者大致相同，甚至认为老子晚年西入夷狄化作浮屠，
创立佛教。这是后来《老子化胡经》的最早来源。

从汉桓帝祭祠黄老、浮屠的目的来讲，是为了求福祥、
延寿命，甚至如前引边韶《老子铭》所说："存神养性，意
在凌云"，即为了求仙飞升。不用说在黄老神仙家那里有不
少所谓成仙的方术，而早期流行的佛经和佛教传说的某些
内容，也容易被人理解为神仙方术。例如，《四十二章经》
介绍修佛道者可以达到四种果位，说：

> 阿罗汉者，能飞行变化，旷劫寿命，住动天地；次为阿
> 那含……寿终灵神上十九天，证阿罗汉；次为斯陀含……一
> 上一还，即得阿罗汉；次为须陀桓……七死七生，便证阿
> 罗汉。

此即小乘佛教的"四沙门果"。这种说法和汉明帝夜梦神人
"身有日光，飞在殿前"的传说（见《理惑论》），对于追求
长生不老、变化成仙的人来讲自然是有吸引力的。在汉桓
帝这些人的眼里，浮屠和黄老神仙没有什么区别。

第三，桓帝在苦县立老子庙，墙壁上画孔子像，陈相

孔畴立孔子碑于像前，说明在桓帝等人心目中，浮屠、老子、孔子都是受尊崇的偶像，祭祠他们都是为了延年益寿，祈求长治久安。他们认为佛、道、儒差不多。在中国封建地主阶级看来，只要能够帮助他们维持统治的思想和宗教，都可利用。

东汉桓帝时，洛阳已成为汉地翻译佛经的中心。在桓帝和灵帝时期，安息僧人安世高在此地译出小乘佛教基本经典《阿含经》的许多单品小经和说一切有部解释《阿含经》的论著（《阿毗昙》）等。支谶（支娄迦谶）在桓帝末也来洛阳，译出大乘佛教的基本经典《般若经》的一部分（《道行品经》）以及关于阿弥陀净土信仰的《般舟三昧经》等。此外，如天竺僧竺佛朔，大月支僧支曜，安息商人居士安玄等也都译出一些佛经。当时汉族知识分子只有极少一部分人，如严佛调、孟元士、张少安、子碧、孙和、周提立等民间人士参与译经。但从当时缮写和流通经书的条件来看，佛经传播范围毕竟十分有限。

当时多数人对佛教不了解，早期的佛教徒把佛教宣传依附于传统的黄老道术流行，甚至对"老子入夷狄为浮屠"的说法也予以默认。当时一些外来佛教僧侣往往还掌握某些方术，例如，安世高"七曜五行之象，风角云物之占，推步盈缩，悉穷其变；兼洞晓医术，妙善针脉，睹色知病，投药必济；乃至鸟兽鸣呼，闻声知心。于是俊异之名，被于西域；远近邻国，咸敬而伟之"；三国时到吴地传教的康僧会"明练三藏，博览六典，天文图纬，多所贯涉，辩于枢机，颇属文翰"；昙诃迦罗，"善学四围陀（吠陀）论，风云星宿，图谶运变，莫不该综"[1]。他们借助于这些方术吸引信徒，扩大影响。后来东晋十六国时期的名僧佛图澄、鸠摩罗什、昙无谶等，也要借助阴阳星算、神咒方术来影响群众。当时的一般群众甚至对这些医卜星相的方术更有兴趣，也更容易扩大他们的影响。

道教的创立和《太平经》

我国自古就有灵魂不死和天帝鬼神的信仰，秦汉以来盛行黄老神仙之术和天人感应、阴阳五行学说。东汉顺帝时，以黄老学说为基础，吸收传统的鬼神观念和迷信方术，正式形成道教。道教是我国土生土长的宗教。佛教大量译经是在汉桓帝末年以后，从现存道教资料来看，道教的创立没有受佛教的影响。

据《后汉书·刘焉传》和《三国志·魏志·张鲁传》记载，张鲁祖父张陵（道教徒后称为张道陵）原是沛国丰县（现安徽丰县）人，东汉顺帝（126—144年）时[2]到蜀郡鹄鸣山（在今四川仁寿或云在崇庆）学道，"作道书（《后汉书》是"作符书"）以惑百姓，从受道者出五斗米，故世号'米贼'"。他创立的道教被称为"五斗米师"或"五斗

---

① 皆见《高僧传》卷一。

② 此据《后汉书·刘焉传》。《续道藏》（壁字）所载《张天师世家》及清俞樾《茶香室三钞》卷十八《天师生日》、《张道陵妻》条所说张陵年代和创教事迹，不可信。

米道"。张陵死，其子张衡继续传道；张衡死，其子张鲁继之。东汉末年，张鲁任益州牧刘焉的督义司马，借助他的势力据守汉中，自号"师君"，用道教管教属民。初入教者称为"鬼卒"，后可升任"祭酒"，各统领部众，统众多者称为"治头大祭酒"，利用《老子》五千文教化众。臣民有病，令自首罪过，写三份服罪书表，一置山上，表示致意于天；一埋地下，一沉水下，此称为"三官手书"。又在路帝设置义舍，放置米肉，称"义米肉"，行人据饭量取用，说取过量者会受到鬼的祟害而得病。犯法者先原谅三次，最后才用刑。史称张鲁以此法治汉中，"民夷便乐之，雄据巴蜀垂三十年"，直到建安二十年（215年）被曹操吞灭①张陵所创立的"五斗米道"是以后道教正统天师道的本源。

与张陵创"五斗米道"几乎同时，琅琊（其治在今山东临沂北）人于吉在东海（其治在今山东郯城西）曲阳创立太平道。《后汉书·襄楷传》记载，顺帝时，琅琊人宫崇

---

① 以上见《三国志·魏志·张鲁传》及注引《典略》。《典略》原文说："熹平（灵帝年号，172—178年）中，妖贼大起，三辅有骆曜。光和（灵帝年号，178—184年）中，东方有张角，汉中有张修。骆曜教民缅匿法，角为太平道，修为五斗米道。"《三国志》裴松之注认为"张修应是张衡"，是传写之误。但《后汉书·灵帝纪》载，中平元年（184年）在张角率黄巾起义时，"巴郡妖巫张修反"，注引刘艾《灵献二帝纪》曰："时巴郡巫人张修疗病，愈者雇以米五斗，号为五斗米师"。据此，张修确有其人。参照《张鲁传》，张修当是张陵弟子，东汉末参加起义，被益州牧刘焉招抚为"别部司马"，后为张鲁袭杀。本节把有关张修的传道资料与张陵等人的资料混合使用。

到洛阳向顺帝献其师于吉所著《太平清领书》（称"于吉于曲阳泉水上所得神书"），书用青缣朱笔写成。关于于吉的事迹，史书没有详载。但《襄楷传》注引《江表传》说，有个自称于吉的方士，在建安年（196—220年）初，避乱江东吴郡城（今江苏苏州），"立精舍，烧香读道书，制作符水以疗病"，当地很多人都信奉他。有一次，孙策在城楼设宴请客，此人经过楼下，宾客有三分之二下楼跪拜。孙策担心他借道术惑众闹事，把他斩首示众。死前不少人托孙策母亲代为讲情，其母说："于先生亦助军作福，医护将士，不可杀之。"尽管这个于吉可能是其弟子假冒的①，但这个例子也反映了于吉等人传教的方式，并可证明，于吉及其所创的太平道直到黄巾起义失败以后仍在社会上有一定影响。

《太平清领书》，即后世道教的《太平经》。此书分甲乙丙丁戊己庚辛壬癸十部，每部十七卷，共一百七十卷。早在西汉成帝时，齐人甘忠可伪造《包元太平经》十二卷，称天帝派真人赤精子下授此经，曾在今山东一带地方教授徒弟；其中弟子之一丁广世，即东海人（《汉书·李寻传》）。于吉及其弟子宫崇的活动范围与甘忠可相近，恐怕此《太平经》直接受到《包元太平经》的影响。《太平经》

---

① 孙策死于建安五年（200年），距自称于吉者死不久。《三国志·民志·孙策传》裴注旨《志林》曰："顺帝至建安中五六十岁，于吉是时近已百年。"据此，到吴地传教的于吉可能是另一个于吉。道教中这种情况不少，如号称李弘就有好几个。

虽主要作于东汉顺帝时，但此后不免有某些增益或变动。它的基本思想来自秦汉方士，也吸收了董仲舒的神学目的论和谶纬神学。襄楷说此书"专以奉天地、顺五行为本，亦有兴国广嗣之术。其文易晓，参同经典"（《后汉书·襄楷传》）；《后汉书》作者范晔说此书"其言以阴阳五行为家，而多巫觋杂语"（《后汉书·襄楷传》）。

《太平经》大部分已佚失。明刻《道藏》仅存《太平经》残本五十七卷。近人参照唐《太平经钞》等多种古书编成《太平经合校》一书①。为便于说明以后佛、道二教的关系，下面主要依据此书把《太平经》与佛教思想作简单的对比介绍。

（一）佛教认为构成宇宙万物的基本要素是"色"（相当于"物质"，指地水火风及其所造）、"受"（感受）、"想"（思想）、"行"（意志）、"识"（精神）五蕴。由于这五种因素在不同条件下的聚合和分散，造成宇宙万物的刹那产生，刹那消灭；任何事物和现象都不是永恒的，也没有一个质的规定性或常住不变的实体。

但《太平经》却是用中国传统的元气说来论述世界万物的起源。认为万物始于元气，元气与阴阳中和之气，造成天地，再与五行相合，造成万物②。《太平经》认为万物之上有精神性的至上神的"天"、"上帝"和各种鬼神。说："天使元

---

① 王明编《太平经合校》，中华书局，1960年版。
② 《太平经合校》卷四十八，《三合相通诀》；卷六十七《六罪十治诀》。

气治，使风气养物"；天又生男女、食物、衣服这"三宝"，使人类社会得以延续下去①。并且认为封建皇帝是天帝在人世的代表，他的感情意志不仅影响社会，也要影响到自然界，说："帝王，天之子也；皇后，地之子也"，如果帝王愁苦，"四时五行气乖错，杀生无常"②。因此，辅助帝王也就是顺从天帝，帮助帝王建立太平盛世是天帝的意志。

佛教叫人不关心现世，不关心人们的物质利益，而去追求永恒的虚幻的精神解脱。道教叫人辅助最高统治者"开辟太平之阶路"。可见，二者的内容在客观上虽都有利于维护剥削阶级的统治秩序，但论证问题的根据和方式是不一样的。

（二）佛教修行的最高目的是追求超脱生死轮回的涅槃精神境界（成阿罗汉或成佛），而《太平经》则宣扬通过修炼、行善，达到成仙、白日升天。它说：

> 天上积仙不死之药多少，比如太仓之积粟也；仙衣多少，比若太官之积布帛也；众仙人之茅舍多少，比若县官之室宅也。常得大道而居，故得入天。大道者，得居神灵之传舍室宅也。

这是说，一个人行为符合于"道"，就有可能升天成仙。《太平经》要求信徒们忠于君，孝于父母，按"天心"、"地意"行动。如果为臣者能帮助君主"垂拱而自治"，使朝政

---

① 《太平经合校》卷六十七，《六罪十治诀》；卷三十六《守三宝法》。
② 《太平经合校》卷十八—三十四，《安乐王者法》。

"上得天心，下得地意，中央则使万民莫不欢喜"，这就是最大的善，就可能与君主一起成仙升天，共同治理天上之事①。它还说，得道者有不同的阶位，"第一神人，第二真人，第三仙人，第四道人"，皆可长生不老②。在佛教看来，一个人死后生天（佛教不讲肉体飞升，只讲生前行善，死后可生天界）并不能摆脱生死轮回，佛教不把生天作为修行的最高目标。

（三）佛教讲因果报应、生死轮回，宣称一个人今生的善恶，将决定他来生的命运的好坏。但《太平经》认为，除少数人可得道成仙外，一般人都难免一死。

> 人居天地之间，从天地开辟以来，人人各一生，不得再生也……今一死，乃终古穷天毕地，不得复见自名为人也，不复起行也。（《太平经合校》卷九〇，《冤流灾求奇方诀》）

道教不承认有生死轮回和来生。

《太平经》也涉及报应的问题，但与佛教不同。它认为一个人的善恶行为可带来两种不同结果：一是决定自己是不死成仙，还是死而为鬼；宣称有神鬼在空中持簿籍记录世人的善恶，善人可长寿或不死成仙，恶人早死为鬼，在地下受罪③；二是会给他子孙后代带来或好或坏的影响。此

---

① 以上见《太平经合校》卷四十七《上善臣子弟子为君父师得仙方诀》。

② 《太平经合校》卷一三七—一五三，《太平经钞》壬部。

③ 《太平经合校》卷一一一《善仁人自贵年在寿曹》；卷一一四《不孝不可久生诫》等。

即所谓"承负"说。它说，有人努力行善，反而得不到好的结果，有的人经常做坏事，却得到好的结果，这是因为：

> 力行善反得恶者，是承负先人之过，流灾前后积来害此人也。其行恶反得善者，是先人深有积蓄大功，来流及此人也。能行大功万万倍之，先人虽有余殃，不能及此人也。因复过去，流其后世，成承五祖……承负者，天有三部，帝王三万岁相流，臣承负三千岁，民三百岁。皆承负相及，一伏一起、随人政衰盛不绝。（《太平经合校》卷十八—三十四《解承负诀》）

"承负"思想不自《太平经》始。《国语·周语》载太子晋谏灵王勿壅川，他说："自我先王厉、宣、幽、平而贪天祸，至于今未弥；我又章之，惧长及子孙，王室其愈卑乎"。《周易·坤·文言》说："积善之家，必有余庆；积不善之家，必有余殃。"可见，《太平经》的承负思想有报应而无轮回，不能认为是受佛教因果论影响，它是中国固有的一种宗教思想。

（四）佛教的重要修行方法是禅定，即在佛教基本理论的指导下，使精神专注一处，思虑佛教人生哲理（"禅观"），以坚定主观信仰，使精神达到摆脱生死苦恼的所谓涅槃境界。汉地初译佛经曾把禅定译为"守一"，例如传为东汉严佛调译的《菩萨内习六波罗蜜经》把禅定波罗蜜译为"守一得度"；吴维祇难等译的《法句经》有"守一以正身，心乐居树间"："昼夜守一，必入定意"。其实，"守一"

一词正是来自我国道家著作和原始道教经典《太平经》。

先秦道家往往把"道"、气或元气称为"一"，把坚守道的原则，节制情欲，静心养神称为"抱一"、"执一"或"守一"。《老子》说："圣人抱一，为天下式"；"神得一以灵"；《庄子·庚桑楚》："老子曰：卫生之经，能抱一乎？"同书《刻意》："纯素之道，唯神是守，守而勿失，与神为一。"战国时的稷下黄老学派提倡清静养神，认为精神是一种细微的气，嗜欲太多，精神就会离开身体，因此说："虚其欲，神将入舍（身体），扫除不洁，神乃留处"（《管子·心术上》）。如果能保住精神不流失，这叫"执一"，说："执一不失，能君万物"；有的地方称为"守一"，说："形安而不移，能守一而弃万苛"（《管子·内业》）。《太平经》的守一正是从这里发展来的，它有两个意思，一是守一以修炼精神，二是守一以治理天下。

第一是指静心养神，节制情欲的精神修炼方术，以此达到长寿的目的。《太平经·守一明法篇》说：

> 守一明之法，长寿之根也。……守一精明之时，若火始生时，急守之勿失。始正赤，终正白，久正青。洞明绝远（原下接"复远"二字，此据《太平经圣君秘旨》删），还以治一，内无不明也。百病除去，守一无懈，可谓万岁之术也。（《太平经合校》卷十八—三十四）

守一也就是"守道"、"守元气"，除有静心养神之意外，可能还有"吐故纳新"（《庄子·刻意》）的气功在内。据称守一修行方法也是由浅入深的，最后可达到无所不知、无所不能的精神境界。《太平经圣君秘旨》对守一有很多论述。其中说：

> 守一明之法，未精之时，暝目冥冥，目中无有光。守一复久，自生光明，昭然见四方，随明而远行，尽见身形容。
>
> 出阴入阳，无事不通。
>
> 可以度世，可以消灾，可以事君，可以不死，可以理家，可以事神明，可以不穷困，可以理病，可以长生，可以久视。（《太平经合校》附录）

《太平经》对守一的要求与佛教的禅定不一样，不修什么"观法"。佛教有四念住（念身不净、受苦、心无常、法无我）、不净观……四谛观等等禅观。道教的守一，只要求有一个安静的环境，"宜重墙厚壁，不闻喧哗之音"，在感情上"喜怒为疾，不喜不怒"，节制情欲[①]。这样才能达到守一的至高境界。

第二是指运用守一的原则，治理天下。例如《太平经·七事解迷法》说：

> 古者神人治身皆有本也，治民乃有大术也。使万物生，各得其所，能使六极八方远近欢喜……乃当自然，能安八方四远，行恩不失牦毛。治国安身致太平，乃当深得其诀，御此者道也。合以守一，分而无极。上帝行之，乃深乎不可

---

① 《太平经合校》附录《太平经圣君秘旨》。

136

测。(《太平经合校》卷一五四——一七〇）

"合以守一，分而无极"是说中央朝廷按守一之道以施政，就会使四面八方的国土和人民得到治理。这里的"守一"就是从道家的"无为而治"的治国主张发展而来的。

综前所述，《太平经》所说的守一与佛教的禅定并不是一回事，仅就作为精神修行的方法来说，它们的指导思想和修行目的也不一样。在修行过程中所要求的精神活动也有差别。

从上面几个方面来看，《太平经》的思想与佛教教义有着明显的不同，它是以东汉社会为土壤，吸收先秦两汉以来的宗教迷信思想逐渐形成的。

《太平经》书中也发现某些与汉译佛经用语一样的词汇，例如《太平经》述教祖老子的神话式传记用了"本起"一词①。可是，讲佛陀传略的《本起经》的翻译皆在《太平经》成书以后，如汉灵帝、献帝时由康孟详和竺大力译《修行本起经》、昙果和康孟详译《中本起经》、三国吴支谦译《瑞应本起经》等。再如《太平经》出现"三界"一词（"超凌三界之外，游浪六合之中"②），但从全书内容来看，"三界"应为天、地、人三者，而没有如佛教所说"欲界、色界、无色界"的意思。

---

① 《太平经合校》卷一——十七《太平金阙帝晨后圣帝君师辅历记岁次平气去来兆候贤圣功行种民定法本起》。

② 《太平经合校》卷一——四《为父母不易诀》等。

《太平经》出世的时候，中国内地已传入佛教，正如楚王刘英并祠黄老、浮屠所表明的那样，当时的佛教依附于黄老，人们把佛教也看作是一种道术。《太平经》的作者没有把佛教看成是一种独立的宗教，但因为已发现佛教有一些独特的东西，所以把它看作是自己同门中"不中师法"、"失道意"的异端之一。例如，《天咎四人辱道诫》说：

> 　　夫道乃天也，清且明，不欲见污辱也。而今学道者，皆为四毁之行，共污辱皇天之神道，并乱地纪，讫不可以为化首，不可以为师法，不可以为父母，俱共毁败天之宝器，天之皆名之，名为大反逆之子……其第一曰：不孝；第二曰：不（《太平经钞》"无"作"曰不"）能（原作"而"，据《太平经钞》改）性真，生无后世类；第三曰：食粪饮其小便；第四，行为乞者。故此四人者，皆共污辱天正道，甚非所以兴化而终古为天上天下师法者也。
>
> 　　穷其妻子而去者，是皆大毁失道之人也。无可法，是大凶一分之人也，不可为人师法，安而中天师法乎？
>
> 　　学为道者，反多相示教食粪饮小便，相名为质直善人。王与道大憎之……何能反中天上师乎哉？
>
> 　　下古多见霸道，乞匄弃其学，捐妻子，食粪饮小便，是道之衰，霸道起也。（《太平经合校》卷一一七）

　　佛教僧侣是脱离父母、妻子出家，以乞施舍度日的。佛教传入初期虽流传不广，但人们通过外来佛教徒的活动或介绍，对此是可以了解的。《太平经》主张忠君孝亲，过夫妻生活，生育后代，对佛教的修行方法自然是反对的。但是，上述对"四毁之行"所做的批评未必全是针对佛教的，也是驳斥当时流行的一些神仙道术的。先秦以来传说中的"真人"、"仙人"多是上离父母、下无妻子，远离社会的。如《庄子·逍遥游》中的藐姑射山的神人"不食五谷，吸风饮露"，秦汉时期传说的安期生、王子乔（传说他遇道人成仙弃家而去①）等。汉武帝羡慕黄帝成仙飞天，也说："诚得如黄帝，吾视去妻子如脱屣耳！"② 某些方士依据道家、神仙家所讲的"弃世"、"无累"和"养性命"的主张而采取极端的出世主义作法是可能的。而《太平经》虽也主张求仙方仙药，以达到长生不死，但认为首先应辅助帝王"致太平"，然后"复为其索得天上仙方以予其君"③，而反对弃君亲的出世作法。

至于所说"食粪饮小便"，在中国道术中确实有过，如东汉桓谭《新论·辨惑篇》记载：

> 余尝与郎冷喜出，见一老翁，粪上拾食，头面垢丑，不可忍视。喜曰："安知此非神仙？"余曰："道必形体如此，无以道焉。"（《太平御览》卷三八一引）

再如《论衡·雷虚篇》讲："道士刘春荧惑楚王英，使食不清。"这个刘春是个方士，使刘英"食不清"的做法，恐怕

---

① 《后汉书·王乔传》注引刘向《列仙传》。
② 《史记·封禅书》。
③ 《太平经合校》卷四十七《上善臣子弟子为君父师得仙方诀》。

是当时流行的道术的一种神秘主义修炼方术。又如《后汉书·甘始传》记载：

> 甘始、东郭延年、封君达三人者，皆方士也……或饮小
> 便，或自倒悬……

可见在方士中确实有饮小便的。《太平经》对食粪饮小便的批评看来是针对某些方士的。

当时的佛教和道教尽管有上述种种不同，但两者还是有相似的地方。这主要有两个方面：一是清静寡欲。准确地讲，道教是讲节欲，主张控制除饮食、男女、衣服之外的"六情所好"[①]；佛教是断欲，如《四十二章经》所说"离欲寂静"、"断欲去爱"。二是好生恶杀。道教主张行"仁政之道"，称"上君子乃与天地相似，故天乃好生不伤，故称君称父也；地以好养万物，故称良臣称母也；人者当用心仁，而爱育似于天地，故称仁也……"[②]。这实际是儒道思想相结合的产物。佛教则是把"不杀"作为根本戒律之一，主张"行大仁慈"（《四十二章经》）；不仅要不杀，还要不瞋、不恚、不怒，做到"忍辱"（安世高译《八正道经》）。但这种差别，当时的人们是不能理解的。如桓帝时虽然道教已创立，但他仍把黄老、浮屠并祠；襄楷奏议也认为黄老、浮屠"此道清虚，贵尚无为，好生恶杀，省欲

----

① 《太平经合校》卷三十六《守三宝法》。
② 《太平经合校》卷三十五《分别贫富法》。

去奢。"直到佛经大量翻译，佛教广泛流行的魏晋以后，社会上才逐渐认识到这两种宗教的区别。

从《太平经》的整个宗教思想体系来说，它是维护封建制的统治秩序的。它用宗教神学的语言强调忠君孝亲，严格上下等级，辅助帝王"致太平"。它所说的太平盛世就是以封建君主为家长，维持封建宗法关系，实行阶级合作的社会。它说：

> 治有三名：君、臣、民，欲太平也。此三者常当腹心，不失铢分，使同一忧，合成一家，立致太平。（《太平经合校》卷十八—三十四《和三气兴帝王法》）

并说国家如家庭一样，"父为君，母为臣，子为民，财货以相通养共之象万物，此一家亦共一大忧"。以此类推，万户一县，十县一郡，十郡一州，十州一国，"具成一家"，"合成一忧"①，帝王就是这个和睦大家庭中的家长。正因为《太平经》是维护封建统治阶级的利益的，所以宫崇敢于把它献给顺帝，希望顺帝利用它来"兴国"、"致太平"。大概由于此书主张政教合一，过于强调道教宗教家"神人"、"真人"的神权统治，要君主"垂拱自治"，"无事无扰"，因而被统治者斥为"妖妄不经"，置诸高阁。

《太平经》中也有一些批评贫富悬殊，"为富不仁"的内容。并说："天之有道，乐与人共之；地有德，乐与人同

---

① 《太平经合校》卷九十三《国不可胜数诀》。

之；中和有财，乐以养人"① 还宣称在因行善而可进入的天国里，"皆食天仓，衣司农，寒温易服，亦阳尊阴卑，粗细靡物金银彩帛珠玉之宝，各令平均，无有横赐，但为有功者耳。不得无功受天衣食"②。对于封建社会苦难深重的广大农民来说，这些带有平均主义思想的说法无疑是会给他们以某种安慰，甚至会激起他们对美好天国的憧憬。

东汉末年张角兄弟曾利用太平道发动和组织起义，据说他们也利用了《太平经》③。但从现存史料来看，他们主要是用符水治病进行传教，并借此吸引和联络农民。张角自称"大贤良师"，"持九节杖为符祝，教病人叩头思过，因以符水饮之。得病或日浅而愈者，则云此人信道，不愈则为不信道"④。这种方法与巴蜀一带的五斗米道也很相似。东汉末年，政治极端黑暗，广大农民受到皇室、贵族和豪强地主的残酷压迫和剥削，他们要求改变现状的愿望和反抗情绪十分强烈。因此，张角这种能给农民以精神慰藉和实际利益的传教和发动起义的方法，取得了很大效果。张角兄弟很快就把几十万农民组织起来，提出"苍天（汉朝廷）已死，黄天（农民军）当立，岁在甲子，天下大吉"的战斗口号，在汉灵帝中平元年（184 年）掀起震撼全国的农民大起义——黄巾起义。这次起义很快就被统治阶级联

---

① 《太平经合校》卷六十七《六罪十治诀》。

② 《太平经合校》卷一一二《有过死谪作河梁诫》。

③ 《后汉书·襄楷传》说："张角颇有其书（指《太平经》）焉。"

④ 《三国志·魏志·张鲁传》注引《典略》。

合的武装力量镇压下去了。黄巾起义的被镇压，若从中国宗教史来说，也可以说是对道教的一次严重打击。道教本来也具有为统治者帮忙的内容，由于受到了黄巾起义的牵累，统治者认为它包含着危险的因素，而遭到禁锢，这就给外来的佛教创造了一个发展的机会。

汉译佛经概况

佛教传入中国内地以后，据比较可信的文字资料，在东汉末年以前仅有《浮屠经》的口授和译者不明的《四十二章经》的流传；此外有无经典翻译，已不可考。但到东汉末年桓、灵二帝的时候，不少古印度和西域僧人来到汉地，以洛阳为中心，译出大量佛教典籍。现主要根据梁僧祐《出三藏记集》（简称《祐录》）所载经录、魏晋人写的经序和僧传等资料，作概要介绍。

安清，字世高，原是安息国太子，自幼刻意好学，"外国典籍，莫不该贯"，并通晓天文、风角、医学等方术，名闻西域诸国。平时信奉佛教，"奉戒精峻"，经常讲经说法。其父王死后，"乃深悟苦、空，厌离名器"，不嗣王位，让国与叔，出家修道，"博综经藏，尤精阿毗昙学（按：指上座部系统说一切有部论书），讽持禅经，略尽其妙"（《祐录》卷十三，本传）。后游历各国传教，在汉桓帝建和二年（公元148年）到达洛阳，很快学会汉语，到灵帝建宁年间（公元168—172年）二十余年，共译佛典三十四部四十卷。与他同时的严佛调在《沙弥十慧章句序》中说："凡其所出，数百万言，或以口解，或以文传"（《祐录》卷十）。所译佛经主要有：《安般守意经》一卷、《阴持入经》一卷、《大十二门经》一卷、《小十二门经》一卷、《百六十品经》一卷，等等；此外，有《四谛经》一卷、《阿含口解》一卷、《十四意经》一卷、《阿毗昙九十八结经》一卷，《祐录》所载《道安录》①说："似世高撰也。"灵帝末年，中原战乱，安世高避乱到江南传教，最后死于会稽（今浙江绍兴）。

安世高所译佛经多属小乘佛教。所谓"小乘"是公元前后兴起的大乘佛教对原始佛教和部派佛教的贬称。"乘（梵语 yāna）"是运载物（如车、船）的意思，大乘佛教自称能运载无数众生超度"苦海"达到彼岸，而说小乘佛教只能运载少量众生达到彼岸。关于安世高的译经，道安说："其所敷宣，专务禅观"（《祐录》卷六《阴持入经序》）；又说："博学稽古，特专阿毗昙学，其所出经，禅数最悉"（同上，《安般注序》）；"安世高善开禅数"（同上，《十二门经序》）。这是符合实际情况的。所谓禅数包含两个方面：（一）"禅"指禅观，是说通过禅定静虑，领悟佛教的人生观和世界观，以期达到神秘的涅槃精神境界。如《安般守意经》、大小《十二门经》、《大道地经》、《五十校计经》等，就是指导禅定修行的书。（二）"数"是指"数法"，即

---

① 原文作《安录》或称"安公云"，皆指东晋道安（公元 314—385 年）撰《综理众经目录》。此录早佚，在《祐录》中保存大部分。

阿毗昙。它对佛教基本理论概念的分类多系上数字，如四谛、八正道、十二因缘、五蕴（"阴"）、十二处（"入"）、十八界（"本持"）、十二门禅（四禅、四无量、四无色），等等。安世高所译佛典中有相当一部分是小乘佛教基本经典《阿含经》的单品①，还有一部分就是解释《阿含经》教义的论书《阿毗昙》的节本，如《阿毗昙五法经》（现存）、《七法经》、《阿毗昙九十八结经》等，就属于这种论书。阿毗昙也写作阿毗达磨、毗昙，梵语是 abhidharma，意译为对法、无比法、胜法，因以数把教法分类，故也可译数法，此外还常译作"论"，是对经（《阿含经》）或教法的论释。传说原始佛教时期已开始有阿毗昙的研究，如《中阿含经·牛角娑罗林经》说："犹二比丘法师，其论甚深阿毗昙，彼所问事，善解悉知；答亦无碍，说法辩捷"②，到释氏逝一二百年（公元前四世纪中—前三世纪中）部派佛教成立以后，阿毗昙学有了很大发展，各大部派一般都有自己的经、律、论（阿毗昙）三藏，而其中说一切有部尤以编著论书著称，其内容特别着重对心理活动和佛教因缘观的论释。古印度西北地区曾长期盛行说一切有部教义，我国翻译此部论书最多，东晋僧伽提婆译《阿毗昙鞞婆沙》、《阿毗昙心》，东晋浮陀跋摩译《阿毗昙毗婆沙》，刘宋僧伽

---

① 北传佛教《阿含经》有四部：《长阿含经》、《中阿含经》、《杂阿含经》、《增一阿含经》。关于安世高译《阿含经》的单品，参见本书附录1。

② 还可参见《中阿含经·支离弥梨经》。

跋摩译《杂阿毗昙心》，等等，是此部论书的一部分，分门别类论释小乘佛教的基本理论概念。安世高所译《阿毗昙》书虽大部分已佚失，但据《祐录》卷二《新集异出经录》的《阿毗昙》条，它们与上述论书属于同类，只是详略不同。现存《阿毗昙五法经》，从内容上看，大概是《阿毗达磨品类足论》（唐玄奘译）中的《辩五事品》的异译。可以说，安世高所传阿毗昙学是属于说一切有部理论体系的。安息毗邻盛行说一切有部的印度西北地区，自然深受此部影响，安世高宣传此部理论是十分自然的。

　　总之，安世高所译经籍的主要内容是介绍小乘佛教的基本教义和修行方法的。中国内地早期佛教信徒可以通过这些经籍加深对佛教的理解。严佛调称赞他的译经："愍俗童矇，示以桥梁"（《祐录》卷十《沙弥十慧章句序》），正反映了这种情况。因其译经"义理明析，文字允正，辩而不华，质而不野"（《祐录》卷十三《安世高传》），在佛教史上很有影响，有不少译经一直流传到近代以后。

　　在洛阳另一个译经的安息人是安玄。据《高僧传》卷一，他是个在家持戒的居士，"博诵群经，多所通习"。汉灵帝末年到洛阳经商，因功称"骑都尉"，通汉语，常与沙门讲论佛法，世称为"都尉玄"，与汉族沙门严佛调共译《法镜经》一卷。此经是大乘佛经，与《大宝积经·郁伽长者会》属同本异译，其内容是劝人信奉大乘佛教，并说在家居士应修持出家戒律。安玄比安世高晚来洛阳约四十年，已开始翻译大乘佛典，说明此时安息也开始有大乘佛教。

三国吴康僧会为此经著序说：

> 骑都尉安玄，临淮严佛调，斯二者，年在韶乱[1]，弘志圣业。钩陈致远，穷神达幽，愍世瞢惑，不睹大雅，竭思译传，斯经景模。都尉口陈，严调笔受。言既稽古，义又微妙。（《祐录》卷六）

严佛调是临淮（即下邳，治在现安徽宿迁西北）人，是汉地第一个出家者。他除与安玄合译佛经外，还著《沙弥十慧章句》，这是第一部汉僧佛教著作。其序说："其文郁郁，其用亹亹，广弥三界，近观诸身"，"不敢自专，事喻众经，上以达道德，下以慰己志。创奥博尚之贤，不足留意，未升堂室者，可以启曚焉。"（《祐录》卷十）看来也是宣传小乘佛教基本教义和修行方法的"禅数"著作。

　　在中国第一次把大乘般若学传进汉地的僧人是支娄迦谶。简称支谶，原月氏国人，"禀持法戒，以精勤著称，讽诵群经，志存宣法"（《高僧传·支娄迦谶传》），于汉桓帝建和元年[2]（公元147年）来到洛阳，至灵帝中平（184—189年）年为止，译出佛经十四部二十七卷（或作十五部三十卷）。主要有：

　　《般若道行品经》[3]十卷。与三国吴支谦译《大明度无极经》、姚秦鸠摩罗什译《小品般若波罗蜜经》属同本异

---

① 应作韶乱或髫乱（乱同龀），意谓童年。
② 此据《历代三宝记》卷二。
③ 也称《道行般若经》。

译；宣扬"诸法（一切事物和现象）悉空"、"诸法如幻"的大乘佛教般若学理论。

《首楞严三昧经》二卷。据《祐录》卷二《新集异出经录》，此经至姚秦有七个译本，其中支谶译本是首译，其他如吴支谦、曹魏白延、西晋竺叔兰皆译作《首楞严经》，西晋竺法护译为《勇伏定经》、鸠摩罗什译《新出首楞严经》，此外还有不详译者的《蜀首楞严经》。这些经大部分已佚，唯有鸠摩罗什的译本尚存。这是宣传大乘禅观的经典。"首楞严"是"首楞严三昧"之略，梵文是Śūraṃgama-Samādhi，也译首楞严定、健相三昧、勇伏定、勇健定。据称若达到这种禅定状态（三昧），能统摄一切佛法，具有不可思议的神秘力量。其卷上说："佛告坚意，有三昧名首楞严，若有菩萨得三昧，如汝所问，皆能出现于般涅槃而不永灭，示诸形色而不坏色相，遍游一切诸佛国土而于国土无所分别。"在中国这个盛行神仙不老方术的社会，宣传这种长生久视、变化自在思想的佛经，自然会受到欢迎。从东汉末年到东晋短短二百多年的时间中，此经竟有七个译本，就是个很好的证明。

《般舟三昧经》一卷。也是大乘禅观著作。"般舟"，梵文是Pratyutpanna，意为"佛立"、"佛现前"，称得此三昧可以看见"十方诸佛"出现在面前；其中还宣传阿弥陀佛净土信仰，说一个人如果一心思念阿弥陀佛，经一昼夜乃至七天七夜，就会在禅定状态中看见阿弥陀佛，死后可以往生阿弥陀净土（极乐世界）。这是阿弥陀信仰传入中国内地的开始。

此外，有《阿阇世王经》二卷（晋竺法护译《普超三昧经》异译）、《宝积经》一卷、《兜沙经》一卷（《华严经·净行品》异译）、《阿閦佛国经》一卷（《宝积经·大乘十法会》异译）等十部经，道安认为"似支谶出"。

支谶的原籍大月氏，此时正值贵霜王朝比较强盛时期。它不仅拥有中亚广大领土，而且统治整个印度河和恒河流域。在支谶来华稍前一个时候，以保护佛教著称的迦腻色迦王（约公元 78—120 年）在位。由于他的大力支持，佛教的说一切有部和大乘佛教都很兴盛，大乘佛教发展尤为迅速。早期大乘佛典《般若经》、《法华经》、《华严经》、《阿弥陀经》、《维摩经》等等，获得广泛传播，并伴随中外经济、文化交流，沿着丝绸之路传到中国。支谶来华所译佛典，从现存看，全属大乘佛教，这是与当时的历史背景相适应的。

支谶经常和天竺沙门竺佛朔（亦作"竺朔佛"）合作译经。据《祐录》卷二，支谶译《般若道行品经》是在光和二年（公元 179 年）十月八日，而同书卷七载《道行经后记》说《道行经》也在同年同月译出，其文曰：

> 光和二年十月八日，河南洛阳孟元士口授天竺菩萨竺朔佛。时传言者月支菩萨支谶，时侍者南阳张少安、南海子碧，劝助者孙和、周提立。

可见，《般若道行品经》与《道行经》是一回事。是竺佛朔宣读梵文，支谶译为汉语，孟元士笔录成文的。道安《道行经序》说：

> 佛泥日后，外国高士抄九十章（按：曹魏朱士行从于阗抄回梵本《般若经》为"九十章、六十万余言"，后译为《放光般若经》）为《道行品》。桓、灵之世，朔佛赍诣京师，译为汉文。（《祐录》卷七）

这是说，支谶所译《道行品经》（有三十品，即三十章）是《大品般若经》的节抄本，原本是由竺佛朔直接从天竺带来的。实际上，《道行品经》与后来的《放光般若经》在结构、内容上是不同的，当是两个不同的本子。

关于竺佛朔的生平，史载不详。据《祐录》卷二，他还译有一卷本《道行经》，也说是《大品般若经》的节抄本，道安曾为此经著注。但此书梁时已佚，到底与上述十卷本《道行品经》是什么关系，凭现有资料，已难确考。

此外，《祐录》卷七载《般舟三昧经记》说：

> 《般舟三昧经》，光和二年十月八日，天竺菩萨竺朔佛于洛阳出。菩萨法护（四字疑衍）时传言者，月支菩萨支谶，授与河南洛阳孟福字元士，随侍菩萨张莲字少安笔受，令后普著。在建安十三年（公元208年）于佛寺中校定悉具足。后有写者皆得南无佛。又言建安三年（公元198年），岁在戊子（应为戊寅）八月八日，于许昌寺校定。

这说明支谶所译《般舟三昧经》也是与竺佛朔合译的。由竺佛朔宣读原本梵文，支谶译为汉语，孟福、张莲笔录为文。

从以上资料还可以看出，东汉末年外国僧人来华译经得到了汉族地主阶级及其知识分子早期信徒的支持，像洛阳孟福（字元士）、南阳张莲（字少安）、南海子碧等人，都直接参加译经事业，而像孙和、周提立等"劝助者"，他们就是提供译经资金、场所和各种生活用品的施主。从现有文献来看，东汉末的译经还没有得到政府的直接援助，外来僧人的译经事业之所以能够进行，大概是与民间地主阶级及其知识分子信徒的资助分不开的。佛教拥有地主阶级及其知识分子作为信徒，是在中国扎根、传播的重要社会条件。

在汉灵帝、献帝之间于洛阳从事译经的还有支曜、康巨、康孟详等人。支曜，从其姓来看（当时外来僧多以国为姓）也许是大月氏人，所译《成具光明经》一卷，与支谶所译《光明三昧经》是同本异译，也是大乘禅经。经中说："佛言，有定意法，名成具光明，其有人闻之者，若能履行一日至七日，其功德不可譬喻"，并说，如果前世已供养无数佛并从其受法，今生再修此禅定，"如弹指顷，长离三恶道①，功德渐满，疾逮至佛"。

康巨，当是康居人，译《问地狱事经》一卷，已佚，《高僧传》称其"言直理旨（当作诣），不加润饰"，看来是

———————————

① 佛教讲善恶报应，说人死后据其生前行为（业）在"五道"轮回。这五道是：地狱、饿鬼、畜生、人、天，前三道为"三恶道"或"三恶趣"。

直译。

康孟详，大概也是康居人，与竺大力合译《中本起经》二卷、《修行本起经》二卷，都是介绍释迦牟尼诞生、成长、出家修道、传教的神话般的传记的。据传，这些经的梵本是昙果从迦维罗卫（在今尼泊尔境内）带来的。康孟详译经也比较有名，道安称赞说："孟详所出，奕奕流便，足腾玄趣也。"（《高僧传·支娄迦谶传》引）

然而汉末最有影响的译者只有安世高和支谶二人。安世高主要传译上座部系统说一切有部的学说，重点是"禅数"。从其受学者有严佛调，他曾据安世高所授禅数之教，撰《沙弥十慧章句》（《祐录》卷十）。此外，南阳韩林、颍川（治今河南禹县）皮业、会稽陈慧皆传承其学，三国吴康僧会曾从此三师受学，并助陈慧注安世高所译《安般守意经》（《祐录》卷六）。支谶传译大乘佛典，重点是般若学说。传其学者除上述洛阳孟福、南阳张莲等人外，据《祐录·支谦传》，还有支亮（字纪明）"资学于谶"，支谦又受学于支亮，后到江南吴国译经。其所译《大明度无极经》的品题和不少词句与《道行品经》略同，看来是在支谶译本基础上改译的。魏晋以后，虽然小乘佛教也有发展，但大乘佛教般若学说则取得更大发展。

综上所述，东汉末年译经有以下四个显著特点：（一）译经者主要是外来僧，他们或是单译，或是合译，虽也有少量汉地僧人或居士参加，但只是从事辅助工作；（二）外来僧带来什么梵本经就译什么经，而且，大小乘佛教典籍同时被翻译流传，人们对二者未能区别，把它们都看作是释迦的教说；（三）以译经为主，著述和注释极少；（四）译经事业没有得到政府的直接支持，而是由民间地主阶级及其知识分子信徒资助进行。这些特点，是由于佛教尚处于传播的早期阶段所决定的，而以后随着佛教在社会上广泛深入传播，才发生一些新的变化。

笮融祠佛招徕民户

黄巾农民大起义被镇压以后，东汉朝廷已名存实亡，以镇压农民起义而起家的地方割据集团之间进行野蛮的兼并战争。但黄巾起义军余部的斗争并没有停息，汉灵帝中平五年（188 年），青、徐二州又爆发黄巾起义。这些起义立即遭到地方军阀的联合镇压。在徐州地区（现山东南部和安徽、江苏一带），朝廷任命陶谦为徐州刺史（193 年升任徐州牧），由他镇压了境内的黄巾起义。此后一段时期，徐州境内由于战争少，比较安定。北方洛阳、关中一带地方的人民，由于受到董卓等军阀集团的疯狂掠夺和血腥屠杀，纷纷逃到这里。不难想见，在逃来的流民当中，也有一些是佛教徒。

笮融是丹阳（治在今安徽宣城）人，与陶谦是同乡，聚众数百人投靠陶谦。陶谦任他督管广陵（治在今江苏扬州）、下邳（治在今江苏宿迁西北）、彭城（治在今江苏徐州）三郡的粮食运输。笮融本人信仰佛教，利用职权把三郡的钱粮用来大建佛寺。据《三国志·吴志·刘繇传》记载，他所造的佛寺十分宏伟豪华。

> 以铜为人（按：此指佛像），黄金涂身，衣以锦彩，垂铜盘九重，下为重楼阁道，可容三千余人，悉课读佛经。

并且下令说，凡是愿意信奉佛教者，都可以免除徭役。在战乱连年，人民纷纷逃亡的情况下，招徕民户，就意味着可以发展生产，增加财政收入。笮融用信佛免役的方法招引民户，前后招致民户达五千多。他还举行盛大的浴佛法会，在八十里的范围内铺席设酒饭招待前来参加法会的人，据说"民人来观及就食且万人，费以巨亿计"。

汉献帝初平四年（193年），曹操带兵攻打陶谦，攻下彭城、傅阳（今山东枣庄南）等城，"凡杀男女数十万人，鸡犬无余，泗水为之不流"（《后汉书·陶谦传》）。兴平元年（194年），曹操再次攻打陶谦，兼并琅琊（治在今山东临沂北）、东海（治在今山东郯城西）的诸县。陶谦逃到丹阳，不久病死。这时，笮融率领男女民众万人，马三千匹，逃到广陵。因贪广陵财富，杀死太守赵昱，并纵兵大掠。兴平二年（195年），他南渡长江，杀死豫章（治在今江西南昌）太守朱皓，据其地，不久被扬州刺史刘繇打败，逃入山中，被山民杀死。

以上是中国正史上第一次明确记载兴建佛寺佛像和社会一般民众信奉佛教的情况。下面，想借这段史料说明两个问题：

（一）东汉末年徐州已成为佛教流行的重要地区。东汉初楚王刘英受封的楚国即在这里。其所治城——彭城，在东汉初自然已因刘英及手下居士的奉佛而接触佛教，东汉末，佛教已有相当发展。据《出三藏记集》卷五载慧叡《喻疑》说："汉末魏初，广陵、彭城二相出家，并能任持大照，寻味之贤，始有讲次。"就是说，他们都信奉佛教，因此有学问的佛僧，才得以宣讲佛经[①]。

笮融是下邳相。据《三国志·吴志·孙策传》注引《江表传》说，笮融南逃，于兴平二年（195年）曾与扬州刺史刘繇结盟，"彭城相薛礼、下邳相笮融，依繇为盟主"。这里所说"下邳相"，自然是此前笮融投靠陶谦时所受的职位，他同时还督运广陵、下邳、彭城三郡的漕运。据此，他大兴佛寺的地方当是徐州地区北部的下邳国（相当于郡），即现在江苏的西北角一带地方。不管当时信奉佛教的民众是出于真心还是只图"就食"和免役，史书所列举的"三千余人"、"五千余人户"、"万人"等各项数字，至少表明，由于笮融的崇佛，扩大了佛教的影响和传播的范围。

大约与笮融崇佛的时间相同，我国最早的汉族僧侣严佛调即是下邳人。《出三藏记集》卷十三《安玄传》说严佛调是"临淮人"。按临淮是下邳的旧称，东汉明帝时改临淮郡为下邳国，并以此地封王。据称，严佛调"绮年颖悟，

① 据史书载，当时的广陵相是赵昱，彭城相是薛礼。但有关他们信仰佛教的详细情况，已不可考。参见《后汉书·陶谦传》和《三国志·吴志·孙策传》注引《江表传》。

敏而好学，信慧自然，遂出家学道"。他是汉桓帝、灵帝时在洛阳译经的安息僧安世高的弟子。"世称安侯（安世高）、都尉（安玄）、佛调，三人传译，号为难继"。这是说他的译经水平当时认为是很高的。

（二）笮融造寺的规模已相当宏伟，用铜塑佛并涂以黄金，没有把黄老与浮屠并祠，并对寺中三千余人"悉课读佛经"。笮融对他们免除徭役，但必须诵习佛经。这是一种强迫灌输的方法，不管诵习者真信还是假信，至少他扩大了佛教的宗教宣传和社会影响。

东汉时除洛阳、徐州地区有佛寺外，豫州（今河南及山东西南）也有佛塔的建筑。据北魏郦道元《水经注》卷二十三《汳水》条：

> 汳水又东径梁国睢阳县（今河南睢县一带）故城北，而东历襄乡坞南。《续述征记》曰：西去夏侯坞二十里，东一里，即襄乡浮图也。汳水径其南。汉熹平（172—178年）中，某君所立，死因葬之。其弟刻石树碑，以旌厥德。隧前有师子、天鹿，累砖作百达柱八所，荒芜颓毁，雕落略尽矣。

汳水发源于陈留（今河南陈留）附近，东流入下邳东南部的泗水。这里往西直通洛阳，往东与徐州地区连接。可见，在东汉末年，以洛阳为中心的广大地区，佛教比以往在社会上有更大传播。

再从佛经翻译和流行来看，东汉的佛经的大部分是在汉桓帝以后译出。《出三藏记集》载，东汉译经共五十四部七十四卷（不包括失译经），而《历代三宝记》卷四说汉代共译经三百五十九部四百二十七卷，《开元释教录》卷一说有二百九十二部三百九十五卷。数字有出入，不尽同，都表明东汉确有相当数量的译经。当有一些佛经已在社会流传，例如襄楷在上桓帝的奏议中就曾引用过《四十二章经》，说：

> 浮屠不三宿桑下，不欲久生恩爱，精之至也。天神遗以好女，浮屠曰：此但革囊盛血，遂不眄之。（《后汉书·襄楷传》）

《四十二章经》原文是：

> ……乞求取足，日中一食，树下一宿，慎勿再矣。使人愚蔽者，爱与欲也。
> 天神献玉女于佛，欲坏佛意。佛言：
> 革囊众秽，尔来何为？去！吾不用。……

《四十二章经》虽不能确定译本原著，但恰足以证明它是早期翻译。它是在汉地早期流行的佛经之一。襄楷是平原隰阴（隰阴，在今山东临邑县南）人，"好学博古，善天文阴阳之术"。他既读了原始道教经典《太平清领书》，又读了《四十二章经》。

另外，在汉桓帝、灵帝时来汉地的译经僧，译经的同时配合讲解。如安世高在洛阳"宣敷三宝，光于京师"（《阴持入经注序》）；"于是俦乂归宗，释华崇实者，若禽兽之从麟凤，鳞介之赴虬蔡矣"（《出三藏记集》卷六，东晋谢敷《安般守意经序》）。他们为了传教方便，还从大量佛经中摘出要点，做成"经抄"本。例如安世高"以广译为难"，抄译出《大道地经》二卷。还有的外国沙门按佛经大意作成"义指"，"欲广学视听"[①]，增强传教效果。边译边讲解，我国古代译人多采这个方法。如姚秦鸠摩罗什的译经团体，同时也是一个大乘空宗的讲习班。东汉末年，不少佛教徒因逃避战乱，从洛阳、关中汇集到徐州地区。因此，山东徐淮一带也曾一度成为佛教传播的中心。

第三节　三国时期的佛教

在东汉末年军阀混战中，最后剩下三大割据集团：一个以曹操为首，采取"奉天子以令不臣"的策略，拥立汉献帝为政治傀儡，自命为中央朝廷发号施令，占据江北广大地区，建安二十五年（220年）曹操死，其子曹丕废汉建魏国，自称皇帝，此即魏文帝，以洛阳为都；一个以刘备为首，占据益州（今四川）、汉中一带，于公元221年建蜀国，自称汉皇帝，建都成都；一个以孙权为首，占据江南广大地区，公元222年建吴国，自称吴王（后称皇帝），此即吴大帝，建都武昌，后建都建业（229年）。

三国时期，佛教继续向中国内地传播，大量佛经被译成汉文。但现存文字资料仅对译经僧的活动有一些介绍，而对佛教在社会各阶层中的流行情况却记载很少；关于蜀

---

① 并见《出三藏记集》卷五。

国的佛教情况则根本没有提到。

魏地佛教

魏初崇尚名法之治，但在名义上仍尊儒家思想为正统，对东汉以来广泛流行的黄老神仙道术和鬼神祭祠曾一度采取严格限制的政策。汉灵帝光和末年（当是184年），曹操因镇压颍川黄巾军有功，被任命为济南相。济南所属十余县的官吏多"阿附贵戚，赃污狼藉"。他到任后把其中八县的令长罢免，并"禁断淫祀"。西汉初城阳王刘章因讨吕氏有功，其封国为他立祠，青州（今山东北部）诸郡效仿，济南尤甚，其祠达六百余所。至此，曹操把一切不合儒教的祠宇全部毁坏，并严令"止绝官吏不得祠祀"。曹操统一北方，以汉丞相名义掌握朝政后，"遂除奸邪鬼神之事，世之淫祀，由此遂绝"（以上见《三国志·魏志·武帝纪》及注引《魏书》）。他鉴于张角曾利用太平道组织起义，对民间方士采取集中管理的方法来限制他们与民间的接触和活动。曹植《辩道论》替曹操做了说明：

> 世有方士，吾王悉所招致。甘陵有甘始，庐江有左慈，阳城有郤俭。始能行气导引，慈晓房中之术，俭善辟谷，悉号三百岁。本所以集之于魏国者，诚恐斯人之徒，接奸诡以欺众，行妖慝以惑人，故聚而禁之……①

---

① 《广弘明集》卷五，并见唐道宣《集古今佛道论衡》卷甲。

这里提到的甘始、左慈、郄俭，都是东汉末年的著名方士[①]。曹操对方士没有采取屠杀政策，甚至在五斗米道的教主、长期据守汉中的张鲁被迫投降以后，也没有把他杀死，而是封他阆中侯，邑万户。曹操的目的只是为了控制他们，使他们不能利用方术来煽惑人民，危及政权。

魏文帝曹丕即位的第二年，即魏黄初二年（221年），下诏说孔子是"资大圣之才，怀帝王之器"，是"命世之大圣，亿载之师表"，封孔子后裔为侯，令修孔子庙。黄初五年（224年）又下诏说：

> 先王制礼，所以昭孝事祖，大则郊社，其次宗庙。三辰五行，名山大川，非此族也，不在祀典。叔世衰乱，崇信巫史，至乃宫殿之内，户牖之间，无不沃酹。甚矣其惑也！自今，其敢设非祀之祭，巫祝之言，皆以执左道论，著于令典。（《三国志·魏书·文帝纪》）

此后，魏明帝曹叡在青龙元年（233年），

> 诏诸郡国，山川不在祠典者，勿祠。（同上，《明帝纪》）

从这些记载来看，魏建国初期对黄老神仙方术、鬼神祭祠是明令禁止的，其中自然也包括佛教在内。因为佛教在东汉以来是被看作黄老道术的一种，并且也是注重祭祠的。

[①] 关于这三人的情况见《后汉书·方术传》中的《左慈传》及注引《典论》、《甘始传》。

但政府的禁令是一回事，实际情况是另一回事。正如其他宗教方术没有因此而绝迹一样，佛教也在民间继续流传。而到魏中期这些禁令松弛以后，一些印度和西域僧又在洛阳从事译经和传教活动。魏国第一个外国译经僧昙诃迦罗（意译"法时"），在魏嘉平（249—254年）年间从中印度来至洛阳。

> 于时魏境虽有佛法，而道风讹替，亦有众僧未禀归戒，正以剪落殊俗耳；设复斋忏，事法祠祀。迦罗既至，大行佛法，时有诸僧，共请迦罗译出戒律。迦罗以律部曲制，文言繁广，佛教末昌，必不承用，乃译出《僧祇戒心》，止备朝夕。更请梵僧立羯磨法①受戒。中夏戒律，始自于此。（《高僧传•昙诃迦罗传》）

由此可见，在魏地早已有一些佛教僧侣，他们没有按照佛教戒律出家，只是把头发剪去，显得与一般人不同，而且还举行斋戒，从事祭祠。昙诃迦罗来魏以后，佛教有所发展。他应当地僧侣的请求，译出大众部戒律的节选本（《魏僧祇戒本》或《僧祇戒心》，一卷），并请印度和西域僧担任戒师授戒。从此魏地开始按戒律规定授戒度僧。

此外，康居沙门康僧铠于嘉平（249—254年）末年到洛阳，译出宣传在家居士学出家之戒的《郁伽长者经》一卷（亦名《在家出家菩萨戒经》，是东汉末安玄译《法镜

---

① 羯磨法，是关于授戒仪式的规定。"羯磨"是梵语 Karma 的音译，意为业、所作、办事、作法，通常指有关戒律（受戒、忏悔等）的活动为羯磨。

经》和西晋竺法护译《郁迦罗越问菩萨行经》的异译，后被作为《大宝积经·郁伽长者会》）和宣传西方净土信仰的《无量寿经》二卷。安息国沙门昙帝亦善律学，在魏正元间（公元254—256年）来洛阳译出法藏部戒律《昙无德羯磨》一卷。接着，帛延（也作"白延"，当是龟兹人）在魏甘露（256—260）年间来洛阳译出《首楞严经》二卷，《须赖经》一卷，《除灾患经》一卷。他们译出这些经典，自然是适应当时传教需要的。

魏与西域的交通还是比较方便的。在魏文帝即位之年，焉耆、于阗"遣使奉献"；黄初三年（222年），鄯善、龟兹、于阗王"各遣使奉献"，魏遣使者回访，并于西域置戊己校尉。魏明帝太和三年（229年），大月氏（即贵霜王朝）王波调遣使奉献，明帝封波调为"亲魏大月氏王"。当时大月氏以印度西北（现阿富汗和巴基斯坦北部部分地区）为中心，并控制中印度广大地区，正盛行佛教，除流行说一切有部等部派的经典之外，还流行一些大乘佛典。此时魏命仓慈为敦煌太守，他抑制豪右，发展农业生产，并保护西域来往使者和商旅①。徐邈任凉州刺使。他广开水田，募贫民佃种，使境内"家家丰足，仓库盈溢"，并保护中西交通要道，因此史称："西域流通，荒戎入贡，皆邈勋也。"②这样，从明帝以后，西域和印度来中国汉地的僧人显著增

---

① 《三国志·魏书·仓慈传》。
② 《三国志·魏书·徐邈传》。

162

多，他们把当时在印度和西域各国流行的佛教典籍传入中国内地。这种情况一直延续到晋朝以后。

早在魏正式建国之前，在曹操控制下的北方就有佛寺存在。例如《出三藏记集》卷七载《般舟三昧经记》说：东汉末年竺佛朔、支谶等在洛阳译出《般舟三昧经》，而在"建安十三年（208年）岁在戊子八月八日于许昌寺校定。"这个许昌寺与前面的"于洛阳出"并列，很可能是指在许昌的某寺。此时曹操自称丞相，已基本统一北方。而在魏中叶以后，随着佛教的发展，魏地也兴建了一些佛塔佛寺。《魏书·释老志》说：

> 魏明帝曾欲坏宫西佛图（按：即佛塔）。外国沙门乃金盘盛水，置于殿前，以佛舍利投之于水，乃有五色光起，于是帝叹曰："自非灵异，安得尔乎？"遂徙于道东，为作周阁百间。佛图故处，凿为濛汜池，种芙蓉于中。

这段文字也大致见于唐道宣《集神州三宝感通录》卷上和道世《法苑珠林》卷四十所引的《汉法本内传》上。不过《汉法本内传》还记载：魏明帝时，

> 洛城中，本有三寺，其一在宫之西，每系幡刹头，辄斥见宫内，帝患之，将毁除坏，时外国沙门居寺，乃赍金盘盛水以贮舍利……帝叹曰……乃于道东造周间百间，名为官佛图精舍。

且不说这个传说中的神秘成分，仅就造佛寺来说，魏明帝有无迁寺和建官寺，已不可考；但不难想见，随着印

163

度和西域外交使节、商旅、僧侣来魏地人数的增加，魏政府建立一些供他们参拜和居住使用的佛塔、佛寺（"官佛图精舍"），以及民间因地制宜建些佛寺，都是可能的。《汉法本内传》虽是南北朝时的伪书，但其中某些说法当是有根据的。东魏杨衒之《洛阳伽蓝记》的《序》说："至晋永嘉（307—313年），唯有寺四十二所"；而与此书几乎同时的《魏书·释老志》说，自洛阳建白马寺，宫塔制度皆依印度而重叠建造，塔从一级至三、五、七、九级，"晋世，洛中佛图有四十二所矣"。这些寺自然不会全是晋时修的，因此说魏时建有少量佛寺还是可信的。

魏初实行抑制门阀士族地主的政策，但由于曹氏集团日益腐败，各级政权逐渐被门阀士族地主代表人物把持，至齐王芳后，司马氏控制朝政。在这种情况下，适应门阀士族统治的需要，玄学应运而生。玄学以老庄思想解释儒家经典，宣称"以无为本"，名教（封建伦理纲常和政治制度等）出于自然。它建立唯心主义的本体论来为门阀士族统治秩序服务。玄学的创始人是何晏（190—249年）和王弼（226—249年），由他们倡导的"正始（240—249年）玄风"对魏晋文化思想影响很大。在这种情况下，一些佛教僧侣试图用佛教，特别是宣扬"诸法悉空"的《般若经》教义来迎合玄学，并且用玄学唯心主义思想来讲解《般若经》，而某些知识分子也开始对佛教大乘般若学说发生兴趣，试图借用佛教唯心主义哲学来发挥他们的老庄玄学理论。《般若经》认为世界上一切事物和现象虚幻不实，反对执著名相，这在当时人看来它与玄学理论并无二致。

早在东汉末年，《般若经》的部分章节已译成汉文。例如支谶和竺佛朔译有《道行品经》十卷三十品（与晋时译出二十卷九十品的《放光般若经》、《光赞般若经》〔现存已不全〕相对，称为《小品般若》），但在当时没怎么流行。魏玄学盛行后，有的僧侣投时人之所好，讲解《般若经》的教义。《出三藏记集》卷十三《朱士行传》载：

> 朱士行，颍川（郡治在今河南禹县）人也。志业清粹……少怀远悟，脱落尘俗，出家以后，便以大法为己任。常谓入道资慧，故专务经典。初天竺佛朔，以汉灵帝时出《道行经》（按即与支谶合译的《般若道行品经》十卷），译人口传，或不领辄抄撮而过，故意义首尾，颇有格碍。士行常于洛阳讲《小品》（按即《般若道行品经》），往往不通（《高僧传》其传曰："觉文章隐质，诸未尽善"）。每叹此经大乘之要，而译理不尽，誓志捐身，远迎《大品》。遂以魏甘露五年（260年）发迹雍州（治今陕西西安），西涉流沙，既至于阗，果写得正品梵书胡本九十章，六十万余言，遣弟子不如檀（或"弗如檀"），晋言法饶凡十人，送经胡本还洛阳。

《出三藏记集》卷七《放光经记》载：

> 惟昔大魏颍川朱士行，以甘露五年出家学道为沙门，出塞西至于阗国，写得正品梵书胡本九十章六十余万言，以太康三年（晋武帝年号，公元282年），遣弟子弗如檀，晋字法饶送经胡本至洛阳，住三年，复至许昌二年，后至陈留界

仓垣水南寺，以元康元年（291年）五月十五日，众贤者皆集议，晋书正写。时执胡本者于阗沙门无叉罗，优婆塞竺叔兰口传，祝太玄、周玄明共笔受，正书九十章，凡二十万七千六百二十一言……

据上引资料，可知朱士行是个知识分子，他在甘露五年出家之前已在洛阳研究和讲解《道行经》，因当初译者翻译此经时把领会不了的内容往往略去，而且音译地方也多，所以读起来前后不连贯，解释不通。朱士行为了求取大本《般若经》而决心到于阗去。于阗是天山南路南道的东西交通中心，印度佛教经此地传到中国内地。朱士行到于阗国时，此地大乘虽已广为流行，但居正统的仍是小乘。据上引《朱士行传》，当朱士行正要派弟子把所抄写的《般若经》送回洛阳时，

于阗小乘学众遂以白王，汉地沙门欲以婆罗门书惑乱正典。王为地主，若不禁之，将断大法，聋盲汉地，王之咎也。即不听赍经……

据传说朱士行以烧经为证，如火不焚经，应让送经，后来应验，弟子才把经送回。当然这是一种神话。但由此可以看出，于阗小乘佛教得到国王支持，颇有势力，他们斥大乘佛典为"婆罗门书"，视为异端。

朱士行从魏甘露五年（260年）到于阗，晋太康三年（282年）派弟子把所抄经本送回洛阳，前后达二十多年，后来以八十岁高龄死于于阗。他在于阗收弟子十人中的弗

如檀，恐怕是个于阗人。由这个例子也可以看出，魏时边疆与内地的文化交流是互相进行的。朱士行所抄的"正品梵书胡本九十章"，西晋时由竺叔兰译为《放光般若经》二十卷，此经与竺法护译的《光赞般若经》十卷（残本），因迎合玄学风尚，曾风靡一时。

从朱士行到于阗寻求佛经，说明随着佛教在汉地的传播，汉族信徒对由印度和西域僧带来什么经就译什么经的状况已不满足，而是按照中国佛教传播情况和社会风尚的需要，主动到西域以至印度寻求有关佛典。在中国佛教史上，朱士行是第一个西行求法的汉僧，此后，东晋的法显（"慨经律舛阙，誓志寻求"[①]）、唐代的玄奘（"誓游西方，以问所惑，并取《十七地论》"[②]），都是带着明确的宗教目的旅游古西域和印度的。

吴地佛教

吴国占据长江中下游广大地区，南面的交州[③]（现广东、广西和越南大部），也在它的版图之内。孙权在 220 年

[①] 《高僧传·法显传》。

[②] 《大慈恩寺三藏法师传》卷一。《十七地论》即《瑜伽师地论》。

[③] 交州，原称交趾，东汉建安八年（203 年）改称交州，辖七郡：南海（现广东东部）、苍梧（现广西东部）、郁林（现广西中、西部）、合浦（现广东、广西南部）、交趾（现越南北部），九真（现越南中部）、日南（现越南中南部）。吴黄武五年（226 年），交州刺史吕岱表分海南三郡（交趾、九真、日南）为交州，海东四郡为广州，不久复旧；永安七年（264 年），复分交、广二州。（见《后汉书·郡国志》王先谦集解）

建都武昌，229年改都建业（现南京）。

东汉末年，大量关中、洛阳一带地方的人为逃避战乱而迁居吴地，其中也有一些佛教徒。《高僧传·安世高传》说：

> 高游化中国，宣经事毕，值灵帝之末，关洛扰乱，乃振锡江南……

下面说安世高到过庐山、广州①、会稽（今绍兴）。其中所说宿缘偿报故事虽然荒唐无稽，但若剔除其神秘内容，似乎也有可值得参考的东西。例如说安世高到庐山，

> 行达䢼亭湖庙，此庙旧有灵威，商旅祈祷，乃分风上下，各无留滞……舟人敬惮，莫不慑影。高同旅三十余船奉牲请福。

接着说此庙神原是安世高前世出家修道的同学，因性情"瞋怒"，死后转生为大蟒，成为䢼亭湖神，后来受安世高教化，死后脱离蟒形另行转生。"暮有一少年上船，长跪世高前，受其咒愿，忽然不见。世高谓船人曰：'向之少年，即䢼亭庙神，得离恶形矣。'"这个故事反映江南一些地方盛行自然精灵崇拜，而安世高之类的佛教僧侣在这些地方进行传教，总要随机说法，通过编造一些神奇故事来宣说佛教教义（如"因果报应"等），把精灵崇拜与佛教教义结合起来，以期达到更大的传教效果。

---

① 东汉末设置广州，此当是《高僧传》作者慧皎用当时的名称。

此外，据《出三藏记集·支谦传》，支谦一名越，字恭明，大月氏后裔，祖父法度在汉灵帝时率数百国人归附东汉，被任命为"率善中郎将"，大概居于大月氏人移民领袖的地位。支谦从小学习中国书典，并"学胡书，备通六国言"，后来从支谶弟子支亮（字纪明）学习佛教，"博览经籍，莫不究练，世间艺术多所综习"，被人称为"智囊"。支谶、支亮、支谦三人在当时被认为是最有学问的人，如《历代三宝记》卷五引："世称天下博知，不出三支。"支谦在汉献帝末年，与乡人数十名避乱到吴地。

> 后吴主孙权闻其博学有才慧，即召见之，因问经中深隐之义；应机释难，无疑不析。权大悦，拜为博士，使辅导东宫，甚加宠秩。

据《三国志·吴书·孙登传》，孙登于孙权称吴王时（221年）为太子，吴黄龙元年（229年）孙权称帝时为皇太子。孙权为他"选置师傅，铨简秀士，以为宾友。于是诸葛恪、张休、顾谭、陈表等以选，入侍讲诗书，出从骑射"，"谢景、范慎、刁玄、羊衜等皆为宾客"。其中虽没有讲到支谦，但支谦既精通中国书典，又是西域移民中的头面人物，被孙权看中，选以辅导太子是可能的。吴赤乌四年（241年）孙登临死前上吴主书中：

> 愿陛下弃忘臣身，割下流之恩，修黄老之术，笃养神光，加羞珍膳，广开神明之虑……

说明孙登平时对"黄老之术"是爱好的。他的宾客之中大概也有一些方士。东汉以来人们把佛教看作是黄老道术的一种，支谦不是僧侣而是居士，他"博览经籍"，有"智囊"之称，因此他以"宾友"、"宾客"身份出入东宫是不会引人非议的。太子登死后，他隐居于穹隆（或作"隑"）山中，不参与世务，从沙门竺法兰受持五戒，"所游皆沙门而已"，后来死于山中。吴主孙亮与僧书说："支恭明不救所疾，其业履冲素，始终可高。""冲素"是道家常用的词汇（《老子》："大盈若冲"，"冲气以为和"，"见素抱朴"），意谓无欲无争，说明当时人把佛教徒仍视为黄老学者或术士。

据《出三藏记集》卷二记载，支谦从黄武元年（222年）到建兴（253—254年）年间，共译经三十六部四十八卷[①]。其中虽主要是大乘佛经，但也有一些小乘佛典。对社会发生过重要影响的有：

《维摩诘经》二卷。说维耶离（吠舍离）有一个神通广大"资财无量"的居士叫维摩诘，"不止无色，有妻子妇，自随所乐，常修梵行"，假借有病与前来探视的王公群臣和佛陀弟子说法。说"四大"（地水火风）所造之身是一切病灾的根源，要断除病根，必须"发清净不淫之行"，认识诸法空幻之理。达到解脱不一定要出家，关键在于主观信仰，应修"菩萨行"，"在生死行不为污行"，"遍入诸道一切，能为解说正要"，并"为一切人任苦忍净"。东晋以后，此

---

① 《出三藏记集·支谦传》作二十七部，《高僧传·康僧会传》作四十九部。

经受到门阀士族地主阶级的欢迎，特别盛行。但当时最流行的本子是姚秦鸠摩罗什译的《维摩诘所说经》三卷，与支谦译本稍异。

《大明度无极经》，简称《明度经》，四卷（或作六卷），是支谶译《道行品经》的改译本。

《首楞严经》二卷，是支谶译《首楞严经》的改定本。

《慧印三昧经》，简称《慧印经》，一卷。大乘禅经。慧印是禅定名，说修持慧印禅定，可以得到无上智慧，看见十方诸佛，"诸罪盖皆除"，后世可以成佛。在理论上宣传般若学说和佛身说，称"佛身有百二十事难可得知"，其中有"非身、无作、无起、无灭……诸法谛无有二，从本来无所有……亦非有，亦非无，亦无有去，亦无有来……亦非泥洹，亦非不泥洹"，否认世界一切事物和现象的真实差别和实在性。还宣传阿弥陀净土信仰，说修慧印三昧（禅定），可往生阿弥陀"极乐"国。

《老女人经》一卷。说生老病死、眼耳鼻口（舌）身心（意）、色痛痒思想生死识①，都"无所从来，去亦无所至"，"诸法皆如是"。并说："因缘合乃成，因缘离散即灭，法亦无所从来，去亦无所至。目见色即是意，意即是色，二者俱空"。这也是宣传大乘般若理论的经。其异译本有刘宋求那跋陀罗译《老母女六英经》。

《阿弥陀经》，为了与姚秦鸠摩罗什译《阿弥陀经》相

---

① 即五蕴：色、受（痛痒）、想（思想）、行（生死）、识。

区别，一般称《大阿弥陀经》，全称《阿弥陀三耶三佛萨楼檀过度人道经》，二卷。宣传阿弥陀净土信仰，称"一心念欲"生阿弥陀净土或听闻阿弥陀佛名字者，皆可往生西方"阿弥陀佛国"，过长寿自在生活。异译本有曹魏康僧铠译《无量寿经》、西晋竺法护译《无量清净平等觉经》。①

《瑞应本起经》二卷。是康孟详、竺大力所译《修行本起经》的异译。

此外，支谦改定维祇难、竺将炎（或写作"竺律炎"）所译《法句经》二卷，译注《了本生死经》一卷。还把自译《微密持经》与《陀邻尼经》（失译）、《总持经》（失译）二经合为一本，此为会译的开始。

支谦善长文辞音乐，曾据《无量寿经》②、《中本起经》③制作"《赞菩萨连句》、《梵呗》三契"。《高僧传》卷十三说：

> 天竺方俗，凡是歌咏法言，皆称为呗。至于此土，咏经则称为转读，歌赞则号为梵呗。昔诸天赞呗，皆以韵入弦管。

《法苑珠林·呗赞篇》说：

> 寻西方之有呗，犹东国之有赞。赞者从文以结音，呗者，短偈以流颂。比其事义，名异实同。是故经言，以微妙音声歌赞于佛德，斯之谓也。

---

① 原作汉支谶译，此不妥当，应为竺法护译。见本书第五章第四节。
② 当即支谦自译《大阿弥陀经》。
③ 当即支谦自译《瑞应本起经》。

据此，支谦的《赞菩萨连句》是选取歌颂释迦事迹的经文以备歌咏之用，而《梵呗》则是据佛经所作的偈颂，也供歌咏之用，大概都注上音韵，歌咏时可伴之以管弦①。用这种形式传教，普及佛教教义，是容易吸引民众的。

支谦的翻译和注释，都贯彻了他自己特有的思想和风格。东晋支敏度赞扬他说："越才学深澈，内外备通，以季世尚文，时好简略，故其出经，颇从文丽。然其属辞析理，文而不越，约而义显，真可谓深入者也。"② 在中国佛经翻译史上，始终存在"质朴"和"文丽"两派。支敏度是玄学化的僧侣，所以欣赏文丽简略，而支谦就很讲究文丽简略。比方支谦改译支谶的《首楞严三昧经》，"恐是越嫌谶所译者，辞质多胡音，所异者删而定之，其所同者述而不改。"③ 改"胡音"为汉意，也就是用意译取代音译，在支谦那里做得是比较彻底的。例如他把《摩诃般若波罗蜜经》意译为《大明度无极经》，其中像"须菩提"、"舍利弗"这类人名，都要意译成"善业"、"秋露子"。可见，支谦的译文力图适应汉人的口味，译文的忠实性不能不受一定的影

---

① 佛教史籍说曹植是佛乐的创始者，"遂制转读，七声升降，曲折之响，世之讽诵咸宪章焉……尝游鱼山，忽闻空中梵天之响，清扬哀婉，其声动心……乃慕其声书，写为梵呗，撰文制音，传为后式。"（见唐道宣《集古今佛道论衡》卷甲、《法苑珠林》卷三十六、《高僧传》卷十三）曹植反对方士，说他信佛并制梵呗是不可信的。

② 支敏度：《合首楞严经记》，见《出三藏记集》卷七。

③ 支敏度：《合首楞严经记》。

响。他既是"才学深澈，内外备通"，说明他的汉文化的修养是很好的，而当时开始发生的玄学思潮为他的译经提供了条件。检阅目前保存下来的他的主要译籍，凡是涉及重大哲学方面的概念，几乎都是来自《老子》，而较少受《庄子》影响，这与两晋以后的译注，有着显著的区别。由于他过分追求美巧，不免离开原著，所以遭到后来的义学家们的激烈批评。东晋道安已经指出："又罗、支越斫凿之巧者也；巧则巧矣，惧窍成而混沌终矣。"[①] 在姚秦鸠摩罗什的翻译过程中，曾对于旧译作过一次总的清算，支谦也是首当其冲。其弟子僧肇把支谦与竺法护并提，认为他们所译是"理滞于文"，以致"常惧玄宗坠于译人。"[②] 其实，从三国到西晋，支谦所开创的译风，占据着重要的地位，它使佛教普及化，无疑起着相当大的作用。从这种并不忠实于原著的译风中，也可以使我们看出支谦的思想来，看到佛教是如何在继续向汉化行进，并为当时世俗统治者的统治找出佛教的根据来。

吴地如支谦等佛教徒是从北方洛阳等地南下的，也有一些佛教徒是从南方北上的，例如康僧会是这样，维祇难、竺将炎也大概如此。

吴与东南亚国家、印度以及大秦（古罗马）等国有着政治、经济的往来。交州的最南端是日南郡（郡治在今越

---

① 道安《摩诃钵罗波罗蜜经钞序》，见《出三藏记集》卷八。
② 僧肇《维摩诘经序》，见《出三藏记集》卷八。

南广治），与林邑（今越南最南部）、扶南（今柬埔寨）相接。此地由海路往南经马六甲海峡可达印度，以至大秦。吴黄武五年（226年），交州刺史吕岱派使者朱应、康泰到林邑、扶南进行聘问，而这些国家的国王也向吴遣使回访。① 由于交州与印度相距不远，此地除与中国内地有文化、宗教交流外，也可直接从印度输入佛教。东汉末年苍梧（郡治在今广西梧州）人牟子避乱到交趾。据其所著《理惑论》说，他在这里"锐志于佛道，兼研老子五千文，含玄妙为酒浆，玩《五经》为琴簧，"可见此地儒、佛、道三教皆有。此书还提到"今沙门被赤布，日一食，闭六情，自毕于世"，过严格禁欲的修行生活。张津为交州刺史，"常著绛帕头，鼓琴烧香，读邪道书。"② 这大概是受当地佛教的影响。③ 三国初年，一些印度僧侣由此北上到吴国都城传教。

维祇难于黄武三年（224年）赍《昙钵偈经》胡本至武昌。《昙钵偈经》就是《法句经》。《出三藏记集》卷七所收的《法句经序》说：

> 其在天竺始进业者，不学《法句》谓之越叙，此乃始进者之鸿渐，深入者之奥藏也。可以启曚辨惑，诱人自立，学之功微而所苞者广，实可谓妙要者哉！

---

① 见《三国志·吴书·吕岱传》及《梁书·诸夷传》。

② 《三国志·吴书·孙策传》注引《江表传》。

③ 除上引"沙门被赤布"外，《魏书·释老志》说："汉世沙门，皆衣赤布，后乃易以杂色。"张津以红帕包头，很可能是作为信佛的一种表示。

它是小乘佛教的基本读物，是采自佛经中关于人生哲理和佛教基本教义偈颂的汇集。据《贞元新定释教目录》卷三，这个经序的作者是支谦。[①] 序文说：

> 仆从受此五百偈本（《法句经》有五百偈本和七百偈本的不同），请其同道竺将炎为译。将炎虽善天竺语，未备晓汉，其所传言或得胡语，或以义出音，近于质直。

僧祐在《安玄传》中讲到此事时，撮抄了这个序文的内容，直截了当地把序文中的"仆"改为"支谦"。竺将炎的译法，与支谦的主张显然不同。后

> 会将炎来，更从谘问，受此偈等重得十三品，并校往故，有所增定……庶有补益共广闻焉。

现题为维祇难等译的本子，大概就是最后由支谦修订补增而成的。

在这里，对我们有意义的是，通过翻译《法句经》，曾经引起文、质两派的争论。支谦初嫌竺将炎所译"其辞不雅"。维祇难曰：

> "佛言，依其义不用饰，取其法不以严，其传经者当令易晓、勿失厥义，是则为善。"座中咸曰：老氏称，美言不信，信言不美；仲尼亦云，书不尽言，言不尽意，明圣人意

---

① 《出三藏记集》卷七说《法句经序》"未详作者"；《贞元录》卷三在维祇难《法句经》下注云："谦制序"。据此序，《法句经》先由维祇难、竺将炎译于武昌，后序作者（支谦）又从竺将炎重受《法句经》，并重行校译。

> 深邃无极。今传胡义，实宜经达。

这场争论，质派在理论上获得胜利，但实际的结果，却是由文派最后成书。在中国翻译史上关于信达雅的问题已被提出。质派用以支持自己论点的，不仅有佛经，而且有玄学依为经典的《老子》和《周易》，尤其是有玄学的"言不尽意"的重要命题。这场争论，当发生在初译《法句经》的224年，距正始初年（240年）十六年；这个序言是写在支谦增定以后，估计在孙权黄龙元年（229年）前后，距正始初年也还有多年。所以最低限度在王弼、何晏的活动以前，在江南已经有玄风的煽动。

吴赤乌十年（247年），康僧会从交趾来到建业，从事译经传教，他对吴地佛教的传播影响最大。据《高僧传·康僧会传》记载：

> 康僧会，其先康居人，世居天竺，其父因商贾移于交趾。会年十余岁，二亲并终，至孝事毕出家，励行甚峻。为人弘雅有识量，笃志好学，明解三藏，博览六经，天文图纬，多所综涉，辩于枢机，颇属文翰。

据此，康僧会的祖先是康居人，后来世居印度，其父因经商移于交趾，十余岁时父母双亡，至丧事毕出家，广读佛书，并博览中国儒家和方技图书，能文善辩。这说明，康僧会和支谦一样虽为外侨后裔，但都在中国社会环境出生长大，深受中国文化熏陶。不过，支谦是在洛阳地区从大乘佛教般若学传入者支谶弟子支亮受学佛教，而康僧会是在交趾出家学佛，后来又从安世高的弟子受学佛法。据其所著《安般守意经序》说：

> 余生末纵，始能负薪，考妣殂落，三师凋丧，仰瞻云日，悲无质变，睠言顾之，湣然出涕，宿祚未没，会见南阳韩林、颍川皮业、会稽陈慧。此三贤者，信道笃密，执德弘正，烝烝进进，志道不倦。余之从请问，规同矩合，义无乖异。陈慧注义，余助斟酌、非师不传，不敢自由也。

康僧会在交趾出家，在其师死之后，又从安世高弟子南阳韩林、颍川皮业、会稽陈慧学习安世高所传小乘佛教，与陈慧共同注释《安般守意经》。他们非常忠实于安世高的佛学见解，"非师（指安世高）不传"。此序虽没有讲他在什么地方遇到这三人，并从他们学经，但从《出三藏记集》和《高僧传》本传来看，大概是康僧会到建业创立建初寺以后的事。据《出三藏记集·康僧会传》：

> 会于建初寺译出经法：《阿难念弥经》、《镜面王经》、《察微王经》、《梵皇王经》、《道品》及《六度集》，并妙得经体，文义允正。又注《安般守意》、《法镜》、《道树》三经，并制经序。辞趣雅瞻，义旨微密，并见重后世。

可见康僧会从事译经注经，是北上吴都建业以后，他从安世高弟子陈慧等人学习佛经和从事佛经注释工作也是在建业进行的。

但据《祐录》卷二《新集经论录》，康僧会译著只有二部十四卷，其中现存《六度集经》九卷；《吴品》五卷，梁时已阙。上引僧传称他还译过《阿难念弥》、《镜面王》、《察微王》、《梵皇王》四经，实际上，这些短经都辑入《六度集经》。他虽受学于传安世高之学的陈慧等三人，在个人的思想道德修养上可能受小乘的影响较多，但他并不是专传小乘佛教。他的注释多引支谦的译经，在他所编译的《六度集经》中有的经就是采自支谦的译文；有人怀疑，他的《吴品》或许就是支谦的《大明度无极经》[①]。这个说法，是可以找出一些文字根据来的。《六度集经》的主要内容是倡导大乘的"菩萨行"，因此他对社会的态度，往往采取大乘的立场。小乘的影响可能使他虔诚、严峻、孤独，大乘的立场又往往使他悲天悯人，热心于救拔苦难；加上儒家的教养，又可能使他避免佛教的那种消极褊狭情绪，从而构成了他颇为混杂而又独具风格的思想。

在康僧会之前，支谦等人已在吴地译经，但他是个居士，维祇难等人又不通汉语，看来并不注重到民间传教，因此社会上佛教影响不广。《高僧传·康僧会传》所说"吴地初染大法，风化未全"，"佛教未行"等，正反映了这种情况。康僧会到建业以后，除译经外，比较重视对一般民众的传教。他建立茅屋，设立佛像，进行传教。他的这种行迹引起人们的怀疑。

有司奏曰："有胡人入境，自称沙门，容服非恒，事应

---

① 　参考汤用彤《汉魏两晋南北朝佛教史》第7章。

检察。"权曰:"昔汉明帝梦神,号称为佛,彼之所事,岂非其遗风耶?"即召会诘问,有何灵验?会曰:"如来迁迹,忽逾千载,遗骨舍利,神曜无方。昔阿育王造塔乃八万四千。夫塔寺之兴,以表遗化也。"权以为怪诞,乃谓会曰:"若能得舍利,当得为造塔……"

据说康僧会通过烧香祈祷,得到佛舍利,孙权为他建塔寺,"以始有佛寺,故号为建初寺,因名其地为佛陀里。由是江左大法遂兴"。

以上所说虽有不少夸张和神奇诡秘的成分,但说孙权帮助建佛寺,从当时历史考察还是可能的。孙权一向迷信神仙[①],晚年尤甚。《三国志·吴书·孙权传》在"太元元年(251年)夏五月"下有这样一段记载:

初临海罗阳县有神,自称王表,周旋民间,语言饮食,与人无异,然不见其形。又有一婢,名纺绩。是月,遣中书郎李崇赍辅国将军罗阳王印绶迎表。表随崇俱出,与崇及所在郡守令长谈论,崇等无以易。所历山川,辄遣婢与其神相闻。秋七月,崇与表至。权于苍龙门外为立第舍,数使近臣赍酒食往。表说水旱小事,往往有验。

孙权竟向一个民间神巫授以"将军"和"王"的封号,为他在宫门外建立"第舍",经常派人前去陈说自然灾害,祈求神的帮助。这是在康僧会来建业(赤乌十年,即 247 年)

---

① 《三国志·吴书·虞翻传》:"权与张昭论及神仙,翻指昭曰:'彼皆死人,而语神仙,世岂有仙人邪?'权积怒非一,遂徙翻交州。"

后的第四年的事。孙权既然能为神巫王表立第舍，也自然可能帮助既懂"天文图谶"，又表演舍利灵验的康僧会建立佛寺的。在没有充分史料根据的情况下，对孙权帮助康僧会建立佛寺的记载还是不容轻易推翻的。当然，最初的建初寺可能是比较简陋的，后来才发展为大寺。

吴国的佛寺恐怕也不仅仅只有建初寺。据《三国志·吴书·孙綝传》说，孙綝在吴太平三年（258年）十月废吴主孙亮为会稽王，而立琅邪王孙休为吴主，控制吴国朝政大权，

> 綝意弥溢，侮慢民神，遂烧大桥头伍子胥庙，又坏浮屠祠，斩道人。

但还不到两个月，即同年十二月，孙綝就被吴主杀死。看来，吴国的佛寺大概没有全部被毁。据《康僧会传》，康僧会晋武帝太康元年（280年）去世为止，一直以建初寺为中心从事译经和传教。在东晋初（四世纪初），西域僧帛尸梨密多罗曾住建初寺，与丞相王导过从甚密。东晋成帝咸和二年（328年），因历阳内史苏峻作乱攻占建业，建初寺被焚毁，后又修复，并绘制康僧会图像。此像到梁时还存在。

据《康僧会传》，在孙皓即位（265年）以后，曾"弃淫祀，乃及佛寺并欲毁坏"，还派人到建初寺与康僧会辩论，但未能取胜。后召康僧会进宫当面诘问。康僧会针对孙皓提的问题向他宣传佛教教义，使佛寺免于被毁。

> 皓问曰："佛教所明，善恶报应，何者是耶？"
>
> 会对曰："夫明主以孝慈训世，则赤乌翔而老人（南极

星）见。仁德育物，则醴泉涌而嘉苗出。善既有端，恶亦如之。故为恶于隐，鬼得而诛之；为恶于显，人得而诛之。《易》称：'积善有庆'①；《诗》咏：'求福不回'②。虽儒典之格言，即佛教之明训。"

皓曰："若然，则周孔已明，何用佛教？"

会曰："周孔所言，略示近迹；至于释教，则备极幽微。故行恶则有地狱长苦，修善则有天官永乐。举此以明劝沮，不亦大哉！"

从这段引文可以看出，康僧会借用中国传统的儒家经典和天人感应论解释佛教教义，进而把"儒典之格言"同"释教之明训"等量齐观，把佛教的"幽远"当作周礼名教的补充，希望当权者以孝慈仁德训世育物。这实质上是把儒佛思想融合在一起的重要尝试。他宣传佛教教义注意看对象，对孙皓这样一些对佛教既无信仰也不了解的王公贵族，不是宣说断情绝欲的四谛、八正道等修行解脱的道理，而是宣传与中国道德说教比较相近的善恶报应。既然天赏善罚恶，或降瑞祥，或示谴告，那么佛教讲作恶者死后下地狱，行善者死后升天官比较容易被接受。他用这种方法传教，可以达到两种效果：

（一）借用儒家学说解释佛教，证明佛教"与圣典相应"，儒佛一致，便于使佛教受到统治阶级的保护，取得合

---

① 出自《周易·坤·文言》，原文是："积善之家，必有余庆。"

② 出自《诗经·大雅·旱麓》。

法传播的条件；

（二）讲善恶报应，用升天堂来引诱，用下地狱来恐吓，有利于迅速扩大佛教在社会上的影响。按照这种说教，人的灵魂是不灭的，"来生"的好坏全由今生的善恶行为决定。统治者安富尊荣，只要扶持佛教，对民众稍施恩惠，即可死后获福；广大人民安分守己，信奉佛教，来世即可摆脱苦难。

从释迦牟尼创教以来，就采取有区别的由浅入深的方法传教。对一般刚刚接触佛教的人，讲"施论（施舍）、戒论（五戒——不杀生、不偷盗、不邪淫、不妄语、不饮酒）、生天（死后灵魂生四天王天、三十三天……）之论"，[①] 而对已信仰佛教和已出家的人，则用各种方式论证四谛、八正道等等修行解脱的道理。东汉三国时期虽已译出大量佛教经典，但因为佛教传播不久，在社会上最有影响的佛教教义就是善恶因果报应和三世轮回的理论。例如，《理惑论》说：

> 有道虽死，神归福堂；为恶既死，神当其殃；

东晋袁宏《后汉纪》说：

> 又以为人死精神不灭，随复受形。生时所行善恶，皆有报应。故所贵行善修道，以炼精神不已，以至无为，而得为佛也。

---

① 吴支谦译《须摩提女经》，东晋僧伽提婆译《增一阿含经》卷四十七。

　　　　然归于玄微深远，难得而测，故王公大人，观生死报应
　　　之际，莫不瞿然自失。

范晔《后汉书·西域传》说：

　　　　又精灵起灭，因报相寻，若晓而昧者，故通人多感焉。

都反映了这种情况。孙皓向康僧会问"善恶报应"，康僧会
也专以此回答，是很自然的。正如《康僧会传》所指出的
那样："会在吴朝，亟说正法，以皓性凶粗，不及妙义，唯
叙报应近事，以开其心。"其实，也不只是这一个例子。在
整个重视祭祀求福的汉、三国社会，佛教传教的重要内容
就是因果报应和生死轮回。

东汉三国时期的佛教造像

　　印度贵霜王朝时期（约一世纪中—三世纪末），是佛教
极为盛行的时期，除部派佛教外，大乘佛教正在迅速发展
之中。因受希腊、罗马文化艺术的影响，在印度西北的犍
陀罗（在今巴基斯坦北部白沙瓦县）和朱木那河中游的秣
兔罗（现印度亚格尔以北）形成著名的佛教艺术。在大量
佛塔周围的雕刻中，有很多以佛教传说为题材的作品，上
面已有佛陀、菩萨的形象，并且开始制作供信徒礼拜使用
的单独佛像。在这之前，印度虽有佛教艺术，但却回避塑
造佛陀的形象。贵霜时期，不少印度佛僧到中国传教，他
们往往同时携带佛经和佛像。中国从先秦以来就有发达的
造型艺术，而随着佛教的传播和佛像的输入也开始塑造

佛像。

在中国的文献资料中，关于汉魏佛像的记载很少。传说汉明帝派使者求法曾带回佛像，但从当时印度情况看来，似乎为时过早一些。史载楚王刘英为浮屠斋戒祭祠，但没有明言祭祀佛像。汉桓帝在宫中祠黄老、浮屠，"设华盖之坐，用郊天乐"，又在苦县建老子庙，"画孔子像于壁"，很可能当时已祭佛像。《历代三宝记》卷四说："孝桓帝世又以金银作佛形像"，看来是有根据的。笮融"大起浮图祠，以铜为人，黄金涂身，衣以锦彩"，这是造像立寺首次见于正史记载。康僧会在三国吴都建业"设像行道"，但没讲此佛像是来自印度，还是中国制造。

然而我国一些东汉、三国的考古资料，多少可以弥补文献资料的不足。

一九五四年，华东文物工作队和山东省文物管理委员会在山东沂南发掘了一个画像石墓，据考证是东汉墓。在墓中室八角柱上线雕的神仙、奇禽异兽中，刻有一个神童，头戴露顶帽，顶上用带结发，绕头有一个圆圈，如佛光之状，着花领衣，衣下缘作花瓣状，腰束花巾，巾下垂流苏，双手捧着一条鲇鱼状的东西端立着。这种画像在柱南面和北面的上端各有一个①。怎样解释这种艺术造像呢？《四十

---

① 南京博物馆、山东省文物管理处合编《沂南古画像墓发掘报告》（文化部文物管理局，1956 年版），拓片第 56 幅（图版 67）、57 幅（图版 68）。以下并参考杨泓《国内现存最古的几尊佛教造像实物》（《现代佛学》1962 年第 4 期）。

二章经序》说：汉明帝"夜梦见神人，身体有金色，项有日光，飞在殿前……"，此经在东汉末已流行。印度犍陀罗佛教造像也有头背有佛光的佛陀立像。这个项有光圈的神童像，很可能是受佛教传说和佛教造像影响的产物。从沂南画像石墓的整个画像来看，除去反映生活宴乐祭祀等题材外，都是与中国传统的神仙信仰有关的作品，如西王母、东王公、蛇身的伏羲、女娲，以及朱雀、白虎及各种奇禽异兽等等。在刻有项有光圈的神童的八角柱上，东面上端的同样位置处，刻有上张华盖，端坐山上的东王公。此外，还刻有一些奇兽和带翼仙人。

这个画像墓所在的地方离东汉末太平道的发源地徐州的东海郡很近，距东汉末佛教流行的重要地区徐州的下邳国也不很远。因此，这个墓的造像题材受到原始道教和佛教的影响是十分自然的。虽然这个神童像还不是佛像，但已表明，中国的传统的造形艺术已有可能受到佛教造形艺术的影响。

在东汉的墓室石刻里，也发现真正的佛像。在四川乐山县麻浩享堂梁上刻有一个端坐佛像，高 37 公分，宽 30 公分，面部已残，绕头有佛光，身上好像披着通肩袈裟，右手似作"施无畏相"（右手上举，伸五指，掌向外），左手似有所执。同墓的额枋上还刻有朱雀、铺首和垂钓者，而一般崖墓中在此部位也往往雕刻朱雀、龙、虎等神兽或神仙形象。在其附近与其风格相同的有纪年铭的崖墓里，有顺帝"永和"（136—141 年）年和桓帝"延熹"（158—167

年）等年号①。可见，乐山崖墓所雕佛像应是东汉末年的作品。

在四川彭山县崖墓内发掘出一个陶制佛座，高 20.4 公分，座下部塑双龙衔璧，上塑端坐佛像，头上有肉髻，右手似作"施无畏印"，着通身袈裟，衣褶分明，左右各立一侍者。墓内虽无纪年铭，但与陶制佛座同时出土的陶俑、陶动物以及陶制屋宇等等，都具有明显的汉代明器的特征。②

关于四川的佛教，在东晋之前缺乏文字记载。四川佛像的发现，给佛教史学界提出一个问题：四川的佛教是从什么途径输入的呢？是从西域经敦煌直接输入的，还是从长安、洛阳输入的？我们认为更大的可能是通过云南输入的。对此，虽史书无证，但从这些考古发现，至少可以证明，在三国以前，四川已传入佛教。

三国时期的佛教造像，至今还没有发现。但一九五六年因施工在武昌莲溪寺东吴墓中出土的陶俑，看来是受到印度佛教的影响。墓中出土四件陶俑，陶胎紫灰色，施青绿色釉。两俑为尖发髻，两俑着冠，裸身托掌，作跪坐状。俑的面部与以往的俑显著不同的地方是：额部都塑有凸出的"白毫相"。这显然是受佛教造像的影响。吴支谦译《太子瑞应本起经》描述佛陀长相奇特，有"三十二相"，其中

① 闻宥《四川汉代画像选集》（群众出版社 1955 年版）第 59 图。
② 转引自《沂南画像石墓发掘报告》第 6 章及插图 42。

说："躯体金色，顶有肉髻，其发绀青，眉间白毫，顶出日光……。"因此，这种陶俑应是佛教流行后的产物。①墓中发现吴永安五年（262 年）的纪年铅卷。据《三国志·吴书·孙綝传》，在此前三年，孙綝曾"坏浮屠祠，斩道人"；再据《高僧传·康僧会传》，在孙权末年康僧会立寺传教，吴国"大法（佛教）遂兴"。这说明，此墓的主人生活在吴国佛教流行的时候。这些陶俑的独特形象，当是受了佛教的影响。

东汉三国是佛教开始传播的时期，其佛教造像还刚刚出现，正如佛教开始依附于中国传统的黄老道术一样，佛教造像也难免与中国许多传统的神仙、鸟兽的造像混在一起，还没能形成自己独特的风格。直到西晋以后，随着佛教在社会上的广泛传播，佛教造型艺术才取得明显的发展。佛教造像是佛教用来进行通俗形象地传教的一种手段，同时也是一种艺术品，我们从中可以看到古代人民的智慧和艺术才能。

第四节　《牟子理惑论》及其对佛教的理解

东汉末年和三国时期，佛教已开始在社会上流行。《牟

---

① 《考古》1959 年第 4 期，湖北省文物管理委员会《武昌莲溪寺东吴墓清理简报》及图版 7。

子理惑论》一书集中反映了当时人们对佛教的理解。

牟子其人与其书

《牟子理惑论》最早见于南北朝时宋明帝（465—471
年）敕中书侍郎陆澄所撰的《法论》（目录载《出三藏记
集》卷十二）一书中。其序说：

> 《牟子》不入教门而入缘序，以特（原作"持"，此据
> 《大唐内典录》卷十改）载汉明之时像法初传故也。

《法论》一书共十六帙，包括"法性"、"觉性"、"般若"、
"法身"、"解脱"、"教门"、"戒藏"、"定藏"、"慧藏"、
"杂行"、"业报"、"色心"、"物理"、"缘序"、"杂记"、
"邪论"，共一百零三卷。《牟子》详载汉明帝遣使求法传
说，因而被著录在《法论》第十四帙"缘序集"中，并
注曰：

> 一云苍梧太守牟子博传。

从《牟子》所叙自传来看，牟子生活在汉灵帝死（公元189
年）后。当时中原大乱，他无意仕进为官，并没有当过什
么官，而且东汉末年担任苍梧太守的有史璜、吴巨[①]，三国
时吴国的苍梧太守是陶璜[②]，不见有姓牟的任苍梧太守的

---

① 《三国志·吴书·士燮传》："苍梧太守史璜死，表（刘表）又遣吴
巨代之。"

② 《三国志·吴书·孙皓传》：建衡元年（269年）"遣监军虞记、威南
将军薛诩、苍梧太守陶璜……皆就合浦击交趾。"

事。《注》中所说"苍梧太守牟子博"不可靠。"太守"二字疑为后人误加。

此后,梁僧祐撰《弘明集》第一篇就是《牟子理惑》一卷,而没言其他(《出三藏记集》卷十二《弘明集目录》)。后来《大藏经》中所收的《弘明集》在《理惑论》题目下所附的"一云苍梧太守牟子博传"和"汉牟融"的说明,看来都不是最早的《弘明集》所有的。《隋书·经籍志》在子部儒家类著录《牟子》二卷,并注:"汉太尉牟融撰",更进一步把牟子附会为东汉章帝时的"太尉牟融"了。查《后汉书》的《牟融传》和《明帝纪》、《章帝纪》,牟融字子优,北海安邱人,以教授大夏侯(夏侯胜)《尚书》而著名,明帝时先后任司隶校尉、大鸿胪、大司农,永平十二年(公元69年)代伏恭为司空,章帝即位,代赵熹为太尉,死于建初四年(公元79年)。显然,《牟子》的作者绝不是东汉初年的牟融。这里有两种可能:(一)有人把"牟子博"与牟融的字"牟子优"混淆,因而把"牟子博"改为牟融。(二)东汉三国之际另有一个牟融,字子博,著有《牟子》。这后一种推测可能更真实些。

因为东汉三国时期佛教史料较少,再加上《牟子》一书的作者名字的混乱,20世纪初以来国内外一些学者曾对《牟子》的真伪问题展开讨论。有人认为此书是作于东晋以后的伪书①，也有人认为此书不是伪书，当作于东汉末年或三国孙吴中期②。但前人提出的怀疑的理由都不充分，据我们考察，此书不是伪书，它成书于三国时孙吴初期。

《牟子》由三十九章构成，前面一章一般称为《序传》，最后一章称为《跋》，正文有三十七章（或称"三十七篇"）。《序传》部分介绍牟子的经历和著书缘由，其中一些记述可以补史籍的不足。下面，借助其他史料，按《序传》所述的内容作分段介绍。

---

① 主要参见梁启超《牟子理惑论辩伪》（载《梁任公近著第一辑》卷中《佛教之初输入》附录 3，亦载梁著《佛教研究十八篇》中），认为是"东晋刘宋间人伪作。"

日本常盘大定（1870—1945）《汉明求法说研究》（载《中国佛教的研究》，春秋社，1938 年版），认为《牟子》是刘宋建康治城寺僧慧通伪作，主要根据是其《驳顾道士夷夏论》（《广弘明集》卷七），与《牟子》有很多相同之处。

② 主要参见周叔迦《牟子丛残序》、《梁任公牟子辩伪之商榷》（皆载1930 年光明印刷局印《牟子丛残》），认为《牟子》"作于汉末，信而有徵"本书所附胡适寄周叔迦两封信（也载《胡适论学近著》第 1 集），亦同意此说。汤用彤《汉魏两晋南北朝佛教史》第 4 章、第 6 章，认为《牟子》非伪，当作于东汉末年。

法国马思伯乐（H. Maspero）《汉明帝感梦遣使考证》（原载河内远东法国学校 1910 年校刊，冯承钧译载《西域南海史地考证译丛四编》）；法国伯希和（P. Pellion）在 1920 年《通报》中把《牟子》译成法文，文前写有《牟子考》（见《西域南海史地考证译丛五编》）。以上两文皆认为《牟子》当作于东汉末年（二世纪末）。

日本福井康顺《牟子的研究》（1958 年日本书籍文物流通会《道教基础的研究》附录），认为《牟子》作于三国孙吴中期。

牟子既修经传诸子，书无大小，靡不好之。虽不乐兵法，然犹读焉。虽读神仙不死之书，抑而不信，以为虚诞。是时灵帝崩后，天下扰乱，独交州差安，北方异人咸来在焉。多为神仙辟谷长生之术，时人多有学者。牟子常以《五经》难之，道家术士莫敢对焉，比之于孟轲距杨朱墨翟。

首先谈谈牟子活动的地区交州。交州原称交趾，东汉建安八年（203年）才改称交州。交州刺史统辖七郡，即：南海郡（今广东东部），治在番禺（今广州）；苍梧郡（今广西壮族自治区东部），治在广信（今梧州）；郁林郡（今广西壮族自治区中、西部），治在布山（今桂平西）；合浦郡（今广东广西南部，包括海南岛），治在合浦（今广西合浦东北）；交趾郡（今越南北部），治在龙编（今河内东北）；九真郡（今越南中北部），治在胥浦（今清化）；日南郡（今越南中南部），治在西卷（今广治）。交州刺史的治所在苍梧郡的广信，建安十五年（210年）改到南海郡的番禺①。三国吴黄武五年（226年），分交州为交州（包括交趾、九真、日南）、广州（包括其他四郡地）二州，不久恢

---

① 此据晋太康八年（287年）广州大中正王范上《交广二州春秋》，该书说："交州（按这是用后来的名称，建安八年前称交趾）治赢陵县（现河内一带），元封五年（前106年）移治苍梧广信县，建安十五年治番禺县。"沈约《宋书·州郡志》与此不同，说："交趾刺史治龙编，汉献帝建安八年，改曰交州，治苍梧广信县，十六年（《晋书·地理志》作十五年）徙治南海番禺县。"但据《三国志·蜀书·许靖传》和同书《吴书·薛综传》及《牟子》所载苍梧"夷越蠲起，州府倾覆"和关于州牧朱符丧亡的情节来看，似前说可信。

复，永安七年（264年）又复置交、广二州。

其次谈谈牟子生活的历史背景。东汉中央政权经黄巾起义的沉重打击，已摇摇欲坠，大权被拥兵割据的军阀把持。汉灵帝于中平六年（189年）死，董卓废少帝，拥立献帝，垄断了朝政。初平元年（190年）迁都长安，"驱徙京师百姓，悉而入关"，把洛阳抢劫焚烧一空。此后各地军阀又以讨伐董卓为名，纷纷起兵，兼并战争连年不断。建安元年（196年），曹操领兵迎献帝迁都许昌，挟天子以令诸侯，经过二十几年的战争，最后统一北方。上引《牟子·序传》所讲的历史背景，正是在汉灵帝死后，汉献帝在位的时候。

当时北方战乱不断，"白骨露于野，千里无鸡鸣"（曹操《蒿里行》），社会秩序混乱，而交州一带地方比较安定，北方大量人民逃亡到这里，其中有不少文人学士。例如，《三国志·吴书·薛综传》说，薛综原是沛郡（郡治在今安徽北部濉溪附近）人，"少依族人避地交州，从刘熙学"；同书《程秉传》说，程秉原是汝南（郡治在今河南汝南东北）人，"逮事郑玄，后避乱交州，与刘熙考论大义，遂博通《五经》"；同书《蜀书·许慈传》说，许慈原是南阳（郡治在今河南南阳）人，"师事刘熙，善郑氏学，治《易》、《尚书》、《三礼》、《毛诗》、《论语》，建安中与许靖等俱自交州入蜀。"这里一再提到的刘熙，原是北海（国治在今山东郯城西）人，著有《谥法》三卷，《释名》八卷[①]，

---

① 刘熙，正史无传，见严可均《全后汉文》卷八十六。

也是徙居交州的著名学者。

交州有七郡，这些人避难的地方当是交趾郡。当时交趾郡太守士燮原籍苍梧广信，其祖先本是鲁国汶阳（今山东南驿一带）人，避王莽之乱，逃到交趾，其父在东汉桓帝时任日南太守。士燮年轻时到洛阳求学，师事儒者刘陶。据《后汉书·刘陶传》载，刘陶是汉桓帝、灵帝时名儒，刚正不阿，精于《尚书》、《春秋》，著有《中文尚书》、《七曜论》，其旨"匡老子，反韩非，复孟轲"，曾任侍御史、谏议大夫等职。士燮任交趾太守后，因受其师的影响，亦研究《春秋》，并为之注释。建安初年（大约是元年或二年，即公元196年或197年），交州刺史朱符死①，士燮表其弟士壹任合浦太守，次弟士䵋为九真太守，三弟士武任南海太守，从此直到三国初年，在交州很有势力。士燮很重视北方逃来的学者，对他们表示欢迎，并给予优待。例如《三国志·蜀志·许靖传》载，许靖是汝南有名的学者，为逃避董卓迫害，逃到会稽太守王郎处，兴平二年（195年）孙策攻占江东，许靖率族人"与袁沛、邓子孝等浮涉沧海，

---

① 关于朱符死的时间，史书不载。《三国志·吴书·薛综传》："故刺史朱符……侵虐百姓……百姓怨叛，山贼并出，攻州突郡。符走入海，流离丧失。"《士燮传》："交州刺史朱符为夷贼所杀，州郡扰乱。"但同书《蜀书·许靖传》载，许靖在孙策攻占江东时（据《孙策传》注引《江表传》当为兴平二年，即195年），从会稽南逃，中经南海郡，听说曹操"西迎大驾、巡省中岳"，想北上荆州，"会苍梧诸县夷、越蠡起，州府倾覆"，当时交州治在苍梧广信，可见此是指朱符被害之事，时间约为建安元年或二年，即公元196年或197年。

南至交州"，"既至交趾，交趾太守士燮厚加敬待"；士燮还任命前面提到的程秉为长史。史称："燮体器宽厚，谦虚下士，中国士人往依避难者以百数。"（《三国志·吴志·士燮传》）。陈国（治在今河南淮阳）儒者袁徽在给尚书令荀彧的信中说：

> 交趾士府君既学问优博，又达于从政，处大乱之中，保全一郡二十余年，疆场无事，民不失业，羁旅之徒，皆蒙其庆，虽窦融保河西，曷以加之？官事小阙，辄玩习书传，《春秋左氏传》尤简练精微，吾数以咨问传中诸疑，皆有师说，意思甚密。又《尚书》兼通古今，大义详备……

士燮死于三国吴黄武五年（226 年），"在郡四十余年"。据此，他大概在汉灵帝光和四年（181 年）交趾刺史朱儁平定交趾梁龙叛乱①之后担任交趾郡太守的。袁徽的信说他"保全一郡二十余年"，此信当写于建安七、八年（202 年或 203 年）。在这个时候，曹操已击败袁绍，统一北方大部，孙权占据江东，刘备投荆州刘表，三国鼎立的局面正在酝酿中。

不难看出，上面所述与《牟子·序传》所说："灵帝崩后，天下扰乱，独交州差安，北方异人咸来在焉"是完全一致的。东汉末年，北方不少学者流迁交趾，由于交趾安定和太守的好学，交趾的学术文化相当兴盛。

不仅如此，交趾还是中外文化的交会之处。据《后汉

---

① 见《后汉书》的《朱儁传》及《灵帝纪》。

书·西域传》，桓帝延熹九年（166 年），"大秦（古罗马）王安敦遣使自日南徼外献象牙、犀角、瑇瑁"；延熹二年（159年）、四年（161 年）天竺"频从日南徼外来献"。一些外国使者和商人经过交趾，带来他们国家的文化。三国时吴国名僧康僧会的祖先虽是康居人，但"世居天竺，其父因商贾移于交趾"。康僧会即在交趾出家为僧，后入建业传教。严格说，康僧会应是中国人。《三国志·吴书·士燮传》还说：

> 燮兄弟并为列郡，雄长一州，偏在万里，威尊无上。出
> 入鸣钟磬，备具威仪，笳箫鼓吹，车骑满道；胡人夹毂焚烧
> 香者常有数十。

这些围绕士燮车骑烧香的"胡人"中也应当包括从南亚来的佛教徒。

当时的交州，是国际商人往来、国内南北文化交流、学术空气活跃的地方。牟子本人原是个儒者。当时的儒生既读儒家经书，也读诸子百家书，包括兵书。他还读神仙不死的方术书，但认为虚诞，并不相信。当时交趾有不少人崇信神仙辟谷（不吃粮谷）长生之术。葛洪《神仙传》说：士燮病死三日，自称"仙人"的方士董奉给他服了一丸药，半日能坐，四日恢复正常①。可见，这种方士还往往兼通医术。牟子站在正统的儒家的立场上常用《五经》的道理同他们辩论，据称："道家术士莫敢对焉，比之孟轲距

---

① 《三国志·吴书·士燮传》注引。

杨朱、墨翟。"

《序传》接着说：

> 先是时，牟子将母避世交趾。

前一段的记述，从时间上说是在"灵帝崩后"，大概包括初平（190—193 年）、兴平（194—195 年）年间，从牟子个人讲，是在信仰佛教之前。而这里所说"先是时"，是指在这以前苍梧郡发生动乱牟子南逃交趾的时候。据《后汉书·刘表传》，初平元年（190 年）刘表为荆州刺史，"时江南宗贼大盛"，苍梧地接荆州，自然也受波动。大概牟子是在此时或稍前些时携母避难到交趾郡的。

> 年二十六归苍梧娶妻。太守闻其守学，谒请署吏。时年方盛，志精于学，又见世乱，无仕宦意，竟遂不就。是时诸州郡相疑，隔塞不通。太守以其博学多识，使致敬荆州。牟子以为荣爵易让，使命难辞，遂严当行。会被州牧优文处士辟之，复称疾不起。牧弟为豫章太守，为中郎将笮融所杀。时牧遣骑都尉刘彦将兵赴之。恐外界相疑，兵不得进，牧乃请牟子曰："弟为逆贼所害，骨肉之痛，愤发肝心，当遣刘都尉行，恐外界疑难，行人不通。君文武兼备，有专对才，今欲相屈之零陵、桂阳，假途于通路，何如？"牟子曰："被秣伏枥，见遇日久；烈士忘身，期必骋效。"会其母卒亡，遂不果行。

这里所说的"太守"当是苍梧太守，"州牧"是交州牧。牧弟为豫章太守，被笮融杀死。据《后汉书·陶谦传》，大约在兴平二年（195 年）豫章太守朱皓被笮融杀死；同书《朱傭传》："子皓亦有才行，官至豫章太守。"可见，交州牧当是朱皓之兄，朱儁之子或侄。再据《三国志·吴书·士燮传》："交州刺史朱符为夷贼所杀，州郡扰乱"；"朱符死后，汉遣张津为交州刺史，津后又为其将区景所杀，而荆州牧刘表遣零陵赖恭代津。是时苍梧太守史璜死，表又遣吴巨代之"，以及同书《吴书·薛综传》所说："故刺史会稽朱符（按：朱儁也是会稽人），多以乡人虞褒、刘彦之徒分作长吏……"与《牟子》"时牧遣骑都尉刘彦将兵赴之"完全吻合。可见，《牟子》所说的"州牧"①就是朱符。光和四年（181 年）原交趾刺史朱儁率家兵平定交趾梁龙叛乱，不久被征为谏议大夫，大概按汉代任子制度补其子朱符为刺史。至于《牟子》所说的"太守"，当是苍梧太守史璜。根据以上情节，牟子年二十六回苍梧娶妻，当是豫章太守朱皓被笮融杀死的兴平二年②（195 年），其生年大约在灵帝建宁三年（170 年）。

按照以上考察，牟子在兴平二年（195 年）二十六岁时曾回故乡苍梧娶妻。太守史璜因他有学识，请辟为佐吏，但牟子正致志学问，又因时局不稳，无意仕进，辞不就；太守又请他出使荆州，致意刘表。他正在应请当行的时刻，交州刺史朱符辟他为州吏，他托病不就。朱符因弟豫章太守朱皓被笮融杀

---

① 《后汉书·灵帝纪》，中平五年（188 年），"改刺史新置牧"。因此，在史书中有时称"刺史"为"牧"。

② 这是个大概的推算，从《牟子》原文看，牟子回苍梧的时间也许稍前一点。

死，决定派兵复仇，请牟子出使荆州，打算从零陵、桂阳二郡借路通行，他以报恩的心情表示愿为效力，但正赶上母亲亡故，没有前往。这一段是介绍牟子信仰佛教前的一段经历，从中可以看到牟子的处世态度和他在本州、郡的声望。

《序传》最后说：

> 久之退念：以辩达之故，辄见使命，方世扰扰，非显己之秋也。乃叹曰："老子绝圣弃智，修身保真，万物不干其志，天下不易其乐，天子不得臣，诸侯不得友，故可贵也。"于是锐志于佛道，兼研《老子》五千文，含玄妙为酒浆，玩《五经》为琴簧。世俗之徒多非之者，以为背《五经》而向异道。欲争则非道，欲默则不能。遂以笔墨之间，略引圣贤之言证解之，名曰《牟子理惑》云。

这段是讲牟子转向佛教的思想动机。既然精研儒家经书、言辞达辩会受到当局的任命，而社会动乱，绝非仕宦显身的时候，于是便学老子消极的处世态度，过隐居生活，致志于佛教的信仰和研究，同时钻研《老子》，还看点儒家经书，借以寻求精神安慰。牟子这种处世态度引起当时儒者的非难，说他背离儒家经义而接受异道。为此，牟子便作《牟子理惑》一书，为自己的信念进行辩解。

下面简单地考察两个问题：（1）牟子著书的年代；（2）《牟子》一书的原型。

（一）牟子著书的年代

《牟子》引用大量儒家经籍，也引用了不少佛经。根据

《牟子》所引的佛经的内容、用语可推断出它成书的大致年代。

《牟子》第一章说：

> 盖闻佛化之为状也，积累道德数千亿载，不可纪记，然临得佛时，生于天竺，假形于白净王夫人。（夫人）昼寝，梦乘白象，身有六牙，欣然悦之，遂感而孕。以四月八日从母右胁而生。堕地行七步，举右手曰："天上天下，靡有逾我者也。"……其日，王家青衣复产一儿，厩中白马亦乳白驹；奴字车匿，马曰捷陟。王常使随太子。太子有三十二相，八十种好，身长丈六，体皆金色，顶有肉髻，颊车如师子，舌自覆面，手把千辐轮，顶光照万里。此略说其相。年十七，王为纳妃，邻国女也……太子不贪世乐，意存道德。年十九，二月八日夜半，呼车匿勒捷陟跨之，鬼神扶举，飞而出宫。明日，廓然不知所在。王及吏民，莫不歔欷，追之及田。王曰："未有尔时，祷请神祇；今既有尔，如玉如珪，当续禄位，而去何为？"
>
> 太子曰："万物无常，有存当亡，今欲学道，度脱十方。"……太子径去，思道六年，遂成佛焉。……所以生天竺者，天地之中，处其中和也。所著经，凡有十二部，合八亿四千万卷……佛教授天下，度脱人民，因以二月十五日泥洹而去……

查东汉以来记载佛传的经籍有如下三种：汉献帝建安年间（196—220年）竺大力和康孟详译的《修行本起经》二卷和《中本起经》二卷，吴黄武年间（222—229年）支谦译的《太子瑞应本起经》二卷。从《牟子》所引的内容看，似取自上述前后两部经。因《牟子》所说佛陀出生、成道、纳妃的时间和情节与这两部经基本一致。从《牟子》所用字句来看，虽然在关于释迦三十二相的描写上多与竺大力、康孟详译的《修行本起经》相同，但总的来看与支谦译的《太子瑞应本起经》的描述更为接近。例如《牟子》说："奴字车匿，马曰捷陟"；十九岁出家时，"呼车匿勒捷陟跨之"。《修行本起经》说："厩马生驹，其一特异……名之为骞特……白马给乘，奴名车匿（有的地方作'阐特'）"；出家时，"即呼车匿，急令鞍马"。但《瑞应本起经》却与《牟子》非常相似，说："奴名车匿，马名捷陟"；出家时，"即呼车匿，徐令鞍马褰裳跨之"。此外，《牟子》有白净王出宫追太子的情节，《修行本起经》没有，而《瑞应本起经》则有。当然，《牟子》对佛传的介绍还依据了其他佛经。例如，《牟子》说太子二月八日出家，二月十五日涅槃，而以上二经或作四月七日出家，或作四月八日出家，皆没讲涅槃的日期。看来《牟子》是依据了大乘佛教的说法，但由于史料不足，已不可考①。

此外，《牟子》第十五章说："太子须大拿以父之财施与远人，国之宝象以赐怨家，妻子自与他人……"须大拿

---

① 北凉昙无谶译《大般涅槃经》卷三十讲佛陀二月八日出家，二月十五日涅槃。此属大乘佛经。东汉末支谶译《胡般泥洹经》一卷是否大乘佛经，已不可考。吴支谦译《大般泥洹经》二卷，据隋法经《众经目录》卷三，它与《长阿含经·游行经》是同本异译，后者是小乘经，作二月八日出家，二月八日涅槃。

的故事见于吴康僧会译的《六度集经》卷二《须大拿经》。康僧会从吴赤乌十年（247年）到晋初一直在建业译经传教，那么，是不是《牟子》作书一定要到赤乌十年以后呢？不是这样。前面已讲，康僧会"其先康居人，世居天竺，其父因商贾移于交趾"，在父母亡后出家为僧，"明练三藏，博览六典"。现题康僧会译的《六度集经》共收有九十一经，其中有八十二经是佛本生经（讲述佛前无数世修行故事）。从内容和编排来看，这是康僧会按类编选的经集，而不是直接从梵本译出的。本经按大乘佛教"六度"（布施、戒〔持戒〕、忍辱、精进、禅〔禅定〕、明〔般若〕）分为六章，前五章前面皆有序言，常引用中国理论宣说宗旨，然后编排佛经。所选九十一经，也不是全部自己译的，有的经在他之前已在社会上流行。例如卷八《镜面王经》（其中有瞎子摸象寓言）与支谦译的《义足经》卷上的《镜面王经》字句大同小异，最后的三十二句偈颂几乎完全一样，只是在有些地方内容稍详一点，恐怕是以支谦的译本为基础译补的。《出三藏记集·康僧会传》说："会于建初寺译出经法：《阿难念弥经》、《镜面王》、《察微王》、《梵皇王经》、《道品》及《六度集》。"可是，前四经明明都在《六度集经》中，为什么又把它们单独排列出来呢？看来康僧会主要是新译或补译了这四部经，而《六度集经》不全是译，而是编译，所收录的其他经当主要是从交州和建业等地早已流传的译经中选编的。据此，《须大拿经》当早已译出，牟子在交州应已看到。

202

据上所述,《牟子》成书不会早于吴支谦译《瑞应本起经》之前,也未必在康僧会编《六度集经》以后。据《出三藏记集·支谦传》,支谦从吴黄武元年(222年)到建兴(252—253年)中译出《维摩诘经》、《大般泥洹经》、《瑞应本起经》等二十七经。从佛经内容来看,记载释迦传记的《本起经》、《泥洹经》很可能最先译出。如果把从黄武元年到建兴年间打个折扣,《本起经》大约在吴赤乌元年(238年)以前已经译出。若按上面对牟子生年(170年)计算,牟子写《牟子理惑》一书当在六十八岁以前。就是说,《牟子》成书于三国孙吴初期。从时间上说,它与《牟子·序传》所述的历史背景也比较相应。牟子地处交州,可以看到南北两地的译经,又可直接从来自南亚的佛教徒接受佛教教义,而我们现在只可依据有限的资料进行推断。

(二)《牟子》原书的形式

《牟子》最后一章讲《牟子》效法佛教"三十七品"①和《老氏道经》三十七篇②,著书三十七条(章)。现《牟子》虽有三十七章,但卷数与原书未必一样。现在《弘明集》中所收《牟子》一卷,是由编者僧祐整理过的。《隋书·经籍志》子部儒家部有"《牟子》二卷",《旧唐书·经

---

① 即三十七道品。安世高译《禅行三十七品经》作:四意止(亦译"四念处")、四意断(四正断或四正勤)、四神足(四如意足)、五根、五力、七觉意(七觉支)、八正道。内容此略。

② 《汉书·艺文志》道家类有《老氏傅氏经说》三十七篇。

籍志》和《新唐书·艺文志》的道家类也有"《牟子》二卷"。唐初法琳（572—640年）著《破邪论》卷上说："子书《牟子》二卷，盛论佛法"。湛然（711—782年）的《摩诃止观辅行传弘决》卷五之一则说："后汉灵帝崩后，献帝时有牟子深信佛宗，讥斥庄老（按：这不符合《牟子》文意），著论三卷（按：此当是"二卷"之误）三十七篇"，并且还引证《牟子》四段文字[①]，其中有这样一段文字完全不见于现在的《牟子》：

> 牟子又云：怀金不见人，谁知其内有玮宝？被绣不出户，孰知其内有文彩？马伏枥而不食，则驽其〔与〕良同群；士含音而不谭，则愚与智不分。今之俗士，智无髦俊，而欲不言辞、不说一夫，而自若大辩。若斯之徒，坐而得道者，如无目欲视，无耳欲听，岂不难乎？（《摩诃止观辅行弘决》卷五之一引）

同样，从《太平御览》所引《牟子》中个别段落[②]来看，不仅字句不尽相同，而且有些内容是今本《牟子》所没有的。例如《太平御览》卷六百五十三引《牟子》第一章，说：

> 佛生天竺，假形王家，父曰白净，夫人字曰净妙……太

---

① 有四段文字，见《摩诃止观辅行传弘决》卷五之一与卷五之六引。其中三段与《牟子》22章（原文作"第二十一"）、7章、30章、36章有部分相应的地方。

② 见《太平御览》卷六五三、八〇三、八八九、九四五所引"牟子曰"。

子有三十二相……颊如师子，皮不受尘水，手足皆钩镶，毛
· · · · · · · · · · · · · · · · · ·
悉向上，
· · ·

下标黑点者皆现《牟子》所无。据此，《牟子》原书可能是
二卷，有单行本，后因《弘明集》有所删节的一卷本《牟
子》流行，原《牟子》单行本已佚。但从已发现的几段
《牟子》原文来看，现《牟子》基本上还保持着原貌。

综上所述，牟子是东汉末三国初（约170—三世纪中）
人，先学儒，后来信奉佛教，于三国吴初在交州著《牟子
理惑》二卷。现《牟子》一卷本虽经删节，但仍基本可信。

《牟子》的佛、道（道家）、儒一致的观点

东汉末三国初，佛教已初步流行。一种外来宗教要在
中国社会上流行，必须依附于中国传统的宗教和文化思想，
与中国封建社会的意识形态相适应。另一方面，人们是否
接受一种外来宗教，要看它能否为他们理解并符合他们需
要。马克思说：

理论在一个国家的实现程度，决定于理论满足这个国家
的需要的程度。[1]

佛教传入中国，即依附于当时社会流行的黄老道术和鬼神
迷信思想，而封建统治阶级也把它看作是各种方术的一种，

---

[1]　马克思：《黑格尔法哲学批判导言》，《马克思恩格斯选集》第1卷
第10页，人民出版社1972年版。

认为崇佛祠祭可以招致福祥，对于维护封建统治秩序也是有用的。他们对佛教的这种理解在有关东汉、三国的佛经翻译和注释、佛教祠祭等资料中已有若干反映，但比较零散，也不系统，而《牟子》一书则比较集中地反映了这一过程。

《牟子》采取自设宾主（一问一答）的体裁，所假设的"问者"是个从北方来的儒者，明确表示："吾昔在京师，入东观，游太学，视俊士之所规，听儒林之所论，未闻修佛道以为贵，自损容以为上。"（《牟子》二十七章），对佛教提出种种疑难，而设置的答者是牟子，根据对方提的不同问题引经据典地予以解答。因此，《牟子》这部书实际是从两个不同的方面反映了当时人们对佛教的反应和理解。

牟子精通儒家经传，又博览诸子百家之书，信奉佛教后，仍欣赏《老子》，他是从中国传统观点来理解佛教的。从《牟子》一书引证的理论和典故来看，除来自佛经外，还大量引用《老子》、《论语》、《孝经》，有许多还大概来自《左传》、《国语》、《庄子》、《荀子》、《韩非子》、《吕氏春秋》、《礼记》、《淮南子》、《史记》、《新序》、《列仙传》、《列女传》以及纬书《春秋元命苞》、《春秋合诚图》等书①。《牟子》认为佛教与中国封建社会的传统思想并无根本对立，其总的思想倾向具有鲜明的佛教、道家、儒家一致，特别是佛教、道家一致的观点。

---

① 参见周叔迦编《牟子丛残·牟子理惑论事义集证》。

下面，从几个方面对《牟子》思想作些分析。

（一）佛陀观

释迦创立佛教后，被他的弟子和信徒尊为超凡入圣的教主。随着佛教的广泛传播，他日益被信徒们神化。他们宣称释迦生来就与一般人的相貌不同，佛有"三十二相"、"八十种好"①，并说释迦成道后具有十大名号，即"如来"（真理的体现者）、"至真"（离一切虚假；也作"应供"，受天、人两界的尊敬和供养）、"等正觉"（也译为"正遍知"，完全认识真理）、"明行成"（也译"明行足"，"明成"是说明了一切人过去世的宿命——宿命明；洞察未来世的生死——天眼明；领悟佛教四谛之理——漏尽明；"行成"是说按佛教教义思惟和行动）、"为善逝"（善于超脱世俗世界）、"世间解"（知悉世间、出世间一切事）、"无上士"（三界的最尊贵者）、"道法御"（也译"调御丈夫"，善于诱导世人达到解脱）、"天人师"（天、人两界的导师）、世尊（也译"众祐"，觉悟真理者，受世人尊重）②。释迦有种种奇异的神通，飞天入地，为天人鬼神说法。到部派佛教时期，特别是主张革新教义的大众部各派，进一步把释迦描述成为至上神，甚至提出佛的"法身"永世长存的理论，

---

① "三十二相"，是说佛两足平正、手足有轮纹、颊车（面颊、牙床）如狮子，有四十齿等；"八十种好"也译为"八十种小相"，如眉如月、耳轮垂埵、指圆而纤细、鼻不现孔等。

② 竺大力、康孟详译《修行本起经》、《中本起经》等。

说："如来色身，实无边际；如来威力，亦无边际；诸佛寿量，亦无边际"①。后来的大乘佛教在这个基础上又创作了更多的佛经神话，说东西南北、四维上下（称为"十方"），到处有佛，佛国无数。佛大智大勇，威力无穷。大乘般若空宗虽否认客观世界的物质性，否认精神和物质对立的实在性，但并不否认佛的存在，相反却论证佛是普遍的永恒的实在。东汉支谶译的《道行经》卷九说：

> 佛为从何处来，去至何所？……空本无所从来，去亦无所至，佛亦如是；无想本无所从来，去亦无所至，佛亦如是；……无有生，无有长，本无所从来，去亦无所至，欲知佛亦如是……

把佛高度抽象化，说得不可捉摸，正是为了提高佛这个至上神在冥冥中的神威。东汉以来所译的佛本生经（说佛前世以种种身份修行的故事）、佛本行经（讲佛出生创教传记）以及种种大小乘佛经，都对佛陀的所谓功德、神通有所介绍。

中国早期的佛教徒，对释迦的这种神化还是比较容易接受的。但他们是用中国传统的宗教意识和文化观念来理解佛的。例如汉桓帝把佛当作天帝祭祠，"设华盖之坐

---

① 窥基《异部宗轮论述记》。这里听说的即是佛的"法身"。被认为是大众部所传的经典《增一阿含经》卷四十四说："我释迦文佛寿命极长，所以然者，肉身虽取灭度，法身存在，此是其义，当念奉行。"后来大乘佛教对"法身"宣传又有发展。

（座），用郊天乐。"《牟子》就"何以正言佛，佛为何谓乎"这个问题回答说：

> 佛者，谥号也。犹名三皇神、五帝圣也。佛乃道德之元祖，神明之宗绪。佛之言觉也。恍惚变化，分身散体，或存或亡，能小能大，能圆能方，能老能少，能隐能彰，蹈火不烧，履刃不伤，在污不染，在祸无殃，欲行则飞，坐则扬光。故号为佛也。（《牟子》第二章）

牟子尽量用中国熟悉的词语来解释什么是佛。中国在帝王死后给以褒贬称号，叫作"谥号"；于是牟子说"佛"与中国三皇五帝的称号一样，也是谥号。说佛是人间最高道德的体现者，是神灵世界的最高主宰。牟子对佛的神通的描述的语言与黄老神仙家对神仙"真人"的描述非常相似。例如《庄子·大宗师》说："古之真人……登高不栗，入水不濡，入火不热"；方士卢生对秦始皇说："真人者，入水不濡，入火不热，凌云气与天地久长"（《史记·秦始皇本纪》）；《淮南子·精神训》所描述的真人是：

> 所谓真人者，性合于道也。故有而若无，实而若虚……无为复朴，体本抱神，以游于天地之樊，芒然仿佯于尘垢之外……大泽焚而不能热，河汉涸而不能寒也，大雷毁山而不能惊也，大风晦日而不能伤也……休息于无委曲之隅，而游敖于无形埒之野，居而无容，处而无所，其动无形，其静无体，存而若亡，生而若死，出入无间，役使鬼神……

这与《牟子》对佛的描述："恍惚变化……或存或亡……蹈

209

火不烧……在祸无殃，"十分相像。《牟子》的描述中也有中国以往没有的东西，例如说佛能"分身散体"等，这来自大乘佛教的法身、应身说。按照这种说法，佛的法身长存，但应身（化身）无限，可随时随地应机现身说法，而释迦牟尼只不过是佛的一个化身。

佛教徒夸耀佛的相貌超俗、神通广大的说法，在当时也有人表示怀疑。如《牟子》中所设的问者说：

> 云佛有三十二相、八十种好，何其异于人之甚也。殆富耳之语，非实之云也。

牟子认为这种看法是"少所见，多所怪"，他不是引用佛经为据，而是利用中国古来对"圣贤"相貌的神话为佛教辩护：

> 尧眉八采，舜目重瞳子，皋陶马喙，文王四乳，禹耳参漏，周公背偻，伏羲龙鼻，仲尼反顸，老子日角月弦，鼻有双柱，手把十文，足蹈二五①，此非异于人乎？佛之相好，奚足疑哉！（《牟子》第八章）

中国神学天命论者认为圣贤生而有异相，是天命所归的标

---

① 《淮南子·修务训》讲尧、舜、皋陶、文王、禹五人的异相。《论衡·骨相篇》讲"周公背偻"，"孔子反羽（顸，头四角高耸）"。《春秋合诚图》："伏羲龙身牛首"。关于老子的说法，尚不知所本。东汉末年已把老子进一步神化，《太平经》说老子"得道之大圣，幽显所共师"，生时不同凡人，但此经大部已佚。东晋葛洪的《神仙传》引《西升中胎经》等道教书说老子"日角月悬（额骨高隆之状），鼻纯骨双柱，耳有三漏门，足蹈二五，手把千文。"从《牟子》所引，看来在东汉三国之际已有这种说法。

志。东汉时期，神学天命论影响极大，甚至连唯物主义思想家王充也相信所谓"骨相"的说法，认为圣贤生而异相，说"人命禀于天，则有表候于体"，"禀气于天，立形于地，察地之形，以知在天之命，莫不得其实也"（《论衡·骨相篇》）。因此，中国圣贤生而异相，佛陀相貌也应当不同凡俗。

（二）对佛教的基本教义的理解

佛教基本教义概括地讲就是他们自己所说的"三法印"（三个基本标志），即：诸行无常（万物变化无常）、诸法无我（万物没有质的规定性或主宰者）、涅槃寂静（神秘的宗教精神境界）。大乘佛教的理论大体上也是以此为基础发展起来的。这些基本教义从东汉安世高以来所译的大量佛经已用不同语言（如译"无常"为"非常"、"无我"为"非我"，"涅槃"为"无为"）反复地介绍过。牟子对此虽已注意，如其书第一章已引"太子曰：万物无常，有存当亡"，但总的看来并没有抓住这些要点。当有人问："何谓之为道？道何类也?"他用中国道家对"道"的描述来解释佛道：

> 道之言，导也，导人致于无为。牵之无前，引之无后，举之无上，抑之无下，视之无形，听之无声。四表为大，绕綖其外，毫厘为细，间关其内，故谓之道。

"无为"这个概念最早是由老子提出的。老子说："道常无为而无不为。侯王若能守之，万物将自化"（《老子》三十七章）；"上德无为而无以为"（《老子》三十八章）。《牟子》中所讲的"无为"应是初期翻译佛经对"涅槃"或"解脱"的一种译法，与道家讲的"无为"不是一回事。佛教讲的"无为"（即涅槃或译"泥洹"），是指消灭生死轮回的业因，从烦恼中解脱出来的一种神秘的精神境界；而道家则把遵循"道"的规则叫作"无为"，与所谓生死轮回没有关系，但在佛教传入中国不久，人们即用道家的"无为"来翻译和理解佛教所追求的最高修行目标"涅槃"或"解脱"。

至于牟子对佛道所做的解释，则基本上是从道家对道的描述而借用来的。例如《老子》说："道之出口，淡乎其无味，视之不足见，听之不足闻……"（《老子》三十五章）；"迎之不见其首，随之不见其后"（同上，十四章）；《庄子·知北游》："六合为巨，未离其内；秋毫为小，待之成体"；《淮南子·原道训》："……累之而不高，堕之而不下，益之而不众，损之而不寡"。把这些话与上面《牟子》引文稍加对照，就可以看出，两者的差别不大。然而"道"在《老子》、《庄子》那里，是作为万物的精神性本源，而在《淮南子》那里，是构成世界的物质性本源——气；无论哪一种，道都是世界的构成因素（当然有时也有规律的意思）。但对于佛教的"道"来讲，用这些字句来描述都是不准确的。

对此，《牟子》中的问者也不满意，提出疑问：

> 孔子以《五经》为道教，可拱而诵，履而行；今子说

> 道，虚无恍惚，不见其意，不指其事，何与圣人言异乎？
> （《牟子》第四章）

牟子回答说，不能局限于自己熟习的东西而蔑视自己所少见的，随波逐流而没有主见。

> 立事不失道德，犹调弦不失宫商；天道法四时，人道法五常。《老子》曰："有物混成，先天地生，可以为天下母，吾不知其名，强字之曰道。"道之为物，居家可以事亲，宰国可以治民，独立可以治身。履而行之，充乎天地，废而不用，消而不离。子不解之，何异之有乎！（《牟子》第四章）

可见，牟子所说的"道"，包括世界本源的"道"、"天道"、"人道"、"道德"这四种意思。所引《老子》这段话，是讲"道"作为世界本源（或指最高主宰，或指物质性的气）来说，它早于天地而产生；但作为"天道"，它以四时运行为主要规律；作为"人道"，它以仁、义、礼、智、信"五常"为主要规则；作为道德，它要求以遵循"天道"和"人道"为社会行动规范。如果人们按照这种"道"的法则办事，就可以"事亲"、"治民"、"治身"。牟子的本意是说，佛道对于维护封建统治秩序和指导个人道德修养是十分有用的。

"五常"本是儒家的道德主张，牟子把它与道家观点糅合在一起，这实际是汉初黄老学派的观点。司马谈《论六家要旨》说："阴阳、儒墨、名、法、道德，此务为治者也"（《史记·太史公自序》）；《淮南子·氾论训》说："百家殊业，而皆务于治"。牟子所阐述的佛教的基本教义，反映了当时知识分子接受佛教的水平。

《牟子》所理解的佛教的基本教义与佛教原义出入很大。佛教的大、小乘基本教义不外有两个组成部分：一个是对已经出家的人讲的，一个是面对一般信奉者讲的。对出家人讲四谛——苦（生命是个苦恼过程）、集（一切苦恼的原因是贪、瞋、痴）、灭（涅槃）、道（达到涅槃的方法和途径）；十二因缘（把生命过程分为十二个环节，具体地解释苦、集二谛，说由于"无明"而造业，终不免生死轮回之苦），八正道（具体解释道谛，即正见、正思维、正语、正业、正命、正精进、正念、正定）①，以达到涅槃，摆脱生死轮回为最高修行目标。对一般信奉者则宣传善恶报应、轮回转生，劝人行善，可以死后免堕恶道。这里必须首先回答谁做善恶，谁受报应，谁轮回转生的问题，所以特别强调灵魂不死的理论。如传为安世高译《阿难问事佛吉凶经》说：

> 善恶追人，如影逐形，不可得离，罪福之事，亦皆如是，勿作狐疑，自堕恶道（指死后下地狱等）。

另如传为他译的《阿含正行经》把善恶与死后灵魂的轮回转生连在一起，说：

---

① 安世高译"四谛"为苦、习、尽、道；"十二因缘"是本为痴（无明）、行、识、名字（名色）、六入、更（触）、痛（受）、爱、受（取）、有、生、死；"八正道"是直见、直治、直语、直行、直业、直方便、直念、直定。见安世高译《四谛经》、《八正道经》、《人本欲生经》、《阿含正行经》等。

人身中有三事，身死，识去、心去、意去，是三者（按：三者合为灵魂）常相追逐。施行恶者，死入泥犁（按：即地狱），饿鬼、畜生、鬼神中；施行善者，亦有三相追逐，或生天上，或生人中……端汝心，端汝目，端汝耳，端汝鼻，端汝口，端汝身，端汝意，身体当断于土，魂神当不复入泥犁、饿鬼、畜生、鬼神中。

佛教传入中国以后，人们在长时期以来对佛教的四谛、八正道等出家的教义也没有引起广泛重视，而对于善恶报应、灵魂轮回转生的教义却接受得很快。牟子也是这样。中国自古以来虽有灵魂不灭的思想，但并不认为人死之后灵魂会根据生前的善恶行为而轮回转生。因此，佛教的这种思想开始也曾受到儒者的非难。这在《牟子》中也有反映：

问曰："佛道言人死当复更生，仆不信此言之审也。"

牟子曰："人临死，其家上屋呼之。死已复呼谁？"

或曰："呼其魂魄。"

牟子曰："神还则生，不还神何之？"

曰："成鬼神。"

牟子曰："是也。魂神固不灭矣，但身在朽烂耳。身譬如五谷之根叶，魂神如五谷之种实，根叶生必当死，种实岂有终亡？得道身灭耳。《老子》曰：吾所以有大患，以吾有身也；若吾无身，吾有何患①。又曰：功成名遂，身退，天

---

① 今本《老子》第十三章。

之道也。"①

或曰："为道亦死，不为道亦死，有何异乎？"

牟子曰："所谓无一日之善，而问终身之誉者也。有道虽死，神归福堂，为恶既死，神当其殃。愚夫暗于成事，贤智预于未萌。道与不道，如金比草；善之与福（按："福"当为"恶"字），如白方黑，焉得不异而言何异乎？"（《牟子》十二章）

这里集中讲述灵魂不灭和善恶报应问题。牟子用中国民间的迷信来答复问者对灵魂转生的疑难。既然民间在人死之后要上屋呼唤死者的名字，可见死者的灵魂没死，已转生为鬼神。人的身体如五谷的根叶一样，到时候要死亡，但其灵魂却像五谷的种子一样，代代转生不已。只有"得道者"，才能最终摆脱轮回，不再转生（"得道身灭"）。《牟子》所说的"得道"，就是佛教的"成道"、"涅槃"。吴支谦译《太子瑞应本起经》讲释迦牟尼在菩提树下修证得道，

菩萨（按：指释迦牟尼）自知已弃恶本，无淫、怒、痴，生死已除，种根已断，无余栽藥，所作已成，智慧已了。明星出时，廓然大悟，得无上正真道，为最正觉……

佛教认为摆脱生死轮回，是人生最大的幸福。但这种"得道身灭"与《老子》所说"吾所以有大患以吾有身……"及"功成名遂身退"并不是一回事。老子认为人的"大患"

---

① 今本《老子》第九章，作"功遂身退，天之道。"

（虚荣之类）与人的身体的存在是分不开的，如果没有人的身体，也就不会有人生的大患，所以说"唯无以生为者，是贤于贵生"（《老子》七十五章）。老子相信物极必反，只要使事物不发展到极处，就可以避免损害。老子这种思想与佛教的生死轮回和修行解脱都没有什么关系。

但就大多数人来讲，对于所谓涅槃、解脱是既没有希望也是不感兴趣的。他们想的更多的是所谓来世的生活会怎样，来世能不能摆脱苦难获得幸福。佛教传入初期，人们对此也不是立刻能理解的，如《牟子》中的问者提出："为道亦死，不为道亦死，有何异乎？"对此，牟子回答说："有道虽死，神归福堂，为恶既死，神当其殃"，这是佛教善恶报应理论的简单通俗的说法。佛教宣称，一个人生前的言行和思想（统称为"业"）的善恶决定他死后的轮回，或转生天上（四天王天、三十三天……），或生人间（贫富夭寿），或生为畜生、饿鬼，或下地狱。看来牟子对这部分教义是比较重视的。当有人引证儒家主张节俭的言论对佛教提倡"布施"提出责难，说：

> 今佛家以空财布施为名，尽货与人为贵，岂有福哉？

牟子即引证经典进行论证，认为儒家并不反对布施，而要看场合；只要进行布施，就会得到好的报应。他说：

> 阴施出于不意，阳报皎如白日，况倾家财，发善意，其功德巍巍如嵩泰，悠悠如江海矣。怀善者应之以祚，挟恶者报之以殃。未有种稻而得麦，施祸而获福者也。（《牟子》十

这里虽没有对善恶标准进行具体论证，但从《牟子》全文来看，他认为佛教的善恶标准与儒家的伦理规范是一致的（如"人道法五常"）。后来，佛教的因果报应理论与中国封建伦理学说密切结合，曾对维护封建统治秩序发生重大作用。

《牟子》对佛经的理解。自从佛教传入汉地，大量佛经被译成汉文，新的佛经还在源源不断地传入。《牟子》称佛经"凡有十二部，合八亿四千万卷；其大卷万言已下，小卷千言已上"（《牟子》一章），这些夸张的传说，当非牟子亲见，而是由外国僧人传来的。佛经的浩繁庞杂确实是中国所罕见的。对此，有人也提出责难：

> 问曰：夫至实不华，至辞不饰，言约而至者丽，事寡而达者明。故珠玉少而贵，瓦砾多而贱。圣人制七经之本，不过三万言，众事备焉；今佛经卷以万计，言以亿数，非一人力所能堪也。仆以为烦而不要矣。

牟子博览群书，对中国经传与佛经的差别自然是清楚的。他回答说，江海所以与沟渠不同，是因为它们深广；五岳所以与丘陵不同，是因为它们高大。如果山不高，跛羊都可以爬到山顶；海不深，小孩都可以跳进去游泳……想在三寸的蚌内找明月之珠，在灌木丛林中找凤凰之雏是不可能的，因为"小不能容大"。

> 佛经前说亿载之事，却道万世之要。太素未起，太始未生，乾坤肇兴，其微不可握，其纤不可入。佛悉弥纶其广大

之外，剖析其窈妙之内，靡不纪之。故其经卷以万计，言以万数。多多益具，众众益富，何不要之有？虽非一人所堪，譬若临河饮水，饱而自足，焉知其余哉！（《牟子》五章）

在牟子看来，佛经讲世界万物的形成和毁坏（一周期为"一劫"），讲佛陀无数前生修道故事，讲各种出世教义……因此必须卷帙浩繁；但他也认为，一个人不必读这样多的佛经，只是根据自己需要去读就可以了。

他在这里提到的"太素"、"太始"，显然来自汉代的纬书及道家的书。汉代《易纬·乾坤凿度》说："太易变，教民不倦；太初而后有太始，太始而后有太素，有形始于弗形，有法始于弗法"；《易纬·乾凿度》也说："夫有形生于无形，乾坤安从生？故曰有太易，有太初，有太素也"。这是说在天地万物形成之前有几个气分化演变的阶段，开始无气叫太易，产生气叫太初，气产生有形体的东西叫太始，万物素质基本形成叫太素。《淮南子·天文训》说："天地未形，冯冯翼翼、洞洞灟灟（皆无形无状的样子），故曰太始"①。然后从"太始"这种气的状态产生天地、日月、万物。牟子没有引《易纬》所说的神秘主义的"太易"，而只引"太始"、"太素"。上述宇宙万物构成说在佛经中没有根据，佛教虽主张"五蕴"是世界的本源，与上面所说是大不一样的。可是在牟子看来，佛经中关于世界形成的神话

---

① 原作"太昭"，据王引之考证改。见刘文典《淮南鸿烈集解》。

与中国传统的天地万物构成说是一样的。

牟子还认为，佛经虽多，但"其归为一也"，这个"一"就是"无为淡泊"。他还拿佛经与道家、儒家经典相比，明确地表示：

> 吾既读佛经之说，览《老子》之要，守恬淡之性，观无为之行，还视世事，犹临天井而窥谿谷，登高岱而见丘垤矣。《五经》则五味，佛道则五谷矣。吾自闻道已来，如开云见白日，炬火入冥室焉。（《牟子》二十五章）

牟子把佛、道并列看待，而把儒家的经典贬到佛经下面，把佛经比做五谷，把儒家的《五经》比做由五谷产生的五味。尽管儒、佛有差别，但他还是认为佛、儒的宗旨基本上仍是一致的。

（三）关于佛教僧侣的修行生活

牟子知道佛教的居士戒有五戒，沙门有二百五十戒，说如果能按佛经和戒律修行，"亦得无为，福流后世。"他认为这些戒律与中国"古之典礼无异"。当有人提出：

> 《孝经》言："身体发肤，受之父母，不敢毁伤"[1]；曾子临没："启予手，启予足"[2]；今沙门剃头，何其违圣人之语，

---

[1] 《孝经·开宗明义章第一》。

[2] 《论语·泰伯篇》："曾子有疾，召门弟子曰：启予足，启予手……"是说曾子一生爱护自己的手足，不敢毁伤。临死叫弟子看看自己的手足完美无伤。

不合孝子之道也？吾子常好论是非，平曲是，而反善之乎？（《牟子》九章）

牟子认为，评论一个人孝与不孝要看精神实质，而不单单从形式上看是否"违于身体发肤之义"。他引孔子的话说："'可与适道，未可与权'①，所谓时宜施者也。"如《史记·周本纪》说，周祖先古公有三子：太伯、虞仲、季历，因古公有意立季历为嗣，以便最后传位给姬昌（周文王），太伯与虞仲二人为此逃到"荆蛮"（实指吴越），文身断发（为了服从当地民族的风俗习惯，身上刺花纹，剪去头发），让位于季历。按正常情况说，文身断发是与《孝经》说的爱护身体肤发的教训相违背，但孔子却因为他们顺从父命让王位而称赞他们。因此，牟子说：

苟有大德，不拘于小。沙门捐家财，弃妻子，不听音，不视色，可谓让之至也。何违圣语，不合孝乎？豫让吞炭漆身，聂政皮面自刑，伯姬蹈火，高行截容②。君子为勇而有义，不闻讥其自毁没也。沙门剃除须发，而比之于四人，不已远乎？（《牟子》九章）

上述四人都是为礼义道德而毁身残形。牟子认为，沙门出

---

① 见《论语·子罕篇》，意为能行道者，未必能随机应变地行道。
② 豫让吞炭漆身，毁声变容，为故主智伯复仇，谋杀赵襄子，见《吕氏春秋·恃君》、《说苑》卷二；聂政为严仲子复仇刺韩相侠累，见《史记·刺客列传》；伯姬夜逢失火，因守礼不逃而死，见《列女传》卷四；寡妇高行为守贞而自割鼻，见《列女传》卷四。

家修行比他们更有意义，也是合乎儒家的"至德要道"的，不应因剃头而受到责难和讥笑。

此外，儒家对沙门不娶妻，见人无跪起之礼，过极端的禁欲生活也进行责难：

> 问曰：夫福莫逾于继嗣，不孝莫过于无后，沙门弃妻子，捐财货，或终身不娶，何其违福孝之行也？自苦而无奇，自拯而无异矣。（《牟子》十章）

> 问曰：黄帝垂衣裳，制服饰，箕子陈《洪范》，貌为五事；孔子作《孝经》，服为三德……今沙门剃头发，被赤布，见人无跪起之礼，威仪无盘旋之容，何与违貌服之制，乖搢绅之饰也？（《牟子》十一章）

> 问曰：人之处世，莫不好富贵而恶贫贱，乐欢逸而惮劳倦。黄帝养性，以五肴为上。孔子曰："食不厌精，脍不厌细。"[1] 今沙门被赤布，日一衣，闭六情，自毕于世。若兹何聊之有？（《牟子》十九章）

这些质问都是从儒家礼仪和中国传统的习俗提出来的，在以后佛教广泛流行，儒家反对佛教时也常常提出这样的问题。

对于第一个问题，牟子回答说：妻子财物是过世俗生活所需要的，但"清躬无为"却是佛道妙义之所在。《老子》说："名与身孰亲，身与货孰多[2]？又曰：观三代之遗

---

① 《论语·乡党篇》。
② 《老子》44 章，下面"又曰"是牟子的话。

风，览乎儒墨之道术，诵诗书，修礼义，崇仁义，视清洁，乡人传业，名誉洋溢，此中士所施行，恬淡者所不恤。"（《牟子》十章）因此，作为修行佛道、以"恬淡"为志的人来说，更应当重视的是生命而不是荣誉和财富。其实，就连孔子也不是笼统地反对人弃家出走的。例如，尧让天下给许由，许由逃入深山①；伯夷叔齐离国出走，为"义不食周粟"而逃入首阳山饿死，对此，孔子称他们是"求仁得仁者"②，而没有讥讽他们没有后代和遭受贫困。既然如此，沙门为修美好的道德而离开妻子家庭，放弃世俗的享乐，也应当认为是高尚的行为。

对于礼貌问题，牟子一开始就引用《老子》的道德观来回答："上德"不追求形式上的"德"，因此就是有德，"下德"死守着形式的"德"，因此就是没有德③。就拿儒家称颂的三皇时代来讲，人们食兽肉衣兽皮，巢居穴处，以质朴为德，反对华丽，谁能指摘他们没有礼貌道德呢？而沙门的行为与他们很相似。

对此，有人责难他说："如子之言，则黄帝尧舜周孔之俦，弃而不足法也？"这实际是说牟子离经叛道，背圣非法。牟子回答说：

> 尧舜周孔修世事也，佛与老子无为志也。仲尼栖栖七十

---

① 见《庄子·逍遥游》。

② 见《史记·伯夷叔齐列传》、《论语·述而篇》。

③ 《老子》38章："上德不德，足以有德；下德不失德，是以无德。"

余国，许由闻禅，洗耳于渊。君子之道，或出或处，或默或语，不溢其情，不淫其性。故其道为贵，在乎所用，何弃之有乎！（《牟子》十一章）

他认为儒家以治国为业，而佛教、道家以无为为志，表现虽不同，但所依据的"道"是一样的。"君子"坚守道的准则，不管是处世出世，静默或讲话，都不使性情失节出轨。道虽一个，但在应用上是存在差别的，不能认为佛教已经脱离周孔之教了。

关于沙门过禁欲生活问题，牟子兼用儒家、道家的理论为佛教辩护。

富与贵，是人所欲，不以其道得之，不处也；贫与贱，是人之所恶，不以其道得之，不去也①。《老子》曰："五色令人目盲；五音令人耳聋；五味令人口爽，驰骋畋猎，令人心发狂；难得之货，令人行妨。圣人为腹不为目。"② 此言岂虚哉！（《牟子》十九章）

认为沙门披赤布，一日一餐，摒弃情欲，过贫贱生活，是符合儒家和道家所说的"道"的。如果不顾道的原则而去追求富贵生活，这是违背孔子的教导的。一味追求好看的彩色（五色）、动听的音乐（五音）、丰美的食品（五味），就会使人的感官受到损伤；驰马打猎，会使精神发狂；贪

---

① 　此引自《论语·里仁篇》。
② 　现本《老子》12章，"圣人"之前有"是以"二字。

婪稀有的财宝，甚至使人去偷和抢。因此，沙门过节欲的清贫生活，是完全符合老子的主张的。

牟子对上述三个问题的回答归结到一个"道"字。尽管佛教的道与道家、儒家的道不一样，但他尽量把三者调和起来，而在有的场合，则把佛、道二家的道相提并论。他的意思是说，随着佛教传入而形成的沙门，虽然与已有的儒家、道家学者所从事的活动不一样，但他们也是"道"的执行者。这里应当指出，因为儒家、道家学说都是封建地主阶级思想，它们所说的"道"从其社会内容上讲，都从不同角度概括了封建制度的基本法则，因此，牟子极力论证佛教的道与儒家、道家的道是相符合的，这不外是表白，佛教对于维护封建统治秩序也是有用的。

（四）佛教、儒家的关系

牟子曾身为儒者，信奉佛教后，受到一些儒者的非难，说："吾子弱冠学尧舜周孔之道，而今舍之更学夷狄之术，不已惑乎！"（《牟子》十四章）把佛教称为"夷狄之术"也是历代儒者攻击佛教时常用的字眼。对此责难，牟子在解释中承认，在他没有信奉佛教时也有这种言论。他接着批评对方看问题非常片面，"见礼制之华而暗道德之实，窥炬烛之明，未睹天庭之日也。"首先，夷狄也不是什么都不行，汉地也不是什么都好。例如，禹出于西羌而成为圣哲，舜的父母在汉地却冥顽不灵；由余出于戎国而能辅助秦穆公建立霸业，管叔、蔡叔在黄河洛水一带却能制造周公将篡位的流言。其次，把天下分成夷狄华夏（中国）也是没有什么根据的。圣人经传①上说："北辰之星，在天之中，在人之北"，可见，汉地未必在天的中央，而佛经说上下四方，一切生命物类都归属于佛。因为这个缘故，

> 吾复尊而学之，何为当舍尧舜周孔之道？金玉不相伤，精魄不相妨。谓人为惑，时自感乎！（《牟子》十四章）

牟子明确表示，他信奉佛教，并不意味着已背离儒家。佛儒之间如同金与玉、精与魄的关系那样，并不是互相冲突的，一个人是可以兼信两者的。

前面提到，牟子在对佛教教义和僧侣出家修行生活的论述中已经一再表示，佛教的主张与儒家伦理纲常思想不仅没有根本矛盾，而且在实际上是一致的，对于维持封建统治秩序也是有用的。

牟子还认为，按照佛教教义行善，比如像《太子须大拿经》所说，须大拿把父亲的财物施给别人，把善战的宝象送给敌国，把妻子也舍给婆罗门为奴，这从表面看来似乎是"不孝不仁"，但看问题应"见其大不拘于小"，而不应拘泥于世俗之见，

> 须大拿睹世之无常，财货非己宝，故恣意布施，以成大道。父国受其祚，怨家不得入，至于成佛，父母兄弟皆得度世。是不为孝，是不为仁，孰为仁孝哉！（《牟子》十五章）

---

① 原作"传曰"，以下引文不详所出。

226

这是说，按佛教教义行善，不仅能使自己摆脱生死，也会使父母兄弟在来世得到好报，这与儒家的仁孝伦理是完全符合的。

总之，牟子竭力用佛教教义去迎合儒家。这种态度真实地反映了当时社会上佛教与儒家的关系。中国封建社会是建立在自给自足的自然经济的基础上，它的社会联系在很大程度上以宗法血缘关系作为纽带。因此，儒家在宗教上所主张的祖先崇拜和在伦理道德上提倡的"孝"的观念，就成了封建专制主义政治统治的天然支柱。两汉统治阶级特别提倡以孝治国，原因也正在这里。儒家思想可以千变万化，但这个中心观念是永远也不许变动的。这也就是儒家思想受到中国历代封建王朝欢迎而盛行不衰的一个主要原因。然而佛教的全部思想，它的世界观和宗教观念，同维护宗法血缘关系的孝道很不相容。它要牢固地扎根于中国封建社会，不求得同"孝"的封建道德妥协是根本不可能的。因此，佛教在传入中国以后不断地迎合和吸收儒家思想是十分自然的。

（五）对原始道教的批判

在牟子生活的时代，正值道教创立不久。神仙家一般是与道教合流的。在《牟子》书中多次提到的"神仙辟谷长生之术"，"为道者，或辟谷不食"等等，就是指原始道教和神仙家，而在二十九章提到的"王乔、赤松、八仙之篆，神书百七十卷"（即《太平经》一百七十卷），则是原始道教的主要经典。《牟子》一书虽大量引证《老子》等道家著作，但对于原始道教和神仙家却持批判态度。从这里可以看到佛教与道教一开始就有矛盾，而随着双方势力的发展，它们之间的矛盾也在发展。

牟子本人也曾学过神仙不死之术，但看到自己所学的"辟谷之法，数千百术，行之无效，为之无征"时，就不再学了。他说曾先后拜三人为师，他们分别自称七百岁、五百岁、三百岁，但不到三年，都先后死去了。他们宣称不吃五谷，但却都吃水果，"享肉则重盘，饮酒则倾樽，精乱神昏，谷气不充，耳目迷惑，淫邪不禁。"（《牟子》三十一章）他们为自己这种做法解释说："《老子》云：'损之又损，以至于无为'①，徒当日损耳。"但他们不仅没能长寿，反而加速死亡。牟子的结论是：

> 且尧舜周孔，各不能百载，而末世愚惑，欲服食辟谷，求无穷之寿，哀哉！（《牟子》三十一章）

可见，牟子是根据亲身经历和一般常识来批判原始道教和神仙家的。

当有人问他："王乔、赤松、八仙之篆，神书百七十卷，与佛经岂同乎？"他回答说，这好像是拿五霸与五帝相比，阳货与孔子相比……"道有九十六种，至于尊大，莫尚于佛道也。神仙之书，听之则洋洋盈耳，求其效，犹握

---

① 《老子》48章。

风雨捕影。"(《牟子》二十九章）佛经传说，佛陀创教时印度有九十六种外道，但都比不上佛教。牟子用此来说明佛教在中国最高明，中国其他宗教也都比不上佛教。

牟子还从《老子》等道家书来进行考察，指出《老子》书和"圣人制七典之文"没有"辟谷"、"止粮"的记载，因此道教和神仙家假托"老氏之术"是没有根据的。牟子还认为，"物类各有性"，人不能学不吃东西的蝉和冬眠的蟒，如果不吃东西，或进行"秋冬不食，或入室累旬而不出"的修炼，都是违背圣人教导的（《牟子》三十章、三十六章）。

《牟子》一书在用问答形式论述佛教的过程中，大量引用中国诗书经传，广取譬喻，而很少引证佛经对问题做出直截了当的回答。对此，他也用回答对方质问的方式进行解释。他说：

> 道为智者设，辩为达者通，书为晓者传，事为见者明。吾以子知其意，故引其事，若说佛经之语，谈无为之要，譬对盲者说五色，为聋者奏五音也……公明仪为牛弹清角之操①，伏食如故。非牛不闻，不合其耳矣。转为蚊虻之声，孤犊之鸣，即掉尾奋耳，蹀躞而听。是以诗书理子耳。（《牟子》二十六章）

这种说法是反映了时代的特点的。佛教传入中国初期，人

---

① 《孟子·滕文公篇》："公明仪曰：文王我师也……"注曰："公明，姓；仪，名，鲁贤人也。""清角"，一首古琴曲，见《晋书·律历志》。

们对佛教闻所未闻，见所未见。如果佛教徒在开始传教时直接宣讲佛教经义，就会如同对牛弹琴一样，收不到效果。因此，他们不得不借助中国传统的宗教和学术思想、语言，来解释佛教教义，扩大社会影响。牟子大量引用道、儒和各家著述来论述佛教，其原因就在这里。

综上所述，牟子认为佛教和道家在思想上是一致的，因此经常引证《老子》讲解佛教，又一再引述佛教教义去附会《老子》。他还认为，佛教与儒家虽有若干显著的不同之处，但从根本上说来二者也是一致的。牟子对佛教的这种理解，说明佛教这种外来宗教要在中国这块新的土地上扎根，深入传播，不得不依附和利用中国传统的道家和儒家的某些思想、词句来进行宣传，争取统治阶级和人民的支持。不用说，牟子的许多比附和论述是十分牵强的，是不符合印度佛教原义的，但是，佛教正是经过这样无数的被"歪曲"和改造才最后发展成为中国的佛教的。《牟子》一书反映了佛教传入初期人们对佛教是如何理解的，它对于研究中国佛教的形成和发展很有参考价值。

第 四 章

东汉时期汉译重要佛经剖析

第一节　安世高所传佛教小乘禅法

从佛经目录看，首先传入中国并得到传播的经籍，属于佛教小乘体系。"小乘"一词，系佛教"大乘"兴起之后对于早期佛教学说流派的一种贬称。早期的佛教经籍，主要保存在《四阿含》①中，最早传入中国的佛经，大半是从《四阿含》中摘抄出来的。除去《四十二章经》及其他失译经籍，最早有系统地翻译小乘经籍、介绍小乘思想的是安世高。

安世高，名清，号称安侯。原为安息国王太子，"后王薨，将嗣国位，乃深悟苦空，厌离名器"，"让国与叔，驰避本土"②。由于政治上的原因，被迫外逃出家，通常是上层僧侣的重要来源，安世高可能也是这样的人。他在汉桓

①　《四阿含》是佛教小乘丛书，它们是《长阿含经》、《中阿含经》、《杂阿含经》、《增一阿含经》。

②　《出三藏记集·安世高传》。

帝初年，游化至中国，在洛阳开始译经。"灵帝之末，关洛扰乱，乃杖锡江南"①，到了广州，转向会稽，在市上被斗殴者误中身死。他在中土活动了四十年左右，是小乘禅法的奠基人。

《出三藏记集》据《道安录》记载，安世高共译经三十四部四十卷，至《大唐内典录》增补到一百七十余部一百九十余卷，后经《开元释教录》删订为九十五部一百一十五卷。事实上，在僧祐讲的三十四部四十卷中，道安已经注明一部分为"似世高译"，以后的增补，当是不甚可靠的居多。他的代表译作，乃是《阴持入经》和《安般守意经》。

释迦死后，学派不断发生分化，在天竺本土，小乘分为"十八部"（也有记载分为二十部的）。安世高所传的思想，当是十八部中的"上座部"系统"说一切有部"的理论。僧传在讲到安世高学的特点时，说他"博综经藏，尤精阿毗昙学，讽持禅经，略尽其妙"②。这是说，安世高首先传入中国的佛教义理，是小乘的"阿毗昙"③和"禅"，简称"禅数"之学，并且是用说一切有部的说法作解释的。

所谓"禅数"，或叫"定慧"，或叫"止观"，被佛教认

①　《出三藏记集·安世高传》。

②　同上。

③　阿毗昙也译为阿毗达磨、毗昙，是梵语 abhidharma 的音译，意译为对法、无比法、胜法、也译为论，是对《阿含经》的论述。部派佛教时期，各大部派皆有自己的阿毗达磨。安世高传入的阿毗达磨，当属印度西北地区流行的说一切有部。

232

为是一种特别重要的修习方法，要求人们把注意力集中于佛教所规定的修习对象。按照指定的观察思维程序，以形成适合于宗教修行的独特心理和幻觉，最后达到符合佛教教义的理论。有时因为侧重点不同，"禅法"侧重在坐禅的行为，"阿毗昙"侧重在小乘佛教的理论，安世高之学则是放在这两个方面的结合上。

安世高的门徒很多，影响很大。严佛调撰《沙弥十慧章句》，开始发挥安世高的学说。此外，还有南阳韩林、颍川皮业、会稽陈慧；三国时康僧会曾从他们随学，共同注解过安译《安般守意经》。严佛调同安玄合译的《法镜经》，康僧会为之注义作序，可见安玄也与安世高系统有关。一直到东晋的名僧道安，在大乘般若风靡当时的情况下，还大力宣扬安世高的禅法，为他译的大小《十二门》、《安般守意》、《阴持入》、《人本欲生》、《九十八结》等经作序、作注、作解，从而给另一个名僧慧远以很大的影响。

小乘佛教脱离人的社会关系来看待人和社会关系，把社会问题归结为每一个人的生死问题，把社会的弊病，归结为人生观的弊病。它教人用超脱现实社会的方法去认识和解决每个人的苦难和矛盾。小乘佛教哲学的全部任务，就是用来阐明他们的这种宗教学说的。

佛教"三科"和"五阴"论

恩格斯讲过，"辩证的思维——正因为它是以概念本性的研究为前提——只对于人才是可能的，并且只对于较高发展阶段上的人（佛教徒和希腊人）才是可能的"①。阿毗昙的主要特点，就是采取对"概念本性的研究"的方法。阿毗昙所研究的概念本性，是由小乘佛教的宗教实践规定的。它首先用佛教的宗教原理给它特定的概念下定义，又通过对这些特定概念的分析，演绎出它自己的体系。

安世高译的《阴持入经》属于阿毗昙小乘体系，其中着重分析的"阴"、"持"、"入"，是小乘佛教中最基本的概念，也是他们的宗教修养理论。

"阴"，后译为"蕴"，其中又分为色、受、想、行、识五类，故名"五阴"；"入"，后译为"处"，指"眼、耳、鼻、舌、身、意"等"六根"，和"色、声、香、味、触、法"等"六境"，被总称为"十二处"；"持"，后译为"界"，即在"十二处"的基础上，再加上"眼、耳、鼻、舌、身、意"等"六识"，构成为"十八界"。所谓"阴"、"持"、"入"，也就是被以后佛教列为"三科"的"五蕴"、"十二处"、"十八界"的简称。《阴持入经》称之为"三部并行"，要求从这三个方面统一起来观察"人"及其生活的这个世界。

为什么要分"三科"？在后出的《阿毗达磨俱舍论》中有一个解释：

> 所化有情有三品，故世尊为说蕴等三门。传说有情愚有三种：或愚心所总执为我，或愚色，或愚色心。根亦有三，

---

① 恩格斯：《自然辩证法》，《马克思恩格斯选集》第3卷，第545页。

谓利、中、钝。乐亦三种，谓乐、略、中，及广文故。如其次第，世尊为说蕴、处、界。（《俱舍论·分别界品第一》）

《大毗婆沙论》也说：

此三科皆为破凡夫实我之执而施设：为迷于心偏重者，合色为一，开心而为四，立五蕴；为迷于色偏重者，开色为十，合心为二，立十二处；为色心共迷者，开色而为十，开心为八，立十八界。（《大毗婆沙论》卷七）

"三科"的建立，目的在于破除"我执"。其所以讲"五蕴"，是为了破除把"心"当作"我"的那种执著；天资聪明者懂了"五蕴"的道理，就会把"我执"破除掉。"十二处"是专为中等天资的人施设的，重点在于破除把"色"当作"我"的那种执著。"十八界"是对最愚笨的人施设的，在于破除把"色"、"心"综合起来当作"我"的那种执著。因此，破除"我执"，是"三科"的根本任务。

小乘佛教认为"我执"之迷，至大无外，"我执"之祸，罄竹难书。因此，破除"我"的观念，建立"无我"的观念，贯穿在小乘佛教的每一个概念当中。

"五阴"中的第一个概念叫作"色"。《阴持入经》^①说："色阴，名为十现色入：一眼，二色，三耳，四声，五鼻，六香，七舌，八味，九身，十乐。"《注》曰："四大可见谓

---

① 《阴持入经》不分品，本文所引，均见《频伽藏》本，以下不另注出处。

之色。"因此，当时理解的"色"就是指"地、水、火、风"这四种构成各种物体的基本因素，以及由这些因素组合而成的五种感觉能力和这些能力所触及的五种被感觉的对象。一般认为，早期佛教即小乘佛教，关于"色"的概念，相当于我们关于"物质"的含义，它与"心法"相区别。佛教的所谓"色"，还包含有部分特殊的精神现象在内。佛教的"四大"是作为构成被感知的物体的基本成分，而没有肯定它们是物质的客观性质。因此，后来的大乘佛教进一步明确否定了所谓"色"的物质性，认为"色"不过是指"我"的感觉能力和"我"的感觉对象的总和。

关于"受"，《阴持入经》译之为"痛"，指通过"眼、耳、鼻、舌、身、心"以感受外境，并引起痛、痒、苦、乐等爱恶情感的精神活动。本经的《注》说："志存所愿，惨怛惧失之情，为情劳。"这是指"受"对"我"的感觉作用。

"想"，本经译为"思想"，指反映"色、声、香、味、触、法"等构成的一切观念和表象，以及用以思维活动的概念。《注》说："想，象也，嘿念日思在所志，若睹其象之处已前。"这主要是指表象而言，又说："心念善即善法兴，恶念生即恶法兴。夫心者，众法之本也。"在这里，"想"也被理解为可以兴恶生善，辨别是非，进行思维活动的"心"。

"行"，相当于动机、意志、意欲、意向等思维活动。《注》说："心驰无极，思善存恶，周施十方，靡不匝也。"这是从"行"的作用来讲的，表示意志和意欲的活动，使"心"无所不趣。《经》释："行种，名为身六更。"在这里，

236

"更"是"触"的意思。"志之所往，至辄更之，故曰更矣。"意思是说，意欲能够促使感官不断地去接触声色等外境，接纳外在事物。

"识"，指通过感觉器官对于外在事物的识别能力。《注》曰："识，知也，至睹所行，心即知之。"即眼、耳、鼻、舌、身、心分别对于色、声、香、味、触、法的识别作用。

《阴持入经》把"人"抽象化为"五阴"，佛教说"五阴"和合就是"人"。"色"属于物质现象，"受、想、行、识"属于精神现象，所以人就是物质现象和精神现象的统一，身与心的统一。如果说，把人最后归结为"身心"的统一，无非表现了小乘思想的质朴性，那么，在统一的精神现象之中，为什么又要单独分出"受、想、行、识"来另作发挥呢？这就涉及他们的社会道德和宗教实践上的许多问题。

《阴持入经》注者说："六欲兴，即身栽生，随行受形。今之群生皆行使然。""六欲"的兴起，是由"受"而来，这是人们死后受形而生，即轮回报应的根源；但死后究竟受什么"形"，得到什么样的报应，那就要由"行"，即由每人（或众生）原先趋向什么，追求什么，有什么意识活动，以及由之而来的言行来做决定了。因此，精神"四阴"（受、想、行、识）所表示的，是统一认识过程的不同侧面。

由精神"四阴"加上色阴所构成的"五阴"，更进一步地体现了他们的教义。以后《俱舍论》解释"五阴"的内在关系时，对这个问题，比之安世高时代说得清楚："从无始生死已来，男女于'色'更相爱乐；此由耽着乐'受'味故；耽'受'复因倒'想'生故；此倒'想'生由'烦恼'故；如是'烦恼'依'识'而生。"① 这样，"五阴"本身就是一个因果链条："色"是由于人们耽着于"乐受"而生的；"乐受"是由于"思想"上以苦为乐这种认识上的颠倒而生的；如此推导的结果，"识阴"就成了产生前"四阴"的最后因。换句话说，作为身心统一体之"我"及其面对的世界，其实就是"识"的产物。此外，《俱舍论》还说："诤根有二，谓着诸欲及着诸见；此二'受'、'想'，如其次第为最胜因。味'受'力故，贪着诸欲；倒'想'力故，贪着诸见。"② 意思是说，社会的一切对立和斗争，归根结底，来自两个源泉：一是贪着各种欲望要求，一是坚持错误观点；而"受"就是导向贪欲的主要原因，"想"则是导向谬误的主要原因。由此导向宗教社会学的结论，应该是不言而喻的：要消灭社会的对立和斗争，就要消除每个人的情欲要求和各种谬误观点；而要消灭每个人的情欲和谬误，就只有消灭每个人的感受活动和认识活动。佛教宗教禁欲主义构成了小乘佛教的基本思想。

佛教否定人的正常认识具有达到真理的可能性，它必然导致蒙昧主义；佛教否定人们对正常生活需要的合理性，它必然导致禁欲主义。其目的在于动摇人们对于现实生活

---

① 《俱舍论·分别界品第一》。
② 同上。

的正常的判断能力和消除改革社会的要求。由此，他们确立了一种非常特殊的人生哲学：

> "当知：是从何知？为非常、苦、空、非身。从是知亦有二知：一为慧知"："为非常、苦、空、非身"；"二为断知"："爱欲已断"。(《阴持入经》)

这就是说，从对"五阴"的分析中，应该认识到人生"无常"，得出人生是"苦"的判断；人身是"空"，得出"人"为非真实存在的判断；如果有了这种认识，进一步就应该舍弃对于"五阴"亦即"人"的"爱欲"。

这里讲的"非常"、"苦"、"空"、"非身"，以后被列为"苦谛四行相"，实质上是小乘佛教宗教哲学的基本观点。

"非常"，后译为"无常"。在佛教看来，世界上没有什么永恒不变、万古长存的东西；有始必有终，有盛必有衰。人生也是这样，生老病死是一个自然过程；要想长生不老，永远过着同样欢乐的生活是不可能的。从这个方面说，"无常"的观念反映了世界的实际情况。但是，佛教对待这个现象的态度却是消极的、悲观的：人命短促，人生是"苦"，"人"就是一大"苦聚"；要想脱离诸苦，只有超脱人生，逃出"无常"的圈子。

佛教从"无常"中得出悲观厌世的宗教思想，是因为这种辩证思维本身就是主观主义的、片面的。"无常"只是变化发展中的一种现象，而不是全部现象。因为变化发展中的事物，不只有趋向消逝的一面，而且有生长的一面；

不只有衰亡的一面，还有兴起的一面。自然界和人类社会的变化发展，是一个新陈代谢、由低级向高级发展的过程。佛教只看到必然趋向死亡的一面，而不承认产生成长的一面，只看到个体的死亡，没有看到人类的发展，所以他们只为死亡编造挽歌，他们甚至把生也看作死的开始，生本身也是苦，因而从来不为新生的未来唱赞歌。小乘佛教的悲观结论，反映的不是社会上被压迫、被剥削阶级中的积极因素，而是社会上看不到前途，失去信心，以及没落绝望的那部分人的情绪。

佛教对社会人生得出完全悲观的结论，还因为他们虽然能够消极地反映某些客观辩证法的片断，但主观所追求的，却完全建立在形而上学的基础上。人的主观愿望之所以能够变成现实，是因为符合了现实的客观规律，利用了客观规律。如果主观愿望不能实现，佛教不是去检查自己的主观愿望是否合理，反而为此而否定现实生活的意义，认为那是自找苦吃。他们片面地看到了人生无常的一个方面，但追求的却是根本不可能实现的永生。他们从"非常"中引出"苦"的判断，是因为他们只把永生当作"乐"。因此，在有限的人生过程中，他们不是积极去参加改造自然和改革社会的斗争，造福人类，而是寄生于社会，苦恼于"无常"，惶惶然于死的恐怖之中，以至归罪于生命本身，最后只好把彻底的死亡当成自己的最高理想。南北朝时候，道教攻击佛教为"修死"之学，不是没有根据的。

《阴持入经》的注者把"苦"、"空"、"非身"这些对社会人生的判断，看成是由"非常"这个概念推演来的，反映了从《四十二章经》以来，人们对于佛教宗教哲学的理解水平。就佛教提倡的所谓"诸行无常"来说，当然可以从"非常"中导出苦、空、非身之类的判断来；然而，《阴持入经》在这里分析的"五阴"，重点却不在讲诸行"无常"，而是强调"诸法无我"，即这里讲的"非身"。分析"五阴"的结论，应该是"非身"，而从"非身"中，同样可以导出"苦"、"空"、"无常"的结论来。注者显然没有重视这个方面，而在小乘佛教中强调"非身"、"无我"，却是一个具有更重要意义的方面。

佛教哲学在解释世界的构成上，沿袭印度古代的"四大"说，把地、水、火、风当成是构成一切事物的基本因素。此外，还有一种"极微"说，把"极微"当成事物组成的最小单位。不管哪种说法，都认为任何具体的事物都是诸种因素和多量单位形成的聚合体。这些聚合体也不是孤立的，而是存在于与他事物的相互联系中。这种多因素的聚集和相互联系的思想，是佛教哲学辩证思维的又一个重要表现。但是这种思维方法一旦运用到具体事物，又立即表现了它所惯有的那种主观随意性。他们对于"人"的分析，就是这样的。"人"，是由色、受、想、行、识五类现象聚合成功的。"五阴"之"阴"，按其本意来说，主要指同类事物的聚集，所以"五阴"也可以理解为五类，一"阴"就包括无数同类的现象。因此，从佛教哲学看来，所谓"人"，也就是"五阴"的集合体；凡是他们讲到"五阴"的地方，大体也可以当作佛教对"人"的一种特殊称呼来看待。很明显，把"人"作这样的组合，当然不符合事实，值得我们注意的，只是这种聚集说从哲学理论上对于社会人生所做的推导。也就是说，要从"五阴"和合为"人"上，得出"非身"的判断来，然后由"非身"再导出"苦"、"空"、"非常"这样的结论来。

小乘佛教的聚集说是什么？如何由"五阴"和合能得出"非身"的判断？这是很重要的一个环节，《阴持入经》的武断结论胜于逻辑推理，以后失译的《那先比丘经》[①] 则谈得比较集中。其中，弥兰陀王问那先比丘："谁为'那先'？谁为'车'？"那先比丘列举了"人"和"车"的各个组成部分，认为它们的每一部分都不能作为整体的"那先"和"车"；只有把他们看成是一个聚合体，才可以称之为"人"和"车"："佛经说之如合聚，是诸材木做车因得车；人亦如是，合聚头、面、耳、鼻……合聚为人。"这样，"部分"的聚合构成为"整体"，而由于"整体"只不过是"部分"的聚合，所以整体就被视为"无自性"；就其"无自性"言，"车"或"人"都是"非身"，也就是"空"的。比方说，"舌为之言，是为舌事；意有所疑心念之，是为心事，各有所主。分别视之，皆空无有'那先'也。"因此，作为整体的"那先"其人，也就成了不真实的，只不过是人们加给他的一个暂定的名称罢了。这样推断的结果，就

---

① 此处所引《那先比丘经》，为《频伽藏》本。

是："世间不能审有人也，适当呼谁为人？"把这种分析的方法，应用于"五阴"上，"人"就被称之为"五阴"的"假和合"，只是一种暂定的概念上的存在，而不是真实的客观存在。"人从眼见色神动，神动即生苦乐……从苦乐生意，从〔意〕生念，展转相成，适无常主。"① 在这里，"眼根"、"色境"属"色阴"；"神动"属"识阴"，"苦乐"属"受阴"，"意"属"行阴"，"念"属"想阴"。这"五阴"互为条件组成为"人"，其中任何一部分都不能成为整体"人"的永恒主宰者，因而整体"人"本身也就失去了对自我的主宰。从"适无常主"说，也叫"非身"。

把事物看成是多种因素的统一，这诚然是辩证思维的重要方面，但把这种统一，仅仅当成机械的凑合，甚至否认由多种因素形成的统一性，具有完全不同于它的构成部分的质的规定性，这就使小乘佛教终于跌入形而上学的又一原因。恩格斯指出："部分和整体已经是在有机界中愈来愈不够的范畴。"② 佛教小乘正是从"生物"意义上来了解"人"的，而且用了"部分"与"整体"这种愈来愈不够的范畴加以解释。所以这种解释本身就带有很大的局限性。黑格尔在《小逻辑》中反复强调过：

　　　　一个有机体的官能和肢体并不能仅视作有机体的各部

---

① 以上所引，均见《那先比丘经》。

② 恩格斯：《自然辩证法》，《马克思恩格斯选集》第 3 卷，人民出版社 1972 年版，第 536 页。

分，惟有在它们的统一里，它们才是它们那样，它们对于那有机的统一体是互有影响，并非毫不相干的。只有在解剖学者的手里，这些官能和肢体才是机械的部分。[①]

他指出，如果要研究有机体的生命的真理，仅仅确定整体与部分的外在的、机械的关系是很不充分的。特别是在研究精神和精神世界的各种形态时，采取"列举并描述精神活动之各种形式，并孤立地分解成某些特殊力量和性能"[②]的观点更加不充分。小乘佛教及大乘佛教的概念分析和心理分析，都有黑格尔所批判的这种错误。佛教看到的人，不但不是社会的人，也算不上生物学的人，他们把"人"看成像"车"一类无机体，是可以按一定规格安装和拆卸的各种部件的拼凑物。他们在宗教实践中，往往要求把"五阴"这个统一体分解开来，认为既可以取消"识"的活动，也可以没有"色"的存在，原因就在于这种拼凑说提供了一个可以任意拆卸的理论根据。

小乘佛教为了建立他们的宗教世界观，讲"三科"，目的是为了破除"我执"；讲"五阴"，也是为了破除"我执"。破除"我执"，确立"无我"，乃是小乘佛教要解决的中心问题。不过在早期汉译佛经及其解释者们那里，对解决这个中心问题并不明确。《阴持入经》讲"三部并行"，

---

① 黑格尔：《小逻辑》，生活·读书·新知三联书店1957年版，第290页。

② 同上。

并没有指明"三部"内在联系的根据；注者对"五阴"的解释，也仅仅侧重于"无常"。而最突出的表现为不理解小乘佛教这一根本观点的，是译"无我"为"非身"。

小乘经籍经常从"主宰"、"自主"、"自在"的意义上去使用"我"的概念。据他们看来，"人"应该做自己的主宰者，应该任性自在地生活。然而事实上，人生要受"无常"这样一个铁的必然性的支配，又要受到自身内外多种条件的制约和限制，是既做不了自己的主宰者，也难得恣情任性下去的。这样，主观上对于自由的渴望，总是被客观的必然性所打破，这就成了人生痛苦的认识根源。因此，要摆脱人生的诸种痛苦，佛教教人破除关于"我"的观念，建立"无我"的观念。

小乘的"无我"观点，从认识论上说，主要是来自对自由和必然所做的形而上学理解。恩格斯说："自由不在于幻想中摆脱自然规律而独立，而在于认识这些规律，从而能够有计划地使自然规律为一定的目的服务。这无论对外部自然界的规律，或对支配人本身的肉体存在和精神存在的规律来说，都是一样的。""因此，自由是在于根据对自然界的必然性的认识来支配我们自己和外部自然界；因此它必然是历史发展的产物。"① 佛教的小乘哲学，则把自由同必然看成是互相排斥的，不能相容的东西。这种认识，在客观上也反映了社会上备受苦难者的极端无权的阶级地

---

① 　恩格斯：《反杜林论》，《马克思恩格斯选集》第 3 卷，第 153—154 页。

位，以及在自然和社会的暴力统治下，失掉自己主宰自己命运的历史状况；但却完全忽视了自由正是通过劳动群众改造自然界和社会的伟大斗争，由不断获得的认识世界和改造世界的能力中夺取来的。

"无我"说成了各种失败主义的怯懦情绪和自卑自贱的奴才精神的理论根据。诚然，假若有人连他自身的存在的真实性也怀疑起来，否定了，那么，他还有什么所谓苦痛不可以忍受呢？如果把身受诸苦以至于被折磨致死，竟看成是由于"我"的观念造成的，是由于把"我"看成是真实的存在造成的，那就可以把这些痛苦看作与己无关。如果有人对世界的事情淡漠到连对他自身也视为空无所有无所谓起来，那就用不着关心社会的改革，更用不着为了自己的生存利益而提出任何要求。

关于"无我"的这种思想，在中国传统的思想中是很少见的。道家教人养生、贵己，与佛教小乘的主张恰好相反；儒家以全身为孝，也并不那么卑贱自身。从这个角度说，"无我"的学说为佛教所特有，而在中国早期的佛教信奉者那里，也并不完全了解它的理论意义，因而做了与佛教原始含义相反的解释。他们之译"无我"为"非身"，就是因为不懂得"我"既包括生理方面也包括精神、心理方面的一种特殊存在，而并不限于血肉之身。血肉之身，固然可以被看作一种特殊存在，灵魂也可以被看作一种特殊存在。因此，"无我"应当含有否定灵魂真实存在的意思在内。没有采用灵魂之类的字眼，说明译者没有直接改变经文的词句，是忠于原文的。

但"非身"的译法，却很容易被理解为仅仅是否定肉身的真实性，而并不一定否定魂灵的真实存在。这一点在注者那里表现得十分明显。《阴持入经》的注者，称魂灵为"识神"，看作是佛教教义的当然出发点。例如释"五阴"之"阴"："谓识神微妙，往来无畛，阴往嘿至，出入无间，莫睹其形，故曰阴。"这样，"阴"就成了"识神"的形容词了。就五阴形成活的肉身来说，诚然是不自由的，因而是"空"，是"苦"，是"无常"；但就支使五阴的识神来说，似乎又是不"空"，非"无常"，甚至可以成为相当自由的东西。就佛经的字面原意讲，"阴"不是识神。鸠摩罗什译"阴"为"众"，玄奘又改译为"蕴"，《阴持入经》自释："积为阴貌，足为阴貌，譬如物种名为物种，木种名为木种"，都没有强调魂灵识神的含义。中国的早期佛教文献，有些非常重视"意"的作用，这显然是受中国固有哲学的影响，而与一些佛教译籍中突出"识神"、"魂灵"的作用，也是大有关系的。在佛教中国化的过程中，译"无我"为"非身"是一个很值得注意的环节。

就佛教本意说，要把"无我"贯彻到底，在逻辑上必然否认魂灵不死。但是，这又与他们主张因果轮回的业报学说相矛盾。因为因果报应说，恰巧需要有一个对自己的行为负全部责任，并成为接受轮回业报的主体。灵魂不死与因果报应刚好互相需要。这个矛盾，在佛教的本土就试图予以解决，它的各个派系曾经想出各种补救办法，力求自圆其说。现在，把"无我"译成"非身"，就便于承认魂灵的存在了。所以这对矛盾在传入中国以后，并没有当作什么问题就给解决了。《阴持入经》的注者在解释"五阴种，身也"时，对肉体有生死、而魂灵常在的思想作了颇为详尽的发挥：

> "六情"、"五阴"，灭此生彼，犹谷种朽于下，栽受身生于上。又犹之元气，春生夏长秋萎冬枯，百谷草木丧于土上，元气潜隐，禀身于下；春气之节，至卦之和，元气悄躬于下，禀身于上。有识之灵及草木之栽，与元气相含，升降废兴，终而复始，轮转三界，无有穷期。

像这种把因果报应的宗教迷信奠基于魂灵不死的思想，直到南北朝时期及其以后，还风靡于上层社会，可见其影响之深远。即使像鸠摩罗什那样的佛教权威，一再批驳"存我"之说，但魂灵不死，却始终没有被驱逐出中国佛教的领域。

"十二因缘"及其社会意义

关于因果报应、轮回流转的宗教学说，并不是佛教的创造，而是古代印度各教派所共同承认的信仰。但是，用"因缘"来说明因果轮回，从而构成为一种"缘起"的系统理论，却是佛教哲学本身所独有的说法。"佛教以因缘为宗"，他们也是一直这样标榜的。

所谓缘起说，可以概括为"依此有彼有，此生故彼生"，也就是要求从普遍联系中的互为条件、互相制约的关系方面理解事物的存在。像上边讲的"五阴"论就是缘起说的具体表现之一。在佛教的小乘阶段，主要讲的是"十二因缘"，也被称为"业感缘起"。"业感缘起"本身的说法也很多，一般采取所谓"十二支"、"两重三世"的说法。"十二支"是把生死轮回的全过程划分成十二个阶段，各个阶段之间又有严格的因果关系：

> 无明缘行，行缘识，识缘名色，名色缘六处，六处缘触，触缘受，受缘爱，爱缘取，取缘有，有缘生，生缘老死。[①]

在这里，"缘"是"攀缘"的意思，"无明缘行"，就是"无明"为"行"的原因，"行"是"无明"的结果。如此类推，"生"是"老死"的原因，"老死"则是"生"的结果。其中的"前七支"，又被分为一大对因果关系，即"无明"、"行"作为前一世的行为，是原因，"识"、"名色"、"六处"、"触"、"受"作为现在世的行为，是结果；其中的"后五支"属另一对大的因果关系，即"爱"、"取"、"有"，作为现在世的行为，是原因；"生"、"老死"作为未来世的行为，是结果。这样，整个"十二支"的因果链条，就又被划分成双重因果关系，包括过去、现在、未来三世时态，此即谓之"两重三世因果"。

佛教小乘认为灵魂的"我"，是在他们规定的因果关系

---

① 参考《俱舍论·分别世品第三》。

的支配下流转轮回于生死之间的。"流转"、"轮回"，是对因果报应的一种譬喻。佛教根据他们宗教实践的需要，把整个世俗世界分为三种，即"欲界"、"色界"和"无色界"，被称为"三界"；又把世俗世界中一切有情识的机体称之为"有情"、"众生"，共分为人、天、地狱、饿鬼、畜生等五类，叫作"五趣"或"五道"，或加上阿修罗，叫作"六趣"或"六道"。一切有情众生，凡是没有超出生死的范围，都要按照佛教规定的"已作不失，未作不得"的因果关系，在这"三界"、"五道"（六道）之中永远流转。善恶各有报应，像车轮的旋转一样，循环不已。"十二因缘"就是要把有情众生流转于三界五道（或六道）的基本过程，从理论上概括起来。因此，这种理论是根据宗教需要而创制的，它系统地贯穿了佛教的哲学和社会学观点。

安世高讲"十二因缘"的著作有《安侯口解十二因缘经》。另有《人本欲生经》，道安作序，以为"似安世高译"；"〔道〕安每览其文，欲疲不能"，可见影响甚大。但此经缺"痴"、"行"两支①，相对来说，《阴持入经》讲得更清楚一些。所以我们还是以《阴持入经》为主，参见《人本欲生经》，来看当时人对于这个问题的认识②。

1. "从'痴'因缘令有'行'"。"痴"就是"无明"。注者引《法句经》："痴，十二因缘之母"，又说："痴，冥

---

① 《中阿含·大因经》也无"无明"、"行"二支。

② 以下引文，凡不注明出处的，都引自《阴持入经》。

也，行也。"经文本身解释说："彼痴，名为不知四谛如有，不解不见，不相应，不受，是名为痴。""痴"作为"十二因缘"之母，特定的含义是不懂得佛教关于"四谛"的真理，不照"四谛"那样去理解和行事，所以注者具体发挥说："'苦'、'习'重祸，己为之困而不知；止欲尽秽，观净得道，安康无患而己不受，谓之'痴'也。"在这里，小乘佛教用下定义的方法，首先为"痴"确定了一个范围：凡是不接受佛教的人生观和社会观，并且不照佛教规定的宗教解脱之路走的一切思想认识，都属于"痴"的范围，这无疑等于宣布，一切根据世俗社会生活实践所获得的认识，全部都是愚昧的表现。《人本欲生经》之"本"，指的就是"痴"，以其为人生的根源，所以当作"本"而列入经名："夫冥存乎痴，万照存乎慧，故此经以'痴'为本，以谛对也。"这种专横武断的判决，成了"十二因缘"的出发点和人生过程的最初因，由此导出了下面一系列论断。

注者释"从痴因缘令有行"全句时说："谓群生识神，受在痴冥，由盲者不明安危，去福就祸。识神本痴，乐身苦，不知视为己尊，而欲意向之，遂依受身。"又说："自有痴来，经劫累身……愚者以生而感死，颇以成苦。"这是说，人的生命本身，就是由于"魂灵"颠倒了安危、祸福、是非、苦乐，愚蠢地追求肉身的结果。"人"既因愚昧而生，所以也必受生命而至死亡之苦。这种说法，实质上也是佛教的"原罪"说：人们遭受的苦难，最原始的原因，在于他的愚昧；人类本身，就是愚昧的产物。基督教把亚当、夏娃采食智慧之果视为人类的原罪，承认人类是智慧的；佛教则宣布人类根本是一群白痴，人类的社会实践及其辨别是非善恶的能力，全是愚昧的活动。因此，佛教小乘不只是一般地培植人们厌离生活的情绪，而且也培植人们仇视人类生存的情绪。

作为愚昧，也就是生命的第一个活动是"行"。"行"是什么？"为六望受。何等为六？色、声、香、味、触、法，是为身六望受，是名为行。"注者释道："六情望六邪而心受之，以成法也。""六情"指"六根"，"六邪"指"六境"。主观的心识对于客观对象的意欲领纳活动，这就叫作"行"。因此，"行"虽然包含有一般的意志的意思，但从根本上说，是指人的主观对于接触外在客体的那种意向，是"六根"摄取"六境"的活动，即身、口、意三业的总的倾向性。

"六根"取"六境"，包含双重意思：第一，主体将客体当作自己认识的对象，从而成为世俗世界辨别是非、探索真理的本源；第二，主体将客体当作满足自己欲望需要的对象，这又成了发生苦乐、追求享受的本源。因此，"行"之一动，区分了主观和客观的关系，从而成了世俗世界在认识上（是非）、道德上（善恶）和美学上（美丑）产生谬误的第一个行动。

2. "从'行'令有'识'，为六身识：眼、耳、鼻、舌、身、心，是名六身识。"佛教认为，既然"行"主要是表示"六根"摄取"六境"的意向，那么，这种意向的实现，必然就是认识活动，所以说："为识物、识事，是为识相。"注说："识生分别事物。"又说："识，知也；魂灵受身，即知好恶而有憎爱之心。"因此，这里的"识"，既有分别事物的作用，又有感受好恶爱憎的作用。

3. "从识令有名字"。《阴持入经》说："'字'为'色'，'名'为四不色阴。"所以后译"名字"为"名色"。"四不色阴"，就是除色阴之外的"受想行识"等四阴。如果说，"痴"、"行"、"识"还只是概念的、纯精神的存在，那么，从流转轮回的教义来说，"名色"属于"识神"在胎内形成五阴的阶段，所以注说："识神为斯名色，因于三界也。"《人本欲生经》的注说："中阴淫识，遂处胎有五阴。""中阴"，在这里也是魂灵的意思；佛教认为男女间两性关系"淫识"是六情追求六欲的最炽烈的意欲之一。由于"识"的这种意欲作用，遂致结胎而成"五阴"。因此，"人"自身乃是"识"的直接产物。

4. "从名字令有'六入'。""六入"又称"身六入受"，注说："由五阴受力，令六情生，而有六邪入。"这主要是指胎儿具有了使外部事物进入认识内部的机能，即感觉器官完备了的阶段，一般认为这是在母体中最后成熟的时刻。

5. "从'六入'令有'致'。"又说："彼因缘身六思望。""致"，"思望"，后译为"触"。《阴持入经》注说："六情备即致色声香味细滑众念。"《经》说："为'相会更'生，是为思望相。"注说："眼与色会，识神乐之，谓之'相会更'也。""更"也是"触"，同"致"、"思望"一样，指的都是主体渴求同客体接触的这种关系。换言之，"六入"指主体具有的感觉机能，"致"是主体同外界的接触，即由"六入"机能发展到了有感触客体的阶段，一般认为这个阶段属婴儿时期。

6."从'致'令有'痛痒'。""痛痒"简称"痛"，因"痛"义难包括一切感觉，后译为"受"。"致"只指主体同客体的接触，尚无进一步分别客体的能力，至此则分别为三，叫作"三痛"或"三受"，即对于客观事物有了感受痛痒苦乐等能力。一般指少年时代的状况。

这样，以"无明"、"行"为因，导致"识、名字、六入、致、痛痒"之果。在这一重因果关系中，"无明"与"行"被分别称为"惑"与"业"，实指那些导致人生的各种"谬误"和"行为"的概括，也是佛教对于人生本原的一种逻辑上的推论。后五支则指有情出生之前"惑业"诸因的直接结果，包括进入"现在"这一世产生的意识到成年之前的整个发育时期。因此，这里讲的因果关系，无非是把魂灵不死及其由"前世"向"今世"投生的宗教悬想，作了纯粹概念上的联系；用这样的联系来说明人生不过是愚昧无知的产物，说明人们依赖于客观世界，并把客观世界作为自己的认识对象和认识的源泉，并不是导向真理的正确途径，而是愚昧无知的必然结果。佛教哲学颠倒了人们的认识关系。

7."从'痛痒'令有'爱'。"这是因为有了感受苦乐的能力，所以对于客观对象就有了憎恶苦痛，爱恋喜乐的选择。"爱"也分为六，即对色、声、香、味、触、法的爱，叫作"六身爱"。这一切"爱"中的最重者，乃是爱人生自身，所以注说："老至身病，命终毒病，痴心爱恋，言之哽噎，谓之爱也。""爱"总与"欲"相联系，所以有时爱欲并用。

"爱"之一支，是第二重因果中的起点，也是安世高所传小乘佛教特别注意的又一个重点。《人本欲生经》注说："爱为秽海，众恶归焉"，所以，《人本欲生经》特别做了很大的发挥：

> 为爱因缘求，求因缘利，利因缘计，计因缘乐欲，乐欲因缘发求。以往爱因缘便不欲舍悭，以不舍悭因缘便有家，以有家因缘便守，从守行本，阿难，便有刀杖，从有刀杖，便有斗争言语，若干两舌，一致弊恶法。

人一旦有了贪爱，尤其是两性爱，就有了对财产的利欲；有了利欲，就要产生积蓄之类的悭吝，这样就会形成家庭；有了家庭，则有了社会矛盾，由此就要引起一系列的社会斗争和恶行。因此，私有财产和家庭的起源，社会的阶级对立和阶级斗争，直接的原因在于人的贪爱和利欲。

从奴隶社会到资本主义社会，都不乏用"爱"来调和阶级对立和阶级斗争的社会道德学说。像佛教哲学那样，把爱，特别是把两性爱，宣布为社会罪恶的渊薮，不遗余力地加以鞭挞，则是别具一格的。原始基督教哲学信仰禁欲主义，那是因为"它在穷人、苦难人、奴隶和被排斥的人中寻找信徒，蔑视有钱人、有势力的人和有特权的人，因而也就有蔑视一切尘世享乐和禁止肉欲的规定。"① 佛教哲学宣传禁欲主义，却不完全是由于蔑视有钱有势者的原因。他们目的在于教人厌恶现实生活，脱离世俗社会。从小乘佛教看来，两性爱及其由之构成的家庭，是世俗社会赖以存在的基石，是一切世俗生活中最低级的生活，是苦难的根源。马克思和恩格斯在批判费尔巴哈的"爱"的宗教的同时，尖锐地讥讽了布鲁诺·鲍威尔的"批判"对"感性"的敌视：

> 当然！感情——色欲、肉欲和傲慢——在主的面前乃是令人惊心与作呕之事！难道你们不知道肉欲的思念就是死亡，而精神的思念就是生命与和平吗？因为肉欲的思念是对批判的敌视，而一切肉欲的东西都是从尘世产生的。②

从《四十二章经》到安世高学派，都在攻击两性爱和家庭生活方面特别起劲，原因就在于这种尘世的生活能够生动地破除虔诚的信仰热情，亵渎神灵的高超偶像，敌视唯把"精神"视为圣洁的各种宗教教条，也就是说，妨碍着宗教的传播。

8. "从爱令有受"。这里的"受"，后译为"取"。《阴持入经》的注者说："以爱之故，五阴盛猛，受后生栽，其为无量。"即由爱欲的驱使，积极地追求和取着各种各样的

---

① 恩格斯：《布鲁诺·鲍威尔和早期基督教》，《马克思恩格斯全集》第 19 卷，第 329 页。

② 《德意志意识形态》，《马克思恩格斯全集》第 3 卷，第 98 页。

可爱欲之物，从而为产生后世的果报栽种下了原因。以其能受持诸欲不放，所以这里译之为"受"；以其能主动取诸境界，所以后译为"取"。"受相为何等？为受持"，即"受诸欲，而心持之不舍"。

由于"受持"行为的性质不同，必然导致的果报也不相同，所以从对未来果报的关系说，"受"又分为四种：（1）"欲受"："处欲界，受欲身也"；（2）"见结受"："色天见色心结，受生死栽"；（3）"戒愿受"："行家戒当以求道，而乐天福，愿升天，庶彼延寿"；（4）"身结行受"："结心作行慕为身，为身由结行。"说到底，这"四受"就是以后必定要流转三界生死不得解脱的直接原因，而其总根子还是由于对世间生活产生常、乐、我、净四种颠倒认识引起来的，即"痴"的产物。所以说："由愚者以'不净'（欲界）为'净'，致受入'欲'渊；以'苦'（色界）为'乐'，致受入'有'渊；以'非常'（戒愿）为'常'，致受入'见'渊；以'非身'（身结行）为'身'，致受入'不明'渊。"

9."彼受因缘有，为三有：一欲界，二色界，三无色界，是名为三有。"注者说："三有，有三界生死身。"《人本欲生经》注："因四受则有三有也。""有"就是"生存"，也就是一切世俗世界的统称，意思是说，由于追求和取着外境，结果就必然要轮回于生死长流，不能超出世俗世界之外："由受盛阴，令有后身，殃祸轮转，缠绵不绝。"按照佛教的说法，死与生是相依而有的，有生必有死，有死必有生，因此，生与死都被概括在"有"的概念之中。

此处之"受"，重点在讲现行的取境活动，此处之"有"，重点在讲由取境活动之必然要得到的三界果报。所以这二者，被认为是现在世的"业"；它们都是从贪恋外境的心理诱发出来的，所以"爱"就成了现在世的"惑"。现在世的"惑业"（爱、受、有），就成了未来世流转生死的原因，所以十二支的最后二支，就是讲"生"与"老死"。

10. "彼有因缘生"："为上五阴、六持、六入。已有如有，生聚，已往，堕致分别根，已入得有，是名为生。"此话难解，《阴持入经》的注者解释说：

> 已有三部，识神轮转受生，盖无宁矣。〔又说：〕"已有"，已有上三部，邪识神因之作行，如所神"有"，有身象，故曰"如有"。痴舍聚五阴六入诸事，共依四大，即有生死，此即谓"生聚"。"往"，往至三部所；"堕"，堕三部行；"致"，致六情；"分"，分别诸根。"六情"不得见，故曰"得"也；"有"，有生老病死，三界诸患，众患备矣。

这一段话说得很麻烦，实质上表达了"十二因缘说"的全部世界观的宗教唯心主义基础。所谓"三部"，就是"阴、持、入"三科，"有"支所讲的生存，也可以看成是"阴、持、入"三部的概括。由"有"支向"生"支的因果转化，在整体上就体现在这"三部"的转化上：因为有现在"三部"的存在，所以必定导致未来"三部"的发生；未来之"生"的全部生活内容，就是来自现在之"有"的全部规定性。在这"三部"中，"五阴"指身；"六入"实为"外六

258

入"和"内六入"的简称，即通常讲的"六根"和"六境"；所谓"六情"、"分别根"，都指"六根"；这里的"六欲"亦即"六境"。"六持"则指"六识"，以"心为众之本，主持诸欲"，所以"识"亦称之为"持"。总之，"有"之导致为"生"，按照佛教教义说，是由于愚昧和"爱欲"的作用，使魂灵最后把"阴、持、入"聚合在一起，将"人"变成了一个具体的现实的人，即处在一定的社会关系之中，具有特定的社会身份和精神面貌，遭受着特定的历史命运的"人"。因此，"人"的一生，从未被生下来就已决定了他所处的社会条件、社会地位和自然环境，他的一生前途和一切行为，都要受轮回报应的必然性支配，都应该由他本人先天的"惑""业"负责。

11. "从生令有老死忧悲苦。"《阴持入经》的注者说："四大萎枯曰'老'，命尽神迁曰'死'……识为神，生十二因缘，令苦备足；而不以为苦者，以其情习之久矣。"《阴持入经》又说："死为何等名？为人人所在，在所往，已往坏已过。死时，是命根已闭塞，是为死。上本为死，后要为死，是故名为老死。"注者说：

"人人"，群生也；"所在"，所居；"所往"，谓识神所往地不同也。"坏"，败也；"过"，去也；所往受身无不败坏，命无不过去。〔又说〕"是"，是群生也；"命"，息也；"根"，六根也，群生死时，息绝身死。六情根都闭，于是魂灵从去，曰"死"也。

从一辈子说，人生过程至"死"告一段落，但每一众生"十二因缘"的因果链条并没有完结，魂灵还要复生。《人本欲生经》的注者说：

> 今死则后身生，生死犹昼夜，而愚者以生而感死，频以成苦。由生有死，故曰因缘；达今世后世，累继生死，故曰"更苦"。

这样，由"痴"为因，直到"老死"为果，这一整套因果链条，终而复始，循环不已，这就形成了个体的生死报应之流，永远沉沦于世间诸苦之中。

佛教"缘起说"包含有程度不同的辩证因素，它提出了关于普遍联系和不断变化的思想。在以后的佛教中，还把因果律发展成为六因四缘那样细致的学说，这在认识史上，也无疑占有一定的地位。但是，我们从"十二因缘"中也可以看出，辩证思想如果脱离现实生活，不顾社会实践，那就会荒谬绝伦。列宁说，在因果性问题上，存在着两条哲学路线，其中之一，就是主观主义的路线即哲学唯心主义，"也就是或多或少减弱了的、冲淡了的信仰主义。"① "十二因缘"所讲的因果关系不是从事实出发，去反映社会本身客观存在的因果关系，而是依据宗教的需要炮制出来的。马克思和恩格斯把"任意虚构一切，使最不相

---

① 列宁：《唯物主义与经验批判主义》，人民出版社1960年第四版，第148页。

干的东西带上莫须有的因果联系"，叫作"思辨的戏法"①。佛教的辩证思维大都具有这种"思辨的戏法"的性质。

其实，把一切联系和变化，仅仅归结为因果律，也是一种形而上学。"原因和结果只是各种事件的世界性的相互依存的、（普遍）联系和互相联结的环节，只是物质发展这一链条上的一环"，因此，"因果性只是片面地、断续地、不完全地表现世界联系的全面性和包罗万象的性质。"② 这样，要用因果这样一种关系去说明人生、社会和自然界的全部关系，必然导致片面性和孤立性。佛教的"十二缘起学说"讲的因果性也就是必然性。正如恩格斯在《自然辩证法》中所批评的"决定论"的观点：

> 今早四点钟一只跳蚤咬了我一口，而不是三点钟或五点钟，而且咬在右肩上，而不是左腿上——这一切都是由一种不可更动的因果连锁，由一种坚定不移的必然性所引起的事实。③

这种观点只承认因果的必然性，也就等于完全排除了偶然性，成了神学宿命论。

小乘佛教哲学对于"十二因缘"的说法，又神秘，又烦琐。近代一些学者有从逻辑上作解释的，也有从胎生学

---

① 《德意志意识形态》，《马克思恩格斯全集》第 3 卷，第 112 页。

② 列宁：《哲学笔记》，1956 年版，第 141—142 页。

③ 恩格斯：《自然辩证法》，《马克思恩格斯选集》第 3 卷，第 541—542 页。

和人生成长过程来做解释的。这种种解释，讲的都是个体的人，抽象的人，而不是社会的人。这是佛教超社会的社会观。

"十二因缘"从"痴"、"行"、"识"开始，是纯粹的精神活动，而且是无主体的精神活动；至"名色"而成"身"，才发展成为精神与物质的统一的个体；此后，"六处、触、受、爱、取"，都是讲主观与客观的关系问题，即主观如何派生自己的客观对象，并迷恋和追求这些派生物的；"有"之一支，是为了把主观与客观交往的全部关系的总和当作后世生死的轮回原因安排出来的，目的是说明今世与来世的因果连续性。如果把这些说法简化为一个公式，那就是：精神产生个体的肉体，然后派生出一个与个体对立统一的世俗世界，即自然界和社会。因此，所谓因果轮回，不仅仅是决定个体自身命运的，而且是带着他必然要遭遇到的全部世俗世界在内的流转。不论是社会还是自然界，都是个体的意识及意识所支配的言行派生出来的。"十二因缘"之被称为"业感缘起"，正是意识创造世界。

小乘佛教用"十二因缘"说明人和社会的创造过程，同时也用"十二因缘"说明社会阶级对立和不平等的起源。如果说，社会上每个人一生的贫富贵贱，寿夭穷达，吉凶祸福，都是个人先天原因决定的，每个人现实的社会地位、社会关系，以及由此而来的阶级剥削和阶级压迫制度就是不可避免的。在中华民族历史上，还从来没有像这样从哲学理论的高度上探求社会不平等的起源问题，它有利于维持社会现状。

"十二缘起说"的荒谬，不仅在于它的宗教性质，还在于把社会问题归结为每个个人的思想问题和认识问题。"五阴"着重从生理、心理现象、物质现象方面，"十二因缘"着重从个人发展方面进行概念上解剖，力图论证是人们的思想意识，决定人们的一生命运和与他有关的全部社会条件。因此，个人不仅对个人的全部社会行为负完全责任，而且要对他所处的社会状况负完全责任。相反，在事实上造成个人灾难的那些历史条件和社会制度，倒成了对个人的思想行为完全没有责任的了。

按照因果报应的教义，个人在今世的社会行为，不过是他过去世全部行为的必然延续，这早已安排好了，不可改变。因此，个人对现实生活没有任何主动性。《高僧传》记载了安世高两世被杀的故事，并渲染说安世高事前都知道。其中有一次是这样的：

> 〔世高〕适广州，值寇贼大乱，行路逢一少年，垂手拔刀曰："真得汝矣。"世高笑曰："我宿命负卿，敢远来相偿，卿之愤怒，故是前世时意也。"遂申颈受刃，无惧色，贼遂杀之。（《出三藏记集·安世高传》）

在这里，杀人者和被杀者都是没有责任的，这一切完全是前世宿命作的决定。

佛教一方面要个人对社会负全部责任，一方面又要个人对社会完全不负责任，这看起来是互相矛盾的。在历史唯物主义产生以前，人类还不能够正确地解决这个矛盾。佛教哲学用一种神秘的宗教形式接触到了这个矛盾，但佛教作了完全错误的解决。作为"十二因缘"这种理论的出发点和基础的，是用个人的过去说明社会的现状，因而人的现实的社会关系和社会行为，虽不是由现在的个人负责，却需要由过去的个人负责；要求个人对整个社会承担全部责任，这是没有疑问的。这正是在马克思主义以前常见于各种社会学说中的流行观点，特别是各种社会道德和宗教学说。佛教不论小乘大乘，关于社会问题的见解，都没有超出这个理论范围，这正是他们从抽象的"人"出发所必然导致的社会结论。马克思主义在它开始形成的时候，已经批判了这种观点。《神圣家族》中评论唯物主义学说同共产主义和社会主义之间有着必然联系的那一段说：

> 既然人是从感性世界和感性世界中的经验中汲取自己的一切知识、感觉等等，那就必须这样安排周围的世界，使人在其中能认识和领会真正合乎人性的东西，使他能认识到自己是人。……既然人的性格是由环境造成的，那就必须使环境成为合乎人性的环境。〔从这种唯物主义出发，〕那就不应当惩罚个别人的犯罪行为，而应当消灭犯罪行为的反社会的根源，并使每个人都有必要的社会活动场所来显露他的重要的生命力。①

---

① 《马克思恩格斯全集》第 2 卷，第 166—167 页。

以后，马克思在《资本论》的《初版的序》中说得更加明确：

> 这里考察的人，都不过是经济范畴的人格化，是一定阶级关系和阶级利益的体现。我的观点，比任何别的观点，都更不能要任何个人对这各种关系负责。

当然，这绝不是说，个人对于社会历史毫无作用，对于他的社会行为毫无责任。所以马克思批评普鲁东把路易·波拿巴的政变仅仅"描述成以往历史发展的结果"，"却不知不觉地变成了对政变主人公所作的历史的辩护"①。但是，把"个人"从社会关系中抽象出来，用以说明现实社会关系产生的根源，因而要求个人对这种社会根源和个人社会行为负起全部责任来，却是错误的。因为，在一种罪恶的社会制度中，让个人负起全部犯罪的责任，同要求劳动者负起自己全部贫困愚昧的责任一样。让每个人对自己的行为负责，那就等于放过了直接造成产生罪恶的统治阶级和统治集团应受的谴责。马克思说："环境的改变和人的活动的一致，只能被看作是并合理地理解为革命的实践。"② 因为"在革命活动中，在改造环境的同时也改变着自己。"③

---

① 马克思：《路易波拿巴的雾月十八日》，《马克思恩格斯选集》第 1 卷，第 599 页。

② 马克思：《关于费尔巴哈的提纲》，《马克思恩格斯选集》第 1 卷，第 17 页。

③ 《德意志意识形态》，《马克思恩格斯全集》第 3 卷，第 234 页。

"四谛"论

小乘佛教关于三科、五阴、十二因缘的说法，都是为了说明世俗世界的存在及其起因的；与此相应，还有说明出世间和通向出世间道路的学说。把世间和出世间两部分说法结合起来，这就是关于"四谛"的理论。"四谛"是从分析世俗世界中引伸出来的。《人本欲生经》的道安序说："《人本欲生经》者，照于十二因缘而成四谛"，就是这样做的。反之，也只有用"四谛"那样的观点去观察社会人生现象，才能得出三科、十二因缘之类的宗教想法来，所以道安又说："四谛所鉴，鉴乎九止"，就是这个意思。

佛教提出"四谛"，即"苦、集、灭、道"。安世高学派译为"苦、习、尽、道"。"苦、习"是讲世间问题的一对因果关系，"尽、道"是讲出世间问题的一对因果关系。"苦"是对世间作的价值判断，"习"是分析产生世间诸苦的原因；"尽"是指对世间的解脱，"道"是达到"尽"的修习方法。总之，"苦"要知，"习"要断，"尽"要证，"道"要修，这就是"四谛"的主要内容，也可以说是整个小乘佛教的思想提纲。据说，佛成道后初次说法，对他的少数信徒讲道就是讲的这个"四谛"的道理。

佛教根据不同的教义要求，对于世间的分类很多。我们上边讲的"三界"，是按照宗教的道德修养和宗教的心理状况来划分的。"欲界"指有食欲和性欲要求的世界，"色界"指已经超脱食、性二欲，唯有色碍之物和有情身体存在的世界；最后，唯有一种特定的相续心理存在的世界，任何物质性的东西都没有了，称做"无色界"。在这"三界"中，按照不同"有情"的喜爱，又分为"九有情居处"，即道安所讲的"九止"。按照"三界"物体之有无情识，又分为"器世界"和"有情世界"。按照因果报应的不同，又有"五道"或"六道"轮回之区别。总之，这一切包括人与社会、与自然界，以及宗教编造的各种幻想世界在内，统称为世俗世界。从本质上说，都是由人的意识和行为招来的，同时也就是"苦"的体现，即所谓"三大苦聚"。佛教认为世俗人把世俗世界看成是美好的，把人生看成是值得欢乐的，这正如同人们的世俗认识在真伪、善恶、美丑等方面的颠倒一样，不过是以"苦为乐"，在感受方面的颠倒罢了。所以《阴持入经》的注者说："由人三受、十八本持、识神轮转、更五阴、六本诸入，以招忧悲苦，不如意恼合聚苦。"

佛教对"苦"的分类也很多，有所谓二苦、三苦、四苦、五苦、八苦，等等，基本上可以分为三类。第一类是"生老病死苦"，认为人生的自然过程就是"苦"；第二是"爱别离"、"怨憎会"、"求不得"诸苦，这是把主观愿望不能满足说成是"苦"；第三是"五阴苦"，其中也包括把旺盛的生命力和热爱生活的那种激情，说成是"苦"。这样，"苦"就具有普遍的性格，只要是一个活生生的人，只要还存在着主观同客观的矛盾，那么，"苦"就成为必然的。"苦"被认为构成世俗世界普遍存在形式。

人同其所处的客观环境总是处在矛盾之中。但是，这种矛盾并不只有对立的一面，还有统一的一面，即在环境的制约下，人也能够作用于客观环境，认识它，改造它，让它适应于人的要求，使它为人服务。当然，我们这里讲的"人"，并不像佛教说的那种抽象的、单个的"人"，而是作为一种社会关系的总和，作为整个社会力量的"人"来讲的。因此，把人同客观环境的关系，仅仅归结为"爱别离"、"怨憎会"、"求不得"是片面的。人类社会不能认为只有"爱别离"、"怨憎会"、"求不得"苦，也不能认为只有心满意足、欢乐幸福，就没有失意或悲苦。问题是需要对不如意的情绪，苦、乐的观点，进行具体的分析：

　　首先要看人们特定的意志和愿望，是不是与客观事物的发展规律相符合。如果只凭主观愿望行事，不顾客观规律，甚至与客观规律背道而驰，那就只有碰得头破血流，自找苦吃；摆脱困境的唯一办法，就是改造自己的主观世界，去适应客观规律的要求。

　　其次，在阶级社会里，包括我们这里讲的意愿、希望、理想、爱憎、善恶，以至关于苦乐、生死等等观念，无不打上阶级的烙印。这些观念受社会历史和阶级的制约，不同阶级的人的苦乐感受是不同的，穷人的饥寒之苦、受欺凌之苦与富人得的肥胖症之苦是不同的，地主收租不得与农民交租不起的苦是不同的。佛教把这两者混同起来了说大家都苦，这是错误的。剥削者把自己的幸福建立在劳动者的痛苦上，而被剥削者要推翻剥削制度，也不会使剥削者感到愉快。为人民的利益而死，重如泰山；为法西斯卖命，轻如鸿毛。爱憎苦乐的情感，不同的阶级有完全不同的理解。苦乐等情感是每一个现实的、活生生的具体的人所必然具有的精神现象，佛教高唱取消爱憎，没有苦乐，没有情感，那只有与死人相等了。

再次，爱憎苦乐也是历史范畴。人类改造自然界的能力是无限的，社会的进步是不会停顿的。随着现代生产力的高度发展，由于生产力低下和阶级压迫造成的不幸和苦难就会结束，"每个人的自由发展是一切人的自由发展的条件"[①]。

最后，需要指出，佛教宣传现实的苦难，目的不在于消灭苦难的现实，而在于保留现实的苦难。正如马克思所说：

> "他因为哲学家们关于这些关系的观念从自己头脑中挤了出去，所以就把一切烦恼都摆脱了。"[②]

因此，佛教的"苦谛"，不单纯是散布悲观厌世的宗教情绪，从它客观的社会作用说，不过是肯定劳苦大众受苦受难的命运不可避免罢了。

这种苦难哲学，即使在当时，也不是反映先进阶级和劳动群众情绪的。它是适应于那些失去前途，对个人和社会都已濒于绝望了的日趋没落的奴隶主阶级的倾向。在后

---

① 《共产党宣言》，《马克思恩格斯选集》第 1 卷，第 273 页。
② 《德意志意识形态》，《马克思恩格斯全集》第 3 卷，第 508 页。

来的封建社会中，它也迎合了被压迫阶级由于极度困苦而尚未找到正确出路时候的那种消极无望的情绪。

"习谛"则指现象世界及其诸苦的原因。"习"指因袭成苦，"集"指召集诸苦，具体都是指那种能感世俗诸果的"惑业"而言。"苦、习"二谛也就是对"十二因缘"的概括。当然，因果都是相对的。从广义上说，"十二因缘"既是"苦"的体现，同时作为"惑业"也成为引生以后诸苦的原因。

《阴持入经》说："为有'二本'，从有结罪，为三恶本，亦有四倒。"这里的"二本"、"三恶本"、"四倒"，就是安世高学派视之为世俗世界和受苦无报的根本原因，都属于"惑"的范围。"彼有二本罪症为一痴，二堕有爱"。"痴"是"十二因缘"中的首恶，属第一重因果中的"惑"，"爱"属第二重因果中的"惑"，在"十二因缘"的各支中也占有特别重要的地位。道安在解释《人本欲生经》的经名时说：

> "本"，痴也；"欲"，爱也；"生"，生死也。略举十二之三以为因也。

这个说法，虽不一定符合该经的原意，但抓住了小乘佛教的主旨。意思是说："痴"、"爱"、"生"三支，可以概括"十二因缘"的全体，生死流转，归根结底不出"痴"、"爱"两大原因。因此，假若以生死为苦果，那么"痴"、"爱"就必然被定为引生诸苦的两大原罪，这就是所谓"二本罪症"。人们的其他"惑业"，都可以由此引伸出来。比方这里讲的"三恶本"："一贪欲，二瞋恚，三痴惑"，后亦称"贪、瞋、痴三毒",也只是"二本罪症"的扩大了的说法。"贪"、"欲",都属于"爱"。"瞋恚"是指生气、发怒、愤恨一类的情绪,其实是伴随"贪"、"惑"的副产物,佛教把它特别列为一"恶"或一"毒",是因为它能够直接激起诤斗,既不利于宗教道德修养,更不利于社会治安,是一种特别危险的情绪。所谓"四倒",指"非常念常"、"计苦为乐"、"计非身为身"、"不净为净",被视为世俗世界中最基本的四种颠倒的认识,是"痴"的主要内容。而后,佛教在"贪瞋痴"的基础上,又扩展成所谓根本烦恼、随烦恼、"七使九结"、"三界九十八结"等等一系列世俗的心理状态,形成一套与宗教修养密切相关的烦琐说法。在安世高学派认为,"烦恼"实分"九品":即"痴、爱、贪、恚、惑、受(取)、更(触)、法、色"[①]。但总起来也都可以由"痴"与"爱"概括起来。

"痴"所涉及的范围,主要是认识论领域内的问题。佛教声讨"痴"的罪状,认为"痴"是世俗认识,全部都是颠倒的、谬误的,与佛教所谓由"智慧"达到的"真理"是相对立的认识。像"十二因缘"中勾画的那样,"痴"的第一个动作,是把主观同客观区别开来,把客观实在作为自己全部认识活动的对象,并从客观对象中吸取自己的认识内容,规定自己的思想方法,决定自己的行动路线。这在佛教哲学看来,能够把自己同周围环境区分开来,并不

① 《阴持入经》。

271

是人类脱离动物界进入社会历史发展中的伟大转变，反而成了人们愚昧无知的最初原因。同样，社会实践所面对的客观世界，也不是被看作人类赖以生存和发展，并通过实践使其为自己的目的服务的物质条件；反倒成了诱惑人们犯罪作恶、败坏人们的道德意识的直接来源。因此，通过社会实践对于客观世界的反映，绝不能构成正确的认识，更不能把社会实践当作认识之是否具有真理性的标准；相反，由社会的实践所获得的关于客观世界的认识，只能是谬误的、愚昧的、颠倒的。

小乘佛教之所以讲"痴"，目的在于割断主观世界同客观世界的联系。为此，他们特别敌视作为主观认识同客观事物发生联系的感觉器官——六根。佛教哲学则把感觉器官抽象为一种可以"生长"情识的能力。因此，小乘佛教宣称，客观事物只有依靠感觉才是存在的；人的认识不过是在意识支配下，感觉能力生产感觉材料和生长识别活动的过程。如果认识接受了外界的作用，反映了外界的情况，随外界事物的变化而有了变化，在认识上就是"空"，道德上就是"恶"，情感上就是"邪"，意念上就要产生"欲"和"爱"。这样，人就堕落，而不可能成圣成贤。可见，所谓"痴"，正是那种按照客观世界本来面目进行认识。佛教力图从根本上动摇人们根据客观实际判定是非真伪的能力和信心，否定人们通过对客观实际不断深化的认识所吸取的智慧和力量。

关于"爱"，表面上看，这是一个伦理道德上的问题，属于情感方面的问题。事实上，佛教哲学还是归结为主观对客观的关系问题，要求从认识论上加以解决。

有所"贪爱"，就要有贪爱的客观对象，佛教主要指财和色。安世高学派偏重于分析对财产的贪爱，而不像《四十二章经》那样偏重于分析对女色的贪爱，因而使他们讨论的问题具有更广泛的社会意义。《阴持入经》为"三恶本"下的定义是："为所在所种贪：为奇宝，为奇财产，为奇严事，为有嫉在奇。贪可贪欲，可往爱相，爱哀相往不舍。"注者解释说："奇，其也"，"彼也"。"谓群生见可欲之物，靡不有贪嫉之心在彼。"又说："专愚小人，贪者可贪，邪欲相投，彼此相爱，愚爱相哀。始有众生以来，传之不休，回流受祸，更之至今。"就是说，"众生"是由于"可欲之物"的作用，才产生"贪嫉之心"的，作为贪爱的对象，一是宝，二是财产，三是严事，当指相貌装束，亦与财产有关。这样，他们就把自己的宗教道德学说，安置到了对世俗财产应该采取什么样的态度这样现实的基础上，从而也暴露出这种学说的真正社会本质。

社会各阶级之间的冲突，就其基础来说，正是围绕着财产的占有和分配这种社会上最实际的物质利益关系展开的。对于"财产"应该采取什么态度，只有根据社会经济发展的客观进程进行阶级分析，才能做出正确的解答。佛教哲学笼统地把占有财产的要求，甚至把人们仅仅为了维持生计的经济要求，都列入了"贪"之一类严加禁止，说明他们不是不关心经济问题，而是要把禁欲主义当作解决社会经济问题的根本途径。这种禁欲主义在资产阶级的欧洲也曾经流行过一时，他们不但反对婚姻，也激烈反对私有制，并以此冒充"社会主义"。《共产党宣言》称他们为"僧侣的社会主义"。

值得注意的是，《阴持入经》还直接把"贪"与"嫉"联系起来，称为"贪嫉"。"嫉"是由"贪"向"瞋恚"的过渡，被认为是由于直接对财产的要求引起来的一种情绪。"小人贪六邪，己欲专焉，睹彼获之，即嫉生，嫉盛即瞋恚发。"由此就会导致一系列社会罪恶。也就是说，由贪而嫉，由嫉而怒这个直接引起诤斗的问题，主要是发生在没有财产或少有财产因而嫉妒富有者的"小人"中间；相反，已经做官发财，"六邪"俱备但却是富有者那里，是不应该发生的。因此，这种禁欲主义所用以解决社会问题的方法，就是用消除人们对享受资料、甚至对生存资料的基本要求，去防范社会的低层、特别是苦难深重的劳动群众的不满和反抗。

佛教哲学攻击对财产的贪爱，把它说成是一种道德低下、人格卑污的不洁，在历史上可能有过不同的性质。原始佛教在其本土是反对自己的僧侣积蓄财物的，戒律的规定很严，因而使他们也厌恶世俗豪富们对于财产的贪得无厌。但是后来，这些规定就被抛弃了，像玄奘记载的那烂陀寺，僧众达万人。僧众们衣租食税，奢侈豪华，比拟王侯[①]。在传进中国的时候，佛教已经把财产的大量占有当作

---

① 《慈恩三藏法师传》卷三。

现世的福报来渲染了。对这些情况应该有所区别。佛教高级僧侣本身就是一个脱离生产的寄生阶层，不可能懂得财富的真正来源，所以既攻击对财富的占有要求，也竭力贬低劳动人民创造社会财富的生产活动。他们把对财产的占有问题和剥削者对财产的聚敛问题等同起来，把剥削者的聚敛活动又和创造财富的生产活动混同起来。佛教往往只看到了劳动群众是受苦者的一面，而看不到他们是生产者的一面，把苦难的终结放到生命的终结上，得出了悲观、没落的结论。

"习谛"的要害还不只表现在对"惑业"这类具体内容的解释上，而且还在于把产生苦难的社会根源，转化成为个体的道德认识问题，从而为社会之制造苦难进行辩解。

总上"苦"、"习"的世间因果，如果按照佛教义理加以彻底消灭，就是"四谛"中"灭谛"即"尽谛"的内容。"灭"指灭掉世间因果，"尽"指穷尽世间生死之苦。这是佛教向往的最高的理想境界，是属于出世间的自由王国。通常音译为"涅槃"、"泥洹"的，就是"尽谛"所指的内容，安世高学派也意译为道家的"无为"。

按照小乘佛教的哲学本意，"人"、"世间"是与"苦"的概念相等的，因此，要消灭世间因果，扫尽生死之苦，唯一的途径就是人的最彻底的死亡。因此，作为完全死亡境界的"泥洹"，也实在没有什么更多的话好讲。但是，小乘佛教为了宗教的目的，使问题变得复杂起来。

第一，从佛教宗教意义上说，"世间"的死亡并不是个体生命的简单结束，而只是个体按照因果律循回轮转中的一个环节。因此，个体的罪"苦"，也并不因为死亡而终结，相反，死亡不过是转换为另外一种继续苦难的形式。这种宗教说教，在我们社会主义的时代也许对于绝大多数人是很难想象了，但可以从鲁迅先生在《祝福》中的记述知道个大概：它在已经漆黑的社会里，给被压迫、被损害的苦难者安排了一个灵魂不死的牢笼，并没有给予祥林嫂什么精神安慰，倒是现实地参与了对祥林嫂的精神虐杀。因此，"尽谛"断言：在人们没有全部接受佛教的教义并按照这些教义来支配自己的全部行为之前，人身的死亡是什么问题也不会解决的，起码灵魂还要继续承担起应该承担的一切责任。这样，只有一直修习到任何世间的痕迹都没有了，从而达到一种永远不生，也就永远无死的状态才算合乎"泥洹"的要求。

第二，"泥洹"学说讲的是"天国"，实际上是"人世间"。因为"尽谛"要求完成的任务，一步也离不开人世间。所谓出世间，只不过是对世间的否定；只有通过对世间的否定，才能达到"泥洹"的目的。这样，造成世俗世界原因的"惑业"，在"泥洹"中就成了被消灭的对象。《阴持入经》说：

> 若比丘已二法自知"家"（疑为"名"之误）亦"色"，已二法舍"痴"亦"爱"，如是齐是，便无所着，应行毕。

意思是说，根据"止、观"二法，懂得了被当作实体的

"五阴"，无非是由"识"、"色"所构成，"十二因缘"的个体流转，不外由"痴"、"爱"所支配，这样，对于以"五阴"、"十二因缘"为美满的人生以及由此形成的世俗世界，就不会再有所爱恋，有所希望，有所追求，因而也就无所乐，无所苦，这就通向"泥洹"的圣域。佛教要求人们消除任何是非观念、好恶情感、苦乐感受，才叫作"泥洹"。所以，"泥洹"又被分为两种："有余"和"无余"。"欲度世，是为尚有余无为未度"，这是指"有余泥洹"。注者说："谓已泥洹，未泥洹"①，意思是说，造成世俗因果流转的"惑业"虽然都已完全断绝，但是还有作为苦果的肉身依然存在，所以尚需"度世"的，这叫作"有余无为"。反之，"已'无为'竟，命已竟毕，便为苦尽，今后无苦"②，这是指"无余泥洹"。注者说："不复受生死寿命"。这意思是清楚的：不仅精神停止活动，连肉体也灭尽了，所谓"灰身灭智"，这才达到"无余无为"。

小乘佛教的理想境地，指的就是这种连死生也没区别了的精神状态。在这里，不仅任何观念、感情和感受都没有了，连作为"惑业"的第一个行动的主客观的区别也泯灭了。从小乘佛教的哲学理论说，分析"阴、持、入"，是为了导出主观世界和客观世界，至此，为了断灭一切世间，也要断灭"阴、持、入"。所以说："彼以有是阴亦入亦持，

---

① 《阴持入经》。
② 同上。

已尽止寂然，然后无阴亦持亦入"①。这也叫作"解脱"，即从世间的束缚中解脱出来，成为出世间了。

由此看来，"尽谛"就其本身讲，内容是异常贫乏的，但要使一个具有正常生活能力和思维能力的人，达到"尽谛"的要求，确实很不容易。所以小乘佛教把它看成是一个极其艰难的、必须经过漫长的、多方面的考验过程，才能分阶段地接近的目标。这是"道谛"的内容。

"泥洹"既然标志着"惑业"及其"苦果"的全部断灭，"道谛"的任务就是对治一切"惑业"、消灭形成苦果的全部原因。因此，有什么样的"惑业"，就应该有什么相应的对治内容，所以作为出世间原因的"道谛"，正是由构成世间的原因和范围所制约的。在《阴持入经》中，有一种叫"缚观"的，"观知识神缚在十二因缘"；另有相应的一种叫作"解脱观"的，"知舍十二因缘，当得解脱"；还有一种叫"受罪观"的，"（观）作十二因缘为受罪也"，就都是从惑业果的总体上加以对治而求得解脱的。同样，小乘佛教规定了若干修习层次和修习阶段，完全是按照人们对"惑业"执著的内容深浅及对治断灭的易难作为标准。如果说，他们把产生世间的原因，说到底，是归结到"痴"、"爱"及其集中表现的"我执"上，那么，他们的全部修习，就在于对治和断灭"痴"、"爱"及其集中表现的"我执"上。在安世高学派中，提出对治这一切惑业的基本

---

① 《阴持入经》。

方法，被归结为"止、观"二法，这是他们所理解的"道谛"的最基本的内容。

《阴持入经》把惑业的性质扩展为"九品"，在修养中则把对"惑业"的内容也扩展为"九绝"："有九绝处，令一切净法部堕聚合"，"九绝"，是被视为能够产生和促成佛教提倡的一切"净法"的原因，指"一止、二观、三不贪、四不恚、五不痴、六非常、七苦、八非身、九不净。"《阴持入经》的注者说："得止观行，不贪世间爱欲，无瞋恚痴愚之心，觉知非常、苦、空、非身不净之谛也。"在这里，"止观"就是其中的根本修习方法，而作为世间根本原因的"二本罪症"、"三恶本"、"四倒"，则是被对治和断灭的基本内容。这个概括，相当集中地体现了安世高学说的特征。他所倡导的禅数之学，就是这里讲的"止观"，他所用的对治的重点，则是"痴"、"爱"，"为一切天下人有二病。何等为二？一为痴，二为爱"；是"二病故，佛现二药。何等为二？一为止，二为观。若用二药，为医二病，令自证。贪爱欲不复贪，令意得解脱；痴已解，令从慧得解脱。"《阴持入经》的注者说："止灭爱，观灭痴；痴（爱）灭，得道之证。止观道满，痴爱即灭；饱于道者，不复贪矣。"意思是说，"止"通过意志的作用，就可以使人从贪爱的束缚中解脱出来；"观"通过智慧的作用，就可以使人从痴愚的束缚中解脱出来。

那么，什么叫"止"？《阴持入经》解释说："彼从止摄意得还，是为止想，令从是止'禅'"。就是把逐随于客观环境的意志收敛回来，以便从对世俗的贪爱转变到佛教要求的

"禅"的方面。所以又说："彼从止行，令爱从是解。"注者说："止，摄也，摄六情还意，不复受。"用意志控制六情，使之不再接受外界事物的影响，这样人们就可以从"爱"中解放出来。什么叫"观"？《阴持入经》的解释是："彼从一切法，寂然能解受，是为观想，令止跓一切知。"注者说："从观得止住，观分别一切，为住一切知也。"就是要求把注意力集中，按佛教的义理，去观察思维各种相应的事物，从中得出符合佛教义理的结论来，这就达到了佛教的最高智慧——"一切知"。因此，佛教认为世界有两种法当知："当知一为字，二为色"；又有两种法当舍："一为痴，二为爱"，此中"四大"为"色"，余"四阴"为"字"，"令身中但有痴、爱名字，行家当以止观往消索也"。就是说，只要达知"色"与"名"的本质，就可以完成由"痴"向"慧"的转变，把"贪"、"爱"从身中驱逐出去。所以说："彼识色；己识，令爱得舍。"在这里，他们把"止观"对治"痴、爱"的方法，最后又都集中到"慧"的一途来。

　　佛教小乘列"戒定慧"为三学，"慧"为三学的中心，在修道中占有特殊重要的地位。佛教要求人们用"慧"去断"痴"驱"爱"。《阴持入经》的注者说："知四大为识色，意即不染色矣；不染色者，即不堕望，故言'识色令爱得舍'也。"认识物质世界（主要指肉体）的本质不过是各种元素的暂时聚合，是虚幻的，即所谓"空性"，意识因此而不再受客观物质所影响，这就是智慧；由于意识不受客观物质的影响，人们也就不再对社会和自然界抱有什么希望，从而也就不会向外界追求"贪爱"了。所以这种认识论上的转变，还是宗教修养转变的基础："彼不贪清净本为何等？为三界中不得、不望、不求"。又说："六情不复于三界中有所求索也。"这样，主观既不要受客观世界的影响，又不对客观世界有所希望和求索，因此，在派生的世俗世界中，用取消客观存在也取消主观存在的办法，"统一"起来了。《阴持入经》说："从欲能得'还'想，是为'不贪相'。令还'不与取'止。"注者说："色、声、香、味、细滑、邪念，名之曰'不与取'也。行家已得'四禅'，还六情，不复受外六欲，故曰还'不与取'也。"在"智慧"的作用下，作为人的感受能力的"六情"，已经没有了，所以作为客观对象的"六欲"，也就不会再被感受。万物既不再被感受，哪里还会有什么贪爱之可言呢？

当然，就用以对治"痴"之"慧"言，也并不只是宣布一个万事皆空就完事的。佛教对人类的认识活动作了很多分析，而最主要是通过对"四倒"的分析，把"慧"的内容揭示出来，要人们当作一种认识论、方法论去运用于实际生活。

（一）对治以"非常为常"的世俗认识的叫作"非常想"："一切所行是非常想，所想计知是为受。"《阴持入经》的注者说："已有想计即自知，遂作不息为受也。"就是说，对一切活动都要在观念上当做"无常"、"不息"来看待。只要接受了这种"无常"的观念，就能够对任何可以影响思想情绪的事变，都感到无所谓，也就不再为之苦恼。《阴持入经》列举

"世间八法"，如："有利、无利，名闻、不名闻，有论议、无论议，若苦、若乐"，都很容易引起人们的情绪波动，如果把它们当作无常的表现，做到"处荣不悄（骄），行不堕落；巧邪炫耀，六情不受；利不为喜，耗即不忧"，那就达到了《法镜经》所讲的"利衰、毁誉、称讥、苦乐，不以倾动"的地步，也就达到非常想所要求的目标了。

（二）对治"以苦为乐"的世俗感受的叫作"苦想"："为一切世间行是为苦所想，觉知受"。《阴持入经》的注者说："谓知苦而竟故受，行家当觉灭之也。"就是说，世间的一切行为活动，在观念上都必须视为"苦"的表现；凡是感到欢乐的世俗行为，都应看作是感受上的颠倒，都需要觉灭它。

（三）对治"计非身为身"的世俗认识的叫作"非身想"："为一切法不计身，不堕身，为想知想受。"《阴持入经》的注者说："言一切四大法，不计为身。身者，非常之物，明者不堕身想也。"这是要求在观念上把人身的各部分看成是"四大"的和合，不要认为人的身体是真实存在的。

（四）对治"计不净为净"的世俗认识的叫作"不净想"："为一切世间行为不净所想，自知受。"即把世间诸行，在观念上都要当作不洁净的、染污的，目的是达到《阴持入经》所要求的"令世间五乐意却舍，意不牵不受不复堕"。

修行者们对治"四颠倒"所得来的上述四种观念，就是"慧"的体现，《阴持入经》称之为"四禅"。作为一种思想方法，"彼为四思想念行"，以此考察当作世间世界集中表现的"五阴","即知五阴所从起",那就完成了人生观的转变，世俗世界净化了，也就是从世俗世界中解脱出来了。此"四思想"被用来观察"五阴"，《阴持入经》是这样说的：（1）"彼不净想行，令色阴从是解。"注者说："谓四大恶露皆属色，行家存（觉？）身内秽，以却色欲。"这就是要运用"不净"的观念，把人身看得非常肮脏、丑恶，引起人对色身的厌恶，不再对"色"有所要求。（2）"彼苦想行，令痛阴从是解。"注者说："行家觉身苦，痛阴即灭也。"就是运用"苦"的观念把人身当作"苦不可言"之物看待，从而不再有任何感受要求。（3）"彼非身想行，令思想阴从是解。"注者说："得非身念，想行二阴灭也。"一般人认为，决定和支配人的一切行为的是人的意识，因而把意识当成是主体，即"身"，如果运用"非身"的观念去看待意识，"身"却是假定之物，"想、行"的活动，当然也就不会再发生了。（4）"彼非常想行，令识阴从是解。"注者说："识，识万物非常，意不贪着。"这是要求运用"非常"的观念，把一切认识的对象都看成非永恒的存在，以此克服对世俗世界的眷恋。

在这里，安世高学派把世俗的认识归结为"四倒"，本身就是不正确的。比方"以非常为常"，就不是一切世俗认识都具有的特点，只有形而上学才是这样。其余"三倒"，则是佛教的宗教偏见强加给正常思想认识的。目的在于得出所谓"非常"、"非身"等四种观念，由此导出否定一切世俗生活的宗教结论。佛教讲"智慧"，其实，他们讲的智慧，有多种理解，在正常人看来，是独断，是颠倒，是反理性的。各派的思想体系不同，对智慧的解释也不很一样，安世高学派所宣讲的智慧，就是以上述四种观念为具体内容的认识论体系。这种"智慧"宣布来自客观物质世界的认识全是谬误的同时，规定人的认识必须以被给予的概念或现象为对象；从被给予的观念出发，并按照这些观念的要求对被给予的概念或现象进行思维。把给予的概念或现象作为观察思考的对象，同用给予的观念作为观察思考的方法同样重要。"止观"就是为了保证思想的高度集中，使被给予的对象不受客观世界所影响，以便于按宗教的需要，得出预期的结论。它不是在社会实践过程中，使人们逐步扩展和深入对自然界和社会诸方面的认识，而是事先划定一个严格限定的范围，然后再让认识者走进他们预期的观念之中。所以，这种认识路线完全是先验主义的。他们要求通过"止观"获得"智慧"，按照他们规定好的思维路线，去重复佛教指定的认识方法和思维过程，以便确立佛教设置的那些宗教观念。

可见，小乘佛教哲学大大膨胀了认识的能动方面，把这种能动性仅仅用于精神上的自我克制，而不是在社会实践的基础上正确地反映客观世界，那就一定会陷入宗教的幻境。

"三十七道品"和"道果"

安世高宣传的小乘佛教学说，把"道谛"归结为用

"九绝"，去对治世俗原因的"九品"，也就是说，通过"止观"集中在一个"慧"上。但是，要做到"九绝"，真正获得智慧，还有许许多多的具体方法，一般地被归纳为七类三十七种，即"三十七道品"。"道品"，后亦译为"觉支"、"菩提分"等，表示它们是能够通向泥洹达到觉悟的手段。所以《阴持入经》的注者说："三十七品者，度世之明法也。"

七类三十七"道品"，指"四意止"、"四意断"、"四神足"、"五根"、"五力"、"七觉意"、"贤者八种道行"，都是从不同的角度，用他们既定的观念去分析不同的概念，从而得出佛教需要的结论，所以在理论内容上与"九绝"中讲的没有什么区别。这七类之间，也互相重复。但是，这里的有些分析比以前更加烦琐，有助于我们对他们的认识路线和认识方法作更具体的理解。

第一类"四意止"，后译为"四念处"、"四念住"，是要求用观察特定的四种对象以对治所谓"常、乐、我、净"四倒的。安世高传小乘上座系的学说，其特点之一，就是用"四意止"去统帅三十七道品，尤其重视其中"身意止"的作用。因为"四倒"是"痴"的内容，所以"四意止"的目的也在破"世间痴"。《阴持入经》说："尽意念，以却世间痴心，不便。"就是要求充分发挥"道意"的能动性，以克制世间痴心的作用。

第一种"意止"是"观身"：观"己身、人身、草木身、皆非常有，行家照然，止意着道。"把观察的对象确定在身体上，而且只去看它们不断变化、趋向死亡的一面，由此得出"非常"的结论。

第二种"意止"是"观痛"，"行家获六欲即不喜，失之不戚"，要求人们把注意力集中到观察"感受"上去，消除痛痒苦乐的情绪。

第三种"意止"是"观意"，"自观己意，观彼人意，又观草木，俱因四大为体，云为之类。睹其非已有，心即无所复欲矣。偈曰：无吾我及与寿，亦不说有是形，意不念有与无，智慧者当远离。"这是要求把思想集中到观察意识上去，以便从中得出"非身"、"无我"的结论，消除彼我有无的区别。

第四种"意止"是"观法"："'法'，十二因缘法也。心所想，即如想成形。以法观法，其法一也，但以疾心造无量之想，而有无尽之身色、痛痒。思想意止，生死意亦止；生死意止，识寂无往来想矣。"这是要求集中去观察十二因缘，认识到人生和世俗世界无非是思想的产物，以便用停止世俗思想活动的办法，超脱世俗的生死轮回。

这些说法，同以后传来的说法比较，在认识路线、思想方法上则没有什么出入。如《俱舍论》讲的"四念住"是：观"身"为"不净"，观"受"（痛）为"苦"，观"意"（心）为"无常"，观"法"为"无我"；而每一"念住"之中，还有相应的一套观法，目的都是为了说明"苦谛"。这样讲当然更清楚，后来，修习的方法趋于公式化，倒失去了早期的那种比较自由灵便的学风。

第二类"四意正断"，后译为"四正断"或"四正勤"。"断"指断绝世俗烦恼对于修道的干扰，"勤"指勤于修习和增长"道"的事业。第一，"未生弊恶，意发方便法令不生"，即恶行未生时要采取"方便"手段，使之不生。第二，"已生弊恶，意发净法欲断"，对已生恶行，要使用"清净法"，加以断灭。《阴持入经》的注者说："制止邪念，断诸欲根，观四非常，谓之净法。"清净法或净法，也泛指佛法。第三，"未生清净法，劝意发方便令生行。"第四，"已生清净法，令止不忘，令不减，令行足。"所以，这里的意思很简单，就是要求采用"方便"手段，使之去恶修道，不懈怠地前进，直到完满。值得我们注意的是，《阴持入经》在这"四意正断"之后，都重复这样一句话："精进摄制意，舍散恶意"。注者解释说："行家精其心，进其志，摄制六情，舍众欲，散诸恶念，进修根力。"这是说，在修习过程中，要严格控制自己的意志，使之"六情"不再摄取"六欲"，是散发恶念，精进道力的根本方法。

第三类"四神足"，后译为"四如意足"，也叫"四禅定"，即"欲定断生死"、"精进定断生死"、"意定断生死"、"戒定断生死"。这是修习如何超脱生死轮回的四种方法，在小乘佛教的禅法中被认为较深奥的部分。此种"禅定"是为了"断生死"的，其中"欲定"指提出"定"的要求；"精进定"指努力不舍于"定"；"意"指思想上把握"定"，"戒"指"定"在戒律上的保证："随行增神足，恶生死猗，却欲猗，尽猗，从不便，意生遣离去。"注者解释说：

> 欲得定意，以断生死栽，随行而进，增益道志，以成
> "神足"也。"猗"，猗十二因缘，轮转无宁，行家恶厌之。
> "欲"，六欲也。十二因缘诸恶行之原矣，非便己者也，行家
> 当疾遣之去，无令为己累，故曰遣也。

因此，此"四神足"的中心任务就是遣除"十二因缘"这一世俗人生和世俗世界得以产生的根源。据《阴持入经》说，由此可得极大的"神通"，叫作"六神通"：

> 内秽尽净明盛，眼能洞视无极之表，耳能彻听，身能飞
> 行，变化万端，心明往古来今，己及众生心念、口言、身诸
> 所更，无微不察……

这种无拘无束，任意自在的神通变化，是在禅定中幻象的自由飞翔。在安世高的译经中对"神通"部分不算突出的重视，但在注者那里，却大加渲染；佛教传来之初，也多有此类记载。可见这样一种境界，因为与我们古代描绘的神仙方术相似，在早期佛教中反而成了最受注意和欢迎的部分。

后期的小乘有部和大乘般若，都讲"四如意定"。但对第四如意定，或指"观"，或指"思维"，都不是指"戒"。《阴持入经》非常重视戒的作用，在其他各派并不讲"戒"的地方，他们也往往加入"戒"的内容，这表明它保持着原来小乘上座部的特色。

第四类"五根"，指能够产生和增长佛教教义活动的五种思想能力，即对于佛教的"信"、"精进"、"念"、"定"、

"慧"。注者说："夫得四意止者，五根即立。"实际上，《阴持入经》本文是把能否具有"五根"看作一个有内在联系的修习过程的。由修习"安般六事"得"信根"，从"信根"得"四意止"，由"四意止"得"精进根"，由"精进根"得"四意断"，由"四意断"得"念根"，由"念根"得"四禅定"，即"四神足"，由"四禅定"，得"定根"，由"定根"而得"四谛"，由"四谛"得"慧根"。这样，"五根"就把"安般禅法"、"四意止"、"四意断"、"四神足"和观"四谛"都统一地联结起来系统化了。

在上述五根中，值得注意的是"信根"。"信根"为"五根"之首，《阴持入经》的注者说："树非根不生，道非信不成，为道德之根。信根立，道乃成，故信为首。""信"就是信仰，是一切宗教的基础，没有信仰，任何宗教都不可能成立。佛教讲的"智慧"，正是依赖信仰建立起来，并依赖信仰得以保障的。用信仰支持"智慧"，用"智慧"论证信仰，这是佛教的方法论之一。

第五类"五力"。《阴持入经》的注者说：

> 五根立，道力即成：天女玉色不能乱其目，名乐妓声不不能灾其耳，众香上甘、魔王之尊、飞行皇帝之荣，六情不为违。志如虚空，莫能动者，谓之力。

所以"五力"，就是由"五根"中生长出来能够抗御一切世俗邪恶诱惑和干扰的五种"道力"。

第六类"七觉意"。按《阴持入经》的解释是：

一、"念觉意"："觉，觉善恶也。恶念生即灭之，道念生即摄持。"二、"法分别观觉意"："法，善恶法；观，寂静观。分别真伪，择取净法，可以免三界者矣。"三、"精进觉意"。四、"爱可觉意"："愚者爱六邪，可之为宝，上明十二神照其必为裲；转心以受道，可三法之高行。"五、"猗觉意"（后译"息觉支"或"轻安觉支"）："智士常以猗四意止，色、痛、想、行四阴起即觉灭之。"六、"定觉意"："得'止'、'断'、'神足'、'根'、'力'，意即寂定，在其所志，分别除秽守道，净行究竟。高德进心取道，雷霆之响不能闻其耳，故曰'定'矣。"七、"护觉意"："意危难护，其妙难制。若行在欲瞋将护之，使其出欲；在色、在无色，护之亦然。"

此"七觉意"后译为七觉分、七菩提分，目的在由智慧而入禅定，达到一种无所思想，精神平静的境界，与这里所谈的次第和内容，有很大的不同。《阴持入经》及其注释，是要求按照佛教的标准去觉知善恶，分别真伪，以达到舍欲受道、去秽存净的目的，最后用"定"和"护"，把思想上的这些转变巩固下来。安世高学派讲三十七道品时，贯穿于修道的指导思想，就是制意去欲，用控制和防护意识活动的方法，使自己的认识不去追逐客观对象，不受客观世间的影响，以便强制自己去接受和爱乐佛教所指示的认识路线和观念体系。这样明确的指导思想，对以后佛教在中国的发展很有影响，有不少佛教义学家，就是从制意去欲的方面理解佛教的主要思想的；三国时的康僧会对此种思想还有特别的发挥。

第七类"八种道行"，后译为"八正道"、"八圣道"，一般也作为"三十七道品"甚至整个道谛内容的概括。如果以后的大乘修习方法，可以用"六度"来代表的话，那么，小乘的修习方法也可以用这"八正道"来代表。第一为"直见"，以后译为"正见"，指正见"四谛"之理，被视作八正道的总纲，是统领以下七种正道的。《阴持入经》对"直见"的注解说："见三界非直，皆为幻化，唯道有常，进意取之，故曰直见。"这种把"三界"说成"皆为幻化"的解释，是早期小乘佛教中所没有的说法。一般认为，大乘和小乘在义理上的主要区别之一，是小乘强调主张"人无我"，即"非身"；大乘则进一步强调"法无我"，对任何事物的真实性都持否定的态度。但是，部派佛教的小乘上座系在所谓"三解脱门"中的"空解脱门"中，已经有了"法无我"的思想。佛教传入中国，小乘与大乘的界限，却并没有像以后那样严格。

以下"七道行"为"直行"、"直语"、"直治"、"直利"、"直方便"、"直意"、"直定"，以后分别被译为"正思维"、"正语"、"正业"、"正命"、"正精进"、"正念"、"正定"。这种译语的不同，反映了佛教传入中国后，早期与后期对佛教思想理解上的变化。总的说来，当时中土人士并不完全理解佛教原来的体系。而是根据当时中土流行的道德修养的需要进行发挥。比方说，按照佛教对"正思维"、"正语"、"正业"的正规要求，人的全部身、口、意活动，都必须按照正规"四谛"所得到的观念进行，使人的行动、语言和思想，都严格地纳入"四谛"的规范。但在《阴持入经》中体现不出这种体系来，"正思维"被译为"正行"，注者说："非三尊净行，终而不行也"，是泛指一切实践行为，而非限定在思维的范围。把"正业"译为"正治"，注者说："以无欲为治也"，差别就相当大了。这些解释说明，甚至对"业"这个佛教中极为重要的概念，在当时也并不了解。而如果对"业"这个概念不掌握，那么，不仅对于佛教关于世界的形成问题说不清楚，而且对于"业报轮回"和"无我"的思想，也很难统一起来。佛教认为，形成客观世界和轮回流转的原因，都是"业"。"业"的善恶，则由"惑"决定。所以"果报"之好坏，就取决于"惑业"的性质和程度，"惑业"就成了轮回的根源和流向果报的动力。这个由原因向果报的流动，乃是"五阴"刹那灭和连续的统一。像在《阴持入经》这样的早期译经中，我们看不到用"业"来说明轮回的连续过程，更看不到用"业"的连续性去取代"我"的任何努力。把"正业"译之为"正治"，又把"正治"释之为"无欲"，从中正可以看出，中国人当时是怎样按照自己的传统观念去接受外来思想的。其余道行，像把本属小乘佛教生死观的"正命"，译成了利害关系的"直利"，等等，也都表现了早期中国人所理解的佛教的特点。

《阴持入经》把"三十七道品"压缩为"八道行"之后，又把"八道行"归结为"三学"。所以注者说："三十七道品总为八道行，合为戒、定、慧"，以后的大乘，也是这样做的，只是在这里更集中地表现了安世高所传上座系重视"持戒"的那一特点。

《阴持入经》列"戒法"为"十一本"，从"色持戒无悔"，使"身持戒不犯七恶，身不增罪"，经过由此获得的喜乐心情而诱导修行者"从道得止"，直到"得解脱"、"见慧"，作为逐步促进修道成功的基本保障。所以在他们看来，戒律不仅是用来约束佛教信徒的必要措施，而且是用来指令人们的思维方法和认识路线的积极措施，特别是在维护和巩固宗教信仰、宗教道德方面，起着"习以为常"的强化作用。这种修习方法，佛教叫作"致定得慧"："意随使不忘为'定'相，令致如有慧处不惑"，即使之控制意识，按佛教的要求进行活动，以便达到认识"四谛"的目的。"持意系观，已意系观，便见五阴苦。彼所意系是为'止'，已见五阴为苦。是为'观'。" "定"就是"止"，"慧"就是"观"。把"意"严格地控制于所观的对象上，叫作"止"、"定"，从观察的对象中得到了"五阴"为"苦"的判断，这就是"观"、"慧"。"行家以止观双剑断十二因缘之脉流取道矣。"因此，以"止观"并行作为安世高之学的内容，也还是需要在戒律的保证下才能够成立并巩固下来的。

如果达到"戒已立，定已定，慧已得解脱，已成解脱慧"，这就完成了《阴持入经》中"四谛"所要求的全部任务，修行者就可成为"佛弟子行者"。由于完成"四谛"的要求，是一个漫长的过程，甚至不是用人们一生或几生的时间可以量度的，所以又根据修习的程度，分为四个大的阶段，被称为"四果"；得"四果"的人称为"四圣"，再加上接近"四果"的四人，通称为"四双八人"（也译"四双八辈"），这就是小乘佛教中所尊崇的圣贤，从事佛教修习者所追求的目标。

关于这四种"道果"，早已见于《四十二章经》，可见传来颇早。《阴持入经》说："四双八人者，谓以得应仪向，应仪道，已得不还向，不还者，得频来向，频来者，得沟港向，沟港者。"对于这些"圣贤"，应该得到世间人们的恭敬祭祀，以求福祐；由此"四双八人"达到的境地叫作"四道德地"，可以使行者得福。因此，佛教"道果"的问题，实际上是一个纯粹宗教信仰的问题；但这与他们的整个世界观和认识论有密切关系，所以《阴持入经》也作了些必要的介绍：

（一）"沟港果"：后译为"预流"、"入流"等，音译为"须陀洹"。"彼若如有知智，是为'见地'。为得'道迹'，是为得道福。"注者说："谓世间人但知六入耳，道人所知者，应为'四意止'。"又说："彼所为五阴相近（谓五阴与六情相依近也），可发往欲着，愿得相往，不舍习所——是已断、已尽。止观道亦如是：令是道德四谛，一处一时一意上至竟，为令四谛相应。如是道，道德弟子为是法相法已应，是名见地。已得道脉，至道迹跱。"这是说，通过感觉器官对于客观外在事物的认识，是应该被排除的世俗认识；如果断灭了把世俗世界看成"常乐我净"的颠倒妄见，

294

获得"非常、苦、非身、不净"的认识，从而断绝了五阴诸苦，那就见到了"四谛"的真理并与之相应了。这在佛教整个修习过程中，叫作"见地"阶段，譬如驶入佛教的沟港，进入佛家之流，所以又称为"道迹"。此时所得之福，叫作"道福。"

"沟港"所完成的任务是认识上的转变，是由世俗理解的道理，转向接受佛教"四谛"的道理，它所断绝的是"三界"中各种"邪见"，但从根本上说，仍然没有超出"四倒"的范围。

（二）"频来果"：后译为"一来"，音译为"斯陀含"。"彼如有如有知，是为恶却离，是名为薄地，为有往来福。"注者说："如有者，言如事行知三十七品。已知三十七品，其意清净，便恶六情所受，为却离三界。"又说："为复止观，令是欲恚使缚为复除，得道弟子为往来受，以是行足，已从往来使坏苦本，是为薄地。""往来者，谓斯陀含所往地，三毒薄少。"意思是说，进一步修习"止观"，已知行"三十七道品"，意识则趋向清净，对于情欲的要求有了厌恶，往来轮回之地，"贪、嗔、痴"三毒稀少，所得之福叫作"往来福"。

说"频来"所完成的任务，是摈除贪爱情欲，在以后传来的小乘说法中，被列为"修道"之中；上述之"见地"，以后译为"见道"，标志着一次就完成了在理论上的认识任务；"修道"则要求彻底断绝人的一切情欲。"见道"要求摈弃作为"六入"之知的"见惑"；"修道"解决本能具有的情欲问题，要求厌离作为"六情所受"的"修惑"。佛教认为，要完成后者的任务，比完成理论认识的任务要艰巨得多，所以他们把修道又定为很多层次。比方说，把"三界"划分为"九地"；每地又各分为"九品"，因此，所谓"修惑"者，就有三界九地八十一品之多。"欲界"、"五趣"作为初地九品，尤难对治；当修道断绝其中的前六品"修惑"时，所得之"果"就叫"频来果"；据说修行者还要往来于"欲界"之人、天，再受生一度，所以又叫作"一来"。

（三）"不还果"：后译为"不来"，音译为"阿那含"。"彼以恶却为不用，是名为相离地。彼以相离，是为不复得福，是名为欲竟地。"注者说："'恶'，恶是身；'不用'，不用世荣"，"终生天上，不还人间，谓之'不还'也"。这就是要求在继续"止观"的基础上，把欲界初地九品中"频来果"所未断绝的后三品"欲惑"，在这里彻底断绝，从此，修行者就从"欲界"中解脱出来，不再有食、色等贪欲要求，将来或生"色界"，或生"无色界"，不再生有"欲界"身。按佛教的说法，"欲界"是既包括人，也包括一部分"天"的，叫作"欲界六天"。所谓"不还"，不只是不还"人间"，而且也不还欲界诸天。至今还有人把佛教"三界"解释成天堂、地狱、人间，这是不正确的。

（四）"应仪果"：音译为阿罗汉，是小乘佛教追求的最高目标。

> 今为解舍下五结。何等为五？一为色欲，二为不色欲，

296

> 三为痴，四为憍慢，五为不解。已上五行足，为已舍五结，
> 便无所着，已度世，无有漏，已竟，从正得解脱，是为毕
> 地。言"应仪"处世如虚空，故曰无所着；上五结皆行已消
> 尽，故曰解脱毕。无所着，尚有妙无为。为舍毕已世间命根
> 尽，亦世间苦尽，不复生苦。彼以为是阴、持、入已尽，寂
> 然，不有阴持入，不相连，不复发，是名为已毕无为。

简单说来，在上述"不还果"的基础上，继续修习"止观"，最后断绝了色界和无色界共计八地七十八品修惑，包括从其中的"痴"、"慢"、"不解"等烦恼中解脱出来，这就达到了一种"妙无为"的境地；及至连"世间命根"也断绝了，"不复发起五阴六入"，因而也就超出"三界"之外，这种"寂然"的状态叫作"已毕无为"。"妙无为"、"已毕无为"意义相当于后译的"有余涅槃"和"无余涅槃"。在这里，我们再一次看到，佛教的"涅槃"、"无为"，乃是表示对世俗世界的彻底否定，其本身并没有任何规定性。

在修习这四果中，从佛教义理对于社会作用说来，最重要的还是讲认识转变的"见地"部分。得"阿罗汉"者，实际上是一种宗教幻相；即使得"频来"、"不还"果者，也同我们活人没有什么大的关系，而从世人通向佛教圣贤的"沟港"、"道迹"，那就大不相同了，他们要求理论认识上的转变，实际上就是由世俗世界观向宗教世界观的转变，为克服世俗情欲奠定宗教的理论基础。在这里，"得道迹"是重要的。"彼为应得道迹云何？已谛相应道，弟子便断三结缚"。这是说，"得道迹"一方面是与佛教"四谛"的真

理相应；另一方面是对治世间"三结缚"。与"四谛"相应，就应该是断绝"三结缚"，而"断三结缚"，就成了与"四谛"相应的标志。

什么叫"断三结缚"呢？《阴持入经》作了这样的回答："一为知身非身，二为无疑，三为不贸易行戒。"从佛教说来，世间都是"结缚"，什么"三毒"、"四倒"、"九品"，多到不可数，但在这里特别强调这三种结缚也表现了安世高学派的重点所在：

首先，所谓"知身非身"，就是破除"身见"、"我执"，达到"非身"、"无我"。这一小乘佛教的共同纲领，在《阴持入经》里也是反复加以强调的。它首先从分析世俗认识堕入"身见"的原因开始："彼何等为令意堕是身？痴，为以不闻。""身"的概念来自意识之"痴"，而"痴"又是来自不闻佛教的道理，结果就是："念是色为身，遍睹色为身，是色亦为身，色亦是我身"；"痛、想、行、识亦如上说"，这些都是邪见，"邪见者，见五阴以为吾我也"。"已如是得观，便受五乐，为受是身"。因此，令"痴"产生"身见"的原因，在于意识之惑于"五阴"，乐于"五欲"；由于惑于"五阴"，乐于"五欲"，所以导致有生命个体之轮回流转，这就成了人们受苦的根源。"我"的观念是产生"我"以及"我"所处的全部客观环境的根源，同时也是"我"的苦难以及"我"所在的社会苦难的根源。结论是不证自明的：要铲除产生我的苦难和我所在的社会苦难的根源，只有消灭"我"和"我"所处的全部客观环境；要消灭"我"和"我"所处的全部客观环境，又要消除"我"与"我所"的区别，而借以消除主观同客观区别的，就是消灭关于"我"的观念。因此，小乘佛教的理论就可以简要地归结为一种我同"我"的观念做斗争的学说。安世高把"知身非身"作为由世间向出世间过渡的第一步，正是抓住了小乘佛教的精髓。

其次，关于"无疑"。"疑"是指对佛教的怀疑。此种怀疑，成为产生"见五阴以为吾我"的原因。由于这种怀疑，"令堕疑无有"，"谓无有三尊并罪福报也"。人所共知，怀疑是信仰的对立面，对信仰起着批判、动摇、否定的作用，因此，"断疑"就成了佛教巩固自己信仰的基本措施，而"疑"就被视为一种排斥信仰的结缚。"三十七道品"中的"五根"、"五力"，都以"信"字当首，也是出于这同样的动机。"道弟子为无疑，在佛亦无疑，为信为喜为佛"。只有相信佛的无量净行，相信天上天下佛为最上，然后才能欢喜奉行佛的说教，"得法随法行"。由于信仰的相同，奉行者就进入了佛徒的行列，构成为僧侣集团："为同学聚，为于法无疑，已有受有喜"。由此就可以顺利地信奉关于"四谛"的教理。"已为无疑法，随法行：一切行为苦，已无疑结，已受已喜，从爱为习。"就是说，佛怎么说，信奉者就怎么信，这就是解去了"疑结"，比方把一切世俗行为都照佛教那样视之为"苦"，而且欣然接受，毫不怀疑，这就是解除了"苦谛"的疑结。这种解除疑结的方法，对于"集"、"灭"、"道"也都同样适用，所以"无疑"的结果同"信"一样，最后都是为了通向脱离生死轮回这个总的目标，这样，"第二无结"的标志，就是"爱已坏，已离，已尽，为无为"。在这里，宣扬禁欲主义，宣扬主观同客观相脱离，而这类教条又几乎全部奠定在"无疑"的基础上，作为人们接受他们的哲学世界观的基本前提，这又表现了佛教的宗教信仰主义特点。

最后，关于"不贸易戒"，后译为"不戒禁取见"，是针对所谓"贸易戒"而言的。本来，佛教持戒的目的，在于行佛之道，脱离生死的，但是有人把持戒的这一宗旨丢掉了，反而去行与佛教相违的其他邪教，这就属于"贸易戒"。"彼持行戒转模贸为二辈：一为渴爱堕，二为不解避"。《安般守意经》的解释说："当以戒求道，反求天上荣乐也。"也就是把持戒修习，当成了追求一种于"天上"与"玉女相乐共居"生活的手段。这一点，由于安世高传上座系学说，强调持戒在修行中的作用，因此，也特别注意由"行戒"可能导向的这种非佛教倾向。这种倾向，虽然被中国人所津津乐道，但从佛教小乘说来，却是加重"我执"、"身见"，沉湎生死的大弊，所以也被当作"结缚"，非解除不可。安世高学派提倡戒律目的在于"从戒得净，从净得解脱"，使之保证贯彻三十七道品，真正达到"不复更罪福之苦乐"，得于"泥洹"。这就叫作"不贸易戒"。

总之，"断三结缚"要求用"非身"解决理论问题，用"无疑"解决信仰问题，用"不贸易戒"解决宗教实践中的保障问题，把这三者作为由世俗世界向彼岸世界转化的主要方法，也体现了安世高学派的主要特色。

小乘禅法和"安般守意"

"禅定"是佛教的一种宗教修养活动，它不同于一般的哲学上的范畴。在佛教那里，"禅"被列为"三学"之一，"止观双修"被视为宗教修行的基本功。发展到唐代，还出现了以"禅"命名的宗派——"禅宗"，不论在佛教哲学、宗教实践方面，都占有重要的地位。据后来的《俱舍论》、《瑜伽师地论》等佛典的解释，习禅目的大体有四个方面：一为得现法乐住，二为得知见，三为得分别慧，四为得漏尽。总之，它是运用宗教教诲所得的信仰力量，限制来自内部情绪的干扰和外界欲望的引诱，令修习者的精神乐于集中在被规定的观察对象，并按照被规定的方式进行思考，以对治烦恼，解决所谓去恶从善、由痴而智，由"染污"到"清净"的转变任务。它也可以按照佛教修习方法的安排，产生某种心理现象，使修行者从心绪宁静，到心身愉悦安适，一直到出现某些特定的宗教幻觉或幻象，等等。这是由于对治各种烦恼所要求达到的心理状况不同造成的。总之，它是以要求严格控制意识的活动，务使按照佛教规定的思维方法以达到控制意志的保证。安世高认为能够发挥"制意"最大作用的，无过乎"禅定"，所以"禅定"也成了安世高学派的一个主要内容。像佛教的这种控制自己的思想感情和心理过程的意志力量，并不是为了引导人们通过正常途径去认识世界和改造世界，而是用禅定的力量，隔离与客观世界的接触，改造人的内心，从而改变人们的精神状态。它宣传蒙昧主义和信仰主义，使人进入一种宗教神秘主义的直观境界。

在中国佛教史上，通常把"禅"与"定"并称。其实，"禅"是梵文"禅那"（Dhyāna）的略称，意译为"静虑"、"思维修"，只是各种"定"中的一种。作为"定"的基础词的叫"三摩地"（Samādhi），亦译为"三昧"，意译为"等持"。"禅那"是"等持"中的特称，本来是印度各种教派普遍修习的一种，在佛教哲学中具有特殊重要的意义。《俱舍论》说："诸'等持'内，唯此（静虑）摄支止观均行，最能审虑。"又说："一切功德，多依'静虑'"[①]。这就是说，佛教的一切内心修习，几乎都离不开这种"静虑"。

概括说来，"静虑"是在思想上超脱了"欲界"的基础上为继续修习而规定的心理条件和心理过程。它按照三类精神状态被分成四种十八支。这三类精神状态的名称，各派不尽相同，但内容所指大体一致：第一类是确定思维活动的形式，第二类是确定心理感受的内容，第三类是确定注意力集中的程度。由于这三类精神状态的差别，在修习静虑的整个心理过程中，被确定为四种不同的发展阶梯，即所谓"四静虑"（也译"四禅"、"四色界定"）；每一"静虑"中的心理状况又各不相同，所以又总的分为十八支。

"初静虑"，修习者的思想初离"欲界"；其所以能够初

---

① 《俱舍论·分别定品》。

离"欲界"，是因为借助于思维中的"寻"、"伺"作用。由于"寻"、"伺"而厌离"欲界"，心情就会发生一种特殊的"喜"、"乐"感受；这种思虑和感受，都是在"心一境性"的自我运动基础上发生的。这样，"寻"与"伺"就是"初静虑"的思维形式；"喜"与"乐"就是"初静虑"的感受内容，"定力"就是"初静虑"的自性表现。修定者用"寻"、"伺"去支持所谓"舍"、"念"、"正知"的思维活动，用"喜"、"乐"去鼓励"心"的连续均衡发展，这就是初静虑的心理运动。在这里，"寻、伺、喜、乐、定"是构成"初静虑"的"五支"，这"五支"则是"初静虑"的心理特征。但是，"寻"、"伺"的对象，乃是"名句文身及义"，"寻"是"寻求"，属"粗心"，"伺"是"伺察"，属"细心"，都是"心浪"起伏的表现；"喜"指对顺情境分别领纳而生的喜悦，"乐"则无分别而生之欢乐，此中感受到的"喜"与"乐"，只限于初离"欲界"之所得，也还是一种心不安定相，这都需要进入第二"静虑"加以对治。

第二静虑的思维形式叫"内等净"，它不像"寻、伺"那样还要以"名句文字义"等作为思虑的对象，所以称之为"内"；也没有"寻、伺"那种心理的起伏波动，所以称之为"等"，此即谓之"离外均流故名内等"，由此获得的感受也是"喜"、"乐"，但此种"喜乐"不是"离欲"所得，而是由于对治"寻"、"伺"所得而名"定生喜乐"了。这样"内等净"和"定生喜乐"加上必须的"心一境性"，就是"二静虑"的"四支"。

第三静虑的思维形式是"舍、念、正知",感受的内容是离喜得乐。

第四静虑的思维形式是"舍清静,念清静",一切喜乐感受全部舍弃。

佛教所谓"四静虑"所要解决的问题,实质上是要求人们把宗教观点灌输到信奉者的头脑中去,使它形成牢固的思维程序和心理状态。佛教通过这种内省的静思方法,把人们的全部注意力严格地固定在既定的思想信仰上,经过多次反复,长期训练,逐渐使信奉者产生一种与常人迥异的变态心理。"四静虑"的修练方法只涉及心理过程和思维形式,可以成为接纳任何一种外来观点的程序,所以也是各种教派都能够利用的修习方法。

此外,还有一类叫作"无色定"的禅定,也有四种:第一,"空无边处定",这是修习者从思想上排除了关于其他一切物质形态的想法,只对于"虚空"作无边无际的思维所达到的一种精神境界。第二,"识无边处定",这是修习者舍离了"空无边处"的思想,转到思维"识无边"所达到的一种精神境界。第三,"无所有处定",这是使修行者已经感到物质不存在了,虚空不存在了,识也不存在了,任何思维的对象也没有了,由此,思维一切"无所有"所达到的一种精神境界。第四,"非想非非想":"无所有"是超越一切想法的想法;现在是连超越一切想法的想法也舍弃了,所以叫作"非有想";但"非有想"还是一种"想",并不等于思想本身就不存在了,所以又叫作"非无想"。佛教说达到这种境界时,

"一切诸想皆悉灭尽，唯有微细想象无相境转"，被视为是一种由思维达到的"寂静美妙"的精神境界。总起来看，"四无色"比之"四静虑"在内容上要单纯一些，总的目的是要人们生活在这个世界上，但不要思想。

"四静虑"和"四无色"也叫作"八等至"，佛教各派有很多细致的发挥，不仅小乘佛教，即使像大乘瑜伽行派，也有许多繁杂的说法。这种禅定方法，佛教宣称它不只能够净化人的思想观点，引起人的一些神秘的安适、喜乐、爱恋等情绪，而且还能够产生一些奇妙的感觉和幻觉。例如，获得初静虑就有"八触十功德"出现之类。因此，把佛教的"禅定"作为一种宗教心理学、变态心理学来考察，很值得引起注意。而它们那种隔离客观世界，排除社会实践，纯直观的思维方法，也可以使我们认清迷信精神万能的唯心主义的特征。

由"八等至"所创造的精神境界，在佛教那里被进一步宗教化了。我们所处的现实世界被划分为所谓"欲界"、"色界"、"无色界"，实质上就是从这些禅定中构画出来的。按照佛教的因果律，有因必有果，"四静虑"作为"因"，就有"四禅天"作为果；"四无色定"作"因"，就有"四无色天"作为"果"。"四禅天"构成"色界"，"四无色天"构成"无色界"，"欲界"则是由人们贪爱食、色二欲所引生出来的。因此，所谓"三界"，说到底，都是人的意识的产物。其中的"欲界"，指的就是我们人类所实际生活着的这个现实世界，以及所虚构的天（四天王天、三十三天等）、阿修罗、饿鬼、地狱等；所谓"色界"、"无色界"，以及其中包括的二十多种"天"①，则完全是通过"禅定"的幻觉所做的宗教虚构。然而，这种被虚构的世界反转过来又被当成了佛教宗教理论借以发挥的现实基础。此外，佛教的其他宗教虚构，基本上也都是依靠这类禅定幻想出来的。

然而，也正因为"八等至"着重在确定一种精神条件，一种认识路线和思维程序，其他宗教也可以利用，所以佛教并不把这类禅定放在最高的地位。由这些禅定所产生的世界，仍被划在生死流转的世俗世界之内。他们还反对迷恋于这类禅定，或利用这种禅定去接受其他宗教思想。安世高学派所谓的"不贸易戒"，主要就是反对这些倾向的。他们之所以还提倡这种禅定，目的在于依止它们进行更符合于他们自己教义的思维活动，把属于他们的思想体系巩固起来，例如，依止于"静虑"或"无色定"可以进行所谓"四无量"、"八解脱"、"八胜处"、"十遍处"等等禅定，与佛教自己的观点就结合得更加紧密。安世高学派把"三十七道品"用"四意止"统帅起来，讲"四意止"就成了

① 佛说"天"相当于中国所说的"神"和仙境，有"六欲天"，即：四大王众天（四天王天），三十三天（忉利天），夜摩天（焰摩天），睹史多天（兜率天），乐变化天（化乐天），他化自在天，皆属欲界。属于色界的有十七天（或十六天、十八天），初禅天有梵众天、梵辅天、大梵天；二禅天有少光天、无量光天、极光净天；三禅天有少净天、无量净天、遍净天；四禅天有无云天、福生天、广果天、无烦天、无热天、善现天、善见天、色究竟天。属于无色界有四天：空无边处天、识无边处天、无所有处天、非想非非想处天。参见《俱舍论》卷八等。

安世高禅法的特点；而"四意止"对治的对象是"四倒"，从而抓起了小乘佛教的整个纲领：

> 为正四倒故，佛为现四意止说分别。彼为身身相观行止，为不净意念净倒得解。彼为痛痛相观，为苦计乐倒得解。彼为意意相观，非常计为常倒得解。为法法相观，非身计为身倒得解。（《阴持入经》）

在这里，用"不净"、"苦"、"非常"、"非身"对治"身、痛、意、法"，这是安世高学派体现的小乘佛教固有的思想，而进行诸观所依止的禅定，也是"四静虑"。这就是说，在进行上述四观时也必须遵守"心一境性"的原则，按照有寻有伺的思维程序，将这些观点逐步巩固成为自己的世界观和认识论，成为一种精神的本能活动。

"四意止"，在安世高介绍的上座部系统的禅观理论中占有重要地位，但其他小乘派别并不都如此看待。作为小乘禅法中的一种，它们只属于所谓"现观四谛"的前导；而且在理论上的结论也比这里讲的更具有概括性和普遍性。"现观四谛"则是小乘整个修习过程中的一个重要飞跃。根据小乘的禅法体系，即使为了修习"四念住"，也还需要其他一些止观作为加行准备，通常被称为"五停心观"，即"不净观"、"慈愍观"、"因缘观"、"数息观"、"界分别观"。"不净观"是用来对治"贪欲"重者；"慈愍观"是用来对治"瞋恚"重者，"因缘观"是用来对治"痴愚"重者；"数息观"是用来对治"心散乱"重者；"界分别观"是用来对治"我见"重者。总之，是为了清除"四念住"的思想障碍。安世高译之为"安般守意"的禅法，就是作为"五停心"之一的"数息观"。

据传，安世高译过大、小《十二门经》，这是讲"十二门禅法"的，东晋道安有《十二门经序》和《太十二门经序》，可见对以后还发生过影响。"十二门禅法"的内容是讲"四静虑"、"四无量"和"四无色定"。以"四禅"对治贪淫，"四无量"对治瞋恚，"四无色定"对治痴爱，与《阴持入经》的主要思想一致。不过，在早期风行一时、影响也最大的禅法，是讲"数息观"的《安般守意经》。"四念住"和"十二门"重点都在"观"，"安般守意"重点在对治与"心一境性"相反的"散乱"之心，在"止观"中，更偏重于"止"的方面，所以"禅定"的意味更多一些。

"安般"的意译是出入息，就是呼吸。康僧会的《安般守意经》序，云："陈慧注义，余助斟酌，非师不传，不敢自由也。"陈慧是安世高的著名门徒，他们为本经作注，经常提到"师曰"之"师"，与这里讲的"非师不传"之"师"，可能都是指安世高本人。《出三藏记集》又收有东晋道安和谢敷的序，也都自称作过新注。《安般守意经》的现存本，似甚残乱，文体也不统一，倒像是多种注释同经文的糅合物。谢敷序说：

> 然冥宗已远，义训小殊，乃采集英彦，戢而载焉。虽粗闻大要，未悟者众，于是复率愚思，推捡诸数，寻求明证，

> 遂相继续撰为注义，并抄撮《大安般》、《修行》诸经事相应者，引而合之，或以隐显相从，差简搜寻之烦。(《出三藏记集》)

现存的本子，就很像这样一种东西。这说明，本经从汉末到东晋，流行了二百多年，保存了中国早期佛教的各家注释和一些序言，不但成为研究中国早期禅法的重要资料，而且对了解中国整个早期的佛学思想，也极有价值。

"安般守意"从表面上看，是用数息的方法，令浮躁不安和思虑过多的心情平定下来，同当时道教神仙术中的呼吸吐纳、医学健身中的气功有许多相似之处。"安般"之所以成为中国最早流通的一种禅法，这恐怕是一个重要原因。然而，小乘佛教提倡的这种禅法，却完全不在健身长生，从数息开始，就同他们的教义紧密结合在一起。《安般守意经》很详细地发挥了这些教义的内容，康僧会用"四禅"、"六事"作了概括。所谓"四禅"，这里指的是安般守意过程中的四个阶段；所谓"六事"，指"数息"、"相随"、"止"、"观"、"还"、"净"，是安般守意过程中提出的不同要求。"六事"必须与"四禅"相配合。

"一禅"指"数息"达到的要求："系意着息，数一至十；十数不误，意定在之。"就是把意识全部集中到数自一至十的呼吸次数上去，使意识完全系定在十个数上，以致"寂无他念，泊然若死。"

"二禅"指"相随"达到的要求："已获数定，转念着随，蠲除其八，正有二意，意定在随。由在数矣，垢浊消灭，心稍清净。"所以"相随"就是要求意识从数数而转向随顺呼吸的气息，使注意力集中到一呼一吸的运行上。

"三禅"指"止"："又除其一，注意鼻头，谓之止也。得'止'之行，三毒四趣五阴六冥诸秽灭矣。"也就是说，一旦注意力从呼吸转向鼻头，使意识停止于一点不动，就可以排除心里的一切杂念。

"四禅"指"观"："还观其身，自头至足，反复微察，内体污露，森楚毛竖，犹睹脓涕。于斯，具照天地人物，其盛若衰，无存不亡，信佛三宝，众冥皆明。"由此可见，"数息"、"相随"，只是达到"止、观"的手段；而"止、观"之中，"止"又是实现"观"的前提。这里所谓"观"，也还是安清一再强调的"四意止"中的"身意止"。据康僧会看来，由此继续向前，则"摄心还念，诸阴皆灭，谓之'还'也；秽欲寂尽，其心无想，谓之'净'也。"这个时候，就可以得到无所不能的"神通"①了。康僧会的这一概括，同《安般守意经》的结构大体相应。不过经文还贯穿着"三十七道品"，突出"四意止"，可能因为这些内容过于一般，没有引起康僧会的注意。

因此，从基本思想上说，《安般守意经》与《阴持入经》一样，都是通过去欲存净，厌离生死，以达到不受五阴为目的的：

---

① 以上引文，见康僧会的《安般守意经序》，载《出三藏记集》卷六。

何以故"数息"？不欲随五阴故；何以故"相随"？欲知五阴故；何以故"止"？欲观"五阴"故；何以故观阴？欲知身本故；何以故知身本？欲弃苦故；何以故为"还"？厌离生死故；何以故为"净"？分别五阴不受故。（《安般守意经》，频伽藏本）

在方法上，《阴持入经》与《安般守意经》二者却有所不同，《阴持入经》着重于分析名相概念，采用对概念的定义和推演的办法，把他们特定的思想体系表达出来，所以归之于阿毗昙一类。《安般守意经》则是用控制自己意识活动的办法，以推论出特定的理论观点来，所以属于禅法一类。康僧会讲的"四禅六事"，可以看成是小乘禅法用以控制意识活动的一个典型过程，也是获得信仰主义认识的一种典型方法。

《安般守意经》说：

谓善恶因缘起便复灭，亦谓身亦谓气生灭，念便生，不念便死，意与身等同，是谓断生死道。

这是说，道德的善恶，人身的生灭，都是由"念"来决定的，"不念"就能达到"断生死"，反之，"在是生死间，一切恶事皆从意来也。"又说："谓人无所从来，意起为人。""意"不但决定道德观念，而且决定人所以成为人本身：有"意"才有"人"。《安般守意经》在解释："从谛念法，意着法中"时说："从谛念法，意着所念，是便生是：求生死得生死，求道得道，内外随所起意，是为'念法，意着法

311

中'者。从四谛自知，意生是当得是，不生是不得是。"在解释"法正从谛，本起着意"时说："本起着意者，谓所向生死万物，皆本从意起；便着意，便有五阴。"这就是说，意识思念什么，就可以生成什么，不思念什么，就不产生什么。所以意识不只生产着内在的观念，而且也生产着外在的事物；不只能排除内在的观念，而且也能消灭外在的事物。这样，意识不仅成了人的主宰者，也成了左右客观世界的主宰者了。

正因为"意"是这样一种决定一切的因素，所以如何控制自己的意识活动就成了小乘宗教实践所要解决的根本任务。《安般守意经》用"守意"为"名"，正体现了这个根本。《安般守意经》说：

> 人之使意，意使人。使意者，谓数息、相随、止、观、还、净、念三十七道品，是为使意。人不行道，贪求随欲，是为意使人也。

在这里，"人使意"，就是人用佛教观念去控制意识的活动；"意使人"，就是让意识顺应世俗的欲求和客观的影响进行活动。前者被认为是出世之道，后者被视为世俗的原因。要从世间转向出世间，那就要通过"守意"的途径，用佛教的观念去取代世俗的观念。为此，首先要求彻底地克制或克服主观的各种需要和欲望：

> 意观止者（即四念住中的意念住），欲淫制不为，欲瞋恚制不怒，欲痴制不作，欲贪制不求：诸万事一切不问，是

为观止。

《安般守意经》还说："行道欲得止意……复有三事：一者止身痛痒，二者止口声，三者止意念。"也就是要从主观上把身、口、意都严格地控制起来，使之思想活动不受主观意愿所支配。

但是，人的思想意识活动，不只受主观需要的支配，更重要的还受着客观对象所左右，甚至人的主观需要本身，也要为客观条件所制约。因此，小乘佛教一贯地要求人们切断主观同客观的联系，在认识论上，就是坚决反对主观去如实地反映客观的真实存在。《安般守意经》解释"何等为思维无为道"时说：

> "思"为校计，"维"为听，"无"谓不念万物，"为"者，如说行道为得道，故言"思维无为道"也。

又说：

> "思"为念，"维"为分别白黑。黑为生死，白为道。道无所有。已无所有，便得无所为，故言思维无为道。若计有所为，所着，为非思维。

这里讲的"无为道"之"无为"，就是泥洹，即佛教追求的绝对真理。在他们看来，这样的绝对真理，乃是由"不念万物"，而通向心"无所有"、"无所为"所获得的。具体地说，就是要制止感官对外境的一切探求和接触：

> 何等为无为？报：无为有二辈。有外无为，有内无为。

313

> 眼不视色，耳不听声，鼻不受香，口不味味，身不贪细滑，
> 意不志念：是外无为。数息、相随、止观、还净：是内无
> 为也。

又说：

> 何等为"无"？何等为"为"？报：无者谓不念万物；为
> 者，随经行，指事称名，故言"无为"也。

因此，佛教宣传的绝对真理，绝不是来自对客观世界的正
确反映，而是要认识排除一切客观事物所可能给予的影响，
禁止摄取任何客观的映象：这正是通向蒙昧主义、直观主
义的道路。另一方面，"无为"还要求按照佛经的思想去观
察诸种事物，即将"佛"和诸"圣贤"炮制的思想体系强
加给一切现象，使整个世界在其信徒面前改变本来的形象，
以至消失。这又正是信仰主义的特征。安般禅法的主要目
的，同小乘佛教的整个哲学体系是一致的：都是用切断主
观同客观联系的办法，使人们接受他们的宗教世界观。

《安般守意经》与《阴持入经》着力于攻击和抑止人的
感官接受外界客观映象的机能，以此作为意识接受佛教信
仰主义的保证。《经》文不断地用解释"六事"的方法，来
发挥这种思想："数息为断内外。何能为内外？谓眼、耳、
鼻、口、身、意为内，色、声、香、味、细滑、念为外
也。"所以安般禅法的第一事，就是切断主观同客观的联
系。达到"数息"的要求，叫作"得息相"："欲知人得息
相者，当观万物及诸好事：意不复着，是为得息相；意复

着，是为未得，当更精进。"因此，所谓"得息相"，也就是为了验证意识是否还受感官接触外物的支配而制定的标准。其他"相随"的要求叫作"不随五阴六入"，"止"的要求叫作"五乐六入当制止"，等等，意思雷同。总之："复'数'者，为共遮意，不随六衰故；行'相随'，为欲离六衰；行'止'，为欲却六衰；行'观'，为欲断六衰；行'还'，为欲不受六衰；行'净'，为欲灭六衰。已灭尽，便尽道也。""六衰"是"六入"的贬称，修道的过程，就是从不受六入而到彻底地消灭六入的过程。"尽道"就是"涅槃"。所以彻底消灭"六入"，也就是由"守意"达到了佛教向往的最高理想境界。

以上，我们都是从安般禅法的消极要求，即息诸世俗的感觉思维活动方面来说的，这也是禅法中"定"所起的主要作用。但是，即使安般禅法也有"观"的一个方面，也还要求获得一种积极的认识，即所谓"黠智"、"黠慧"。佛教讲的智慧，既指他们自己独特的思想观点，也含有他们独特的认识方法。修习禅定的目的，说到底就在于获得这些思想方法和思想观点。比方说，"数息"中的一个规定，乃是"见色当念非常，不净"。"数息意常当念非常、苦、空、非身"。反之，"数息不得者失其本意故。本意谓非常、苦、空、非身。失是意堕颠倒故，亦为失师"。这就是要求通过安般禅法，取得把世俗世界看成是"非常、苦、空、非身"的这一根本观点。小乘所谓的智慧，特殊地说，也就是指他们反复宣传的这一根本观点。一旦获得这种智

315

慧，像安般这类禅法，也就完成了敲门砖的任务："人不能制意，故令数息，以黠慧能制意，不复数息也。"

最后，还要着重指出，《安般守意经》的翻译和解释，存在着更多的中国化的倾向。比方说，为什么"数息"就会成为取得智慧的一种手段呢?《经》文有云：

> 意定便知空，知空便知无所有。何以故？息不报便死。知身但气所作，气灭为空。觉空堕道也。

这个说法，与《四十二章经》把生命系于呼吸之间的说法类似，但把出入息抽象为"气"的概念，并用"气"来解释"身"，用"气灭"说明"空"，却是佛经原本中少见的观点。佛教一般认为，呼吸之气属于"四大"中的"风"；可以说，人身由"四大"所成，但却不能用"风"来概括全身。这里的译法，显然是受中国传统思想的影响。早期的译经中，使用"气"、"元气"等纯粹中国化的概念，以说明世界的各种物质现象，这完全是可以理解的。

总的说来，《安般守意经》的内容，受中国传统思想的影响较多。除以上涉及的一些方面外，还有两点需要作些补充：一个是佛教的因果论，同中国传统的宿命论结合问题。在经文中，佛教的"业报"，是直截了当地被译为"宿命对"的。这就是说，因果报应说最初是被当作传统的宿命论来接受的。自此以后，中国传统的宿命论，就被赋予了佛教业报轮回的内容。信仰佛教，履行佛教教义，就可以避免那本来是不可避免的罪报。这样，固然给了惧罪者一个忏悔的机会，但也给作恶多端的人一种精神慰藉，历史上有许多暴君酷吏成为佛教的颇为虔敬的信徒。

第二个问题，就是佛教禅定与中国神仙术的关系。《阴持入经》曾经批判过把禅定当作成仙的手段，而《安般守意经》则大加赞扬这种倾向。《安般守意经》说："断生死，得神足。"这与小乘佛教的本意并不相同。按照佛教的本意说，得道者当然会具足各种神通，但得神通并非都能"断生死"。"断生死，得神足"的说法，实际上是把佛教修习的最高目的归结为成神仙了，所以《经》文接着解释说："谓意有所念为生，无所念为死。得神足者能飞行故，言生死当断也。"又说："得四神足，可久在世间"，被称之为"不死药"。康僧会在序言中对此大加发挥：

> 得安般行者，厥心即明，举眼所观，无幽不睹，往无数劫，方来之事，人物所更，现在诸刹，其中所有世尊法化，弟子诵习，无退不见，无声不闻，恍惚仿佛，存亡自由，大弥八极，细贯毛厘，制天地，住寿命，猛神德，坏天兵，动三千，移诸刹，八不思议，非梵所测。

因此，说禅法传来之初，也曾被当作神仙术看待，是完全有根据的。直到道安，虽然已经指出："安般居十念之一，于五根则念根也"，懂得了它在佛教整体中所占的位置，但还是崇尚它可能达到的神通：

> 举足而大千震，挥手而日月扪，疾吹而铁围飞，微嘘而须弥舞。（《安般注序》，见《出三藏记集》）

可见把修禅当成神通法术的影响更加久远了。

对安般禅法的理解，到东晋谢敷的序^①有了一个很大的转变。值得注意的有两点：

第一，他强调以"慧""守意"，而不是单纯用数息入定的方法：

> 夫意也者，众苦之萌基，背正之元本。弹指之间九百六十转，一日一夕十三亿想。念如响报，成生死载，一身所种，滋蔓弥劫……正觉慈愍，开示慧路，防其终凶之源渐，塞其忿欲之征兆。

这样，就是把"慧"看成了制意守意之"路"了。这里已显示了由小乘佛教转向大乘的先兆。

第二，他批判了闭目塞听，不讲智慧，以及一心成仙长寿的修习方法：

> 若乃制服粗垢，拂划漏结者，亦有望见贸乐之土，闭色声于视听，遏尘想以禅寂，乘静泊之祯祥，纳色天之嘉祚。然正志荒于华乐，昔习没于交逸，福因矜执而日零，毒根迭兴而罪袭，是以轮回五趣，亿劫难拔，婴罗欲网，有剧深牢：由于无慧乐定，不惟道门使其然也。

这样，不但把修禅以成仙说成是轮回五道的邪门外道，而且进一步要求用慧指导修定，大大降低了禅定在佛教修习中的地位。这显然已经是影响日益扩大的大乘般若学的观点了。

---

① 谢敷《安般守意经序》，亦见《出三藏记集》卷六。

但是，在这里向我们提出了另一个问题：《阴持入经》和《安般守意经》同属安世高系统，为什么前者反对修禅成仙，后者却提倡修禅成仙？这个显著的差别，可以证明，现存本的《安般守意经》确实是一个夹杂多家注释的本子。提倡神通成仙，与康僧会的思想接近，而与安世高的体系不类，因此，这类说法，应该属于注家，而不属于译家。这也说明，佛教传入中国，不但由于它的经典译文被改变了，而且由于夹进的注释，使之佛教在其本土的思想，从一开始就适应着新的条件而有了改变。

第二节　支娄迦谶及其所传的
大乘般若学

支娄迦谶和"般若"学

大乘经籍的系统传入中国，是从支娄迦谶开始的。

关于支娄迦谶的详细生平，已经不能尽知。据僧传记载，他是月支人，"汉桓帝末游于洛阳，以灵帝光和、中平之间（178—189 年）传译胡文"，以后不知所终①。

支娄迦谶和安世高同属一个时期的人，都活动在黄巾起义、董卓之乱的前后。如果说安世高所传佛教小乘学说，投合了当时某种厌恶社会人生、超脱现实的悲观主义需要，那么，支娄迦谶所传佛教大乘学说，则是用精神上的自我

---

① 僧祐《出三藏记集·支谶传》。

安慰去顺应急剧变化着的社会条件的混世主义需要。佛教传进的这两股潮流，都是以汉末社会的大动荡为背景的。

大乘思想的出现，是佛教发展史中的一个新阶段。在佛教的本土，大乘经典究竟产生在什么时候，确切的年代已经不易于弄清。一般是根据中国的佛经翻译史进行估算，大约在公元一世纪左右。所谓"大乘"，本是"大乘"倡导者们对于自己学说的赞美之词。所谓"小乘"，则是大乘倡导者对于早期佛教思想的一种贬称。从大乘看来，小乘的最后目标乃是修得阿罗汉果（或辟支佛果），获得所谓"无余涅槃"，而他们则是以成佛为奋斗的最后目标，表示决不中道涅槃；小乘追求的只是个人的解脱，为了自己，而他们则要"普度众生"，救拔众生一切苦难。因此，二者在修习方法上，也有很大的区别。这些问题看起来似乎只有纯粹宗教上的意义，但所反映的却是佛教同社会的一般关系，以致在佛教对社会的一般作用上，有了新的变化，在整个哲学思想体系上，有了新的发展。这些变化发展，在大乘的初期经典中已经有了表现。

按照佛教经典的分类法，最早出现的大乘经类，有"般若"、"宝积"、"华严"、"方等"等，而这些经类，在支娄迦谶的译著中，都已有代表。据僧祐《出三藏记集》所载，支娄迦谶共译经十四部，二十七卷，其中"般若"类有《道行品经》"宝积"类有《摩尼宝经》、《阿閦佛国经》；"华严"类有《兜沙经》，还有属于"方等"类的《问署经》、《内藏百宝经》等。在支娄迦谶的全部译经中，对以后发生重大影响，值得特别注意的，乃是"般若"类经典。"般若"类经奠定了早期大乘思想的基础理论，包含了以后扩展为其他大乘经类的主要思想成分。从汉末到南北朝的四百年前后，般若理论同当时流行的魏晋玄学相互助长，风靡一时，使佛教宗教理论跻足于最高统治阶层中的理论界。支娄迦谶所译的《道行般若》，被称为《小品般若》，到鸠摩罗什（？—413年）时已有了三个译本。《道行》译于汉末，它的第二个译本产生于三国，即支谦译的《大明度无极经》。《大品般若》叫《放光》、《光赞》，到晋太康七年（286年）和元康元年（291年）才分别译了出来，比《小品》晚出了一百多年左右。因此，研究《道行般若》不仅对于了解佛教思想在中国的传播占有重要的地位，而且对于了解玄学与般若的关系也至关重要。

关于《道行般若》（相当于玄奘译《大般若经》第四会，538—555卷）的译本，以后的佛教理论家们批评颇多。道安在《道行经序》中认为本经乃是从大品般若中"钞撮合成"的"抄本"，"颇有首尾隐者"，这固然是一种误解，因为它当是和大品《放光》（相当于玄奘译《大般若经》第二会，401—478卷）完全不同的另一个本子；但他说支谶的译文"了不加饰"，"古贤论之往往有滞"，则是事实。因为支谶的翻译，总的来说是"贵尚实中，不存文饰"①的。译文晦涩难懂，人亦有同感。到了鸠摩罗什，则将此前的

---

① 支敏度《合首楞严经记》。

一切般若经的译本都做了否定，认为过去的译本不仅在文字的表达上有问题，而且在内容的真实性上，错误也很严重。僧叡的《大品经序》说：

> 经来兹土乃以秦言译之，典谟乖于殊制，名实丧于不谨，致使求之弥至而失之弥远……不遇渊匠殆将坠矣。（《出三藏记集》卷八）

他用罗什新译的《小品》作比较："考之旧译，真若荒田之稼芸，过其半未讵多也"①。这类批评，诚然表现了翻译的巨大进步，但同样不容置疑的是，它还表现了佛教思想在师传上的差别，反映了佛教思想在中国传播上所适应的时代思潮上的不同。后汉与三国不同，王弼与郭象又有不同，至于南北朝，佛教在全国又有了新的发展。我们在这里讲的支谶的《道行般若》思想，就是仅限于支谶的译本范围，是不能用后出的同类译本作解释的。

般若思想在佛教发展中的地位和作用

所谓"般若"，意译为"智慧"。但这不是指一般人的智慧，而是一种可以导致成佛的一种特殊智慧。它的全称应该是"般若波罗蜜〔多〕"，意译为"智度"，即通过般若这种智慧，以达到佛的境界的意思。这种立志成佛而修习大乘的众生，被称为"菩萨"；未正式成佛之前的一切修

---

① 《出三藏记集》卷八《小品经序》。

习，就被称为"菩萨行"。　　"菩萨"乃是菩提萨埵（Bodhisattva）的略称，意译为"觉有情"或"自觉觉他"。《道行般若经》说的是通过佛所主持的一个大会，委托须菩提向诸天神龙说法，以阐发菩萨应该怎样学，怎样做，怎样思维，才能完成修习大乘的任务，获得佛的成就而终于成佛这样一个全过程。它从不同的方面揭示出般若波罗蜜的具体内容。全经分三十品，在反复阐述般若波罗蜜的理论的同时，还不厌其烦地描绘了一些从佛至帝释的神通变化。因此，把宗教的理论论证同宗教的虚幻勾画统一起来，把唯心主义的哲学观点同宗教的信仰主义统一起来。

按照《道行经》（以下简称《道行》或只引品数）的说法，菩萨修行成佛，一辈子不行，几辈子也不行，它是一个累劫才能完成的过程。众生是无穷无尽的，而菩萨的任务，就在使这无穷无尽的众生统归于解脱，因此，菩萨为超度众生的活动也应该是没有止境的。在这个无限的长期过程中，要做的功德和修习的法门有多种，只有学习般若波罗蜜所得的功德最多，修习般若波罗蜜的效果最大。

在《道行·功德品》中佛问帝释：如来般泥洹后，善男子善女人取佛舍利起七宝塔，以名华捣香、缯绿华盖旗幡等，尽形寿，自归作礼，承事供养，其福多不？帝释答：甚多甚多。佛言：不如书般若、持经卷归礼供养得福多也。佛又问：百倍恒沙佛国中所有众生皆起七宝塔，累劫供养，其福祐功德宁多不？帝释答：甚多甚多。佛言：不如讽诵般若波罗蜜所得功德百千倍，万亿倍，无数倍。因为："从般若波罗蜜中出怛萨阿竭阿罗诃三耶三佛萨芸若。"① 意思是说，尽管建造寺塔，尽礼尽寿地供养佛的舍利有很大的功德，但比起诵读般若经来，那还差得远。在同一品中还有一番对话：佛问帝释，如恒河沙佛国中人皆令得须陀洹道、斯陀含道、阿那含道、阿罗汉道、辟支佛道，其福宁多不？帝释答，甚多甚多。佛言，不如书般若持经卷与他人使书令学为福益多。何以故？皆从般若波罗蜜中学得，成萨芸若（Sarvajñātā，意译一切智），成法德故。意思是说，即令你使无数人成就了小乘圣果，其所得的福祐功德也不如向人们宣传般若经类所得的巨大，因为只有般若思想才能使一切众生成就所谓的"一切智"，达到佛的境地。

此类说法，突出地表现了大乘般若学对于智慧的特殊重视。佛教的修习方法很多，大乘佛教归结为布施、持戒、忍辱、精进、禅定、般若等六波罗蜜，即六种教人得到解脱的方法。六种解脱中，般若的智慧是核心。《道行·功德品》记帝释问佛，般若如此重要，"但行般若波罗蜜，不行余波罗蜜耶？"佛言："都卢六波罗蜜皆行"，只是般若波罗蜜于六波罗蜜中最尊，"以布施、持戒、忍辱、精进、一心分布诸经教人，不及菩萨大士行般若波罗蜜。"原因就在于，其余的五波罗蜜都是从属于般若波罗蜜的，都要在般若波罗蜜的指导下才能生起并发挥恰当的作用。

佛在《累教品》中说，若有受般若波罗蜜，若有学，

---

① 见第 415 页注。

若有持，若有解中事，若有随，知是菩萨如面见佛无异。又说，我每所说余经，设令悉散悉亡，其过少耳，而从佛受般若设散没之，其过甚大。佛又说，慈孝于佛，恭敬思念于佛，不如恭敬于般若波罗蜜，慎莫忘失一句。最后，还特别以般若波罗蜜作为信誓的凭证，说："若有不欲离于佛，离于经，离于比丘僧，亦不欲离于三世诸佛者，不当离于般若波罗蜜。"何以故？"过去当来今现在佛，皆从般若中出。"

诸如此类的说法，在《道行经》中到处反复陈说，目的是要给人一个深刻的印象：般若波罗蜜是造就菩萨，得道成佛的指导思想，是统帅其他各种功德和修习方法的灵魂。把般若提到这样一种高度，是小乘向大乘转变的另一个显著特点。小乘称释迦牟尼为唯一的佛，当作自己教派的开山鼻祖；其修行所得的最高圣果，与佛的崇高地位是不能相比的。因此，对于佛经中的释迦牟尼的教训则不敢突破。作为小乘经典汇编的《四阿含》中，就更多地保留有原始佛教的面貌。般若经类则否，他们把般若当作佛、法、僧的概括，把是否符合般若的思想，作为衡量佛、法、僧的标准。这样，事实上是把般若的地位抬高到了佛的地位之上，不但释迦牟尼被般若化了，而且可以根据般若的原则，造就无数亿佛。般若经类宣传，佛绝不只释迦牟尼一人。在他之前有佛，在他之后也会有；天竺有，十方都有。从理论上说，人人都可以成佛，过去，现在、未来可以有"不可复计数佛。"这些说法，无疑是由对佛个人及学说的崇拜和信仰，转变到对般若理论的崇拜和信仰，这样，一方面在外貌上表现为特别重视智慧的作用，讲究理论论证，并具有强烈的批判精神，由此以后发展出了龙树、提婆那样几乎近于否定一切的中观学派；而另一方面，宣传奇迹，迷信诸佛与菩萨的神通变化，它的宗教气味比之小乘尤为浓重。可以说，般若经类用信仰改造人的理性，并让被改造过的理性去论证信仰的一种典型。

《道行经》具有一切般若经类的这些共同特点。比方说，它用理性呼唤人们去诵读它的经籍，许以至高无上的智慧。但同时它又给以信仰上的激励，把诵读和传播它的经籍加以神化。佛经说，只要受持和宣传般若经类，人们就可以受到诸天神和诸佛的护祐，而般若波罗蜜自身也有威力，它可以击退任何邪恶的伤害。帝释说，般若波罗蜜能消诸恶，自在所作，无有与等者。佛说，般若波罗蜜学者、持者、诵者，或当剧难之中，终不恐不怖。经中举了很多例子，说明书写诵持般若经的各种利益，例如怨家欲害之，其人终不于中横死；若有射者、兵向者，终不中其身；若鬼神若禽兽欲来害人，终不能中，等等。

这种宗教宣传，不但因此而深入到了无力无助的劳动群众中间，使没有文化的人也能诵读某些佛教经文，将佛经奉为圣典；还特别影响到统治阶级的某些上层分子，使他们也很卖力地抄写和刻印一些佛经流通，以此作为他们贪婪残暴的福祐和卑怯空虚的慰藉。从后汉以来，佛经的翻译、抄写、刻印日趋发达，从私人到国家，其出版数量之多，印刷次数之频，远远超出了当代儒家经籍的传播。

总之，用智慧论证信仰的这种做法，曾促使中国的思想文化起了一个很大的变化。由于它的信仰主义采取了尊重智慧、尊重理性的理论形式，从而使它能够上升成为魏晋南北朝时期上流社会的一种新的文化装饰品，足以与玄学清谈相互表里；由于它宣扬智慧必须服从它的宗教信仰主义，也为它把宗教迷信部分推广到当时社会的最底层，创造了有利的主观条件。《道行般若经》成为般若经类的先行，它既具有般若经类的一般性质，又有不同于以后译本的特色，对于它的研究，特别有助于弄清后来玄学与般若学的相互影响问题。

般若学的宗教理论和它的宗教实践是一个颇为完整的体系。它不像禅数那样硬性规定人们的观察对象和思维方法，用切断同客体联系的办法保证思想的净化，而是通过认识论的说教以达到其宗教宣传的目的。《道行般若经》讲现象的部分，相当于它的"缘生"论，重点放在分析现象的虚幻假有的方面；讲本质的部分，相当于它的"本无"论，也就是以后译为真如的方面。最后，要求达到现象与本质的统一，"幻化"与"本无"的结合，亦即以后译为"中道"、"二谛"、"假有性空"的内容。由这种概念指导的宗教实践，乃是"方便"与"涅槃"的统一，"众生"与"佛性"的统一，"世间"与"出世间"的统一，从而将佛教的世俗化大大向前推进了。当然，般若学并没有自觉地顺应这种认识过程，来阐明他们的思想，但它的全部论述是相当清楚地体现了这个过程的。作为早出的般若经类《道行》本，可能还处在理论的创建阶段，所以"本无"的方面讲的多一些，"假有"的方面相对来说强调不足，但已奠定了这样的格局。

般若的基本内容之一——"缘起"论

般若的中心思想可以归结为"假有性空"，而支持这个中心思想的理论基础，主要是佛教"缘起"说。

安世高所传的小乘佛教思想以"十二因缘"为中心，宣传"业感缘起"。般若所讲的"缘起"，则是在小乘缘起说的基础上发展的。从大乘般若看来，小乘的"缘起"说还仅限于对"人我"做出说明，论述"人"并不是什么独立自主的实体，所以小乘高唱的是"人无我"；大乘般若进一步认为，人们所面对的一切事物，也不是什么可以独立自主的实体，进一步倡导"法无我"。他们把"人无我"、"法无我"统称为"无自性"，用"无自性"去表示任何事物和现象都没有自己可以主宰自己、规范自己的本性和规律，也就是说，没有固有的本质属性。般若所谓"假有性空"的"性空"，其实就是从这种"无自性"上讲的。

"无自性"的概念，在般若学中占有重要地位，但在我们要讲的《道行般若经》中，这个概念还没有被明确地译出来。比方说，《道行经·道行品》中有两段话：

"菩萨何因晓般若波罗蜜色离本色，痛痒、思想、生死，

> 识离本识，般若波罗蜜离本般若波罗蜜？""如是菩萨出是
> 中，便自致萨芸若。何以故？萨芸若无所从生。如是菩萨疾
> 近作佛。"

这里的译文，语言晦涩，表达含混，相当难懂。如果对照
鸠摩罗什译的《小品经·序品》同段译文，那就清楚了：

> "若色离色性，受、想、行、识离识性，般若波罗蜜离
> 般若波罗蜜性者，何故说菩萨不离般若波罗蜜行？""如是色
> 离色性，受、想、行、识离识性，般若波罗蜜离般若波罗蜜
> 性，是法皆离自性，性相亦离，菩萨于是中学能成就萨芸
> 若。所以者何？一切法无生、无成就故。"

可见，《道行》译为"本色"、"本识"的，也就是《小品》
中的"色性"、"识性"；所谓"本"，也就相当于"性"，这
样，所谓"色离本色"，"识离本识"，也就是"色离色性"，
"识离识性"，都是要求人们认识不要把现象当成有自性的
东西，因而也都包含了"无自性"的意思。所以尽管当时
对于"无自性"的思想，并不像以后那样明确，但在《道
行般若经》的译文中，还是具体地贯彻了它的基本思想的。

由于把"无自性"的概念用来说明一切事物和现象，
不只使佛教小乘讲的"无我"更彻底了，也改造了小乘的
"缘起"说本身。这在《道行般若经》中有明显的反映，其
中《不可尽品》记述佛为菩萨时坐于树下，"不共法思维十
二因缘"。这里所谓的"不共法"，就是指与小乘对十二因
缘理解不同的地方：

> 若有菩萨行般若波罗蜜时，思维十二因缘不可尽。作是思维者，出过罗汉、辟支佛道去，正往佛道。

具体所谓"不可尽"是什么意思呢？

> 作是视十二因缘，所视法生者、灭者皆有因缘，法亦无有作者。作是思维十二因缘、行般若波罗蜜时，不见色，不见痛痒思想生死识，不见佛境界，无有所因法见佛境界，是为菩萨行般若波罗蜜。

第一，它把世间一切生灭现象和体现生灭现象的主体，都看成是由因缘造成的，所以说这一切现象也就是"无生"、"无灭"、"无作者"，亦即空无所有。简言之，般若所谓的"空性"，就是指其为"因缘法"而言的；离开"因缘"，也就体现不出"空性"之所在。

第二，它把小乘实质上是以人生过程为核心来讲述的十二因缘，扩大到了代表世间的"五阴"和代表出世间佛境界等的一切领域，把因缘说变成了一种解释世界一切现象的学说。

第三，小乘主张，只有灭尽十二因缘，才能求得涅槃，因而，在理论上就得承认十二因缘和涅槃均为实有其性的东西，在实践上就得从十二因缘中摆脱出来，采取绝对当真的态度。般若认为，由于因缘法本来就是体现着无自性，所以在被视为生、灭、作者的现象之中也就体现着无生、无灭、无作者，因此，也绝不可能当真消灭一个世间世界和当真再生出一个涅槃世界。这些说法，对于大乘的发展，

330

有着重要的意义。这就使我们对支娄迦谶初传来的般若因缘说给予足够的注意。

《道行·昙无竭品》中记昙无竭回答萨波仑的问题"师愿说佛音声，当何以知之"时，有很长的一段话就是专门讲因缘的：

> 贤者明听：譬如箜篌，不以一事成：有木有柱有弦，有人摇手鼓之，其音调好自在，欲作何等曲。贤者，欲知佛音声亦如是。……其法皆从因缘起，亦不可从菩萨行得，亦不可离菩萨行得，亦不可从佛身得，亦不可离佛身得；贤者，欲知佛身音声，共合会是事乃得佛耳。复次，贤者，譬如工吹长箫师，其音调好，与歌相入。箫者，以竹为本，有人工吹，合会是事，其声乃悲。

> 成怛萨阿竭阿罗诃三耶三佛身，不以一事，不以二事成，以若干百千事，若世世作功德，本愿所致，亦复世世教人，用事故成佛身相及诸好，悉见如是。

> 譬如佛般泥洹后有人作佛形象，人见佛形象无不跪拜供养者，其象端正姝好，如佛无有异，人见莫不称叹，莫不持华、香、缯綵供养者。贤者，呼佛，神在象中耶？萨陀波伦菩萨报言："不在象中。"所以作佛象者，但欲使人得其福耳，不用一事成佛象，亦不用二事成，有金有黠人，若有见佛时人，佛般泥洹后念佛故作象，欲使世间人供养得其福……成佛身亦如是，不用一事，亦不用二事，用数千万事，有菩萨之行，有本索佛，时人若有常见佛作功德，用是故成佛身，智慧变化飞行及成诸相好，成佛如是。

贤者复听，譬如鼓不用一事，不用二事成，有师有革有桴，有人击之其声乃出。贤者欲知佛，不用一事二事，用若干千众事乃成之，有初发意，有六波罗蜜行，晓知本无、本无无所从生之事，坐于树下降伏于魔，诸经法悉晓知，如幻无有异，用是故成佛身。

贤者复听，譬如画师，有壁有彩有工师有笔，合会是事乃成画人，欲知佛身，不用一事成，用数百千事……譬如阿迦腻吒天上天人所止观殿，光耀悉照天上，端正姝好；如天上殿舍，亦不自作，亦无有持来者，亦无有作者。本无所从来，去亦无所至，因缘所生，其天人本作功德所致，用于此间布施故，得生其上，在殿中解止，用是故，其人得官观。

贤者欲知佛身，因缘所生，用世间人欲得见佛故，其人前世有功德，其人远离八恶处生，其人黠慧信于佛。贤者欲知成佛身，本无所从来，去亦无所至，无有作者，亦无有持来者，本无有形，亦无所着，如阿迦腻吒天上官殿，佛所以现身者，欲度脱世间人故。譬如山中响声，不用一事，亦不用二事所能成，有山有人有呼有耳听，合会是事乃成响声。贤者欲知成佛身，如是无有形，亦无有着，因缘所生，世世解空，习行空，一切生死、无生死为因缘，佛智悉晓本无死生，本亦无般泥洹者，佛作是现世间作是说。

贤者欲知佛身如是。譬如幻师化作一人端正姝好，譬如遮迦越罗无有异，所语众人闻之无不欢欣，人有从索金银珍宝者，皆悉与之，有所爱重被服，人索者悉与之。王在众人中，坐起行步皆安详，人有见者莫不恭敬作礼者。幻人不用一事二事成，有幻祝，有聚会人，随人所喜各化现。中有黠者，同知是为化人作，是现化无所从来，去亦无所至，知之本空化所作，黠者恭敬作礼不著。贤者欲知成佛身如是，因缘所作，用数万千事乃共合成，有菩萨之行，有功德，有劝助德，令十方人使安隐，具足菩萨愿者，欲知成佛身者如是。

贤者欲知佛为人故，分布经无数授与人，各各使行禅三昧思维分别为人说经，各各使学，如是诸天人民闻之莫不欢欣。中有自贡高者，中有不知惭者，中有淫乱者，中有悭贪者，中有强梁者，中有自用者，中有喜斗者，中有不用谏者，中有为淫怒痴所覆者，中有行恶不可计者。佛在众人中央端正姝好，坐起行步安隐，佛众恶已尽，但有诸德，佛皆使人得安隐，佛亦自行佛事，佛本自空无所着，如幻人所作。菩萨现身如是端正姝好，虽见之不著，亦无诸想之意，虽知之无所有，恭敬作礼供养无极。

贤者欲知过去当来今现在诸佛，皆从数千万事，各各有因缘而生。菩萨当作是念，当作是习，当作是守，菩萨作是行得佛疾。

上面所举的"因缘合会"的例子，讲的都是人为的现象。箜篌之声、长箫之声、鼓声、山中响声，佛的塑像、画像、魔术师变化的幻人，禅定中见到的天上宫殿，都离不开人的作用和感觉。在这里，明显的有两类性质不同的因缘关系：一类是客观的、物质的，比方说，箜篌需要"有木有柱有弦"，"箫者以竹为本"，鼓需"有革有桴"，画人需"有壁有彩有笔"，甚至"幻人"也需要有"幻祝、有聚会人"等等。第二类是主观的、精神的，比方"声音"就需要有耳有听者，形象就需要有目有见者。这两类事物，在《道行经》中是并列的，等同的，既不分析他们之间所起的作用是否有所不同，也不管他们谁是第一性的，而要提醒人们重点注意的，只是他们之间的相互结合，即"因缘合会"，以及他们之间的缺一不可的关系。没有竹，固然不成其为箫；但无工于吹者，也发不出箫之音来；而无听者，则亦无从表现其箫音之悲。因此，作为现象出现的"箫音"，并不是由某一种因缘关系决定的；其构成为"箫音"的任何一种因缘，都不含有"箫音"的成分；而只要这多种因缘关系凑在一起，"因缘合会"了，"箫音"就出现了。佛教认为，就"箫音"发生的现象说，它既不来也不去，既不生也不灭，因为它根本就没有自己固有的规定性，也不会有自己的独立的运动。就其没有自己质的规定性来说，就叫作"无自性"；就其没有自己独立的生灭运动来说，就叫作"无生"。

佛教大乘"因缘"说，坚持了佛教主张的普遍联系和多种因素统一的思想，强调了事物不是孤立自在的存在，也不会孤立自在的运动的观点，有它合理的一个方面。既然事物不会是孤立自在的存在和运动，那么，世界上也就不会存在一种不受因果联系和条件制约的永恒不变的实体。

> 具体之所以具体，因为它是许多规定的综合，因而是多样性的统一。[①]

---

① 马克思：《〈政治经济学批判〉导言》，《马克思恩格斯选集》第2卷，第103页。

不从各种关系的联结上，不从各种联系的总体上去把握事物，事物本身就会成为不可认识的。因此，这种因缘说，在提倡全面具体的认识方法上，有值得肯定的方面。但是，般若学承认"因缘合会"的主张，只是为了导出"无自性"的宗教唯心主义结论。佛教的错误在于把事物的普遍联系、相互制约的关系，同事物固有的性质分割开来，对立起来。佛教看来，似乎唯有孤立的、"非此即彼"的事物，才是有"自性"的东西；因而所谓"自性"，是一种自我封闭的独自性。黑格尔认为，这是一种抽象的事物，无论在天上或地上，无论在精神界或自然界，都是不会存在的。"任何事物的真正本质"，也就是般若学称之为"自性"的东西，就"在于表明一物之存在乃基于他物，因此他物即是与它自身同一的，即是它的本质。而这本质并不是抽象的自身反映，而乃反映他物"①。换句话说，事物的自性正是在同它事物的本质联系中构成的，并通过与其周围条件的相互关系，得以充分表现出来。黑格尔说："人的行为〔外〕形成他的人格〔内〕"②。马克思说：

> 太阳是植物的对象，一个不可缺少的促进它们的生命的对象，同样植物也是太阳的对象，作为太阳促进生命的力量的表现、太阳的客观性能的表现。③

---

① 《小逻辑》，生活·读书·新知三联书店 1954 年版，第 268 页。
② 同上书，第 300 页。
③ 《黑格尔辩证法和哲学一般的批判》。

我们认为，一切实在的事物，正是通过无数复杂的联系，才形成自己独特的具体性格，才把自己的内在性质多方面的表现出来。所以斯大林说：

> 自然界任何部分中任何一种现象，如果把它看作是与周围条件没有联系的现象，看作是与它们隔离的现象，那它就会是毫无意思的东西；反之，任何一种现象，如果把它看作是与周围现象密切联系而不可分离的现象，把它看作是受周围现象所制约的现象，那它就是可以了解、可以论证的东西了。[①]

般若讲的缘起说，之所以把普遍联系当成是论证"无自性"的理论根据，正是奠定在与辩证法相反对的那种隔离事物内在联系的形而上学基础上。因为佛教要追求一种精神上绝对自由的世界观。

然而，世界上不处于一定联系中的现象是没有的；而人们一般也从来不把这些"因缘合会"的事物当成是"无自性"的东西。据般若学看来，世俗的认识有毛病，"因缘法"本身并没有所谓"自性"这种东西，事物之所以具有各种不同的性质，完全是人们的认识强加给现象的。

为便于分析，我们从感性认识和理性认识两个方面看佛教是怎样利用缘起说否定客观事物之实有自性的。首先从理性方面看。理性认识的主要特点在于它的抽象性，在

---

① 斯大林：《辩证唯物主义与历史唯物主义》，《斯大林文选》，人民出版社 1962 年第 1 版，第 179 页。

于它用概念进行思维。大乘般若所谓的名、字、名言、名相、"想"，等等，大都指概念而言，我们通称之为"名言概念"。在以后的佛教般若学中，对名言概念问题所做的理论文章非常之多，它的基本思想，是认为"因缘诸法"之所以被视为有"自性"的东西，全是由于人们约定俗成，给予现象的一定的名言概念造成的。《道行经》讲："诸经法但有字耳，无有处所"①。这就是说，佛在诸经中所说一切法，并不都是实有其事，这当然是正确的；"幻化及野马，但有名无形"②。这是说幻化物③没有真实的形体，只有人们给它们起的名字，这也没有什么错误。但由此却推出了一个普遍性的结论："名本无形，字，无有形"④，一切名言概念都不代表也不反映有真实形体的东西，因而一切事物也都像佛经所说的法一样，如幻如化，所以一切事物原本也是无自性的，因而也是不真实的。

　　人名及声无所有，怛萨阿竭（意为"如来"）亦无所有，于前见者，念所作因见：般若波罗蜜所作本无所有如是。（《道行经·昙无竭菩萨品》）

─────────

① 《随品》。

② 同上。

③ 把"幻化"同"野马"（田间云气）并列，正如把"幻化"同"声响"、"虚空"等并列一样，都看成是同样"不真实"的，这是由于当时佛教对自然界的认识水平还很低造成的。其目的在说明幻化物之不实在，而并不在研究"幻化"与"野马"的区别与否。因此，我们就用"幻化物"一词来代表。

④ 《道行经·昙无竭菩萨品》。

这样，一切名言概念都不代表有客观内容的东西；人们见闻觉知的事物，也就都不是由客观对象所引起的，而是由于主观"念"的作用，把名言概念当成了实有其物而发生错觉的结果。康德说，"人是自然的立法者"，人们只有通过先天的范畴才使现象具有了一定的秩序和规律。杜林抄袭这种观点，认为某一对象的特征不是从对象本身中认识到的，而是从对象的概念中逻辑地推论出来的。大乘般若在缘起说上坚持的基本观点，也运用了大体相似的手法。佛教认为"因缘法"之所以被当作有"自性"的东西，就是由于人们给它们一定的名言概念造成的，名言概念才是现象具有"自性"的原因。它与康德的先验主义不同的是：佛教般若学并不认为名言概念强加给现象的"自性"是合理的，相反，名言概念被当作为一种主观的偏见必须加以破除。

般若学说认为事物本无自性，它们的自性纯属名言概念强加给事物的。在人们的日常感觉经验中，感到事物总是呈现千差万别的形象。佛教告诫人们说，感性认识是不可靠的。上边所引的《道行·昙无竭品》那一大段讲因缘合会的话中，鸠摩罗什重译的《小品》作了许多删节，而增加了另外的一段《道行》中没有的话：

> 若人不知诸法虚妄如梦，以色身、色字、语言、章句而生贪着，如是人等分别诸佛而有来去，不知诸法相故；若人于分别来去，当知是人凡夫无智，数受生死，往来六道，离般若，离佛法。

意思是说，人们之所以把事物看成是物质的实在，看成是具有名言概念所表达的那种自性，原因在于不懂得一切现象，包括所谓"佛"在内，都是"虚妄如梦"的，因而都不应该执为实有其物，也不应该分别来去，生灭之实有其变化。在这里，般若的缘起说向我们进一步提示：从感性认识方面说，人的感觉、表象和知觉的客观对象，不但是无自性的，而且是不真实的。正如人们在梦中见到的事物一样，人们习惯于把它们当作真实的存在，其实是出于自身的幻觉。

般若经籍经常爱用"如梦如幻"来说明事物的虚妄不实，因为他们在哲学基本问题上，就是把客观的实在事物当成人们的主观幻觉看待的缘故。《怛竭优婆夷品》在讨论修习"三解脱门"对增益般若智慧的作用时，须菩提认为，白天修习和梦中修习是同样有益的，理由是："佛说昼夜梦中等无异"，也就是把梦中现象与现实中的现象等同起来。据佛经记载，有一种"幻师"，有制造"幻化人"的能力，他可以使"幻化人""端正姝好"，能说会道，以至于吸引人们恭敬作礼，搜刮布施。在般若学看来，这种幻化人与真实存在的人也没有本质的区别，所以说："幻如人，人如幻"①。推而广之，"幻与色无异也，色是幻，幻是色"②。

---

① 《道行经·道行品》。
② 同上。

"譬如幻师于旷大处化作二大城，作化人满其中，悉断化人头"①，其结果必然是一个也没有当真被中伤致死者，原因就在于城市和人众都是幻化不实的，毕竟本无的。这样一来，感性认识所面对的客观世界，不过是人们自身的幻觉。这种幻觉，固然能够派生出宗教虚构的彼岸世界，而我们现实生活在其中的感性世界，也就成了我们自己的梦幻的产物了。佛教经常把精神现象与物质现象、现实世界和梦幻世界混为一谈。

总之，般若学从理性认识方面论证事物是"无自性"的，从感性认识方面论证事物是不真实的，说到底，世界上的一切事物，无非是精神谬误的产物，因而事物的本质，乃是空无。但是，这并不意味着现象界是一无所有，从缘起说看来，即使梦幻，也不是纯无：在《怛竭优婆夷品》中，舍利弗根据佛说一切法"如梦中所有"，都是空幻不实的，提出质疑，认为梦中的行为不可能产生实际结果。须菩提驳斥道，梦中所作所为，"皆有所因缘，心不空。尔令有所因缘，若见若闻若念为因缘，尔故知耳。从是中令人心有所着。令人心无所着，是为不忘：尔皆有所因缘故。"其心所以不空而"有所因缘"，又是以"想因缘，是故心因缘从是起。"这样，"想"是"因缘"，由"想"引起的"心"所行见闻觉知也都是"因缘"，梦中所作所为，有了心理这样的因缘，也不能说成是空无所有了。

---

① 《道行经·道行品》。

据此，般若学的"缘起"论得出了另一个非常重要的结论：凡属因缘所生法，也都是"有"，尽管这是一种"无自性"的，不真实的"有"，因而也被称为"假有"，但毕竟还是"有"。否认"假有"同否认"性空"一样，都是般若学所不允许的。

按照《道行》般若的说法，可以把它的"缘起"论归结为下列几点：

第一，所有的缘起法，构成为现象世界。虽然现象之间是相互关联、相互作用的，但说到底，它们都是人们精神活动的产物。感性赋予对象以真实的形状，靠所谓"想"的因缘构成；理性赋予对象以固有的本质，靠所谓"念"的因缘构成。在《道行经》中，"想"与"念"的概念，还没有被给予特定的含义，但它们都是意识的活动。因此，"缘起"说把现象界看作依赖于感觉表象和概念范畴的存在，所谓"缘起"，也就成了精神的自我异化。这样，在般若学中虽然还没有像以后的大乘唯识学说那样，明确宣布什么"三界唯心"、"唯识无境"，大乘有宗的哲学基础，已被大乘空宗般若学奠立了。

第二，从缘起法看来，正由于对象的自性及其真实性是主观意识外在化的结果，因而像世俗认识的那类事物，即当作实在的那类事物，唯有假象而实无所有。这样，他们合理地否定了幻化世界的实在性，因而也否定了彼岸世界、佛的世界的真实性，但更重要的是同时否定了现实的物质世界的真实性，否定了此岸世界即世俗生活的真实性。

341

第三，由于"缘起"论承认"假有"，所以又把他们所否定的一切，用另外一种形式全部肯定下来。他们不仅肯定了现实社会的一切秩序都是"有"，而且还特别肯定了彼岸世界、佛的世界为"有"。《道行经》中承认，"天上殿舍"，光耀姝好，诚然不是殿舍等的"自作，亦无有持来者，亦无有作者，本无所从来，去亦无所至"，但它们毕竟也是"因缘所生"①，这些"因缘"包括"见者"或"居者"的"本作功德"，以及布施、持戒，等等，由此在意识上出现的一种或"见"或"居"的幻境，就要被视为一种不容置疑的存在。《道行经》中还讲到，修习般若也是一种因缘，通过长期的修习，可以获得"阿惟越致"，意译为"不退转"，是成佛路上有决定意义的一个转折点。修习者怎样才能知道已经成就了"阿惟越致相"了呢？《远离品》中列举了许多标准，就是看佛教徒的宗教世界观是否牢固，甚至潜意识的活动时，也没有背离过佛教般若学的教训。比方说，梦中"不入阿罗汉地，不入辟支佛地，不乐索其中，亦不教他人入其中，心亦不念般若中诸法……心悉常在佛"，那么，这就证明已经成就"阿惟越致相"了。再比方说，菩萨"梦中若见郡县，其中兵起，辗转相攻，若火起，若见虎狼狮子及余兽，若见断人头者……其心不恐不怖，不惊不摇"，而醒时即作是念："我作佛时，悉为说经遍教"，也同样的不恐不怖，不惊不摇，这也证明是得到了

---

　　① 《昙无竭菩萨品》。

342

"阿惟越致相"。佛教教人把做梦看作醒时，醒时看作做梦。若梦中能灭城郭大火，醒时也同样能够使火灭；梦中能够驱使鬼神，醒时也同样能驱使鬼神，这更是得"阿惟越致相"的证明了。《庄子》有言："不知周之梦为蝴蝶与，蝴蝶之梦为周与"，这说明庄周还是想知道梦境与现实的区别的；而在般若学看来，现实就是梦境，梦境也就是现实，梦境与现实的区别已经完全被泯灭了。它们在"因缘合会"这一点上，为人们进入彼岸的佛国排除了路障。

第四，一切现象都可以归结为"因缘法"，因而一切现象都是"假有性空"。那么，作为支配一切的必然性规律的"因缘"，亦即佛教的因果律，是否也是一种"假有性空"呢？般若经类从来没有明确表示"因缘"自身也不是真实的存在。相反，即使到了以后的中观学派，从"因缘法"上讲"空"讲得已经十分彻底了，也还反复申明，因果法则不能否定，因为没有因缘，也就没有果报，它的宗教就失去了存在的哲学基础，这就要走向反面，成为佛教的异端。《道行经》中用了那么多"因缘合会"的例子，所要说明的就是诸佛为有，诸佛可成："过去当来今现在诸佛，皆从数千万事，各各由因缘而生。"[1] 这些因缘，一方面在接受"佛音"，一方面在礼拜"佛身"，尽管佛音、佛身均无自性实体，空无所有，但造就这些"佛音"、"佛身"的因缘却是存在的，只要具备了这些因缘，佛即可以呈现面前，人亦可以成佛。这些因缘可以包

---

[1] 《昙无竭菩萨品》。

括成佛之前的一切菩萨行，诸如：

> 有初发意，有六波罗蜜行，晓知本无，本无所从生之事，坐于树下降伏于魔，诸经法悉晓知。(《昙无竭菩萨品》)

以及其他所谓数千万事的一切"功德"。这样，在理论上，般若需要否定一切客观的实在性，宣布现象就是虚假不实；在宗教实践上，却又要承认那决定一切现象的，都有一个必然性的因果关系，这个因果是真实的存在。所以从表面上看起来，般若的理论诚然具有怀疑、动摇，甚至否定一切权威的倾向，包括否定佛、法、僧的实际存在的倾向。但是，一旦危及他们最根本的教义，即对社会生活起着实际的宗教作用的那部分教义，他们一切皆空的理论就无力坚持了，这是"缘起"论的内在矛盾。

般若的基本内容之二——"本无"论

"本无"一词，后译为"如"、"真如"与"实相"、"真实"等，在般若学中都是表示"性空"的，是大乘佛教最重要的一个概念。它同佛教的本体论和认识论的关系都很密切。

《道行经》把"真如"译为"本无"，因为早期的译经事业受《老子》的影响，它反映了当时社会人士对佛教教义的理解的程度。把"无"理解为"有"之本。三国时支谦改译《大明度经》，仍然沿用"本无"一词，至东晋而形成六家七宗中的"本无"宗。与支谦同时代的玄学家何晏、王弼主张"天地万物，皆以无为本"；西晋裴𫖯著《崇有论》

则抨击"静一守本无"之说。可见"本无"这一观念，在当时的中国哲学界是一个十分引人关心的大事。研究魏晋玄学同佛教般若学的关系，应该给予特别注意。

般若经类是佛教由小乘向大乘发展中的第一类经籍。唐玄奘时搜集编译为六百卷，列为十六部分，前五部分被称为"根本般若"，"根本般若"又可按其详略分为大、中、小三类。据认为，其中分量较少的部分，也是般若经类最早出现的部分，支谶翻译的《道行般若》就是其中的一种，从中可以看到小乘转变为大乘的痕迹。其中，"本无"的译名，可能就是反映着这种转变的一种表现。《道行般若》译为"本无"，不单纯是为了迎合中国传统思想的需要，而且也有佛教自身发展的逻辑。

小乘诸派，特别是其中影响较大的"说一切有部"，把佛所说的一切法，诸如"五阴"、"十二处"、"十八界"、"十二因缘"等世间诸法，"泥洹"、"道果"，以及"戒、定、慧"等出世间或通向出世间诸法，都看成是实有其体的真实存在。使佛教思想僵化，堵塞了发展的可能性，使它的宗教本身失去了适应社会需要的能力，产生了日益衰落的危机。大乘般若开始所集中批判的，就是小乘那种执著佛所说法一切实有的观点。我们将以后鸠摩罗什译的《小品》同《道行经》对比可以看到，在《小品》译为"诸法性空"的地方，《道行经》大都译为"经法本无"，或"所说诸法本无"。最早的般若经译本的《道行经》，是用"本无"一词明确地表示，它所要否定的是小乘把佛或佛经的语言概念实在化了的观念，亦即所谓"经法本无"的意思，还没有着重于去否定现实世界中一般事物的实在性。从这个角度上说，大乘般若动摇了原始佛说的权威，否定了小乘僵化的思想体系，使用"本无"一词，更加带有般若初期否定说一切有部的倾向。

般若学把佛所说法确定为一种语言概念上的假施设，进而把一切语言概念都视作假施设。这样一来，语言概念是不是还反映着与客观事物相应的本质呢？人们还能不能借助于表现为语言的概念去把握客观事物的规律性呢？问题在于：在人们的感觉和思维之外，有没有独立存在的客观世界，人的感觉和思维能不能反映和把握这个客观世界。般若学在世界观上的唯心主义和认识论上的不可知论，正表现在对这些基本问题的回答上。《道行经》在讲到"缘起"的时候反复说明：世俗认识的一切对象，无非是表象和概念的产物，因而也都是"无自性"的非真实的幻象。这就等于说，世俗认识之所以把自己的对象当成有"自性"的真实存在，全在于它通过语言概念进行思维活动而造成的。因此，世俗认识的本性就是荒谬的，永远也不可能达到对象的本质。

这样，般若学就由"佛所说法"的"本无"，归结为一切名言概念的规定性及其反映的客观内容的"本无"。《道行经》中须菩提解释"菩萨"说：

佛使我说"菩萨"，"菩萨"有字便著……"菩萨"法字

了无，亦不见"菩萨"，亦不见其处，何而有"菩萨"。（《道行品》）

就是说，对于"菩萨"的概念，是不能执其为实有的，菩萨概念所指谓的菩萨自身，也不能用世俗的认识去知见和思念。对于"菩萨"如此，对其他事物也都应该如此。所以说：

"菩萨"不念彼间，亦不于是间念，亦不无中央念。"色"亦无有边，"菩萨"亦无有边，"色"与"菩萨"不可逮、不可得，……都不可得见，亦不可知处，当从何所说般若波罗蜜？"菩萨"转复相呼"菩萨"。……尔故，字为菩萨。如是如是，字想亦无，字亦无想，……字为色法中本无。（《道行品》）

世俗的思念和知见所了解的菩萨，只是一个称谓；有时被看作一种"色身"，有时被看作一种精神实体，其实，物质实体和精神实体与"菩萨"一样，也都是一种称谓，就其本质说，都是空无所有，亦即"本无"。《难问品》中有一番对话说得更清楚：

帝释问："何缘尔人无底，波罗蜜无底？"须菩提言："于拘翼云何，何所法中作是教人本所生？"帝释答："无有法作是教者，亦无法作是教住者。设使有出者，但字耳，设有住止者，但字耳，但以字字着言耳。……人复人所，本末空无所有。"

这样，般若学就从感觉表象和名言概念这两个方面，断言一切物质现象和精神现象只是假象。凡是认识所已达到的世界以及可能达到的世界，在本质上，都是空无所有的"本无"。般若学的主要任务就在于揭示假象，破除视假象为真实的观念，从而达到对作为假象本质的"本无"的认识。因此，"本无"的原始含义，就是对于视假象为真实的否定，而人们对于"本无"的认识，也只能通过对世俗的一切认识的否定来实现。

这样，作为认识对象同这种对象的"本无"之间的关系，就变成了现象与本质的关系：作为现象之"本质"的"本无"，只有在对现象的彻底否定中才能体现出来。"怛萨阿竭知色之本无；如知色之本无，痛痒、思想、生死、识亦尔。何谓知识？知识之本无。何所是本无？是欲有所得者是亦本无。""何所是本无者？一切诸法亦本无。"[①] 世间诸法如此，出世间诸法也是如此，所以说："一本无，无有异。"[②] 为什么说世间和出世间诸法，在"本无"上无所区别呢？答案又回到了如梦如幻上：一切诸法，都是梦幻不实。梦幻不实，也就是"本无"。《昙无竭品》重点论述了"般若波罗蜜"本身的"本无"："譬如幻人无形"，"譬如风无所挂碍，本端不可计"，"譬如梦中与女人通"，梦中"见须弥山"，"譬如佛现飞"，"譬如虚空适无所住"。般若波罗蜜也是无形、无所有、无所住，因而也是"本无"。《萨陀波伦品》重点论述了"佛"

---

① 《道行经·照明品》。

② 同上。

的"本无"：故事说，萨陀波伦为求般若波罗蜜，在幻觉中听到佛为他说经，说已不见。据此，萨陀波伦问昙无竭："佛为从何所来？去至何所？"答谓："空，本无所从来，亦无所至。佛亦如是"，他也用了"幻"、"野马"、"梦中人"、"想象"、"虚空"等来说明佛之"本无"。在般若的经典中，往往都爱重复佛的这样一句话：

> 菩萨摩诃萨心念如是：我当度不可计阿僧祇人悉令般泥洹，如是悉般泥洹，是法〔无〕不般泥洹一人也。何以故？本无故。（《道行品》）

这里，"本无"所否定的，仅仅是那种把假象当成实有的观点，而并不否定假象作为假象的存在。"本无"既不能离开假象，也不能离开视假象为实有的观念而得到体现。在这里，般若学接近了本质必须由现象来表现的辩证观点：假象以及视假象为真实的观念，都是"本无"的。因此，他们同样激烈地反对离开假象和视假象为真实的观念去把握本质的各种倾向。《本无品》在讨论"阿耨多罗三耶三菩"这一佛的最高觉悟是难得还是易得时，须菩提说：

> "云何舍利弗，用色逮乎？""不也。""离色法逮乎？""不也。""痛痒、思想、生死、识逮乎？""不也。""色本无，宁逮不？""不也。""〔离〕色本无有法逮不？""不也。""痛痒、思想、生死、识本无，宁逮不？""不也。""离识本无有法逮不？""不也。""是本无使逮不？""不也。""离本无有法使逮不？""不也。""设是法不可得，何所以法使逮者？"

舍利弗最后答：

> "如须菩提所说法，无有菩萨得者。"

这一大段对话说明，真理不能停留在现象去取得，因为现象的本质乃是"本无"；但是也不能离开现象去取得，因为"本无"正是通过现象的不真实性得以体现的；真理也不能通过对具体假象的"本无"来表现，因为"本无"不仅表现在特定的假象上；但也不能离开具体假象的"本无"来表现，因为真理正是存在于具体假象的"本无"中。很明显，《道行般若》在这里已经接触到现象与本质、个别与一般的对立统一关系。现象不等于本质，个别不等于一般；不通过现象就不能把握本质，离开个别就没有一般。但是，般若学把概念的这种灵活性作了完全主观的运用，不但在表达的内容上是宗教的，而且在方法上，由于本质只能从对现象真实性的否定中得到表现，因而他们的结论必然是否定人的一切世俗认识及其所面对的世俗世界。

般若学把其对世界现象视为"本无"的观点巩固起来，并要求人们在思想上把这种观点运用于现实生活的一切领域，从而形成了一种特殊的否定形式的思维方法。这种思维方法，要求人们从视现象为实有的观点，转变到假有"本无"的认识上来，最后消除认识主体与认识对象的区别。因此，不论事物有哪些客观性质，或有哪些实在的存在形式，他们都要在认识上一一加以否定，最后连这种"否定"的思想也加以否定。因为现实世界是多样性的，要否定它的真实性，也就需要思想上多样的否定。

在般若学把自己的观点当作思维方法来运用时，他们常用"无住"、"无得"、"无相"、"无生"等等范畴来表示。以后有人认为，所谓"无住"是指思维不住于"名言"，"无得"指思维对对象的"自性"无所得，"无相"指思维不执著于"事相"，"无生"指思维视现象无生灭变化。它是从否定名言概念的实在内容开始，否定表现为"事相"的现象世界，否定决定事相"自性"的本质，最后达到于一切认识活动和认识对象都无所起灭的境地。《道行经》反复陈述了否定方式构成的思维方法。这个时期的般若思想还没有明确地把语言同语言所指谓的事物严格地区别开来，没有把概念同概念的客观内容严格地区别开来。现在我们按照《道行经》的烦琐说法，归纳一些早期般若的认识方法问题，亦即达到"本无"的认识方法问题。

《道行经》中讲到的"心无所住"，也简称为"无住"、"不住"，乃是从人的认识活动绝对不要受外在对象的干预方面来说的。其中须菩提说：

> 菩萨行般若波罗蜜，色不当于中住，痛痒、思想、生死、识不当于中住。何以故？住色中为行识，住痛痒、思想、生死、识为行识。不当行识。设住其中者，为不随般若波罗蜜教。（《道行经·道行品》）

对于"五阴"，也就是物质世界和精神世界的综合，都应该"无住"于心。对于佛、泥洹，以至于般若波罗蜜自身，也应该无住，"无住"，也就是"无著"的意思。作为一种思维方法，要求对任何事物，包括最神圣的事物在内，都不要执著不放，在思想感情上也决不要受它们的左右，有所触动而耿耿于怀。所以般若智慧的要求，不是像小乘那样，使人的认识一直修养到闭目塞听的境地，而是要求人们于见闻之中，视如不见，听如不闻，不动于心。

那么，为什么要采取这样一种思维方法呢？他们从"缘起"论出发，认为认识所面对的一切事物本来就是"空无所有"，一切现象都是如幻如化的假象。《难问品》载须菩提指帝释变化的幻花说：

> 是花所出生散我上者，化作耳，化成耳。此花化花，亦不从树出……亦不从心树出。

此之为"无所从出"，所以叫作"非花"。世界的一切现象，既不是来自客观的物质，也不是来自主观精神，它们都像"花"为"非花"一样，"有"亦"非有"，本来是"空无所有"的。既然本无所有，那么，主观精神当然也不应当认为它们是实有其物了，这就是"无住"的要求。

般若学既否认世界的本原是物质，也否认世界的本原是精神，认为二者都是虚假不实的；但他们并没有因此而凌驾于唯物主义和唯心主义两大派别之上。他们不只是用彻底否认物质和精神的真实性来表现他们的唯心主义特点，而且也是把世界的真实性当作主观精神虚妄分别的产物来表现他们的唯心主义特点。

按《道行经》的解释，"无住"的主要表现是"不当行识"①，即不应该有关于外在事物的思想认识活动。由此得出的直接结论，就是"无想"，即"不当持想"："菩萨不当持想视萨芸若，设想视者，为不了为。"② "无想"是对世俗"行想"的否定。世俗的思想总是自发地承认有一个外在的实在事物，作为自己的思想对象，佛教认为这是不正确的，所以说，"设使行色为行想，设生色行为行想，设观色行为行想，设天色行为行想，设空色行为行想"，"作是守行者为不守、不行般若波罗蜜"、"若想行者，菩萨护行当莫随其中。"③ 意思是说，对于"色"，思想上既不能留有形象，也不能有关于它的名言概念，要取消关于它的一切思维分别。像小乘那样，为了"灭色"、"空色"，就要"生色"、"观色"，行关于"色"和"灭色"的思想，这都是不符合般若要求的。对物质现象如此，对精神现象也是如此。

按照《道行经》的说法，"持想"、"行想"要以外在事物的真实存在为前提，所以必须加以破除。《道行经》有时译"想"为"相"，"相"即"事相"。在思想上持有事相，就必然肯定有外在的事相真实存在，也绝不能成就真正的般若智慧。据此，《功德品》中特别批判了小乘关于"四无常"的根本观点：佛向帝释说，未来比丘欲学般若波罗蜜，

---

① 《道行经·道行品》。
② 同上。
③ 同上。

> 恶知识反教学色无常，行色无常，作是曹学行般若波罗
> 蜜；痛痒、思想、生死、识学无常，行识无常，作是曹学行
> 般若波罗蜜：是为枝叶般若波罗蜜。

原因就在于小乘把"五阴"、"无常"当成确有其事地在那
里"学"和"行"。从真正般若看来，应该是：

> 不坏色无常视，不坏痛痒思想生死识无常识。何以故？
> 本无故。①

实际上，本无所谓"色"、"识"之类的事相，哪里还需要
否定"色"、"识"等的永恒性再去看它们的无常性呢？一
旦认为确有"色无常"、"识无常"等事，那就是"持想"、
"行想"，思维方法还是世俗的。

"行想"中的一种叫作"作想"，主要指有目的、有倾
向性的思想活动，或主观动机，是"作想"还是"不作
想"，在《道行经》中被看成是凡、圣的一条重要界限。
《沤惒拘舍罗劝助品》在谈到如何对待"劝助"佛信仰这种
"福德"时，须菩提说：

> 诸佛天中天，所知不著想，过去已灭；亦无有想，而不
> 作想。其作想者为非德……有德之人，有想便碍，反欲苦
> 住。怛萨阿竭阿罗诃三耶三佛②不乐作是德持用劝助，何以

---

① 《道行经·功德品》。
② 佛陀"十号"中的三号。"怛萨阿竭"，译"如来"；"阿罗诃"，译
"应供"；"三耶三佛"，译"正遍知"。

故？用不正故，视般泥洹佛反而有想，以是故，为碍所作功德。

又说：

> 其不作想者是怛萨阿竭阿罗诃三耶三佛之德；其作想者，譬若杂毒。

佛与非佛的差别，就在于佛是"不着想"、"无有想"、"不作想"，但做好事，不问前程，没有任何主观动机、目的、要求和其他思维活动；而凡人却总是"有想"、"作想"、"着于想"，以至对于佛的最高智慧和最高觉悟，也脱离不开以"想"求之，所以不但求之不得，反而对作佛有碍。原因就在于世俗所认识的一切，本无所有：

> 无欲界，无色界，无〔欲〕无色界，亦无过去、当来，今现在亦无所有，所作施亦复无所有；其作是施为已如法，法亦无所有。①

"有想"的范围很广。以世界为"有"是"有想"，以世界为"无"，也是"有想"，凡属认识活动，都可以叫作"有想"。这种"有想"的思想基础，就在于把事相看成真实的东西，所以又叫作"有著"。舍利弗问："何所为著?"须菩提答：

> 知色空者是曰为著；知痛痒、思想、生死、识空者是曰

---

① 《沤惒拘舍罗劝助品》。

为著。于过去法知过去法是曰为著。于当来法知当来法是曰为著，于现在法知现在法是曰为著。如法者为大功德，发意菩萨是即为著。①

也就是说，如果思想顺应世俗认识的活动，说"有"就一定是"有"，说"空"就一定是"空"，那都叫作有著。"空"与"无"都是对事物自性的否定性称谓，并没有另外什么具有自性的空无。因此，凡是执"空无"为有自性实体的观点，同把"有"视为"实在"的观点，以至执佛为有，都是一种执著。帝释问：

"何谓为著?"须菩提答："心知，拘翼。持是知心施与作阿耨多罗三耶三菩。"②

有"心知"就永远不可能达到佛的最高智慧。任何思维活动都是执著，所以须菩提继续说"念欲作想，随所想者，是故为著。"③"有著"就是因为有思想活动。"心者本清净，能可有所作?"④ 心的本性清净，其清净性正表现在没有任何作为和活动上，所以心无所着，也就变成了"心无所出，无所入……心无所生。"⑤ "心无所出"，指心不探求外物；"心无所入"，指心不反映外物，这总的无所出入，就被称

① 《清净品》。
② 同上。
③ 同上。
④ 同上。
⑤ 同上。

为"心无所生"。当"心无所生"的时候，也就达到"无所著"的境界了。

般若"无生"的概念，就是"心无所动"，把这种方法推广去观察世界一切现象，就成了否定一切生灭变化的一种方法。在《道行品》中，须菩提说："色无所生为非色。设尔非色为无色，亦无有生，从其中无所得。"五阴如此，菩萨亦无所从生，由修习菩萨行所得"萨芸若"亦无所生，"悉逮得禅亦无所生"，以至于"无"亦无所生。因为用"无生"的观点看来，任何现象，包括精神现象在内，都是"亦无所生，亦无所败，亦无所作者，亦无所从来，亦无所从去。"[1] 总之，是完全"不动"的。现象的这种"无生"、"不动"，固然由"缘起"论中可以直接导出来，但需要由心的"无生"、"不动"来做保证。佛教在这里把彻底的唯心主义同彻底的形而上学结合起来，既没有实在的物质世界，也没有实在的精神；既没有实在的物质运动，也没有实在的精神运动。

综上所述，般若"缘起"的理论集中论证世俗认识的对象乃是世俗认识本身制造的假象，由此构成了他们关于现象界的观念系统；般若"本无"的理论集中论证认识借助于幻觉和概念所给与自己对象的性质，并不是事物的客观本质，而是空无所有，由此形成了他们关于本质的观念系统。在这种"缘起"、"本无"基础上确立的思维方法，

---

[1] 《分别品》。

则要求信奉者认识上的根本转变，以保证在日常的世俗生活中，也能够把现实的事物及其运动形态看成是"本无"的。

然而问题是：假若"本无"只不过是对现象及其认识的否定，那么，"本无"又怎么会成为"实相"、"真如"的同义语呢？既然一切现象为不实，在现象之外，在人的可感知的世界之外，是否还应当有一个与人的感觉经验完全相反的本体？这也是为大乘佛教哲学各派无法回避的问题。《道行经》对此并没有很清楚的答案，照逻辑上的推论，为了建立佛教的宗教世界观，必须建立另外一个本体才能自圆其说。但在《照明品》中记载着佛的这样一段话：

> 无想、无愿、无生死，所生无所有、无所住；是者作其相，其相者若如空住。怛萨阿竭阿罗诃三耶三佛所住相，诸天、阿须伦、龙、鬼、神不能动移。何以故？是相不可以手作，痛痒思想生死识亦不作相，是相若人若非人所不能作。

这里讲的"怛萨阿竭阿罗诃三耶三佛所住相"，就是"实相"，也就是"本无"、"性空"的法相。这种"法相"，实际上就是把一切事物的具体性质和内容全部抽空，最后升华为任何规定性也没有的"空性"。因此，说到底，"本无"的"法相"也就是一种"无相"之相。怛萨阿竭、阿罗诃、三耶三佛所住相就是佛所住相，它就是实相、本无、性空。般若空宗尽管否认物质和精神世界的真实性，却相信有一个精神性的本体，即本无，或真如。因为般若学对这一点说得不明确，后来的大乘唯识学对此作了进一步的补充。

《道行经·照明品》中还有一组问答：

> 佛语诸天子言："若说是空有作者，宁能信不？"诸天子答："不信有作空者。何以故？无有能作空者。"佛言："如是诸天子，其相者常住，有佛无佛，相住如故，如是住者故，怛萨阿竭成阿惟三佛①，故名怛萨阿竭，即是本无如来。"

这里的"本无"，显然已经不同于幻化不实，单纯从否定意义上讲的那个"本无"，而是"虚空"那样的"本无"，也与被看作感知概念所把握的那个假象的"本无"也不同，它不是人的主观产物，甚至也不依赖于佛而存在。因此，这样的"本无"，就是一种独立存在的精神实体。此外，《道行经》讲到般若波罗蜜的性质时也说：

> 般若波罗蜜亦无所不至，亦无所不入；亦无所至，亦无所入。何以故？般若空无所有故。譬如虚空，无所不至，无所不入，亦无所至，亦无所入。何以故？空本无色。

又说：

> 般若者……入于一切有形，亦入一切无形。②

按照这种说法，般若的无所不入的性质，同虚空相等而可以容纳一切有形与无形，那么，由般若所认识的"本无"

---

① 阿惟三佛，意为"现等觉"，佛智的异名。
② 《昙无竭品》。

也不应该是单纯地对世俗认识的否定，倒成了一个纯粹的"有"了。这个纯粹的"有"，当然不是世俗认识所能触及的，它不带有世俗色彩，所以这个"本无"也叫作"自然"。在《道行经》中，"自然"这个概念都是指某种不为主观认识所沾染的自然状态。所谓"实相"、"真如"等等，指的也是不受主观认识所接触的那种存在。大乘经籍经常使用"不可思议"、"言语道断"来表示世俗认识所不可触及的领域。佛教认为世俗世界的背后，还应该有一个超世间的精神本体世界的存在。

这样，我们认识的世界只限于现象界，因而总是荒谬的。现象后的真实世界，则完全不是为我们的世俗认识所能了解的，般若的认识论，实质上也是一种不可知论。[①] 般若学要建立一种智慧来给信仰以理性的形式。按照《道行经》的说法，既然"本无"被认为是在现象之外的另一个实体，而为了认识这种本体，又必须否定和抛开感觉表象和名言概念的作用。那么，这就必须还得承认有另外一种认识，即在人的感性认识和理性认识之外，还存在一种能够直接体验"本无"的一种认识。这种认识，是由般若智慧作为原因而获得的另一类特殊的智慧。由般若引生的这种智慧，既不是我们世俗认识所可能具有的，也不是小乘

①　康德把认识之外的"自然状态"称之为"自在之物"，也是被列入世俗认识所达不到的境界。这同大乘般若把"本无"、"性空"说成是"真如"、"实相"，实质上没有什么原则的区别。然而，康德却把"自在之物"留给信仰去发现的地方。

等修习可能具有的。其中的一种叫作"萨芸若",意译为"一切智"。《道行经》把获得"萨芸若"当成是修习般若的一项最根本的任务。这种智慧是专用来把握"本无"的。《道行经》中还说,修习般若的最后和最高目的,是要获得"阿耨多罗三耶三菩",意译为"无上正等正觉"。这种智慧,只有佛才能够具备。在《道行经》中,还提到一种认识,叫作"无所从生忍",后译为"无生法忍",被认为是菩萨修习过程中的一个飞跃阶段。据说,只要达到对般若"无生"的认识,就可以与"空性"即"本无"的真理相契合,在一次突变中,就能得到一种智慧,叫作"根本智";这个"根本智",也就成了继续获得"萨芸若"和"阿耨多罗三耶三菩"的前导。这是一种神秘主义的宗教直观,不同于现实生活中的一般认识中的主观与客观的关系,所以佛教称之为"不可思议",不可言说的。

般若学称真性为自然。它是指否定和超出世间认识的那种认识。《劝助品》中有言:"知佛功德,所生自然。"这里讲的"自然",指的是不要存心、持念、有想等这类能动性的思维活动。《泥犁品》中说:

> 般若波罗蜜无所有。若人于中有所求,谓有所有,是即为大非。何以故?人无所生,般若波罗蜜与人俱皆自然。人恍惚故。

般若无所有,人亦无所得,这两种情况都叫"自然"。又说:

> 色无着无缚无脱,何以故?色之自然故为色。痛痒、思

想、生死、识无着无缚无脱，何以故？识之自然故为识。①

小乘把"色"和"识"都看作束缚，要求从中解脱出来，大乘认为因为"色"与"识"都是"自然"，"自然"既不束缚于人，人亦无须乎由中解脱出来。在后来鸠摩罗什的《小品》译本中，此段话的"自然"被译为"真性"。"真性"也就是"空性"，也就是"本无"，不论是物质现象还是精神现象，都是"本无所有"。作为这样理解的"自然"，当然也无所谓"缚"，用不着从中解脱了。

《道行经》用"自然"来说明"本无"、"性空"，这个概念无疑也是来自《老子》，但"自然"这一范畴被广泛应用于哲学论著，几乎与此经的流通同时，即东汉末年。魏晋玄学则用"自然"说明本体，并掀起了"名教"同自然的关系问题的讨论。可见这个概念之出现于汉译佛经，也说明当时的佛教思想已不可避免地打上了中国的传统思想和当时的思潮的烙印。

《道行经》对于"本无"这个问题的说明，思想不清，以致到魏晋南北朝，在佛教内部相继产生了许多不同的解释，形成了研究般若学的许多学派，六家七宗。

般若的基本内容之三——"般若沤惒拘舍罗"

"沤惒拘舍罗"，简称"沤惒"，意译为"方便胜智"、

---

① 《泥犁品》。

"方便善巧"，也简称为"方便"、"权"，等等，泛指以般若波罗蜜的立场、观点和方法去观察和处理一切世俗问题，去适应、随顺一切世俗关系，以及为达到传播佛教教义、掌握佛智佛慧等佛教目的所采取的一切宗教宣传手段。因此，它是沟通世间和出世间的纽带，《道行经》对它非常重视是完全可以理解的。《道行经·觉品》把不乐不学沤想拘舍罗，列为魔鬼破坏修习般若的重要表现："有佛深法，魔从次行乱之，令菩萨摩诃萨不复乐欲得沤想拘舍罗，便不可意问般若波罗蜜。"佛言：

> 我广说菩萨摩诃萨事，其欲学沤想拘舍罗者，当从般若波罗蜜索之；其不可般若波罗蜜便弃舍去，为反于声闻道中索沤想拘舍罗……当觉知魔为。

就是说，要掌握般若，必须乐欲"沤想"，而要能正确运用"沤想"，又必须从般若中求之。因此，般若和"沤想"是不可分割的：般若为成佛之母，"沤想"则是般若的具体运用；没有般若，"沤想"就失去原则方向，而没有"沤想"，般若即不易推行。《譬喻品》中连续用六个譬喻，反复说明：

> 菩萨有信乐，有定行，有精进，欲逮阿耨多罗三耶三菩，不得学深般若波罗蜜沤想拘舍罗者，终不能至佛，当中道休，堕阿罗汉、辟支佛道中。何以故？不得学深般若波罗蜜沤想拘舍罗故。

反之，

> 得深般若波罗蜜，学沤惒拘舍罗，是菩萨终不中道懈
> 堕，能究竟于是中得阿耨多罗三耶三菩。

因此，尽管有虔诚的信仰，并进行各种修习，但是，没有般若的方便善巧，是不能达到目的的，反而会有堕入小乘的危险。这样，是否具备般若方便，也就成了大乘区别于小乘的一个重要标志了。

般若方便之所以被提得如此重要，从佛教发展的内在原因说，在于大乘般若之反对小乘的"证灭"，即"中道涅槃"。《本无品》中说：

> 菩萨有道，得空、得无色、得无愿，是菩萨不得般若波
> 罗蜜沤惒拘舍罗，便中道得阿罗道不复还。

这里讲的"得空、得无色、得无愿"，就是大小乘都承认的"三解脱"。"三解脱"是一种禅定，通过这种禅定可以直接证得"四谛"的真理，也就是与"本无"、"性空"神妙地契合在一起。对于小乘说来，契合这一"真理"，那就标志着"无余涅槃"，即彻底死绝；对于大乘说来，契合这一"真理"，只是为了切身地体验现象的本质，以便于把对这一"真理"的认识灵活地运用于社会的全部世俗生活。用通俗易解的方式说，这只是完成向佛教世界观转变中的决定性步骤，而并不是将自己的生命毁掉。在这里，究竟是把个人彻底灭掉当作"解脱"，还是要继续生活在世俗世界，以求得最后成佛，关键在于有无般若沤惒拘舍罗。《本无品》中有佛与舍利弗的一段对话：

譬若有大鸟，其身长八千里，若二万里，复无有翅，欲从忉利天上自投来下至阎浮利地上，未至，是鸟悔，欲中道还上忉利天上，宁能复还不邪？舍利弗言：不能复还。佛言：是鸟来下至阎浮利地上，欲使其身不痛，宁能使不痛不耶？舍利弗言：不能也，是鸟来其身不得不痛，若当冈极，若死。何以故？其身长大及无有翅。佛言：正使是菩萨如恒河沙劫，布施求色（道）、持戒、忍辱、精进求道，禅，亦不入空；不得深般若波罗蜜沤恕拘舍罗，起心欲索佛道，一切欲作佛，中道得阿罗汉、辟支佛道。

这段话指明，修佛必修般若方便；不得般若方便，等于鸟失双翼，就会达不到既定的目的。《道行经》的译文不清，罗什的《小品》则有所增补：

菩萨虽念诸佛所行种种，而心取相，不知诸佛所行种种，不知不见故，闻诸法空名字，取是音声相，回向阿耨多罗三藐三菩提，当知堕二乘。

这就是说，所谓"法空"，也还是一个名言概念，认为这样的"法空"（亦即"本无"）为实有，并根据由此形成的"音声相"而想做佛，那就绝不会走上大乘所指引的道路，绝达不到佛的要求。因此，般若方便的第一要着，就是不能以"空"为"有"，或认为实有其"无"，在宗教实践上则反对"中道取证"。大乘佛教要求信徒们积极参与世俗的社会生活，以至于不得不把它在理论上所否定的世俗社会，通过"方便"而重新肯定起来。

《道行经》对于这些思想的表达，远不如《小品》那样明确和强调，通篇还是侧重于阐述"本无"、"空观"的方面居多。然而，般若方便毕竟是运用于世俗社会的武器，即使在《道行经》中也仍然能够看到那些反对"中道取证"不能脱离世俗生活的主张。其中有一个譬喻说，菩萨追求般若波罗蜜应该像情夫思念自己的情妇那样一刻也不停歇，佛就此问道：

> "菩萨为求般若波罗蜜为求何等？"须菩提答："为求空。"佛言："设不空，为求何等？"须菩提答："为求想。"佛言："云何，去想不？""不也，是菩萨为不求想。"须菩提言："不作是求妄想。何以故？求想尽者，设想灭者，即可灭也，便得阿罗汉。是为菩萨沤想拘舍罗不灭想得证，向无想随是教。"①

"本无"的理论要求是"无想"，"方便"的理论又要求"不灭想"；虽知"想"为"本无"，并不因此而"灭想得证"，这就叫"般若方便"。"般若方便"就不能随佛所说"空"去"灭尽"任何思维活动。对于思想如此，对于客体也应该如此。《守空品》反复提出：

> "菩萨行般若波罗蜜，何等为入空？何等为守空三昧？"佛言："菩萨行般若波罗蜜，色、痛、思想、生死、识空观，当作是观，一心是观，不见法；于是不见法，于法中不作证。"

---

① 《怛竭优婆夷品》。

"本无"要求对"色"等"五阴"采取空观，即所谓"五阴皆空"；但又要求不向"五阴皆空"求证，即所谓"不坏色等五阴。"所以佛作的总结是：

> 菩萨悉具足念空不得证，作是空不取证。作是观、观入处，甫欲向是时不取证。不入三昧，心无所著。是时不失菩萨法本，不中道得证。

一方面要用"空观"去观察一切世俗现象；另一方面又不要走向"恶趣空"，连现象之为假象也全部否定掉。所以贯彻般若方便的全部精神，就是既要"空观"，又要"不取证"。而所谓"不取证"，说到底就是不要去当真践行。

般若方便的这套观点，使佛教大乘进入社会生活自由活动，获得了冠冕堂皇的充分根据。《守空品》中，

> 须菩提言："佛所说不于空中作证。云何菩萨于三昧中住，于空中不得证？"佛言："……何以故？本愿悉护萨和萨①故，为极慈哀故，自念言：我悉具足于功德，是时不取证。菩萨得般若波罗蜜，获得极大功德，悉得智慧力。……是菩萨行极大慈心，念十方萨和萨。是时持慈心，悉施人上。是时菩萨过阿罗汉地，出辟支佛地，于三昧中住，悉愍伤萨和萨。无所见，于是中不取证；入空中深，不作阿罗汉。菩萨作是行时，为行空三昧，向泥洹门不有想，不入空取证。"

在这里，"入空取证"，就是"涅槃"，"不入空取证"就是

---

① "萨和萨"（梵文 Sarvasattva），意为一切众生。

不入涅槃；什么"不灭想"、"不坏色"，都是不入涅槃的运用。既然已经把握了"本无"的绝对真理，为什么又不许契合这一真理而入于涅槃呢？在这里，他们提出了"大慈大悲"，怜悯并解放受苦难的众生的任务：一旦菩萨"入空取证"，剩下的芸芸众生有谁超度呢？据此，大乘般若学提倡无止境地趋向涅槃，因而要求不为世俗生活所羁绊，同时又坚决反对"入空"，不得证"无余涅槃"。不入涅槃就是不离生死烦恼，不离生死烦恼就是不离世俗的社会生活。《守空品》举例说：

> 譬如飞鸟飞行空中，无所触碍，菩萨行甫欲向空，至空向无想；不堕空中，不堕无想，悉欲具佛诸法。譬如工射人射空中，其箭住于空中，后箭中前箭，各各复射，后箭各各中前箭，其人射，欲令前箭堕尔乃堕。菩萨行般若波罗蜜，为沤愁拘舍罗所护，自于其地，不中道取证，堕阿罗汉、辟支佛地，持是功德逮得阿耨多罗三耶三菩，功德盛满便得佛。为菩萨于经本中观，不中道取证。

在这里，既为了超度受苦难的众生，而且也为了从超度受苦难的众生过程中完满自己必需的成佛功德，就需要不间断地向"空"而"不取证"。也就是说，需要带着"空观"的眼光，不断深入世俗的社会生活。《道行·远离品》专门讲述了这种般若方便的具体运用，从中使我们可以看到，佛教大乘是如何由背弃世间而回到世间，又是如何在最世俗的生活中高唱着超脱论调的。

所谓"远离"，原是指远离市镇村落，到空寂、坟地等所谓"阿练若"无人处进行佛教修习的一种方法，其目的在于弃舍世俗生活。大乘般若唾弃这种做法，认为这是脱离众生，并不能达到真正远离世间的目的。这样，本来意义上的"远离"，就被转化成一个哲学概念了。《远离品》举"弊魔"所言："远离法正当尔，怛萨阿竭阿罗诃三耶三佛所称誉。"佛立即驳斥道："我不作是说远离！"表示他并没有"教菩萨摩诃萨于独处止，于树间止，于闲处止"这种"远离"的方法。相反，"若当于独处止，若于树间止，若于闲处止，当作是行，是菩萨随魔教，便亡远离法。魔语言道等取阿罗汉法，作是念无有异……若当作是行，舍般若波罗蜜。"从《道行经》的这些议论看，出家僧人由山泽丛林回到城镇闹市，曾经受到过多方面的激烈抨击，所以般若经类为自己的行为百般辩解，并反讥攻击者为"天上天下之大贼也，正使如沙门被服，亦复是贼无异也。"但是，为什么居于山林不算"远离"，而身处闹市反而又可以称为"远离"呢？《道行经》除了般若方便的基础理论之外，没有具体发挥，《小品》则讲得清楚明快：

> 若菩萨远离声闻、辟支佛心，如是远离，若近聚落亦名远离……若恶魔所行赞远离，阿练若处、空闲处、山间树下旷绝之处，是菩萨虽有如是远离，而不远离声闻、辟支佛心，不修般若波罗蜜，不为具足一切智慧，是则名为杂糅行者。

这就是说，是真远离还是假远离，关键不在居处本身，而在于用什么"心"相处。只要具有般若的"心"，即使在闹市中住，也还是"远离"；反之，还是小乘那一套，即使在绝无人迹的地方，也还是"惯闹行者"。这样一来，大乘般若当然也可以理直气壮地从事世俗生活了。

支娄迦谶另译有《内藏百宝经》一卷，以佛本生的简历为典范，从宗教神话的角度陈述了般若本无和般若方便这两个方面的关系。据这本经说，"菩萨不从父母遭精而生，其身化作。"一般人认为菩萨是经父母而生，从幼至死，过着衣食住行，以至修道成佛的一系列世俗生活和宗教生活，其实呢？都是"随世间习俗而入，示现如是"，"随世间所喜乐现所有"。就佛本身言，"佛亦无所从来，去亦无所至，住如本无"，"佛无本，随世间所喜色，现身如是，本一。"原来，本无传说中的"佛"，更没有传说中"佛"的经历；关于"佛"的种种事迹，都是根据人们的习俗和喜乐而"示现"出来的。这种"示现"，说是佛的神通也可，说是世人的幻化也可，总之，并非像世间理解的那种真实存在。这样推而广之，则"诸经法本无名"，也是随顺世间的需要，佛才"现人为说若种经法"的；"佛知世间本无人，诸所有本无形，佛现度脱无央数人"；"佛知诸经法本空，本无亦所有。现人有更死生……本无今世后世之事，佛现人有今世后世之事……五阴六衰四大合为一本无有，佛亦现人欲界、色界、无思想界"，一直到"泥洹及空无有形声，亦无有名，佛现四大及形声"。这一切的一切，从人到天，从生到死，从三世轮回到涅槃，都是本无所有，而是佛的"示现"，尽管它是通过人的要求和幻觉来实现的。这样，般若关于假有、本无的学说，就与上帝创造世界的说法，在本质上一样了。此后，这类学说被转化成为"佛身"的理论，同般若"性空"、"本无"所本体化了的"实相"、"真如"结合在一起，在哲学上又通向了客观唯心主义。

附带说明一个问题：人们往往不理解佛教哲学究竟属主观唯心主义还是属客观唯心主义？其实，因为派别不一样，经典不一样，因而不能笼统地回答这个问题。以大乘般若经类说，二者皆有，佛的示现世界，这是客观唯心主义；但佛之示现世界表现于人的幻化之中，因而佛与世界，不过是个人幻化的产物，这又是主观唯心主义。总之，要作具体分析。

般若波罗蜜与大乘禅法

把般若性空假有的理论，同宗教信仰主义最密切结合起来的，还有随同般若学发展起来的大乘禅法。

大乘般若所讲的禅法，非常之多，动辄是几千几万三昧，把禅法的范围大大扩充了，但同时也使禅法逐步失去独立性，变成了般若理论的附庸。不过，对于般若理论的宗教实践说，仍然具有重要意义，尤其是"般舟三昧"和"首楞严三昧"，被认为是大乘禅法中最有代表性的两种。支娄迦谶在翻译《道行经》的同时，也介绍了《般舟三昧经》和《首楞严三昧经》进来。后者也是魏晋南北朝时期十分风行的佛典。吴支谦曾据支谶的译本作过改译，三国魏帛延、西晋竺法护、竺叔兰，姚秦鸠摩罗什，都有重译本；以讲《般若》著名的僧人支敏度、支道林等，或作讲授，或作汇编，或作注解，可见受到当时的普遍重视。然而，支谶的译本似在支敏度时代已为支谦的改译本所顶替，现行《大藏经》唯保留有鸠摩罗什的译本一种；支谶的原本已经难于考察了。因此，本文只能着重从《般舟三昧经》的一些有关内容，来看一看支谶对大乘禅法的观点。

《般舟三昧经》在《大正藏》中有三个译本，即《佛说般舟三昧经》一卷、《般舟三昧经》三卷、《拔陀菩萨经》一卷，都题支娄迦谶译。据近人研究，三卷本可能是竺法护译，最后的一卷本失译。总之，都是东晋之前的译本。可见从汉末至西晋阶段，"般舟三昧"是相当流行的。这三个译本，文字虽有详略，但内容大同小异。以下，我们主要以《佛说般舟三昧经》为底本，作一些综合分析。

"般舟三昧"（Pratyut pannasamadhi），意译为"佛现前定"，它是直接供宣传群众、实践信仰主义用的，同时也可以看作般若"本无"理论的一个注脚，使我们对它有一个更深入的理解。全经以"信"开首，以"至诚"结尾，以"念"作为追求"十方诸佛悉现前立"的手段，以"梦"作为验证见佛的真实依据，最后说明这一切全无所有。《内藏百宝经》有言：

> 人有至诚善意念佛者，佛即为现。佛亦无处所，佛现身
> 行菩萨道者，随世间习俗而入，亦现如是。佛度脱不可复计

阿僧祇人为不度一人，何以故？本无故。

《般舟三昧经》讲的内容，与此一致。因此，如果说般若本无的理论，重点在论证现实的本质乃是梦幻不实的，那么，般舟三昧的实践，重点就在论证虚幻不实是可以转化成现实的。"佛"在本质上是没有的，但经过思念是可以出现的；没有的东西也应该没有作用，但思想上呈现的诸佛，却可以发生实际的效用。"般舟三昧"就是要使般若思想在群众中广泛地发生实际效用的一种宣传手法。

《般舟三昧经》通过颰陀和问佛"菩萨当行何等法得智慧"而展开论述的。如何才能得到佛的"智慧"，这是般若学的中心议题，般舟三昧所作的文章，也是以这个议题为内容。它通过颰陀和问佛提出了一系列当时认为难解的问题，以体现"佛智"万能的性质：

> 云何行，博达众智，所闻悉解而不疑？云何行，自识宿命所从来生？云何行，得长寿？……云何行，得端正颜好美艳？云何行，得高才，与众绝异，智慧通达，无所不包？云何行，功立相满，自致成佛，威神无量，成佛境界，庄严国土？云何行，降魔怨？云何行，而得自在所愿不违？云何行，得入总持门？云何行，得神足，遍至诸佛土？……云何行，得佛圣性，诸经法悉受持，皆了知而不忘？……云何行，得具足相好？云何行，得彻听？云何行，得道眼睹未然？云何行，得十力正真慧？云何行，心一等念，十方诸佛悉现在前？……云何行，便于此间见十方无数佛土，其中人民、天龙、鬼神及蠕动之类，善恶归趣皆了知？

这些问题，从最世俗的希求，什么富贵荣华，才貌双全，自由自在，无愿不逮，一直到最出世的诸佛神通，无所不能，真是疑难杂症，包罗万象。然而关键是在哪里能找到一种办法，去如愿以偿地满足这一切希求呢？借用佛的语言回答："有三昧名十方诸佛悉在前立，能行是法，汝之所问悉可得也。"

世界上竟会有这样一种绝妙的方法存在，那大概也能够吸引一部分人吧，进一步的问题，就是如何获得这种方法。《般舟三昧经》提出，这首先需要有虔诚的信仰："菩萨欲疾得是定者，常立大信，如法行之则可得也，勿有疑想如毛发许。"有一段三字偈说："宜一念，断诸想，立定信，勿狐疑，精进行，勿懈怠。"这里，信仰所要保证的是三件事：第一，禁止一切疑惑；第二，思想高度集中于所规定的观念；第三，断绝其他任何思虑。要做到这三条，还有其他一些措施，主要是：

> 避乡里，远亲族，弃爱欲，履清净，行无为，断诸欲……除三秽，去六入，绝淫色，离众受，勿贪财，多蓄积，食知足，勿贪味。

这一切，与小乘的禅法要求几乎没有区别，都要用弃绝尘世和禁欲主义的办法来实现信仰的专一，然而接下去就不同了：

> 了身本，犹如幻，勿受阴，勿入界。阴如贼，四如蛇，为无常，为恍惚，无常主。了本无，因缘会，因缘散，悉了

> 是，知本无。加慈哀，于一切，施贫穷，济不还。

这是被规定的唯一应该思虑的观念，也是事前确立信仰的理论内容，其中既包括了与小乘相同的"人无我"，更包括了大乘强调的"法无我"和"慈爱一切"。因此，要求确立的信仰内容，总的是"佛"的教导，特殊地说，实指大乘般若自身。

在这样一个戒、定、慧的反复修习基础上，具有了不可动摇的信仰，那就进入了"一念"的阶段：

> 独一处止，念西方阿弥陀佛今现在。随所闻当念，去此千亿万佛刹，其国名须摩提，一心念之，一日一夜，若七日七夜。过七日已后见之。

也就是说，只要一心念阿弥陀佛及其佛土，多至七日，所念想的一切就能呈现在面前了。呈现在面前的佛及佛土，同梦幻完全一样：

> 譬如人梦中所见，不知昼夜，亦不知内外，不用在冥中有所蔽碍故不见。飓陀和，菩萨当作是念：时诸佛国境界中，诸大山、须弥山，其有幽冥之处，悉为开辟，无所蔽碍。是菩萨不持天眼彻视，不持天耳彻听，不持神足到其佛刹，不于此间终生彼间，便于此坐见之。

看来，他们很以这种简便的见佛方法而自鸣得意。《般舟三昧经》还一再举例说明，它的效用是有可靠的根据的。譬如有三个男子，听说在异地有三个女人，此三男子同念，即可与那三女人相会；譬如有人远出思乡，梦中即可归还故里。同样，"菩萨闻佛名字，欲得见者，常念其方，即得见之"。这等于说，只要凭着自己头脑中的思念力量，就可以达到自己所思念的一切，所以般舟三昧所要达到的"佛现前"，并不是当真把什么"佛"召唤到了面前，而是凭借念佛的力量，在自己头脑中生起的一种幻象。原始人还丝毫不知道自己身体的结构，不会解释梦见的事，因而认为还有一个能够脱离自己肉体的灵魂；般舟三昧虽然没有点明这样的灵魂，但把梦幻当作自己可以通往理想境界的方便法门，与原始人的蒙昧状况实在没有多大区别。然而《般舟三昧经》就是根据这类梦幻而加以发挥说：

> 菩萨如是持佛威、神力，于三昧中立自在，欲见何方佛即得见。何以故？持佛力、三昧力、本功德力，用是三事故得见。

这样，人们自己制造幻觉的能力，就被歪曲成了佛的神威作用；而在幻觉中创造的佛的形象，就成了迷信和崇拜的对象。

这无疑是一种极端主观的造神运动，但却供给我们一个十分生动的例证：人们在把自然界、社会的力量，当成一种异己的、统治自己的力量来崇拜的时候，也会把自己的精神和精神的产物当成敬畏崇拜的对象。在这里，自己头脑中的"念力"，变成了"佛威神力"，自己的念力所产生的幻象，变成了"佛"的境界；自己的思念过程，变成了神秘的可以"自在"见佛的"三昧"。总之，主观的虚幻勾画变成了超人的大神，而人们就这样把自己的精神套进了自己的精神枷锁中。《般舟三昧经》的这类思想，以后被发展成为关于"念佛"和"净土"的纯粹迷信部分。"菩萨于此间国土念阿弥陀佛，专念故得见之。即问：持何法得生此国？阿弥陀佛报言：欲来生者，当念我名，莫有休息，则得来生。"这已经奠定了净土思想的基础。

这种迷信思想，主要是为了向缺乏文化知识的广大群众传播的，流毒中国，至长至深。但是，就从般若理论上说，《般舟三昧经》还没有把这类幻象完全实在化和客体化，它仍然坚持它的"本无"原则，明确说明，念佛所现的种种境界，说到底，只是"念所想耳"。

这样，一方面承认佛及佛土的存在；另一方面坚持佛及佛土的不实在，其所要达到的理论目的，同般若"性空假有"理论是相应的，即自己的梦幻可以被当成外在的现实，而外在的现实又可以被看成是梦幻一样的不真实；现实和梦幻一样，毕竟都是心念的产物。由此进一步导向了心造万物也能造"神"的结论：

> 譬如人年少端正，着好衣服，欲自见其形；若以持镜，若麻油，若净水、水精，于中照自见之，云何：宁有影从外入镜、麻油、水、水精中不？……不也……以镜、麻油、水、水精净故，自见其影耳。影不从中出，亦不从外入。……色清净故，所有者清净。欲见佛即见，见即问，问即报。

意思是说，佛之为物，既不在人心之外存在，也不是由一般凡心所生；而是在使"心"清净的条件下，就可以显现出来的。所以能否见佛，不在佛是否为客观的存在，关键在于心的作用："心作佛，心自见，心是佛心，佛心是我身。""闻经大欢喜，作是念：佛从何所来？我为到何所？自念：佛无所从来，我亦无所至；自念：欲处、色处、无色处、是三处意所作耳，我所念即见。"这样，就由"佛"是"心"造，推而论及世俗三界也是"意"之所作，由三界是"意"之所作，又反转过来论证"心作佛"。总之，世俗世界和出世间世界，人与超人，都是依心的净与不净为转移："心有想为痴心，无想是涅槃。是法无可乐者，设使念为空耳，无所有也。"非常清楚，这里所谓"有想"，就是追求一种不依个人意志为转移的客观存在，或是把自己意识到的东西当成是客观实在的东西；"无想"就是否定这种想法，把意识到的一切统称之为梦幻不实。这样，它明确地否定了佛及其彼岸世界的客观实在性，而同时也否定了全部物质世界的客观实在性，这就叫作"念为空，无所有"。

《般舟三昧经》三卷本，把般若本无的理论和现实的迷信作了更多地调和。它在讲到"诸佛悉在前立"时说：

> 譬如幻师，自在所化作诸法，不预计念便成法。亦无所从来，亦无所从去，如化作。念过去、当来、今现在如梦中。所有分身悉遍至诸佛刹、如日照水中，影悉遍见，所念悉得如响。亦不来，亦不去，生死如影之分，便所想识如空。于法中无想，莫不归仰者。

这样，从"佛"之如梦、如化、如影，就可以得出一切皆空的结论，所以般舟三昧也被称为"空定"："证是三昧，知为空定。"比方有人"入大空泽中，不得饮食，饥渴而卧，出便于梦中得香甘美食，饥食已，其觉，腹中空，自念，一切所有皆如梦耶？……其人用食空故，便逮得无所从生法乐，即逮得阿惟越致"。梦中以为实有，梦觉认识到本无，推及现实，也是一切皆空，那就离成佛不远了。因此，做梦的这种效用，同般舟三昧所要求达到的效用，是完全一致的："如是……菩萨其所向方闻现在佛，常念所向方，欲见佛，即念佛，不当念有，亦无我所立，如想空。"于是，念佛也就等于念空，"佛现前立"就成了论证一切本无的一种方法。

由"诸佛悉在前立"的禅定，达到对"本无"的认识，也可以通过思考另外一些问题完成。三卷本有这样一个记载："当作是念：我身亦当得如是，亦当逮得身相如是"，也就是肯定自己也可以获得想象中的佛身相，自己也可以成佛。这时，对所要逮得的佛身相就要设想："我当从心得，从身得？"复更作念："佛亦不用心得，亦不用身得，亦不用色得佛。何以故？心者，佛无心，色者，佛无色，不用是心色得阿耨多罗三藐三菩提。"换句话说，自己所要逮得的那个佛身，本是无从求索的，因为"一切法本无所有"，"诸法空如泥洹"。这样，从有想有相的思维到达这种无想无相、无所有的认识，就叫作"心无所著"："如是菩萨见佛，以菩萨心念无所著。如是守是三昧，当作是见佛，不当著佛。"为什么呢？"是法从所想，了无所有。"因为本来没有佛，所以想象中出现的佛也不是真实的佛；如果当成真有其佛，那就是"愚痴迷惑心者，离是现在佛前立三昧远"，即达不到般舟三昧的要求。

因此，联系到般若"本无"的理论看，般舟三昧要求念佛见佛，并不在于证明佛之实有，诱使人们去对佛的迷信，倒是相反，它确实证明了：所谓"佛"也者，无非是人的想象，本无所有，从此出发，是很容易得出无神论的结论来的。但是，《般舟三昧经》并没有得出这样的结论，对"佛"的迷信，并不排斥。它的口号是："见佛无著"，佛是存在的，你也是可以成佛的，但你不能执佛为实有，执佛实有，即不得成佛。这里，很明显地又存在着般若理论同它的宗教迷信之间的矛盾。这一矛盾，在般若经类中始终是这样并列地存在着，互为补充，适应着社会上不同阶层的不同需要。大乘佛教以后在义理和迷信的两个方面，都有很大的发展，甚至形成独立的系统，在般若经类已经包含了这些因素。

第 五 章

三国时期汉译重要佛经剖析

第一节 为适应门阀地主阶级需要的
佛教理论——支谦的译述

支谦译经中的"佛身"思想

支谦本月支人，据僧传记载，他通晓六国语言，博览汉地典籍，参加过许多部佛经的翻译工作，实际是编译。因此，他所译经带有较多时代特色。

在小乘佛教那里，释迦牟尼被称之为佛，这是一种尊称；而作为教主，他是神化了的人。到了大乘，佛已经不限于释迦牟尼，而成了绝对万能的神，由此产生了关于佛身的种种说法，构成了大乘体系中的一个重要组成部分。

如前所述，作为大乘奠基理论的般若学，已经包含了"佛身"的说法。支谦继续支娄迦谶传播般若经类的宗教思想，进一步把"佛身"问题突出了出来。

把佛之由人变成神，以及"佛身"思想的出现，与佛教之由小乘发展到大乘的整个转变有关系。小乘原始佛教把释迦牟尼当作旗帜，奉为唯一的佛；把佛所说法看成句句是真理，是永恒不能变更的神圣教条，永恒不能消失的实体。其中，尤以"说一切有部"持此观点为最甚。大乘般若学对这种形而上学进行了抨击，以为佛所说法，无非是一种假言设施，因时因地因条件不同而说教亦异，所以全无固定不变的自性。如何才能正确地对待佛所说法，把握住佛的精神实质，必须用佛的智慧，即般若智慧来做裁决。支娄迦谶和支谦所译的般若经中，都把般若智慧抬到衡量一切、决定一切的高度。因为它不只是出自佛说，甚至佛之所以成佛，就在于有般若智慧作为根据。这样，般若就成了成佛的原因和衡量佛的标准，也就成了高于佛的东西。像般若波罗蜜这种佛所说法，由此也就变成了与佛不能完全等同的东西，被称之为"佛法"，或简称为"法"。于是，所谓"法"，就成了佛教真理的代称。支谦译的《维摩诘经》中有言：

> 受持此不思议门所说法要，奉持说者，福多于彼。所以者何？法生佛道，法出诸佛。（《法供养品》）

又说："法之供养，胜诸供养。"[①] 这都是很明显地把"佛"与"法"区分开来，并把"法"摆在佛的地位以上。大乘般若经类要求，"佛"必须契合"法"才能称之为"佛"，

---

① 《法供养品》。

连佛也必须服从佛教的真理。以后鸠摩罗什重译的《维摩诘经》中更清楚地表示：

> 依于义不依语，依于智不依识，依了义经不依不了义经，依于法不依人。（《佛说维摩诘经·法供养品》）

支谦在《大明度经》中译之为"法意"而不译为"佛意"，很可能也是反映了这种转变。

佛教徒们要求根据佛教的基本原理办事，而不应满足于佛经中的某些固定说教以适应佛教发展的需要。大乘般若打破了固执佛说的旧教条，但它自以为把握了的佛教真谛是同样的谬误，而且谬误的程度比小乘还要违背常识。因为它让释迦牟尼的权威，服从于整个佛法的权威，为的是用另外的方式炮制出无数的佛来，使之更加带有宗教色彩。它的批判的、否定一切的言论，并没有在根本上动摇信仰主义，而是为了推行更广泛意义上的信仰主义。因此，在大乘那里，释迦牟尼的声誉相对地降低了。在佛法面前，人人平等，人人都可以按照佛法的要求，自己修习成佛。它为佛教普及到广大群众，改变小乘那种与世隔绝的状态，起着枢纽的作用。

大乘般若学采取的方法，无疑具有思辨的性质。他们把佛法从佛的各种具体说教中抽象出来加以客体化，使之成为脱离一切实际事物而又能构成事物的共同本质；同时又把人们具有接受佛教的可能性加以夸张，成了论证任何人都必然具有佛性的根据。最后，把佛法体现为一切事物的共同本质同众生具有接受佛教的可能性结合起来，当作本体加以神化和人格化，这就是所谓"佛身"全部结构的哲学基础。大乘般若所走的这条思辨的道路，是把具体事物的一切规定性统统抽掉，消灭一切差别，剩下的唯有没有任何规定性的一种规定性，这就是"性空"、"本无"，或曰"真如"、"实相"。正因为它没有任何规定性，所以在观念上可以加上任何规定性；他们认为现象世界就是这样被建立起来的，所以一切现象都存在着这种无规定性。于是存在于一切事物之中并构成事物共同本质的"本无"，就是"法身"。"法身"也可以叫作"佛身"，但一般讲来，"佛身"除了作为佛所说法的体现的"法身"之外，还包括由佛的神通变化和幻化示现体现出来的所谓"受用身"和"应化身"。这样，原来还是纯粹的哲学思辨的问题，一转到了"佛身"，就变成了有人格有意志的万能的大神，它的宗教迷信的特点就更加鲜明了。

关于"佛身"的问题，大乘以后的讲法极多、极烦琐。支谦所传，散见于《大明度经》和《维摩诘经》，而集中加以阐述并在当时发生影响的，则是《佛说慧印三昧经》。梁王僧孺在《慧印三昧及济方等学二经序赞》中说，此经

> 经旨，以至极法身无相为体，理出百非，义喻名相，寂同法相，妙等真如。言其慧冥此理，有若恒印，心照凝寂，故以三昧为名。（《出三藏记集》卷七）

他把"法身"与"佛理"等同，把"法身"与"无相"、

"法相"、"真如"当作同类性质的概念，正是抓住了《慧印经》的要点；因为"法身"就是"佛理"的本体化和神化，而佛理的精髓，就是所谓"无相"之类。

《慧印经》从神通变化开始，大意说，佛以"三昧力"使其身

> 耀然无色，不可见，不可得，如虚空，不可知。[①]

二乘的大德们各以三昧神通遍处探求，终不知佛身之所在。佛由是说法道："佛所至到处，非若阿罗汉、辟支佛等所可知，独佛自知之耳。"原因在于"佛身有百六十二事难可得知"。例如"非身、无作、无起、无灭"等，实际上也就是般若"本无"所包含的那些非世俗认识所能达到的性质："欲想视佛身无有能见者，所以者何？佛身不可以想见知。"可见，这样的"佛身"，也就是般若理论中的"本无"。但它毕竟又不能等于般若"本无"，因为它又被宗教化成了有人格的神，于是人们对于佛理的探讨，也就变成了对于作为神的"佛身"的追求。《慧印经》说，"佛身"对于世俗的认识说虽然不可知见，但通过修习"慧印三昧"禅定，就可以获得佛的智慧；那时"慧冥佛理"，"心照凝寂"，不仅能够见到十方诸佛的佛身，而且自己也可以成佛了。这样，般若"本无"的理论就直接上升成为神，"理"与"神"就完全结合在一起了。

---

① 《佛说慧印三昧经》，《频伽藏》本。以下引文同。

把般若佛法神化为"佛身"，又将"佛身"解释成为般若佛法，是《慧印经》的主要特色。它有许多偈颂来形容"佛身"："譬之若如影，住形于一切"，"不见于三界，然现若如幻"这也都是可以拿来形容佛法"本无"的。在讲到"法"的时候，以为"法"者，

> 无作之貌也，无作者为何等貌也？不可得之貌也。……
> 法无处所之貌也。法无处所者为何等貌？泥洹之貌也。

所以，形容"法"的也都可以用来说明"佛身"。

既然"法"与"佛"一致、"理"与"神"一致，那么要达到见佛和成佛的目的，只要坚持不懈地去掌握般若理论就行了。般若理论的一个主要要求，是不能"持想作行"；因为从本质上说，"法无所有"，而"持想作行"则必然要以法为实有作前提。当修习到使思想处于一种"一切所起为无所有，于行寂然"的状态，那时，人的精神与"法"默契了，这就被称为"法印"："佛所觉者为无所觉，所可说法为无可说，所可度人为无可度。"实际上，要求达到"慧印三昧"的境界，也就是证得"本无"的境界。佛教宣称，"其有信行是三昧者，常于梦中与诸佛会。"梦中见佛，通常都被看成为信行佛法义理得以切身见佛的一种经验的验证。

支谦另译有《私呵昧经》[①]，是着重讲如何由信行佛理而达到"佛身"的整个修习过程的，也可以看作《慧印经》

---

① 一名《菩萨道树经》。

所确定的原则的进一步扩展。开头私呵昧问佛："佛身乃尔，非世所见，何因致是，本行何等，积何功德?"由此比较系统地解说了菩萨行的问题。

佛教菩萨行，指的就是为了达到成佛而进行修习的全过程。《私呵昧经》一名《菩萨道树经》，结语有言：

> 譬如神树，稍稍生芽后，生枝节、华实……于是经初发意菩萨便得喜，从喜身意得休息，具足六度无极，行变谋明德，便得无所从生法忍，具足一切智慧，转于法轮，至乃灭度，便分布舍利住后后法用。

这里概括的，就是菩萨修行以至成佛的若干阶段[①]。归纳起来，第一，"未起菩萨意便起求"，一开始就要下定决心去求菩萨道，由菩萨道的修习中产生一种心意喜悦和身意"休息"之类能够促进宗教信仰功效的感受；第二，已起意菩萨应行"六度无极"和般若方便，以逐步增满菩萨诸种功德；第三，由六度具足，就可以达到"一切智、如来无所着正真觉。"这样，由于具备了一切佛智，自己也就可以成佛了。

然而，至此并没有完结。《私呵昧经》特别指出，在获得一切佛智之后，佛还要"灭度"。这种"灭度"与小乘提倡的大不相同。一方面佛要留下"舍利"供人供养，留下佛经供

---

① 讲菩萨修行阶段比较系统的是《华严经》。《华严经》讲六位十法，即共分六个大阶段，每个阶段又各有十个阶梯。《私呵昧经》属宝积经类，也是坚持六进位法的，在其所分别的诸阶段中，每一阶段又各有六项规定。

人诵读，同时还要"留五分不灭"。所谓"五分不灭"，包括有"戒定慧三身"，加上"度脱身"和"度脱示现身"，都可以称之为"法身"或"佛身"。"戒定慧三身"显然是指佛之所以成为佛的一切功德的概括，"度脱身"则指佛的涅槃本体，"度脱示现身"则指用来超度世人而现化为诸种形象的本体。这样，就可以看出，佛教大乘通过宗教宣传把人们引向信仰的过程：先把佛所说法抽象化为一切事物的共性和本质，称之为"法性"或"佛性"，然后把"法性"或"佛性"实体化为具有各种不同性能的神；于是本来由灌注佛法才能使之成佛的理论，变成了凭借"佛身"的各种性能就可以引导人们成佛的迷信。在"愍伤一切人"的口号下，佛教大乘越来越走向思辨的道路，而它的宗教迷信成分也越来越发展，二者恶性循环，所以体系也越来越庞大。

佛教大乘的佛身论，一方面把佛教的精神普及化，让众生个个都具有"佛性"作为自己的本性，为自己在理论上提供了广泛基础；另一方面，把"佛性"实体化成为人格神，使之成为引导人们走向佛的境界的神秘力量，成为推动众生信仰的动力。这也标志着佛教越来越世俗化了，它要渗透到社会生活的各个方面，力图把一切人都培养成佛教的信仰者。但是，正像鲁迅先生讲的那样，"待到居士也算佛子的时候，往往戒律荡然，不知道是佛教的弘通，还是佛教的败坏？"① 这种情况，从《理惑论》已经开始有

---

① 鲁迅：《三闲集》第 24 页。

所反映，《慧印经》中则有明确的批评。此经指出：

> 欲得供养，非求法者。住在有中，言一切空；亦不晓空，何所是空？内意不出，所行非法，口但说空，住在有中。

这是说，如果"内意"不干净，讲什么大道理也是不行的。特别是口讲空理，在实践上却往往是放荡污浊，成为满足自己私欲的口头禅。因此，"奉行空中，猗在有中"，"持想依住，供养诸佛"，都是"不得慧行"的表现。

《了本生死经》的内外"缘起"论

鸠摩罗什译的《维摩诘所说经》中有言：

> "随顺十二因缘，离诸邪见，得无生忍，决定无我无有众生。"（《法供养品》）

这是达到"无分别"、"离名言"的理论基础。早在支谦的译本已反映了这一点，所以强调"离诸大见，睹大缘起"[①]，把"睹大缘起"当作破除诸见的法宝。但支谦的译本总的说来，讲法比较零乱，脉络不详。另有一卷在魏晋以后还发生过影响的《了本生死经》，却可以相当集中地看到他的缘起观点。

据僧祐的《出三藏记集》，认为《了本生死经》为支谦所译。道安的《了本生死经序》则说：

---

① 《维摩诘经·法供养品》。

汉之季世，此经始降兹土，雅邃奥邈，少达旨归者也。

魏代之初，有高士河南支恭明者为作注解，探玄畅滞，真可谓入室者矣。

就是说，此经虽非支谦初译，但却经支谦的注解才使之广为流行的。道安还说，此经"其在天竺圣师莫不以为教首而研几也。"在中国似乎也很受重视，魏晋的注释家就经常加以引用。现存本题支谦译，文字流畅，恐怕也不完全是原初的模样了。

经文开首引佛的话说："若比丘见缘起为见法，已见法为见我。""此谓何义？""是说有缘：若见缘无命、非命为见法，见法无命非命为见佛。"结尾又重复强调了这一观点。意思是说，把握了"缘起"就懂得了"无命、非命"的道理，懂得了"无命、非命"的道理就等于把握了佛法，而把握了佛法也就等于见佛了。这是很明确地把"缘起"当成佛教教理的总纲来看待的。

《了本生死经》把"缘起"分为两大类：一类叫"外缘起"，是说明众生以外一切现象的缘起；一类叫"内缘起"，指众生自身的缘起。前者解释自然现象，后者解释社会人生现象。但实际上，"外缘起"不过是"内缘起"的譬喻，他们的理论归旨，在说明"内缘起"。

任何缘起法都要受"因相缚"和"缘相缚"的决定和制约才能发生。"因"指现象的内部规律，"缘"指现象的外部条件。其所以把因缘说成为"缚"，是表示因缘自身就是一种制约力，具有束缚现象成其为现象的作用。他们以谷物为例，说明"外缘起"的具体内容。

那么什么是谷物的"因相缚"呢？"从种根，从根叶，从叶茎、从茎节，从节怀华，从华实。"这是个体自身发展过程中的内部因果链条。它的"缘相缚""为地种、水种、火种、风种、空种"，即指个体得以发展的外部诸条件。谷物之所以由种子成长到开花结果，就在于这些因缘所使。"从是因缘有种生：彼地为持种，水为润种，火为热种，风为起种，空为令种生无碍。如是得时节，会令种生。"谷物发展中的其他环节，可以如此类推。这种发展，是一个连续过程，它的各个环节都是由因缘的无意识的合会而必然地决定的。从"因"的关系说，"彼种不知我生根，根本（不知）从种有；根本不知我生叶，叶不知从根有。""缘"的关系也是如此："地不知我生种，种亦不知地持我；水亦不知我润种，种亦不知水润我……"据此，他们得出了对佛教哲学是极端重要的结论，即：既要性空无我的哲学理论，又要承认因果报应的宗教信念：

> 从因缘有，得时会令种生；为非自作、非彼作，亦非无因生。

就《了本生死经》对于谷物发展的自然过程的描述来说，观察是深刻的。他们能够从普遍关系中区分出内因和外缘来，不论是对佛教哲学的进一步发展还是在认识史上，都是值得注意的贡献。在这个基础上，他们还归纳出了事物发展的几个主要阶段，也丰富了佛教的辩证法。他们归结的这些阶段是：

一非常，二不断，三不步，四种不败亡，五相象非故。

他们对这些阶段的具体解释是：

彼种已坏为"非常"，有根出为"不断"，种根分异为"不蹉步"，少种多生实为"不败亡"，实生如种、根非种为"相象非故"。

这种说明，从经验上说，大致上是符合实际的，而且不自觉地反映了谷物生长的基本过程。

《了本生死经》并不懂得事物向上的螺旋式的发展，只把它看成是唯有数量变化的循环不已的大圆圈。它的意义和重要性不在于描述这一过程本身，而是它对这一过程做作的哲学解释和宗教解释。

从"种"到"实"的整个过程，共用了五个概念来做说明，其中的每一个概念都与他们的哲学观点和宗教观点相联系。"非常"表示旧的个体已经坏灭，也就是"刹那灭"的形象说法，这是一切运动的共性。"不断"亦叫"相续"：虽然旧的个体已经坏灭，但运动并未结束，又会生起新的个体，亦即此处的"根"。"根"与"种"在形态上是大不相同的，说明它们不是一个统一体，不是"种"走到"根"那里而成其为根的，所以叫作"不步"或"不蹉步"。尽管作为个体"不步"，但种子之作为因性力量却并不消失，证明这一点的是它能结出与它一样的果实，此即谓之

"不败亡"，亦即"已作不失"的意思。最后，"实"与"种"固然一样，但由"种"到"实"的转变相续中的形态又非一体，这就叫作"相象非故"，也就是说，因果连续不失"，而"因"又是不到"果"的。

佛教关于因缘相续的关系，凡是讲"非常"、讲"不步"、讲"非故"的，都是强调"无我"的；因为既然事物的存在形式是"刹那灭"的，所以一事物不会转化成为它事物，新物不是旧物，这就证明，没有什么固定的自性，没有一个可以支配整个过程的主体。凡是讲"不断"、"不败亡"、"相象"的，则都是强调因果关系是不会消失的；因为根、芽、茎、华、实，说到底都是有"种"作为根本因力才能在其他外缘作用下生长出来，而"种"不结"实"，就失去作为"因"的作用。因此，所谓"因缘法"总是既包含"无我"、"性空"的意义，也包含因果连续的意义。他们经常讲的"非自作、非他作"，就是指缘起法中的"无我"言；通常讲的"非无因生"，就是指因果律不可否定，只有把二者结合起来，才能叫作"因缘法"。

首先看佛教关于"无我"、"性空"的解释。所谓"非常"，佛教一般的解释是未生未有，生已即灭，生灭之间没有不变的自性，因此，"非常"本身就含有"无我"的意思。《了本生死经》把这一说法具体化了，提出了"不步"、"非故"的概念：运动总是处在"刹那灭"中，前一刹那灭现象与后一刹那灭现象之间，在体性上是互不相干的，因为前一现象已经灭掉，不会运动到后一现象那里去。因此，在整个因果连续中，绝不会有一个不变的自性，也不会有一个承担因果连续的实体。经文反复强调"若见缘起无命非命为见法"，说的就是这个意思。这里的"命"指寿命，是现象住于自性的时限，或自性存在于现象中的时限。缘起法的特点之一既然表现为即生即灭，所谓自性也就没有在现象中存在的余地，因而只能是"无命"、"非命"。用"无命"、"非命"破除我执，是说明"无我""性空"的一个重要方面。

这套说法，在以后传来的佛教哲学中，曾发展成为关于时间、空间和运动的相当系统的学说，是需要详细研究的一个课题。仅就《了本生死经》的表述看，它从运动的角度表现了佛教哲学中的某些辩证法因素。它以生动的例证说明了，不仅现象，而且本质自性也是在不断流逝的。列宁指出：

> 就本来意义说，辩证法就是研究对象的本质自身中的矛盾：不但现象是短暂的、运动的、流逝的，只是被假定的界限所划分的，而且事物的本质也是如此。①

这就是说，佛教哲学对于运动的绝对性的认识是可取的。然而仅仅使用与"流逝"相似的"不步"、"刹那灭"，并不能全面正确地说明运动的辩证法。因为：

> 运动是时间和空间的本质。表达这个本质的基本概念有两个：（无限的）不间断性和"点截性"（＝不间断性的否

---

① 《列宁全集》第 38 卷，人民出版社 1972 年版，第 278 页。

定，即间断性）。运动是（时间和空间的）不间断性与（时间和空间的）间断性的统一。运动是矛盾，是矛盾的统一。[①]

《了本生死经》把现象说成是"不步"的，就是承认运动的"间断性"，排斥它的"不间断性"，实际上使运动成为不可能。我们说它"排斥"，而不是说它"否定"，是因为佛教哲学并不否定运动也有"不间断性"即"连续性"的方面，他们把"间断性"和"不间断性"看成是互相排斥的"二律背反"，并对"不间断性"作了纯粹主观主义的臆造。

佛教所谓"不步"，实质上就是刹那性的"静止状态"。因此，佛教哲学尽管承认连续性，把"非常"说得如何绝对，仍然只能是一种"静止状态的总和、联结"。佛教哲学不只否认运动的可能性，而且要通过排除运动的"不间断性"，否定运动着的物体的实在性。他们认为，既然现象处在永恒变动之中，那么，整个运动就没有相对的稳定性，没有相对的静止。因此，只要运动存在，事物就不可能存在。这种把物体同运动割裂开来，把运动同静止割裂开来，是佛教哲学最常用的以辩证法的分析形式来引导出形而上学的结论的手法。

只承认运动，不承认平衡，用运动的间断性排斥运动的不间断性，这种看起来极不相同的片面性是有着多么密切的联系，以及可以达到何等荒谬的结论。

---

① 《列宁全集》第38卷，人民出版社1972年版，第283页。

既然运动是"非常"、"不步"、"非故"的，唯有刹那灭的间断性存在，那么为什么又会承认运动的"不断"、"种不败亡"而且"种"与"实"还"相象"呢？这看起来是很全面的：既承认"间断性"，又承认"不间断性"。然而这种矛盾并不是事物运动自身所具有的客观性质，而是为了把"无我"、"性空"同因果观统一起来主观臆造出来的。当"不步"论证运动是无主体的运动的时候，"不断"就在说明这种无主体的运动唯有在因果观的支配下才能实现，证明因果观是必然的。然而作为论证运动没有主体的"不步"，实质上是以物体根本不动为前提的，也就是说，原因不可能转化为结果；相反，借以论证无主体运动是可能的那个"不断"，又必须假定有运动的主体存在才能成立，也就是必须承认有"我"。这样，他们的因缘说所要达到"无我"、"因果"就会全部落空，将造成理论上的混乱。尽管对矛盾的每一方面都能讲得头头是道，但不懂得从对立面的联结上，从它们的辩证统一方面去全面把握，以致不能不自相矛盾。

为了摆脱这种困境，佛教哲学创造了所谓"业力"的说法，企图把"无我"、"性空"同因果观调和起来，以求自圆其说。在《了本生死经》的观点看来，"种"本身同时蕴涵着一种使自己转变相续的潜在力量。作为具体形态的某颗种子，当其生根萌芽的时候，已经坏灭了；但仍然会转变为根芽茎华的连续存在，那就是因为这一颗种子的潜在力量在起推动和牵引的作用，一直到生成多"实"为止，都表明作为具体形态的某颗种子虽已坏灭，但作为潜在力量的某颗种子并未"败亡"。这样，因果就是必然的，"无我"、"性空"似乎也可以成立了。然而如此一来，促使"种不败亡"的潜在力量，既然并不体现于具体的事物之中，也就变成了一种神秘力量了。

《了本生死经》对于谷物发展的自然过程的观察，本来是比较接近事实的；一颗小小的种子为什么会蕴藏着成长壮大的生命力？这样的问题对科学的发展也是极有启发的。但他们在理论上的解释，却如此荒谬，这就要追究到缘起说的社会根源：他们的论述"外缘起"，并不是在研究生产和科学，而是为了给"内缘起"找到普遍适用性的根据，为了用来解释社会人生的复杂现象。

从表述的形式看，"内缘起"完全模拟"外缘起"，也分"因相缚"和"缘相缚"。

> 何谓因相缚？缘"不明""行"，缘"行""识"，缘"识""名色"，缘"名色""六入"，缘"六入""更乐"，缘"更乐""痛"，缘"痛""爱"，缘"爱""受"，缘"受""有"，缘"有""生"，缘"生""老死忧悲苦懑心恼"，如是但大苦性具成有病。

所谓"内缘起"的"因相缚"，就是指"十二因缘"的因果链条。

> 彼"不明"不知我作"行"，"行"不知从"不明"有；"行"不知我作"识"，"识"不知从"行"有。

如此类推，以至于"生至于老死，亦转不知"。所谓"内缘起"的"缘相缚"：

> 如佛告阿难，"眼"缘"色"生"眼识"，彼"眼"不知
> 我作猗行，"色"不知我为"识"对，"明"不知我为"识"
> 照，"空"不知我令"识"无碍，"识"不知我生此作有：
> 眼、色、明、空、念令识具成生。耳、鼻、口、身、心缘法
> 生心识。

所以，"缘相缚"指的就是能够引起人生心识活动的主、客
观条件，如"眼识"的发生，就需要"眼根"作为"猗
行"，需要"色"作为对象，需要"明"提供光线，需要
"空"保证无障碍等等。这些条件对于眼识所发生的作用，
也如同"因相缚"中的因果关系一样，也是没有意识的合
会关系；这种无意识性，又正是"无我"、"性空"的一个
论证。

于是，"内缘起"中的"因"、"缘"关系就成了这个样
子：十二因缘是因果连续的身，是起主要的决定性作用的，
可以称之为"内因"；与身发生关系的那些外部条件，就构
成为"外缘"。"外缘"的作用如何，全部要视"内因"的
状况来作决定。但不论内因还是外缘，都证明既是因果不
失，又是都无自性。所以"内缘起"的结论与"外缘起"
完全一样："此非自作，非彼作，非两作，非无因生；非我
故，非彼故，非无因有。"

构成"内缘起"发展阶段的也是五种，只是内容有了
变动：

> 死际身已坏为"非常"，出生有身分为"不断"，或同去
> 或异去，分异故为"不步"，少行多报为"行不败亡"，如行
> 报生，"非故家"也。

所谓"非常"就是由生到死的转变，"不断"指生命阶段维
持"有身"的连续性，"不步"指前生不会走到后生去，
"行不败亡"则指有业必有报的必然性，而根据业行于死后
受生，就成了"相象非故"。显然，在"外缘起"表现为认
识上的片面性的地方，套到了"内缘起"上就成了业报轮
回的迷信了；在"外缘起"上作为"不败亡"的"种"，在
"内缘起"上就成了"不败亡"的"行"。所谓"行"者，
亦即是"业"，这本来是指人的身、口、意的全部活动，由
于佛教哲学否定"我"的存在，使活动失去了主体，就被
说成一种非常神奇而又不可抗拒的力量。

不论是讲"外缘起"还是讲"内缘起"，《了本生死经》
的重点还是要通过缘起说以论证诸法性空本无的道理。所
以，它不放过任何可能的机会来阐发这个观点。在解释第
一支"不明"[①] 的时候说："为如六种，六种受若男若女。"
这里讲的"六种"，指地、水、火、风、空、识，亦即构成
缘起法的主要条件。假若对"六种"缺乏正确的认识，那
就会产生是男是女的分别，成为"身见"。它说：

> 彼身得住是为地种，如持不散是为水种，饮食尝啖卧得

---

① 从使用名词看，《了本生死经》的翻译较早，梁僧祐认为此经支谦译，似有据，可信。

> 善消是为火种，身中出息入息是为风种，四大所不能持是为空种，随转如双箭筈是为识种。

在这"六种"中，每一"种"都不能单独构成为有生命的个体，

> 如彼地种，非男非女，非人非士，非身非身所，非人生非少年，非作无作者，非住无住者，非智无智者，非众生非吾，非我非彼……

其余五"种"也可以这样说。理由很简单，每一"种"自身既不能成为有生命的个体，而每一"种"又普遍存在于所有的生命个体之中，因此从单一的"种"很容易得出"无我"的结论。反之，如果把"六种"作为综合体而当作"我"，则被认为是一种"妄想"，当然不可以的："如是但从六种为一想，为合想，为女想，为男想，为妄想；为自在想，为强自在受若干种，故为'不明'。""不明"就表现在这里。可见，这里用"六种"来破除"我见"，同其他佛经中用"五阴"来破除"我见"目的是一样的，论证的方法也大同小异，他们都任意地把有生命的有机体给机械地肢解了。

最后，《了本生死经》再一次试图从理论上把因果报应的宗教观念同无我性空的哲学结合起来。讲无我性空，还是为证明宗教因果。它的一个结论性的命题就是："此亦无有从是世躇步者。"就是说，由此世流转至于彼世的因果观是不可抗拒的，但这种流转并非有某个谁从此世走至彼世；此中既无某个谁，也不会有所走动。用哲学的语言说，就

是物体和运动都是不可能的。

佛教通常乐于用"水"、"镜"具有的反映性质及其与反映物之间的关系来说明缘起法。事物之间有各种各样的关系，当然也包括作用与反作用、反映与被反映的关系。佛教哲学对这类关系的观察比较详尽，描述得也很多，但把借用来的个别例子当作推论的普遍依据，从而导向神秘主义。在这里，他们用"面"映于"镜"、"月"印于"水"来说明虽然无我而因果得成的道理，就是神秘主义的一例。他们的目的在于把果报说成是业行的一种映象或影响，在果报与业行之间并没有一个往来的实体。然而"月"之印于"水"、"面"之进入"镜"，恰巧表明"月"与"水"、"面"与"镜"这些实体之间的关系，没有这些实体，就不可能发生反映与被反映的关系。他们的譬喻，倒可以论证业行与果报都必须有一个承担者，而这样来理解，就达不到他们主观希望达到的目的了。

第二节　《维摩诘经》的思想剖析

在般若经系统的基础上发展起来的一部分大乘经，打起"中道"的旗号，既反对以"有"为"实"，又反对执"无"为"真"，进一步扩大了这种倾向，将他们自己所否定的世俗一切，尤其是世俗中最不干净的那部分，换了一种说法，又全部肯定了下来。他们毫不掩饰地让宗教理论上的"空观"服从社会实践上现实存在的需要，支谦译的

《佛说维摩诘经》就是其中最有代表性的经典。

据东晋支敏度《合维摩诘经序》称，此经从支谦至西晋竺法护、竺叔兰，已"先后译传，别为三经"。根据他的对照比较，认为这三个译本是：

> "同本人殊出异，或辞句出入先后不同，或有无离合多
> 少各异，或方言训诂字乖趣同，或其文胡越，其趣亦乖，或
> 文义混杂，在疑似之间。"（《出三藏记集》卷八）

他以支谦的译本为母，以叔兰的译本为子那样糅合为一个新本。这些译本的内容可能有很显著的差别，但有什么差别，他并没有列举出来。姚秦时僧肇也提到此经有"支、竺所出"者，总的批评是"理滞于文"[①]，认为他们的译文没有把此经的义理表达清楚。僧叡则根据鸠摩罗什的译本，对此前的各种译本进行指摘：

> 既蒙鸠摩罗什法师正玄文、摘幽旨，始悟前译之伤本，
> 谬文之乖趣耳。至如以"不来相"为"辱来"，"不见相"为
> "相见"，"未缘法"为"始神"，"缘合法"为"止心"，诸如
> 此比，无品不有，无章不尔。（《毗摩罗诘提经义疏序》，见
> 《出三藏记集》卷八）

指的是哪个译本，僧叡并没有说明，我们现在已经见不到这样的译本了，否则，看他们是如何用"心""神"来翻译缘起学说，这对于了解我国早期的佛教思想，一定会补充

---

① 《维摩诘经序》，见《出三藏记集》卷八。

许多有用的材料。目前保存下来的支谦译本，在译文上与鸠摩罗什的译本大体相似，这很可能是几经后人的修补的结果。然而在思想倾向上，特别是与经过鸠摩罗什及其门徒们注释的译本相比较，那还是有所不同的；在文字的表达上，也还有许多含混模糊、意义不明的地方。这说明，它也保存有早期译文的某些特色。

从支谦到鸠摩罗什，约一百五十年间至少出现了四个译本和一个合本，可见《维摩诘经》的确是一部很受重视、很受社会欢迎的佛经。支敏度说，此经乃是"先哲之格言，弘道之宏标"，"厥旨幽而远"[①]，把它看成是阐发佛理的最高准绳。僧叡自叙："予始发心，启蒙于此，讽咏研求，以为喉衿"[②]，把它当作佛教理论的启蒙读物。僧肇记：

> 大秦天王隽神超世，玄心独悟，弘至治于万机之上，扬道化于千载之下，每寻玩兹典，以为栖神之宅。（《维摩诘经序》，见《出三藏记集》卷八）

是国君当作推行"至治"、宣扬"道化"的精神武器。此经不但为高僧大德、帝王贵族所尊崇，尤其是对士大夫阶层有过重大的影响。鲁迅先生指出，南北朝时期，士人都有三种小玩意儿，其中之一就是《维摩诘经》。即使到了唐代，也还在士人中十分流行。它对于中国禅宗的形成也起

---

① 《合维摩诘经序》，见《出三藏记集》卷八。
② 《毗摩罗诘提经义疏序》，见《出三藏记集》卷八。

过巨大作用，有人把《维摩》同《楞伽》、《圆觉》并称为"禅门三经"，可见在中国佛教史上享有很高的声誉。

《维摩诘经》之所以受到朝野僧俗的普遍欢迎，与本经的内容有密切的关系。如果说般若经类反映的是应该如何从出世间回到人世间，因而创造了昙无竭式的出家菩萨，那么，《维摩诘经》就是反映佛徒应该如何把处世间当作出世间，因而创造了维摩诘式的在家菩萨。

维摩诘其人

维摩诘是本经的主人翁，作为一个在家的"居士"，他精通佛理，辩才无碍，神通广大。他所讲的佛理，不仅压倒二乘[①]，也高于其他一切"出家"的大乘菩萨，甚至不亚于佛的水平。他的神通，连诸佛菩萨都要受他的三昧力的调动。他的智慧辩才会使当时具有高度"夙惠"、"捷悟"的玄学家们望尘莫及；他的放荡秽行，也可以使自命清高、蔑视礼法之士自感弗如。《维摩诘经》的理论体系，反映了三国及两晋时期佛教理论在中国发展的主要倾向。

《善权品》中有一大段话是专门描述维摩诘其人的：他居于"维耶离大城"的闹市，而不是穷乡僻野；被称为"长者"，而不是"沙门"。佛经所谓的"长者"，通常是富豪的泛称，特别是指大商人。因此他的出身成分很特异，

---

① 见《善权品》。佛教按信徒的理解和宗教实践的程度，分为声闻、缘觉、菩萨三个层次。声闻最低，菩萨最高。

与出家僧侣大不一样。在佛教义理上，他"深入微妙，出入智度无极"；从行为上看，他"善权方便，博入诸道"。这就是说，他的佛教理论水平极高，运用在生活各方面，可以从心所欲，以至无所不为。这个"智度无极"和"善权方便"，是构成维摩诘一系列双重性格的根柢。比方说，他之所以居于这样的"大城"，乃是"欲度人故"；他之所以拥有"资产无量"，乃是为"行权道"，"救摄贫民"。因此，他"虽为白衣，奉持沙门"；"虽获俗利，不以喜悦"，"虽有妻子妇"，"常修梵行"；虽"现示严身被服饮食，内常如禅"。同样，"若在博弈戏乐，辄以度人"，"入诸淫种，除其欲怒；入诸酒会，能立其志。"他"入君子种，正君子意，能使忍和"；"入人臣中，正群臣意，为作端首，使入正道；入帝王子，能正其意，以孝宽仁率化薄俗；入贵人中，能正为雅乐，化正宫女；入庶人中，软意愍伤，为兴福力。"这个维摩诘的实际活动和全部表现，是十足的世俗贵族式的生活，然而他的动机，他的目的，他的精神境界却比出家的菩萨们更高超。原因就在于他有超人的般若正智和无限灵活的善权方便。用我们的眼光看，他能够为自己的任何卑鄙无耻的世俗行径找到神圣不可亵渎的理论根据，也可以在神圣不可亵渎的理论指导下，干出最卑鄙无耻的世俗行径。他积累财富无量，不知厌足；他结交权臣后妃，参与帝王政治。当然，他也吃喝嫖赌，自命为人之导师。他不同于俗人，在于他有一个高尚精神境界，只有佛才能具有他那样的精神境界。因为他之所以干这些本来不应该由他来干的事，全出于他的大慈大悲、救苦救难、普度众生的菩萨胸怀。对他来说，他的吃喝嫖赌不但不算堕落，而是一种高贵的自我牺牲。

不难看出，所谓维摩诘者，无非是把门阀士族和其他寄生者的腐朽生活神化了，把一切伪君子的二重性格予以美化了。这种人物诚然会存在于世俗众生之中，尤其会存在于那种政治动乱、易于滋长混世思想和无持操的上层分子中间。当然，众生中的任何一个人物，只要具有了与维摩诘相同的思想体系，也就都可以成为维摩诘式的菩萨。

然而，要真正具有维摩诘式的品格也并不容易。本经用文殊师利的话赞扬维摩诘说：

> 彼维摩诘虽优婆塞，入深法要，其德至纯，以辩才立，智不可称。（《诸法言品》）

就是说，维摩诘不但有自己独特的道德面貌，而且有智慧、有辩才，这种品格就不是普通的游民市侩和巨商权臣之流所都能具备的。又说："一切菩萨法式悉闻，诸佛藏处无不得入"，"然犹复求依佛住者，欲于其中开度十方"[1]。他表示追求佛理，仅仅是为了启发众生；实际上他博学多闻，早已精通佛理，这种品格也不是一般僧侣所能够具备的。但是只要对照一下魏晋之间的名士，那品格就十分接近了：他们口谈玄理，能以辩才机智胜人；也博览杂家，讽嘲名

---

[1] 《诸法言品》。

教，颇以豁达风流自许。他们不仅有钱有闲，庸碌无为而尚空谈，而且确有文学资本，可以自视非凡，超尘出众。所谓"口但说空，行在有中"，用在某些门阀士族那里，显得特别恰当。

从普遍意义上说，维摩诘的出现，标志着大乘佛教的世俗化运动已经达到高潮。"出家"和"在家"的界限已被抹杀，甚至"在家"高于"出家"。这是佛教发展中的一个值得注意的现象。在《弟子品》中有一段话，专门批评把"出家为道"视为分外荣耀的佛教传统观念，并记有这样的问答：诸童子问："居士，我闻佛不教人违亲为道？"维摩诘言："然，当观清净，发菩萨意已应行者，可得出家坚固之志。"支谦译文，仍有若干地方曚昽不清。鸠摩罗什的译文就非常清晰："我闻佛言，父母不听，不得出家？""然，汝等便发阿耨多罗三藐三菩提心即是出家，是即具足。"这就表示，作为佛教信徒的标准，已经不在于"出家"或"在家"这类形式，只要有了求取佛智的愿望，"在家"同样可以成为得道的佛徒。这种说法，把早先佛教那种竭力攻击家庭为牢笼、与世俗生活尖锐对立的褊狭情绪从根本上推翻了，从而为佛教的世俗化扫除了障碍。

《维摩诘经》从般若理论和宗教实践这两个方面把佛教的出世移到了世俗世界：它不但让僧侣的生活世俗化，而且让世俗人的生活僧侣化，从而把世俗社会引进了宗教世界。

"佛国"论

《维摩诘经》的开篇第一章就是《佛国品》[①]。

"佛国"、"净土"是大乘佛教设计的一个精神王国。从纯粹宗教的角度说，信仰和修习佛教的最后目的，已经不单纯是为了个人的解脱和涅槃，而是为了进入这样一个王国，由此出现了一大批宣扬佛国净土的佛经。《维摩诘经》的重点不在于阐明如何到达彼岸净土，而着重于如何把秽恶之土改造为佛国乐园。

《维摩诘经》提出要解决的第一个问题，就是清净佛国究竟存在在什么地方，应该向哪里去求索？佛的回答是："跋行喘息人物之土，则是菩萨佛国。"明确表明，佛国并不是远离现实社会的另一种存在，它既不在众生之外，也不在众生之上，就在众生日常聚居生活之处。"所以者何？菩萨欲教化众生，是故摄取佛国"，"欲导利一切人民令生佛国"。就是说，"佛国"乃是菩萨为了教化众生，使人民能够生活于其中才建立起来的，因此，这个看起来是超世间的世界，实际上只能在世间的基础上实现。"譬如有人欲度空中造立宫室，终不能成，如是童子，菩萨欲度人民故，愿取佛国；愿取佛国者，非于空也。"空中楼阁不可能，空中佛国也不可能；佛国唯有通过超度众生去取得，离开众生就将一事无成。

---

① 引文凡引自《维摩诘经·佛国品》的，均不注出处。

《佛国品》进一步讨论菩萨应如何诱导众生进入佛国的方法和途径。它说："菩萨弘其道意故，于佛国得道，恒以大乘正立人民得有佛土。"意思是，如果菩萨是由于宣扬大乘"道意"而成就佛国的，那么，被大乘"道意"所掌握了的那部分众生就会进入大乘"道意"的佛国。"菩萨布施为国故，于佛国得道，一切布施诸人民生于佛土。"如此类推，由菩萨持戒、忍辱、精进、禅定、智慧，以至行三十七道品成就自己的佛土，做与此相应行的众生，也必将会生于相应的佛土。由此可见，佛是要人来做的，佛国净土也要人自己去创立。

据说，要实现大乘佛教所追求的这个高妙的理想，不是一朝一夕之功，需要菩萨在无穷的宗教实践才可望完成。《维摩诘经》总结这个过程是：

> 菩萨以应此行便有名誉，已有名誉便生善处，已生善处便受其福，已受其福便能分德，已能分德便行善权，已行善权则佛国净；已佛国净则人物净，已有人物净则有净智，已有净智则有净权，已有净权则有受清净。

这里把菩萨行分为两个阶段：前一阶段是由"菩萨行"成就众生，达到佛国清净；后一阶段是由佛国清净保证众生的思想行为清净。这两个阶段，"菩萨行"是贯彻始终的，因而也是实现佛国净土的基本条件。

佛教的"菩萨行"包括很多内容，如"六度"、"三十七道品"都是。在《维摩诘经》中说：

> 菩萨欲使佛国清净，当以"净意"作如应行。所以者
> 何？菩萨以净意故得佛国清净。

意思是说，佛国净土既是通过菩萨行所创立的，而人的思
想意识又是行动的支配者，所以说到底，佛国的实现依赖
有一个清净的意识。佛教认为现实社会的净化，全在于人
的意识的净化，大乘佛教教人们相信可以实现以"净心"
建立"净土"。鸠摩罗什的译本及其注者说："直心是菩萨
净土，菩萨成佛时，不谄众生来生其国。"罗什自注道：
"直心，以诚心信佛法也。"僧肇注："夫心直则信固，信固
然后能发迹造行。然则始于万行者，其唯直心乎！"译文还
说："若菩萨欲得净土，当净其心，随其心净，则佛土净。"
僧肇注释道："净土盖是心之影响耳。"[①]

思想支配行动，思想改变世界，于是思想上的转变，
就成了整个社会转变的唯一前提。

佛教和其他宗教一样，力图用改造人们的思想观点的
办法以避免对社会实行革命改造。在《维摩诘经》中，则
以神话的形式表达了出来。它记载舍利弗的疑惑道：

> 以意净故得佛国净；我世尊本为菩萨时，意岂不净，而
> 是佛国不净若此？

按大乘佛教的说法，我们所处的这个世界，属于释迦文佛
（即释迦牟尼）领有和教化的净土。对于这个"佛国"，从

---

① 《维摩诘所说经注·佛国品》，金陵刻经处本。

我们凡人来看，当然谈不上有佛教所谓的"清净"；以舍利弗为代表的小乘佛教认为"亦有杂糅"，甚至"秽恶充满"，也不那么"清净"。对这种现象应该怎样理解呢？是否可以说，这种杂糅秽恶是由于释迦文佛修习菩萨行时因"意"不净而导致的果报呢？对于舍利弗的这种疑惑，佛是全然否定的，他反问道：

> "云何舍利弗，我日月净，不见色者岂日月过耶？"对曰："非也，非日月过。"佛言："此舍利弗，咎在众人无有智慧，不见如来佛国严净，非如来咎。"

就是说，佛如日月行空，佛土光明严净，人们之所以熟视无睹，由于人们缺乏见到明净的智慧。有一个叫作"编发"的梵志（意即婆罗门），在这里立即插话作证说：

> 惟贤者莫呼是佛国以为不净！我见释迦文佛国严净，譬如彼清明天官。

据说这个"编发"梵志乃是"天"，他同小乘代表舍利弗对同一世界的看法竟会发生如此重大的差异，原因在哪里呢？还是这个编发梵志指明：

> 贤者以闻杂恶之意，不猗（即倚）净慧视佛国耳。当如菩萨等意清净，倚佛智慧，是以见佛国清净。

佛教认为，对于现实世界往往会存在若干完全相反的判断，并不在于这个世界本身有什么差别，而是因为人们的"意"存在差别所造成的。所以，佛作结论说：

> 譬如诸天同金钵食，其福多者举手自净。如是舍利弗，
> 若人意清净者，便自见诸佛佛国清净。

大家在一个钵里吃饭，有福者吃的是雪白大米，到无福者手里就变了颜色，原因就在于人们的"意"有"净"与"秽"的不同。

关于佛国净土为什么会有"杂糅"问题，大乘佛教有不少解释。大致可以归结为两种：一是佛所普度的众生有差别，因而示现给人们的世界有差别，由此就导向了客观唯心主义；二是众生的因果业报不同，精神面貌不同，因而所处的世界也有不同，这是主观唯心主义。支谦译《维摩诘经》是侧重于后者，明确回答：世界的净与不净，全依"心意"的状况为转移；观点不同，所看到的世界也就不同。所谓净土、秽土之分，并不是真实的客观存在的区别，而是人们心意差别的结果。因此，所谓"佛国"，也并非在尘世之外建立一个新的王国，而是要求人们改变自己对社会的观点，只要把现在的社会关系看成是"佛国"，它就是佛国了。也就是说，用"佛国"、"净土"所要拯救的是苦难的灵魂，它给苦难者以精神的安慰，为的是让苦难者安于现实的苦难。

僧肇在《维摩诘所说经注》中说："万事物形，皆由心成；心有高下，故丘陵是生也。"世界的客观差别性，是由心的差别性造成的。同样，在对立的人们中间，既然不可能存在共同的思想体系，那就说明，人们的主观世界不可

能具有客观的内容，因而在世俗认识中间，也没有客观真理。僧肇注说："各以所见，而为证也。"就是各人把自身的体验当成真理，而并不是真理自身具有客观性。

如来种

说佛是由凡人来做的，要在世间建立"佛国"，它必须有一个先决条件，那就是众生确有成佛的可能性，或起码具有接受佛教信仰和佛教宣传的可能性。对于这一点，佛教大乘一般并不怀疑。支持这种观点及其践行的理论之一，就是"佛性"论。这种"佛性"论，本质上是一种"性善"说，认为众生先天地具有一种与染污不同的"清净心"，此即谓之"佛性"。然而在《维摩诘经》中，有一些明显不同的说法。它把成就"佛土"的因素叫作"如来种"，并且强调指出，这种"如来种"就是世间的杂染秽污，唯有依赖杂染秽污才能成就一切佛的功德。因此，这种说法又带有很大的原罪说的倾向。

支谦译《维摩诘经》有《如来种品》。其中维摩诘问文殊师利："何等为如来种？"文殊师利答：

> 有身为种，无明与恩爱为种，淫怒痴为种，四颠倒为种，五盖为种，六入为种，七识住为种，八邪道为种，九恼为种，十恶为种：是为佛种。

不把与成佛相顺的清净善性当作"如来种"，反而把与佛道相违逆的三毒十恶八邪行当作"如来种"，是《维摩诘经》

最大胆的议论，也正是它要求把佛法尽可能世俗化的一种表现。当然，"种"不等于"果"，"由如来种"生成"佛果"需要一系列转变过程；而这种转变，不是从"种"诱发出来的，而是通过一系列的宗教实践，对"种"的否定来实现的。所以文殊师利解释说：

> 夫虚无无数不能出现住发无上正真道意，在尘劳事未见谛者，乃能发斯大道意耳。譬如族姓子，高原陆上不能生青莲芙蓉蕣华，卑湿污田乃能生此华，如是不从虚无无数出生佛法，尘劳之中乃得众生而起道意，以有道意，则生佛法。从自见身积若须弥，乃能兼见而起道意，故生佛法。依如是要，可知一切尘劳之畴为如来种。（《如来种品》）

在这里，"道意"就是"菩提"，"尘劳"就是"烦恼。"意思是说，唯有在众生烦恼之中，才有成就佛法的潜在可能性；离开众生烦恼，佛法就失去了对治的对象，而一旦失去了自己对治的对立面，佛法也就丢失了自己存在的根据，不再成其为佛法了。

但是，众生烦恼之作为"如来种"，毕竟只是佛法的对治对象，它的生成发展，只能实现在对它自身的否定中。所以《如来种品》继续发挥道：菩萨

> 其至五无间处，能使无诤怒；至地狱处能使除冥尘；至于畜生处则为除阐昧，能使无慢；求入饿鬼道，一切以福随次合会；至无智处不与同归，能使知道……在尘劳处为现都净，无有劳秽……入贫窭中则为施以无尽之财；入鄙陋中，

为以威相严其种姓；入异学中，则使世间一切依附；遍入诸
道，一切能为解说正要，至泥洹道度脱生死⋯⋯

这样的菩萨，无疑乃是救世的布道者，很可以体现佛教宣
传的那种处污泥而生莲华的精神，而他们的任务，还在于
使众生对治和克服思想上的烦恼。因此，大乘佛教确实说
了不少"我不入地狱谁入地狱"这类自我牺牲、拯救世人
的慷慨话，但他们入地狱的目的，不在于拆除地狱，而是
要人们"常住地狱"，"常乐地狱"，"庄严地狱"。关于这类
思想，鸠摩罗什的译本体现得更清楚：

菩萨云何通达佛道？

维摩诘说："若菩萨行于非道，是为通达佛道。"[①] 比方
说，"行五无间而无恼恚；至于地狱无诸罪垢"，以及"示
行贪欲，离诸染著"，[②] 这是对菩萨的要求，也是对一切有
志于菩萨行的众生的要求：物质生活条件和实际的社会地
位是不可以变动的，但思想意识却必须从中解脱出来！思
想意识上的超脱，就是由非道至佛道，由尘劳至佛法，由
"如来种"至佛果这一系列转变的关键所在。

按照"如来种"只能存在于"尘劳"之中，菩萨行必
须深入世俗众生的主张，《维摩诘经》对于小乘的出世思想
进行了激烈的抨击；后来搞佛教理论的人，往往把此经的
特点归结为"弹偏斥小"，就是从这个角度说的。据《维摩

---

① 《维摩诘所说经注·佛道品》，金陵刻经处本。

② 同上。

诘经》，即使持"我见"大如须弥山的凡夫，也仍然存在"如来种"，具有成佛的可能性；但小乘"弟子"就不行，特别是得"阿罗汉果"的，那就

> 如根败之士，其于五乐不能复利，如是弟子杂行已断，其于佛法不乐不利无复志愿。是以凡夫于佛法为有反复，如弟子无有。所以者何？凡夫闻佛法能起大道，不断三宝；使夫弟子终身闻佛法身力无所畏，非复有意起大道也。（《如来种品》）

从这一段话可以看出，《维摩诘经》提出"如来种"的说法，就是为了使佛教深入到社会的各个方面，比小乘佛教更能发挥其社会影响。

关于佛教的入世问题，到了竺道生时期，演变为"一阐提"是否具有"佛性"问题的争论，并做出了同《维摩诘经》不同的解决途径，说明佛教在中国社会的广泛传播所引起的理论需要，已经超出了翻译介绍所能供应的范围。为适应自己的发展，产生新的理论观点是必然的。

不二入法门

《维摩诘经》提倡的"不二入法门"，就是为了连接世间和出世间而提供的哲学理论，同时也是指导人们如何坚持佛教立场以处世接物的认识方法和行为准则。

《维摩诘经》认为，世间的一切烦恼的根源，都在于人们思想认识上的"虚妄分别。"鸠摩罗什的译本中说："世

间、出世间为二"，这是人们通常的看法，但菩萨就不作这样的分别，正确的认识应该是"世间性空，即是出世间"。同样，"色，色空为二"，这是世俗的分别造成的；"色即是空，非色灭空，色性自空"，这是菩萨应该具有的观点①。支谦的译文表述得有些混乱，意思则是相同的：

> 世间，空而作之为二。色空，不色败空，色之性空。

（《维摩诘经·不二入品》）

如此类推：

> 其乐泥洹，不乐生死为二，如不乐泥洹，不恶生死乃无
> 有二。何则？在生死缚，彼乃求解，若都无缚，其谁求解？
> 如无缚无解，无乐无不乐者，是不二入。（同上）

把这种"不二入法门"作为处世态度和思维方法规定下来，在世界观上就形成了一种无差别境界，将世界上的一切差别统统归于泯灭。在这样的境界中，人们对于世界上的事物，包括是非、善恶、美丑，等等，用不着采取任何可否的态度，当然更无必要坚持一定的立场。《维摩诘经》中共列举了三十一对"不二入法门"，从事物的"有相"、"无相"，到认识上的"有知"、"无知"，从道德上的"善"、"恶"，到宗教上的"有漏"、"无漏"，一律视为性空，不容许有所区别。

---

① 以上均见《维摩诘所说经注·入不二法门品》，金陵刻经处本。

> 吾我为二，如不有二不同像，则无吾我、以无吾我无所
> 同像，是不二入。（《不二入品》）

鸠摩罗什的译文是这样的：

> 我、我所为二。因有我故，便有我所；若无有我，则无
> 我所。（《入不二法门品》）

说到底，只有消灭了"我"的观念才是消灭一切差别的根本条件，才能达到对一切事物一视同仁、等量齐观的程度。这本来在小乘佛教中早已提出的观点，在大乘佛教中进一步给以肯定。

可见所谓"不二入法门"，就是要求思想上不去分别事物。假若思想上根本不生起差别的想法，那也就用不着如此费力地去消灭它们。这在佛教哲学上，就是"无生"的理论：根本"无生"，当然也就无须求"灭"，更不会出现关于生灭过程中的其他差别。所以在"不二入法门"中，被列为统帅的是"得无生法忍"；"起分为二，不起不生则无有二。"[①]

"不二入法门"属于佛教的"平等"观念。在原始佛教阶段，"平等"观念同业感缘起密切结合，在反对婆罗门教和种姓制度方面，曾起过一定的积极作用。但发展到大乘阶段，尤其是像《维摩诘经》的"不二入法门"，实质上宣传的是一种无是非的明哲保身的混世哲学。这种哲学，在

---

① 《不二入品》。

魏晋时期同郭象等人的相对主义融合起来，在无操守的士大夫中间得到了普遍的流行，对于国家民族的命运采取漠不关心的态度起了推波助澜的作用。

无言与有言

上边所说的"不二入法门"，还是用语言概念表达出来的，而使用语言概念本身，就被认为是一种"生起"，表示还有分别存在：不是有所肯定，就要有所否定。所以《维摩诘经》还提倡一种离言的"不二入法门"。在《不二入品》中，它让当时最能通达维摩诘思想的文殊师利对大家的发言进行总结："于一切法如无所取，无度无得，无思无知，无见无闻。"亦即要求对于一切现象都当作过眼云烟，于心不起知见，淡漠处之。鸠摩罗什的译本还补充了至关重要的一句话："于一切法无言无说。"[①] 然后文殊师利请示维摩诘，对于"不二入法门"是否应该这样理解，"时维摩诘默然无言。文殊师利叹曰：'善哉，善哉！乃至无有文字语言，是真入不二法门。'"[②] 在这里，"默然无言"成了无是非观者的最后退路，而在认识论上，则涉及了佛教对语言概念的一贯看法问题。

语言和概念都是人们思维活动的结果，认识活动的成果也都是用来表达思想的；但二者也不完全是一回事。比

---

① 《入不二法门品》。

② 同上。

方说，"词"是"概念"的物质形式，它具有约定俗成的性质；"概念"则是"词"的思想内容，既是对客观事物的主观反映，又是进一步认识和把握世界的工具。佛教哲学使用的"名"、"名字"、"名言"、"名相"等等，通常是既有语言学上"词"的意义，也有认识论上"概念"的意义，比较含混，需要具体分析。

在名言及其代表的实际事物之间，概念同其反映的对象之间，乃是主观与客观的对立统一的关系。客观的事物本来是处在普遍联系和不断变动之中的，但是，要思维要说话，就必须把对象从普遍联系和不断变动中抽象出来，使之具有确定的规定性，从这个意义上说，"语言有巨大的稳定性"，[①] "思维对运动的描述总是粗糙化、僵化"，"对任何概念也都是这样"。[②] 然而另一方面，语言和概念又必须适应它们所反映的现实历史，因为"现实的历史是意识所追随的基础、根据、存在"。[③] 列宁概括这种情况说："人的概念就其抽象性、隔离性来说是主观的，可是就整体、过程、总和、趋势、泉源来说却是客观的。"[④] 这样，在客观对象和实践的推动下，语言也需要发展，概念也不能不动。概念的运动，它们的联系和相互转化，还呈现着特别复杂

---

① 斯大林：《马克思主义和语言学问题》，《斯大林选集》，人民出版社1979年版，第517页。

② 《列宁全集》第38卷，第285页。

③ 列宁：《哲学笔记》，1956年版，第269页。

④ 同上书，第195页。

的情况。这一切都能构成哲学史上的重大议题：不仅涉及了名实关系中谁是第一性的问题，涉及人的认识有无把握客观真理的可能性问题，也涉及对概念的灵活性是加以客观的应用还是主观的应用问题。

在佛教哲学中，尤其是在大乘的各派中，有影响的经籍都谈到名言概念的问题。他们讨论之多、涉及面之广，将名言概念的内部矛盾揭示得相当详尽，他们陷入谬误的教训，也很值得我们认真总结，可以从中发现一些积极的因素。比方说，他们反对把名言概念凝固化，反对把它们当成是不变的实体，发现了主观认识同客观实际之间的矛盾，提出了名言概念的局限性等等，这些见解都是很深刻的。然而，仅仅强调突出了这些方面，根本否定名言概念还具有客观的内容，还有与客观实际统一的一面，这就走到了另外一种片面。其直接的结果之一，就是通向不可知论。"不可知论"是佛教哲学在名言概念问题上，采用诡辩方法达到神学唯心主义的主要环节。

大乘佛教所提倡的"现观"、"亲证"，要求排斥名言概念的中介，使"心"与"境"直接契合，亲身体验到所谓"真如"，就是以否认名言概念在认识真理中的作用为基础的。因此，在小乘哲学重点破除情欲障碍，要求从情欲中解脱出来的地方，大乘哲学还重点破除名言概念的障碍，还要求从名言概念中解脱出来。维摩诘教导须菩提说：

想为幻而自然。贤者不曰一切法一切人皆自然乎？至于

智者，不以明著（罗什译为"不著文字"），故无所惧。悉舍文字，于字为解脱；解脱相者，则诸法也。（《维摩诘经·弟子品》）

意思是说，由思想言说的事物都是幻化的，一旦把思想言说"空"掉，就会获得事物的本来面貌，所以称之为"自然"。智者不能受文字语言的限制，只有舍离文字语言，才能真解脱。对这段话，在鸠摩罗什的译本注中僧肇还有许多发挥："言说如化，听亦如化，以化听化，岂容有惧？"又说："夫文字之作，生于惑取；法无可取，则文字相离。虚妄假名，智者不著。"结论是："无有文字，是真解脱。""名既解脱，故诸法同解也。"[1]

然而，如果只有舍离文字语言才能契合真理，达到真解脱，那么，佛教的说教、经典岂不成了废话？鸠摩罗什的译本中，维摩诘的"默然"被认为是很高的思想境界，支谦的译本没有翻译这一句；舍利弗也搞了一次"默然"，以为"真解者无所言取"，自鸣得意，支谦的译本却没有删除，因为这个论点当即被"天"所反驳："无以文字法明解脱也"，[2] 意思是说，你坚执把"离文字"当成"真解脱"，也是一种执著，为求得真解脱，不执著在文字上，有无文字都能解脱。

在这里，我们接触到了般若诸经经常采用的"非非"、"不不"所谓双遣的思想方法。这种方法首先是对某物进行

---

[1] 《维摩诘所说经注·弟子品》，金陵刻经处本。
[2] 《维摩诘经·观人物品》。

否定，然后对某物的否定进行再否定，最后是达到对第一个否定的肯定，或肯定和否定并存。照维摩诘的理论，语言文字应该舍离；照"天"的理论，连这种"舍离"也应该舍离。由此得出的结论，应该是对语言文字的最彻底的否定。事实上相反，他们得出来的结论，是还需要语言文字，否则又陷于一种执著。采用"双遣"的方法，其目的在于调解他们在理论上的空观同实践上必须承认实有的矛盾。到了僧肇，他也按照这类方式进行调解，既不废除文字，也不执著于文字的思想方法，即相对主义的诡辩论。他在解释舍利弗之所以受到批评的原因时说："舍（利弗）未能语、默齐致，触物无碍也。"① 这种"语、默齐致，触物无碍"就使《维摩诘经》的精神仍得到继续发展，两晋以后，佛学逐渐摆脱玄学而独立，就是很自然的了。

从不住本立一切法

十二缘起，创于小乘，大乘般若也讲十二缘起，但内容有异。小乘缘起说，着眼于"诸法无常"，小乘的代表迦旃延为二比丘解释道："无常之义、苦义、空义、非身义"，② 即所谓的"苦谛四行相"或称为"四无常"。维摩诘针锋相对地驳斥道：

> 无以待行有起之义为说法也。若贤者都不生，不憎生，

---

① 《维摩诘所说经注·观众生品》，金陵刻经处本。
② 《维摩诘经·弟子品》。

> 不起不灭，是为"无常"义；五阴空无所起以知是，是
> "苦"义；于我、不我而不二是为"非身"义，不起不灭为
> 都灭，始终灭，是为"空"义。(《维摩诘经·弟子品》)

这种论调，就是贯彻"不二入法门"，从空性上泯灭一切差别：世上本来没有生起的现象，哪里来的"无常"？又哪里来的寂灭？"我尚不可得，非我何可得?"这样比较起来，小乘讲四无常就以"无常"的实有为前提了，因而也就有所分别成为执著。僧肇在《维摩诘所说经注·弟子品》中解释说，迦旃延的错误在于"闻'无常'则取其流动，至闻寂灭，亦取其灭相。""取相"本身就是错误，般若主张"无相"。僧肇还说：

> 如来去"常"，故说"无常"，非谓是"无常"；去"乐"
> 故言"苦"，非谓是"苦"；去"实"故言"空"，非谓是
> "空"；去"我"故言"无我"，非谓是"无我"；去"相"故言
> "寂灭"，非谓是"寂灭"。此五者可谓无言之教，无相之说。

这是说，佛教的一切言说，都是有针对性的，针对世俗认识的片面性而发的，因此，绝不能把佛的言说当成确有其事，走向另外一种片面性，诸法本来就是无生无起亦无灭的。

看起来比小乘要彻底得多的性空理论，既可以从"无生"中得出，也可以从"不住"即"无住"中得出。在《维摩诘经·观人物品》中，维摩诘与文殊师利有一段穷究底蕴的问答，就是专门借讨论"不住"而阐发性空问题的。其中尤其值得我们注意的，是在性空上如何建立起"假有"

的议论。

> 文殊师利问："'身'孰为本？"
>
> 维摩诘答："'欲贪'为本。"
>
> 又问："'欲贪'孰为本？"
>
> 曰："'不诚之杂'（罗什译为'虚妄分别'和'颠倒想'）为本。"
>
> 又问："'不诚之杂'孰为本？"
>
> 曰："'不住'为本。如是仁者，'不住'之本无所为本，从'不住'本立一切法。"

这个"从'不住'本立一切法"，是佛教哲学中的一个重要的命题。但如何解释这句话，却有各种各样的说法。鸠摩罗什注道：

> 法无自性，缘感而起。当其未起，莫知所寄。莫知所寄，故无所住。无所住故，则非有无。非有无而为有无之本，无住则穷其源，更无所出，故曰无本。无本而为物之本，故言立一切法也。（《维摩诘所说经注·观众生品》）

僧肇也说：

> 一切法从众缘会而成。体缘未会，则法无寄，无寄则无住，无住则无法。以无法为本，故能立一切法也。（同上）

从常识上说，某物未生，就是表示某物尚不存在；反之，说某物已生，表示已由不存在而进入存在。这个过程，很容易被看成是某物由"无"到"有"的运动。这一现象若概括为"无"能生"有"，"无"成了产生万有的总根源，那么，就非导向唯心主义不可。《中论》中所谓"以有'空法'故，一切法得成"，把"不住"直接说成"空法"，亦即这里所谓的"无法"，更能适应常识上的误解。

但是，佛教哲学所讲的显然不只是这个意思。他们采取上述命题的目的，在于把缘起、无自性的说法加以深化，认为没有什么永恒不变的住于一切时空的自性，任何现象都要依内因外缘诸种条件为转移，因缘不具备，现象不会发生，自性当然不会先于现象而存在，用佛教的哲学术语讲，这就是自性无所住处，或曰"不住"，或曰"无本"。反过来说，因缘一旦具备，现象就呈现出来了，表现为物，表现为事，表现为千差万别的大千世界。从这个角度说，"无本而为物之本"，"非有无而为有无之本"，也还有它的道理。因为任何个别事物的所谓"自性"，本来就要受到它的周围环境的制约，更不能常住不变。但是，佛教并不满足这种解释。他们把某个具体事物的生灭状况无限推衍，推论为整个世界得以产生的原则，同时把因缘构成物自身也断定为无自性的。因此，他们必然又要跌回"无"能生"有"的泥坑中。

问题是，既然"不住"就是空无自性，那么为什么还会出现千差万别的大千世界呢？即"无"究竟是怎样生"有"的，因缘诸法是如何构成的？《维摩诘经》没有做出正面的回答。从它由分析现象入手，把现象归结为"贪欲"和"不诚之杂"亦即人的识别事物和分别是非的认识活动，最后又一转而把认识活动的根基安放在"不住"上看，认识活动是从"不住"即"无本"上发生的，而千差万别的世俗世界就是依赖于识别事物和分别是非的活动生成起来的。那么认识活动是从空无建立万有的桥梁。从这个角度说，构成整个世俗世界的因缘，乃是纯粹的精神。维摩诘讲经，有天女散花，小乘弟子谓此花"不如法"，"天"回答说："是花无所分别，仁者自生分别想耳。"[①] 这就是说，客观对象是由"分别想"派生的。舍利弗见天女有大神通，问天女道："何以不转女身？"天女答道，譬如幻师化作幻女，"无有定相"，因此什么男相女相，一切有定相的东西，统统是个人意识的幻化。

这样，佛教特别用"不住"来表示性空，也是因为"不住"还含有精神的作用在内。用他们的说法叫作"不住"于"名言"，"不住"于"自性"，也就是教人不要把事物看成各有自性，以至产生分别的认识这种精神作用，大乘佛教推崇备至的一种智慧，叫作"无分别智"，其实也就是要求在认识上"不住"；"不住"，当然就无所分别。

既然把"不住"同"本无"一样地视为万物产生的根源，那么也很容易把"不住"当作本体。这种倾向，在《维摩诘经》中已经存在。支谦的译文说：

> 一切法可知见者，如水月形。一切诸法从意生形。（《弟子品》）

---

① 鸠摩罗什译：《维摩诘所说经·观众生品》。

有形体的事物，都是由意识产生的，因而如印在水中的月影，都是不实在的；人们的知见总不能超出自己幻化物的范围，所以逻辑的结论就是人不能认识人的认识之外的真实。也就是说，在人们的认识能力可能达到的范围之外，还应该有另外一种真实存在。僧肇非常清楚地表达了他的体会：

> 夫以见妄故所见不实；所见不实，则实存在于所见之外；实存于所见之外，则见所不能见；见所不能见，故无相常净也。(《维摩诘所说经注·弟子品》)

然而如此一来，在大乘佛教哲学那里必然存在两个世界：一个是由人心派生的，为人们的认识可以达到但它却是幻化虚假的现象界，这就是充满着污浊的世俗世界；一个是如如不动，为人的世俗认识所不可思议，语言不可表说的，但它却被认为是永恒的清净的真如世界。"从不住本立一切法"，不仅能够立世间诸法，而且能够立出世间诸法，能够确立真如世界。

关于这个彼岸的真如世界，属于"实相"、"法身"之类研究的范围，支谦则用"如"这个概念来表达。维摩诘向大目犍连说：

> 欲说法者，当为如法。如法者离人垢，以不我，为离染尘；不有命，为离生死；不处人，为本末断：如灭相。(《弟子品》)

这是说，有一个"寂然无相"的"如法"世界，它完全超脱人们可能觉知的界限，不会住于我们的感觉和心思可接触的范围之内，所以又说：

> 为离起分而无家，眼耳鼻口身心已过，无所住。（同上）

所谓"如"，不是指的任何具体的东西，它是精神性的实体，不能用形容现实世界中任何具体东西的文字、概念来表达它的存在和特征，但佛教又认为这样的实体确实存在着，只好说它是"似乎"、"好像"，古人释为"如"，为了避免引起新的误解，怕人们把"如"又当作一个东西来看待，所以也叫"如如"。照佛教般若学派的观点说"如如"也还不够，应说"如如……"。由于表达这个实际不存在但又不能避免表达的困难，后来的佛教索性放弃了表达的方式。"如如"就是"如实"，指离开人的思想言说，不受任何经验左右的精神实体。对此不可言说而又不得不有所言说，所以只能用"如"来表示。由于它不是人的身、口、意等业行为所作用的对象，从支娄迦谶到支谦又都译之为"自然"。《维摩诘经》中有一段问答来讨论这个问题：

> 文殊师利问："生死为畏，菩萨何以御之？"
>
> 维摩诘答："生死畏者，菩萨以圣大（人）之意为之作御。"
>
> 又问："欲建圣人，当何所立？"
>
> 答："建圣大（人）者必等一切而度众生。"
>
> 又问："欲度众生，当何解除？"
>
> 答："度众生者解除其劳尘。"
>
> 又问："既解劳尘，当复何应？"

> 答："已解劳尘当应自然。"
>
> 又问："何所施行而应自然？"
>
> 曰："不起不灭是应自然。"（《观人物品》）

可见，"自然"作为"真如"的另一种表述，既是佛教大乘教人修习的最高目标，也是认识与之直接契合的本体。

把"如"本体化，被叫作"真如"、"实相"，构成为现象的普遍本质；把"如"人格化，被称为"如来"，就成为人们崇拜的佛。这些问题，也就是"法身"或"佛身"所讨论的范围。这个人格化的"如来"：

> 始不以生，终不以数，今则不住；空种是同，入无所积；眼、耳、鼻、口、心已离，三界不疲……不生因缘，一切灭，说无语。（《阿閦佛品》）

这样的如来，在品格上同"如"完全一样，因为这种品格也就是被看作事物共同本质的空性。

如果承认有一个在世俗世界之外而又成为世俗世界的原因的实体存在，然后又把这样的实体人格化，那么，这一人格化的实体无疑就是创世主，大乘佛教正是按照这种逻辑终于把佛陀这一偶像推崇为神的。关于佛的"三身"的说法，就是用这种思想方法演变出来的。像《维摩诘经》中所谓"如"，所谓"自然"，就相当"佛"的"法身"；它所宣扬的佛的种种神通变化，则包括了所谓"受用身"、"应化身"；"佛"所居止的"净土"，就叫作"佛"的"依报"。这样，佛陀不但是救世主，而且是创世主。这就把创世主的思想同因果报应的思想结合起来，从而构成了佛教的完整的宗教体系。因此，佛教不但有一套哲学理论，而且有一套宗教体系。所谓"从不住本立一切法"，不但建立起了现象界和本体界，同时建立起了神世界。

"忍世界"的社会意义

佛教在理论和实践上的一系列矛盾，也带到了宗教学说上：一方面是业报轮回，每个人都受自己所招致的因果的支配，人人都将自食其果，每人的报，是每人的业的结果；另一方面是佛在安排一切，佛是世界和众生的创造主。也就是说，佛在普度众生上是平等的，但度人的方式则根据每个人自身的品格而有所不同。这种不同的方面很多，主要是示现和创造的生活环境和启发觉悟的方法上有差别。在人的品格中，被认为潜在一种信仰佛教的可能性，叫作"根性"。菩萨讲法，要视众生的"根性"高下来确定内容，不能千篇一律；佛所示现的世界，也因"根性"上的差别而有所不同。从众生来说，统一的佛土，同一的佛法，但因各自"根性"的差别，在接受的程度上高低不齐，所见所闻当然也不会一样。《维摩诘经》的理论主要是适应剥削阶级上层的混世主义的，在宗教上则主要是用来欺骗和恐吓下层群众的，它的政治作用表现得尤为强烈。

按照佛教的说法，我们所处的这个现世世界，乃是释迦文佛领有的佛土，叫作"忍世界"（娑婆世界）。释迦文佛示现的这个世界同其他佛土有所不同。维摩诘在说明它的特点时指出：

> 此土人民刚强难化，故佛说刚强之语，是趣地狱，是趣畜生、鬼神之道，是为由身由言由意恶行之报；至于不善恶行滋多，故为之说若干法要，以化其粗犷之意。譬如象马忱悷不调，著之羁绊，加诸杖痛，然后调良。如是难化诗张之人，为以一切苦谏之言乃得入律。（《维摩诘经·香积佛品》）

这样，佛教就给现存的统治秩序作了双保险：人们之所以生活于地狱，或竟被视为牧者的对象，实在是出于自身"刚强难化"，身言意"恶行之报"，不能埋怨别人，它不是外因造成的，何况被"著之羁绊，加诸痛杖"，又正体现了佛的慈愍心肠，除了调良驯化之外，又能说些什么呢？

佛教把自己存在的全部价值，实际上是完全寄托在这样的"五罚世"的存在上。因此，它也必然成为"五罚世"的讴歌者和精神的维护者。《维摩诘经》认为国土越是"不净"，佛教就越有必要发挥其作用，获得的功德也就越大：

> 此土菩萨于五罚世以大悲利人民，多于彼国（指纯净的"香积"净土）百千劫行。（《维摩诘经·香积佛品》）

鸠摩罗什、僧肇注都说："菩萨大士处不净国"，其优越性在于"众恶弥滋，普济乃弘"，"化广利深，一世超于万劫。"[1]

在社会罪恶丛生的时代，诚然给宗教提供了滋生的机

---

[1] 《维摩诘所说经注·香积佛品》。

会，但是，对于那些日夜盼望从苦难挣逼的世间解脱出来的信徒说，仅仅为了表示解脱的虔诚，必先支付昂贵的代价，则属当然。《维摩诘经》中说，有一种"不思议菩萨"，

> 常解度人，魔之所为，十方无量，或从菩萨求索手、足、耳、鼻、头、眼、髓、脑、血、肉、肌、体，妻子、男女眷属，以求国城、墟聚，财谷、金银、明月珠、玉、珊瑚、珠宝、衣裘、饮食，一切所有皆从求索；立不思议菩萨能以善权为诸菩萨方便示现，坚固其性。（《维摩诘经·不思议品》）

意思是说，在我们这个世界上，存在一种"不思议菩萨"，为了度脱众生，经常化作魔怪，向修习佛教的人进行各种逼迫勒索，一直到全部生命财产都被掠走，以此去考验信仰者的坚定和虔诚。佛教教人要自觉自愿地去迎接或忍受这些残忍野蛮、敲骨吸髓的种种考验。这种考验看起来残酷，实际上正是"不思议菩萨"正在解救你的苦难。它的社会意义并不是不可思议的。

拥护佛教的教徒们总想方设法解释得更圆满一些，僧肇说：

> 截人手足，离人妻子，强索国财，生其忧悲，虽然有目前小苦，而致永劫大安。是由深观人根，轻重相权，见近不及远者，非其所能为也。（《维摩诘所说经注·不思议品》）

这是说，众生接受考验的遭受，不过是一些叫"小苦"，最终可以得到"永劫大安"。鸠摩罗什也有一个解释：

433

众生若有真实定相者，则不思议大士不应徒行逼试，令其受苦；以非真实，易可成就，故行恼逼也。（《维摩诘所说经注·不思议品》）

这是说，众生并不真实，逼试受苦也不应该当真；如果当真认为受苦了，那正是思想上还有"真实定相"的"我见"造成的，是没有解脱的表现。社会上的逼恼者们，可以心安理得了！

像《维摩诘经》之类的佛典，用诡辩阐发其深奥哲理，以玩弄词句显示其机智善辩，描绘一些似人似神、似有似无的虚无缥缈境界，以及表现在往来于世间和出世间的潇洒风度，其实都是贪婪无耻而又精神贫困的反映。在它们的背后，究竟埋藏着多少劳动人民的血肉和白骨。

第三节　康僧会的佛教仁道说[①]

康僧会很崇敬传授小乘佛教的安世高，以后的僧传中曾有"传禅经者比丘僧会"[②] 之说。这只是康僧会思想的一个方面，他受支谦大乘思想的影响也是很明显的。他在《安般守意经序》中讲到安世高时说：

怀二仪之弘仁，愍黎庶之顽闇，先挑其耳，却启其目，欲之视听明也。徐乃陈演正真之六度，译《安般》之秘奥，

---

① 康僧会传，见《出三藏记集》卷十三和《高僧传》卷一。
② 《高僧传》卷一《安世高传》。

学者尘兴，靡不去秽浊之操就清白之德者也。

在他眼中的安世高，不仅传小乘禅数之学，而且是悲愍黎庶，宣扬大乘六度的。当然，事实并非如此。康僧会做出这样理解，就是因为他自己就是把小乘的"正心"和大乘的"救世"结合起来的。

康僧会在小乘佛教中着重注意的是"正心"和"神通"。"神通"本来是虚无缥缈的，而求得个人的"正心"修养，却非常现实，因此，在康僧会那里有实际意义的，乃是通过对"神通"的追求，促进个人对"正心"的努力。

夫心者，众法之源，臧否之根，同出异名，祸福分流。

（康僧会《法镜经序》，见《出三藏记集》卷六）

康僧会的强调"正心"，就是建立在对心的这种夸大的估计上。"正心"的主要办法，是小乘的"禅数"，即控制自己的意识，不使其受外界环境的影响，从而保持一种无欲的宁静状态："专心涤垢，神与道俱，志寂齐乎无名，明化周乎群生。"所谓"神与道俱"，就是让自己的主观精神完全符合于佛道的要求，使精神得到解脱；"明化周乎群生"，是还要促使群众得到觉悟。

康僧会把立志于救苦救难，用拯救人类灵魂来拯救人类社会的思想政治见解，体现在他编译的《六度集经》中。

《六度集经》辑录各种佛经和佛经段落九十一种，按照"六度"的次序编排共八卷。"六度"属于大乘菩萨行。《六度集经》就是采取菩萨本行的故事，寓以佛教的大乘思想。

所谓"菩萨本行"，指的是佛未成佛之前在无数劫中的神话经历，是用寓言的形式提供人们仿效的各种典范。因此取材非常广泛，自虫兽鸟龙至于天王帝释，从穷家富户到帝王将相，各种故事都有。其中有些寓言流传得很久很广，像著名的"瞎子摸象"的故事，就出在其中的《镜面王经》。在"六度"中，每"度"的经文之前都有一个提要性的说明，大体可以看出康僧会注意的重心所在。

菩萨行着重于"度世"，而不限于自我解脱；菩萨的解脱，应该实现于世人的解脱之中，所以能够体现《六度集经》的精髓的，乃是《摩调王经》中的一个故事："南王"是一个有志于济世的贤王，因为他的功德累累，帝释劝他居留于天国，说："慎无恋慕世间故居，天上众欢，圣王之所有也。"但"南王志在教化愚冥，灭众邪心"，他拒绝升天，回答说：

> 今斯天座，非吾常居。尠还世间，教吾子孙，以佛明法，正心治国。(《明度无极章》)

他宁肯放弃备有众乐的天国不去，却不肯抛却拯救"愚冥"众生的慈悲的精神，正是具体实现着支谶所传译的菩萨"大誓"："我当为十方人作桥，令悉蹈我上度去。"[①] 尽管在方法上是"正心治国"的那一套。

这种精神，几乎被康僧会全部贯彻到了大乘"六度"

---

① 《道行般若经·贡高品》。

之中。他概括"布施度无极"为"慈育人物，悲愍群邪"，"润弘四海，布施群生"。这种"布施"要达到

> 饥者食之，渴者饮之，寒衣热凉，疾济以药；车马舟舆，众宝名珍，妻子国宝，索即惠之。

他解释"忍辱度无极"："吾宁就汤火之酷，菹醢之患，终不恚毒加于众生也"。他解释"精进度无极"："忧愍众生，长夜沸海，洄流轮转，毒加无救，菩萨忧之，犹至孝之丧亲矣。若夫济众生之路，前有汤火之难，刃毒之害，投躯危命，喜济众难。"诸如此类，他的对于处在"长夜沸海"的众生，充满着热诚真挚的怜悯和同情，他的为了救济众生、鼓吹不惜"投躯危命"的自我牺牲精神，使他在同辈僧侣中显得异常突出。

在孟子那里，我们同样地能够看到对人民的悲愍和同情。作为他的性善说的最原始的表现，也可以看成是他的主观唯心主义哲学出发点的，乃是所谓"怵惕恻隐之心"，"不忍人之心"，这同所谓"悲愍众生"的"菩萨心肠"，在本质上是相似的。他们都把人民群众看成是一些深受苦难但又愚昧无知，而且没有自我解放力量的群氓，因此，也把拯救人类的全部希望寄托在权势者的"恻隐之心"或"慈悲之心"上去。孟子叫作"行仁政"，康僧会所谓"以佛明法，正心治国"也是这种思想的产物。

在这里，康僧会明显地受到了儒家及孟子的影响。他竭力用佛教去说服国主，实际上让国主接受和施行的当是

孟子的仁政。更确切一些说，他努力要使当时的政治成为佛教的政治，目的在便于国主更容易地去采取儒家仁政。因此，在孟子把"仁义"当作道德上和政治上最高原则的地方，康僧会也把它当作佛教的最高原则，"为天牧民，当以仁道。"① 他的誓言是："诸佛以仁为三界上宝，吾宁殒躯命，不去仁道也。"② 因此，在康僧会那里，所谓"佛道"的社会内容，就成了中国儒家的"仁道"。照中国儒家的原则，实行"仁义"的就可以为"君"，康僧会借"天鬼神龙"的话，宣称"天帝"的地位不是永恒的，关键就在于能行仁政："王治以仁，化民以恕。"③ 他通过一个大臣对一个国王的议论，发挥了这一观点：

> 王者为德仁法。帝精明即日月济等，后土询齐，乾坤舍怀，众生即若虚空，尔乃可为天下王耳。若违仁以残，即豺狼之类矣；去明就闇，瞽者之畴矣……夫狼残、瞽闇……不可为宰人之监，岂可为天下王哉！若崇上即昌，好残贼即亡。（《戒度无极章》）

我们知道，孟子的"仁政"是有经济内容的，他希望通过"仁政"的实施，最低限度不再出现"父母冻饿，兄弟妻子离散"的惨状；康僧会宣传的"仁道"，也包含这样的内容。所以他为君主制定的箴言是："利己残民，贪而不仁，

---

① 《六度集经·明度无极章》。
② 《六度集经·戒度无极章》。
③ 同上。

吾不为也!"① 作臣的箴言是:"宁为天仁贱,不为豺狼贵!"为民的箴言是:"宁为有道之畜,不为无道民矣!"② 这差不多等于对君主的直接恐吓了:如果君主"贪而不仁",为臣民的有权起来造反。因此,康僧会在他的译籍中一再叮咛:"为君之道,可不仁乎?"③

所谓"仁道",除不能贪得无厌之外,还不许虐杀人民,所谓"绝杀尚仁,天即祐之,民归若流"。④ 从经济上说,那就要施惠于民,保障人民的最低生活水平。在他的译籍中的理想国王,是要经常自责的:"君贫德民穷矣,君富德民家足;今民贫,则吾德贫矣。"⑤ 这样,人民群众生活上的贫富,就成了衡量君主品德好坏的客观标准。康僧会认为,人固然不应该为"盗",但有人为"盗",实因"贫困无以自活",所以做国王也应该检查:"民之饥者,即吾饿之;民之寒者,即吾裸之。"⑥ 那么,逻辑的结论就是民之为盗,与君的"无道"有直接关系了。

这样,在康僧会的佛教仁道王国里,一方面是国家的镇压机器不再需要了;另一方面是贫困的群众有了丰衣足食的生活。在当时,特别是在江东的暴征狂敛的条件下,

---

① 《布施度无极章》。
② 《忍辱度无极章》。
③ 《精进度无极章》。
④ 同上。
⑤ 《布施度无极章》。
⑥ 同上。

这在一定程度上反映了无助无力的劳动者的一种软弱微渺的希望。康僧会把这一希望的实现，让理想中的信行佛教的仁慈国王担当起来，并给他一个推行仁道的重要法宝，这就是大乘的"般若方便"。

"仁政"本来是中国儒家的传统思想，它不同于印度佛教的慈悲，但康僧会以"格义"的方法，通过佛经的介绍，尽量使已经流传于印度的佛经故事涂上中国固有的儒家色彩，这个工作既可以说是编译，也可以认为是借佛教的经典，讲儒家的道理。使读者通过佛书会通儒佛，这则反映了康僧会思想的特点。

康僧会宣传的仁道、要求用佛教的某些信条来保证仁道的施行，因此，我们称它为佛教的仁道政治。这种佛教仁道政治的纲领，大致可以归纳为下列几条：

> 则天行仁，无残民命；无苟贪，困黎庶；尊老若亲，爱民若子；慎修佛戒，守道以死。(《戒度无极章》)

显然，这个政纲是为一个理想中的好皇帝设计的。

以佛教的戒律和教化代替镇压，康僧会要求把佛教的五戒十善在全民中推行信守。佛教制定戒律本来在于约束僧众的言行，康僧会却把它进一步扩大成为人类社会的道德原则，比方说，"不盗"还要包括"捐己济众"、"富者济贫"，"不杀"还要"恩及群生"或"爱活众生，"[①] 这都是

---

① 均见《明度无极章》。

戒律本身所没有的规定。因此，为了推行仁道，添进儒家的内容，使之更便于在社会上发生实际的政治作用，康僧会是不惜改变佛教的原义的。比方说，为了把"尽孝"塞入戒律中，竟解释为与"不酒"相配。

"无生"是佛教的理论基石，"孝道"则是由儒家观念体现出来的封建宗法社会的基本道德，要把这两种很难相容的东西拼凑在一起，佛教的传播者从传译《四十二章经》就做了努力。结果是佛教向儒家的妥协，把"孝道"也列进了佛的教训之内。在《法镜经序》中，康僧会自己攻击，"家欲难足"，把家庭的累赘看成是个人修身正心的一大祸害；然而要在社会上推行仁道，那就非大力提倡"尽孝"不可。因此，在《六度集经》中，康僧会让孝道在佛教治国中尽可能地大起作用，把"慰孝悌，养孤独"当作一条纲领确定下来。此外，《布施度无极章》有言："布施一切圣贤，又不如孝事其亲"，把"孝事其亲"放到了"布施圣贤"之上。《忍辱度无极章》中专有行孝感天的故事，歌颂"至孝之行，德香薰乾"，"至孝之子，实为上贤"。对于妇女，他还特别提倡"尽礼修孝"，以"获孝妇之德"。

可以说，从汉末至三国，在儒家正统思想受到严重冲击而处于危机的时代，康僧会也是在佛教的旗帜下，力图重振三纲五常的代表。在他编译的著作中，"君仁臣忠，父义子孝，夫信妇贞，比门皆贤"，既是一种理想的社会伦理关系，也是一种理想的政治关系。在这一套儒家梦寐以求的蓝图中，挂出佛教的招牌。

已经说过，康僧会把推行仁道、维护礼治的希望，主要地放在权势者身上。为此就必须首先说服国王去信仰佛教，以便把佛教普及于全国。僧祐在《出三藏记集·康僧会传》中说，僧会"在吴朝亟说正法，以皓性凶粗，不及妙义，唯叙报应近验，以开讽其心焉。"此说大概可靠。《六度集经》中记载的说服国王信佛的办法，就大体不出善恶报应的范围，间或杂以"诸行无常"的教义。他通过一个富户对国王说教道：

> 心念佛业，口宣佛教，身行佛事。捐"五家分"兴佛宗庙，敬事贤众，供其衣食，慈养蜎飞蠕动蚑行之类。心所不安，不以加之。斯之福德，随我所之，犹影随形。"五家分"者，一水二火三贼四官五为命尽。身逮家室捐之于世，已当独逝。殃福之门，未知所之，观世如幻，不敢有之也。(《布施度无极章》)

意思是说，财产和人命均属无常，不如相信佛教，做点好事，为自己积点福德的好。国王听了这番话得到觉悟，认识到"身尚不保，岂况国王妻子众诸可得长久乎?"即敕国界之内，

> 散出财宝，赈给贫困，恣民所欲；立佛寺庙，悬象烧香，饭诸沙门。身自六斋。如斯三年，四境宁静，盗贼都息，五谷熟成，民无饥寒。王后寿终，即上生第二天。(同上)

类似的故事，在《六度集经》中不少，生动地说明了康僧会用以说服国君的佛教理论及其说服国君推行佛教的社会

目的：国安民富，四境宁静，民无饥寒。在佛教中，以布施著称的太子须大拿为王以后，

> 邻国困民归化，首尾犹众川之归海，宿怨都然拜表称臣，贡献相衔；贼寇尚仁，偷贼竟施；干戈戢藏，图圄毁矣。（《布施度无极章》）

此即谓之儒家的"归仁"，不是也不过分吗？

佛教所谓的"诸行无常"，本属"苦"义，是佛教极端消极悲观的一种理论；所谓因果报应，也带有极端利己主义的成分。但是这一些在康僧会那里却被转变成了一种积极的、救济贫困、治理国家的鼓动手段，这与儒家所主张的"神道设教"也是相接近的。

把佛教思想如此鲜明地同儒家思想调和起来，尤其是把佛教中的出世的消极颓废因素改造成为可以容纳儒家治世安民的精神，康僧会是中国佛教史上的一个很特殊的人物。联系到他当时所处的社会条件，在战争频繁，民不聊生，尤其是孙吴的残暴贪婪给人民带来的巨大灾难的情况下，作为一个在上层统治集团中活动的知识僧侣，能够劝告最高权势者行点"仁道"，对人民的贫困表示一些同情也是难能可贵的了。

讲到康僧会的哲学思想，围绕着作为"仁道"、"礼治"的理论基础的主观唯心主义之外，还采取了其他一些佛教思想和中国的传统思想，同灵魂不死、因果轮回的宗教迷信结合起来。比方说，他为了调和"无我"同"轮回"的

443

矛盾，就是继承安世高学派的说法，把"无我"改成"非身"，肯定了魂灵不灭。

> 夫有必空，犹如两木相钻生火，火还烧木，火木俱尽，二事皆空。往古先王、宫殿、臣民，今者磨灭，不觌所至，斯亦空也。（《布施度无极章》）

这是从现象的相互作用和诸行无常的方面来说明世界性空的，人身也是如此。

> 夫身，地，水、火、风矣……命尽神去，四大各离，无能保全，故云非身。（同上）

这是从人命无常来论证"非身"的。现象世界和人生自身既然属于性空非身，那么怎样来解释因果不失呢？康僧会毫不迟疑地认为，"命尽神去"的那个"神"是不会死的：

> 众生识灵，微妙难知，视之无形，听之无声，弘也天下，高也无盖，汪洋无表，轮转无际。然饥渴于六欲，犹海不足于众流，以故数更。（《布施度无极章》）

这些说法，同他在《安般守意经序》中对于"心"的描述，几乎在用词上都是相近的。在《禅度无极章》中，他也大讲"四禅"，与他在《安般守意经序》中的勾画也大同小异。

值得我们注意的是，康僧会在编译《六度集经》中讲述识神不死、因果轮转时所采取的中国传统的哲学思想。本来，佛教对于世界的本原和人的本原问题，在理论上一般是回避的，不作正面的回答。一般采用"十二因缘"、"五蕴"、"业报"、"四大"之类的说法，迂回曲折，往往使人莫名其妙。康僧会打破了佛教的这种限制，直截了当地做出了他自己独特的说明。在《察微王经》中，他借题发挥道：

> 深观人原，始自"本无"生。元气强者为地，软者为水，暖者为火，动者为风。四者和焉，识神生焉。上明能觉，止欲空心，还神本无。

又说：

> 神依四立，大仁为天，小仁为人，众秽杂行为蜎飞蚑行软动之类。由行受身，厥形万端。识与之气，微妙难观，无形系发，孰能获把？然其释故禀新，终始无穷耳。

他为了把这个意思说清楚，最后又总结一句：

> 魂灵与元气相合，终而复始，轮转无际，信有生死殃福所趣。

这些说法，从佛教正统派看来，当然是非常不纯的。但是，我们应当看到这种"不纯"正是当时中国社会历史条件在佛教的宣传和翻译中的反映。

第四节　弥陀净土信仰的传入
——《大阿弥陀经》和《无量寿经》

关于弥陀经典的翻译

随着大乘佛典的传译，宣传弥陀净土信仰的经典也开始输入中国。大乘佛教宣称，东西南北、四维上下（称"十方"）到处有佛，其数多如恒河沙，每一个佛都有自己的"净土"（"佛国"或"佛刹"），各在自己的净土教化众生。佛教主要描述了称作阿弥陀佛、阿閦佛、弥勒佛、药师佛的净土，其中，关于阿弥陀佛的经典最多，据估计，现存大乘佛典中含有赞颂阿弥陀佛内容的经典约占三分之一。因此，一般所说净土信仰往往即指弥陀净土信仰。约在公元一世纪以后，印度逐渐兴起阿弥陀佛的信仰，龙树的《十住毗婆沙论》①、坚慧的《究竟一乘宝性论》②，特别是世亲的《无量寿优婆提舍》（也译为《无量寿经论》或《往生论》）等大乘佛教论书都赞颂阿弥陀佛，宣传净土信仰。弥陀净土的信仰传到中国，在社会上迅速传播，隋唐之际正式形成净土宗，曾对中国的佛教、文化、艺术发生重大影响。弥陀信仰又从中国传到东亚各国，至今对这些国家还有相当大的影响。

东汉末年，宣传弥陀信仰的经典已开始传到中国内地。著名译经僧支谶所译的《般舟三昧经》是论述大乘禅观的经典，"般舟"是梵语 Pratyutpanna 的音译，意谓"常行"、"佛立"、"佛现前"，宣称通过禅定状态（"三昧"）可以看见十方的现在佛站在面前。此经特别称颂和宣传弥陀信仰，说：

---

① 卷五《易行品》。
② 卷四《校量信功德品》。

> 若沙门、白衣（按：指在家信徒），所闻西方阿弥陀佛
> 刹，当念彼方佛，不得缺戒，一心念若一昼夜，若七日七
> 夜，过七日以后，见阿弥陀佛。于觉不见，于梦中见之，譬
> 若人梦中所见，不知昼，不知夜，亦不知内，不知外，不用
> 在冥中故不见，不用有所弊碍故不见……用是念佛故，当得
> 生阿弥陀佛国，常当念如是佛身，有三十二相，悉具光明彻
> 照……（《般舟三昧经·行品》）

这是说，日夜一心思念阿弥陀佛，就会在梦幻状态中看见
阿弥陀佛，而在死后就能转生（弥陀经典称"往生"）西方
极乐世界。《般舟三昧经》虽然特别赞颂阿弥陀佛，但它还
不是专门论证弥陀净土信仰的经典。

中国佛教史上有很多弥陀经典，其中影响较大的有曹
魏康僧铠译的《无量寿经》二卷，姚秦鸠摩罗什译的《阿
弥陀经》一卷和刘宋畺良耶舍译的《观无量寿经》一卷。
这三部经被后来的净土宗奉为"净土三大部"，加上北魏菩
提留支译的世亲所著《无量寿经论》，是净土宗主要依据的
"三经一论"。

《无量寿经》有不少异译本，但佛教史籍的有关记载并
不完全可信。据隋费长房《历代三宝记》和唐智升《开元
释教录》等书谓，东汉末安世高首次译《无量寿经》二卷；
支谶又译有《无量清净平等觉经》二卷（现作四卷），此为
第二译；吴支谦译《大阿弥陀经》二卷，是第三译；曹魏
康僧铠译《无量寿经》二卷，是第四译；曹魏帛（或作
"白"）延译《无量清净平等觉经》二卷，是第五译；西晋

竺法护译《无量寿经》二卷，是第六译。实际上，这种说法是把一部经搞成有几个译者。安世高没有翻译大乘佛经，自然也没有翻译《无量寿经》。比较可靠的梁僧祐著《出三藏记集》既没有载安世高译此经，也没有讲支谶、帛延译此经。其卷二两处记载西晋竺法护译《无量寿经》二卷，都注云："一名《无量清净平等觉经》。"可见，竺法护所译《无量寿经》即题为支谶译的《无量清净平等觉经》。此经现存，仍题"后汉支娄迦谶译"，但拿它与吴支谦译《大阿弥陀经》相比，显然是后出。二者大部分译文完全一样，但《大阿弥陀经》所载过去佛有三十四个，《平等觉经》有过去佛三十七个；前者所载弥陀"二十四愿"文字较多，而后者的"二十四愿"虽次序不一样，也较简练，但看得出是在前者基础上发展来的；前者一句偈颂没有，后者两处有偈，一处有五字偈文八十句，一处有六字偈文一百二十八句。这不仅说明《平等觉经》原本比《大阿弥陀经》原本晚出，而且其译文是在《大阿弥陀经》译文的基础上作了若干补充译和改译。因此，说《平等觉经》是竺法护译的是比较可信的。

吴支谦译《大阿弥陀经》全名叫《阿弥陀三耶三佛萨楼佛檀过度人道经》，佛教经录一般把它简称为《阿弥陀经》。后人为了把它与鸠摩罗什译的《阿弥陀经》相区别，特称之为《大阿弥陀经》。据《出三藏记集》卷二，支谦于吴孙权黄武初至孙亮建兴中（222—253年）共译出佛经三十六部四十八卷，其中有《阿弥陀经》二卷，此即《大阿弥陀经》。至于魏康僧铠所译《无量寿经》二卷，虽不著录于现本《出三藏记集》，但据《历代三宝记》卷五说：天竺沙门康僧铠在魏嘉平年间（249—254 年）译有《郁伽长者所问经》二卷和《无量寿经》二卷，其根据是道祖[①]、宝唱[②]的经录。从现存《无量寿经》的内容看，此经与支谦译《大阿弥陀经》在基本方面是相似的，只是内容有所增益。如《大阿弥陀经》载过去佛三十四个，弥陀"二十四愿"，而《无量寿经》载过去佛五十四个，弥陀"四十八愿"；前者无偈颂，后者三处有四字、五字偈文共四百四十四句，说明《无量寿经》的原本应比《大阿弥陀经》晚出。从文字上看，《无量寿经》的某些段落显然直接取自《大阿弥陀经》，是经过了修饰加工的，说明康僧铠译《无量寿经》时已看到并参照了支谦译的《大阿弥陀经》。

此外，现存唐代印度僧菩提流志译的《大宝积经·无量寿如来会》二卷和宋法贤译的《大乘无量寿庄严经》三卷，也都是《无量寿经》的异译本。

下面仅把三国时期所译《大阿弥陀经》和《无量寿经》的内容作概要介绍。

[①] 道祖（347—419 年），东晋庐山高僧慧远的弟子，继同学道流撰《魏世经录》、《吴世经录》、《晋世杂录》、《河西目录》各一卷。

[②] 宝唱，肖梁时人，梁天监十七年（518 年）奉梁武帝命撰《梁代众经目录》。

阿弥陀佛西方极乐净土说

《大阿弥陀经》和《无量寿经》开头说，释迦牟尼佛在王舍城耆阇崛山中向一万二千弟子们说法，说在"过去久远无量不可思议无央数劫"，有佛名"锭光如来"在世上教化众生，此后相继有五十三佛（《大阿弥陀经》载有三十三佛）出世，到最后那位叫作"世自在王（'楼夷亘罗'）佛"在世上传教时，有个国王叫"法藏"（"昙摩迦"或译"法处"），弃国出家，从世自在王佛受佛法。世自在王佛对他"广说二百一十亿诸佛刹土，天人之善恶，国土之粗妙，应其心愿，悉现与之"（《无量寿经》卷上）。法藏深受启发，在世自在王面前许下四十八愿（或二十四愿），表示在他成佛以后，他所管辖的佛国净土没有地狱、饿鬼、畜生，一切佛国的众生都可转生到此处，过不愁吃穿，没有任何苦恼的安闲自在的生活；并且人人都可修成阿罗汉、菩萨，寿命无限，等等。据称法藏经历了"无央数劫，积功累德"，终于成佛，号称阿弥陀佛（或译"无量寿佛"），他的佛国"现在西方，去此十万亿刹，其佛世界，名曰安乐"（鸠摩罗什译《阿弥陀经》作"极乐"）（《无量寿经》卷上）。

弥陀经典的最显著的特点是没有烦琐的哲学论证，而是用维妙维肖的形象笔法在人类社会现实苦难的面前虚构了一个圆满美好的天堂——西方极乐世界。小乘佛教虽然也讲天堂，如讲在人间之上有四天王天、三十三天（也叫"忉利天"）、夜摩天（或"焰摩天"）、睹史多天（或"兜率天")、乐变化天（或"化乐天"）、他化自在天（或"第六天"）等"六欲天"，还有所谓"色界"、"无色界"的许多天，宣称众生都根据生前的不同善业可以转生到这些天界，过与人间不能相比的福乐生活，寿命也极长。但是，这些天界仍是不断轮回的"五道"之一，生在这里仍有生老病死之苦，最后仍不免要轮回。他们还认为，修行的最高目的是成阿罗汉，最后达到"无余涅槃"，"灰身灭智"，肉体与灵魂同样消灭，永远摆脱生死轮回。然而，安富尊荣的剥削阶级信徒希望死后继续享乐，而下层受压迫受剥削的劳动人民信徒也幻想通过信仰佛教在死后摆脱苦难。如果按照小乘佛教的说法，达到前一种修行结果——"生天"，并不能永远享受福乐，而达到后一种修行结果——涅槃，已没有可享受的主体。因此，这两种信徒对于小乘佛教的修行结果都是不满意的。于是，大乘佛教为适应宗教上的这种需要，便假借释迦牟尼佛的名义创立了宣扬佛国净土的各种经典，把天堂生活编造得完美无缺，并且宣称人人都可以通过简易的修行方法，死后转生到极乐世界，享受永恒的幸福。其中，弥陀经典最为突出。宗教作为一种社会的意识形态，尽管它是社会存在的虚幻的反映，但毕竟以社会现实为依据。大乘佛教宣传的极乐世界，对于旧社会那些勤劳一生、痛苦一生的广大劳动人民信徒确有极大的吸引力。就统治阶级来说，这种天堂说教自然也是投合他们希望永远过着享乐生活的愿望的。如果人民群众甘愿忍受现实苦难，一心追求死后的幸福天堂，也是他们所希望的。因此，他们也大力鼓吹和扶植这种净土信仰。这就是大乘佛教净土信仰迅速传播的社会原因。

弥陀经典宣传这种净土信仰的主要内容有：

第一，把虚构的天堂描绘得尽善尽美，以吸引广大信徒。

按照《无量寿经》的说法，西方无量寿佛（即阿弥陀佛）极乐净土的地是由金、银、琉璃、珊瑚、琥珀、砗磲①、玛瑙这七种宝物铺成的，光彩闪耀，瑰丽无比。这里既没有山海河谷，也没有四时交替，永远不寒不热，温度适宜；到处是由七宝组成的树林，"行行相值，茎茎相望，枝枝相准，叶叶相向，华华相顺，实实相当，荣色光曜，不可胜视；清风时发，出五音声，微妙宫商，自然相和。"无量寿佛说法地方的"道场树"，由各种宝物组成，"微风徐动，吹诸宝树，演出无量妙法音声"，听到这个声音的众生，可以成就佛道。这个清净安乐国土的"声闻②、菩萨、天人，智慧高明，神通洞达，咸同一类，形无异状；但因顺余方，故有天人之名。颜貌端正，超世希有，容色微妙，非天非人，皆受自然虚无之身，无极之体。"这是说，在这里的众生虽按照其他世界的传统说法仍称天称人，但都具有同样非凡的容貌和智慧；虽具有身体之形，但虚无骨肉。

---

① 此指砗磲壳。砗磲是一种栖息在热带海中的软体动物，其壳略呈三角形，可做器物和装饰品。

② "声闻"，佛教指直接听闻佛陀教法的弟子，以自我解脱为目的，最高果位是阿罗汉。

他们住的"讲堂、精舍"、宫殿楼阁，都由七宝组成，周围有流泉浴池，池中有七宝、莲华，池边有七宝树环绕。到里面洗澡，"意欲令水没足，水即没足；欲令至膝，即至于膝……欲令灌身，自然灌身……调和冷暖，自然随意。"在这里自然不愁吃穿，想吃饭时，面前便出现用七宝做成的钵，"钵中有百味饮食，八方上下，众自然饮食中精味，甚香美无比，自然化生耳！"吃完之后，钵自然消失（《大阿弥陀经》卷上）；"衣服饮食，华香璎珞"，都"应念即至"（《无量寿经》卷上）。因为小乘佛教主张妇女不能解脱，只有转生为男身才能得道。因此弥陀经典说在弥陀净土没有妇女，凡妇女转生此处，立即转为男身。而且在人与人的关系中，这里没有斗争，"皆相敬爱"，"转相敬事如兄如弟，以仁履义"。一旦转生阿弥陀国，再也不存在尘世间的人生苦恼，这里"无有诸痛痒，亦无复有诸恶臭处，亦无复有勤苦，亦无淫佚瞋怒愚痴，亦无有忧思愁毒。生于阿弥陀佛国，欲寿一劫、十劫、百劫、千劫、万劫、亿劫，自恣意欲住正寿无央数劫，不可复计数劫，恣汝随意皆可得之"。（《大阿弥陀经》卷下）一句话，一切都是如意的。

总之，这个永恒的极乐世界比现实世界不知要好几千万倍。现实世界一切局限性，那里全没有，一切美满珍贵的东西，那里都齐全。弥陀经典把这个虚幻的西方极乐世界描绘得越完美，就越显出现实世界的缺欠和不足，就越能吸引更多的信徒。

第二，强调现实的苦难，使人悲观厌世，追求虚幻的天国。

在现实的剥削制度社会，广大劳动人民生活得不到保障。社会上贫富不均，富者有权有势，贫者经常挣扎在死亡线上。《无量寿经》卷上在拿贫者的相貌与帝王作比较时说：

> 贫穷乞人，底极斯下，衣不蔽形，食趣支命，饥寒困苦，人理殆尽。皆坐前世不植德本，积财不施，富有益悭，但欲唐得，贪求无厌，不信修善，犯恶山积。如是寿终，财宝消散，苦身聚积，为之忧恼，于己无益，徒为他有。无善可怙，无德可恃，是故死堕恶趣，受此长苦。罪毕得出，生为下贱。

这是说，世上最贫穷的乞丐，是因为前生吝啬，虽富有钱财而不肯施舍，不修善德，死后转生地狱、饿鬼等，好容易转生为人，却成为贫贱的人，终生靠乞讨过活，受尽苦难。那么，世上最有财富和权势的帝王如何呢？

> 世间帝王，人中独尊，皆由宿世积德所致。慈惠博施，仁爱兼济，履信修善，无所违众。是以寿终福业，得升善道。上生天上，享兹福乐。积善余庆，今得为人，乃生王家，自然尊贵。仪容端正，众所敬事，妙衣珍馐，随心服御，宿福所追，故能致此。

这是说，帝王之所以享受富贵，是因为前世广行施舍，努力修善，死后升天享福，最后转生为人，又生在帝王家。如此类推，社会上的贫富寿夭，全部是由人前世的善恶行为决定的。这就是一切佛教流派都主张的善恶果报理论，即："善恶祸福，追命所生"，"善人行善，从乐入乐，从明入明；恶人行恶，从苦入苦，从冥入冥。"（《无量寿经》卷下）改变现实社会处境唯一的方法是接受佛教说教，行善积德，争取来世美好的报应。

然而，在弥陀经典看来，无论是世上的统治者和被统治者、富者和贫者都同样遭受烦恼和痛苦，在受苦这一点上又完全是平等的。《无量寿经》卷下说：

> 无尊无卑，无贫无富，少长男女，共忧钱财，有无同然，忧思适等。屏营愁苦，累念积虑，为心走使，无有安时。有田忧田，有宅忧宅，牛马六畜，奴婢钱财，衣食什物，复共忧之。重思累息，忧念愁怖，横为非常，水火盗贼，怨家债主，焚漂劫夺，消散磨灭，忧毒忪忪，无有懈时。结愤心中，不离忧恼，心坚意固，适无纵舍。或坐摧碎，身亡命终，弃捐之去，莫谁随者。尊贵豪富，亦有斯患。忧惧万端，勤苦若此，结众寒热，与痛共居。

> 贫穷下劣，困乏常无。无田亦忧欲有田，无宅亦忧欲有宅，无牛马六畜、奴婢钱财、衣食什物，亦忧欲有之。适有一，复少一，有是少是，思有齐等，适欲俱有，便复糜散。如是忧苦，当复求索，不能时得。思想无益，身心俱劳，坐起不安，忧念相随。勤苦若此，亦结众寒热，与痛共居。

地主阶级田连阡陌，牛马遍野，宅院豪华，钱粮无数，但他们仍然贪得无厌，为进一步扩大财富而终日苦心焦虑，费尽心机；也因为达不到某种目的，或一时受到一些挫折和损失，或个人的生老病死，而产生某些精神痛苦。广大贫穷农民，上无片瓦，下无立锥之地，终日为衣食操劳，生计不保，苦难重重。富贵者有剥削或掠夺不足的"痛苦"，贫贱者有受压迫受掠夺、饥寒交迫的痛苦。把这两种不同的痛苦混同起来，就是掩盖社会的阶级压迫和剥削，歪曲广大人民遭受深重社会苦难的真正原因。弥陀经典宣扬这种理论，正是为了麻醉人民的思想意识，让他们不去寻求摆脱社会苦难的现实道路，放弃改善现实生活的努力，而一心去追求虚幻的来世的幸福天堂——西方极乐世界。

第三，简化修行程序，廉价地出售享受天国幸福的门票。

小乘佛教宣称一般人不能成佛，就是修成阿罗汉，也不是一生一世所能够达到的。一个人即使因积善德，身上有了"善根"，最快者也要经过"三生"才能解脱；慢者经过千生，甚至百劫千劫也达不到解脱，依然"流转生死"①。还说，如果一个人想死后转生四天王天或三十三天等天上境界，那就要在活着时向佛教僧侣作大量施舍，或接受佛教五戒做在家居士，坚持佛教修行。大乘佛教虽讲人人有佛性，都有成佛的可能性，但不少流派都主张要经过累世修行，经过极为烦琐的修行过程，才能成佛。对这种烦琐的修行理论，广大教徒无疑是会产生畏难情绪的。尽管他们相信佛教的神秘主义说教，相信灵魂转世，但他们既想生天国，又希望在尘世间不要付出繁重的代价。弥陀经典

---

① 《大毗婆沙论》卷七。

提出了新的修行理论，特别制定了简便的修行方法。《无量寿经》卷下提出通过三种途径可以转生阿弥陀净土（"三辈"）：第一种（"上辈"）是出家做沙门，一心专念无量寿佛，并修各种功德，"愿生彼国"；第二种（"中辈"）虽不做沙门，但专念无量寿佛，并多少兴修功德，如建塔造佛像，施舍佛僧等，也"愿生彼国"；第三种（"下辈"）既不做沙门，也不修功德，但"一向专意，乃至十念，念无量寿佛，愿生其国"。这三种人在死后都可以生到阿弥陀佛的极乐净土。《大阿弥陀经》所说的弥陀二十四愿和《无量寿经》所说的弥陀四十八愿，其中有的条款就是专讲简单易行的修行方法的。《无量寿经》卷上：

〔第十八愿〕设我得佛，十方众生，至心信乐，欲生我国，乃至十念，若不生者，不取正觉；唯除五逆，诽谤正法；

〔第十九愿〕设我得佛，十方众生，发菩提心，修诸功德，至心发愿，欲生我国，临寿终时，假令不与大众围绕现其人前者，不取正觉；

〔第二十愿〕设我得佛，十方众生，闻我名号，系念我国，植众德本，至心回向，欲生我国，不果遂者，不取正觉；

〔第三十四愿〕设我得佛，十方无量不可思议诸佛世界众生之类，闻我名字，不得菩萨无生法忍①诸深总持者，不

---

① 也作"无生忍"，佛教所说认识诸法皆空的佛教真理，不再生死轮回的精神境界。宣称达到这个境界，即为"阿维越致"（意为"不退转"）。

取正觉；

〔第三十六愿〕设我得佛，十方无量不可思议诸佛世界诸菩萨众，闻我名字，寿终之后，常修梵行，至成佛道，若不尔者，不取正觉；

〔第四十七愿〕设我得佛，他方国土诸菩萨众，闻我名字，不即得至不退转者，不取正觉。

《大阿弥陀经》卷上：

〔第二愿〕使某作佛时，令我国中，无有妇人女人，欲来生我国中者，即作男子；诸无央数天人民，蜎飞蠕动之类，来生我国者，皆于七宝水池莲华中化生，长大皆作菩萨、阿罗汉，都无央数。得是愿乃作佛，不得是愿终不作佛；

〔第五愿〕……若前世作恶，闻我名字，欲来生我国者，即便返正自悔过，为道作善，便持经戒；愿欲生我国，不断绝，寿终皆令不复泥犁（地狱）、禽兽、薜荔（饿鬼），即生我国……

后来在姚秦时鸠摩罗什译的一卷本《阿弥陀经》则说：

若有善男子、善女人，闻说阿弥陀佛，执持名号，若一日，若二日，若三日，若四日，若五日，若六日，若七日，一心不乱，其人临命终时，阿弥陀佛与诸圣众，现在其前；是人终时，心不颠倒，即得往生阿弥陀佛极乐净土。

总之，弥陀经典所宣扬的修行理论，比较强调个人的主观信仰，而不十分重视修行方式（做沙门还是不做沙门等）

和积累功德。按照上述的说法，要转生（或"往生"）西方极乐世界，不需要累世修行，也不要十分烦琐的修行仪式，只要对阿弥陀佛及其极乐净土有坚定的信仰，有往生西方极乐净土的强烈愿望（"专念无量寿佛"、"愿生彼国"、"一向专念，乃至十念……"以及"至心信乐"、"至心发愿"、"至心回向①"），或是听到阿弥陀佛的名字，都可以达到目的。别人念诵阿弥陀佛之名，或自己念诵阿弥陀佛之名，如《阿弥陀经》所说从一日到七日连续念诵不止，都可以听到阿弥陀佛的名字；而听到了，也就"念"到了，这样，临死时阿弥陀佛和他的左右胁侍观世音菩萨、大势至菩萨就会把自己接到西方极乐世界去，"皆于七宝水池莲华中化生"；并说在这个极乐世界，不仅可以满足人世间享受不到的快乐幸福，而且还能满足一个人佛教修行的最大愿望——成为阿罗汉和菩萨；为此也同样不再需要进行专门的修行。这种简易的修行方法，确曾吸引了很多信徒。

弥陀经典也提出有例外的情况，这就是所谓犯"五逆"罪的人。佛教大小乘对于"五逆"的说法不尽一致。小乘佛教说的"五逆"是：一、杀父；二、杀母；三、杀阿罗汉；四、使佛身出血；五、破坏僧团。大乘佛教以此为基础又加上破坏佛塔佛寺、烧毁经像、诽谤佛法等内容。一

---

① 回向，梵语 Pariṇāma，为佛教术语。在这里的意思是说，使自己所修功德成为转生阿弥陀净土的业因。回向，是转向，把它转向某一目标的意思。

个人如果犯"五逆"罪，在佛教看来就是大逆不道的恶人，就世世代代受苦，永远得不到解脱的。但后来根据弥陀经典成立的净土宗内部也有争议①，有的主张，正是恶人才是阿弥陀佛拯救的对象②。这当然是为了争取更多的信徒。

第四，关于弥陀经典中的道德观念和社会理想，佛教宣传西方极乐世界的同时也表达了他们的道德观念和社会理想。在《大阿弥陀经》卷下有相当大的篇幅是描述现实社会的所谓"五恶、五痛、五烧"。其中掺杂有不少中国儒家倡导的仁、义、礼、智、忠、孝等道德观念和说教，在《无量寿经》和《无量清净平等觉经》卷四中也有与此相应的部分。在当时，由于宗教宣传的需要，汉魏三国时格义学说流行，在佛教典籍的译述中常以五常比附五戒。这虽不是有意篡改佛教教义，确是翻译不严格。在后来的《无量寿经》的异译本，如唐菩提流志译《大宝积经·无量寿如来会》和宋法贤译《大乘无量寿庄严经》中就没有这部分内容了。从这部分内容中可以反映出弥陀经典的制作者，特别是传译者的社会道德观念和社会理想。

佛教宗教道德认为能坚持五戒即为"五善"，即不杀生、不偷盗、不邪淫、不妄语、不饮酒，并以此作为佛教最基本的戒律，用以约束一般信徒的思想和行动。《大阿弥

---

① 中国唐代道绰、善导皆认为称念阿弥陀佛名字，即可除罪。

② 13世纪日本亲鸾创立的净土真宗（净土宗一派）提出"恶人正机"说，就是这种主张。

陀经》和《无量寿经》认为现实社会充满了违犯五善、五戒的罪恶现象。它们把这些罪恶归为五类，作为与五善、五戒对立的"五恶"。因为这些罪恶使众生世世代代遭受痛苦，所以也称为"五痛"、"五烧"。这些破坏五戒的罪恶行为，就是从杀生、偷盗、妄语、邪淫、饮酒为中心推衍来的。

第一恶：

> 诸天、人民、蠕动之类，欲为众恶，莫不皆然。强者伏弱，转相克贼，残害杀戮，迭相吞噬。不知修善，恶逆无道，后受殃罚，自然趣向。神明记识，犯者不赦，故有贫穷下贱，乞丐孤独，聋盲瘖痖，愚痴弊恶，至有尪狂不逮之属。

这是说，众生互相争夺杀戮，到后世要受惩罚，贫穷受苦。

第二恶：

> 世间人民，父子兄弟，室家夫妇，都无义理，不顺法度，奢淫憍纵，各欲快意，任心自恣，更相欺惑，心口各异，言念无实，佞谄不忠，巧言谀媚，嫉贤谤善，陷人怨枉。主上不明，任用臣下，臣下自在，机伪多端……在位不正，为其所欺，妄损忠良，不当天心。臣欺其君，子欺其父，兄弟夫妇，中外知识，更相欺诳……世间人民，心愚少智，见善憎谤，不思慕及，但欲为恶，妄作非法，常怀盗心，希望他利，消散磨尽，而复求索……

这样死后又要下地狱，或转生为饿鬼、畜生，"无量苦恼，

461

展转其中，世世累劫，无有出期"。这是说，在统治阶级内部，在世人之间，充满了尔虞我诈、勾心斗角，而且有偷盗发生。这样的结果，后世也摆脱不了苦恼。

第三恶：

> 有不善之人，常怀邪恶，但念淫佚，烦满胸中，爱欲交乱，坐起不安……自妻厌憎，私妄出入，费损家财，事为非法。

甚至为贪图女色而兴师杀伐。

第四恶：

> 两舌恶口，妄言绮语，谗贼斗乱，憎嫉善人，败坏贤明，于傍快善。不孝二亲，轻慢师长，朋友无信，难得诚实，尊贵自大，谓已有道，横行威势，侵易于人。

这是对诈骗无信等行为的批评。

第五恶：

> 耽酒嗜美，饮食无度，肆心荡逸……见人有善，妒嫉恶之，无义无礼，无所顾难……不惟父母之恩，不存师友之义，心常念恶，口常言恶，身常行恶，曾无一善；不信先圣诸佛经法……不仁不顺，恶逆天地……

佛教把该教宗教道德和因果报应理论与当时社会的道德观念结合在一起。其中有不少当是传译者加入的中国儒家的道德观念。在译者看来，违背正统的封建道德，如"主上不明"、"妄损忠良"、"臣欺其君，子欺其父，兄弟夫妇，中外知识，更相欺诳"、"不孝二亲"、"朋友无信"以及"无义无礼"、"不仁不顺"，等等，都是恶的行为，都是佛教教义所不允许的。按照佛教的因果报应说，发生这些行为，就在今生造下"恶业"，死后就要下地狱，或转生为饿鬼、畜生等，而一旦再转生为人，也是终生受苦的穷人。虽然这些批评是把所谓"五恶"看作是普遍的超阶级的社会现象，但从所描述的内容来分析，其批评的锋芒首先是指向统治阶级内部的。看来弥陀经典的编造者和传译者是希望社会上层首先按照佛教教义和道德规范对自己的行为应有所约束，不要激化社会阶级矛盾，以有利于社会秩序的稳定。把佛教教义与中国正统的儒家思想相结合，是三国时期翻译和注释佛经中的一个值得注意的现象。这种情况到后世得到进一步发展，佛教也成为中国封建统治阶级用来维护封建纲常名教的得力工具。

在《大阿弥陀经》和《无量寿经》对现实社会"五恶"的批评中，也提出了对现实社会的理想。自然，在它们所理想的社会中，没有"五恶"，是一个不杀生、不偷盗、不邪淫、不妄语、不饮酒"五善"的和平安定的社会。按照弥陀经典的描述，在这个社会，"君率化为善，教令臣下，父教其子，兄教其弟，夫教其妇，家室内外，亲戚朋友，转相教语，作善为道，奉经戒持，各自端守，上下相检。无尊无卑，无男无女，斋戒清净，莫不欢喜，和顺义理，欢乐慈孝，自相约检"（《大阿弥陀经》卷下）。甚至连自然环境也很好，"天下和顺，日月清明，风雨以时，灾厉不起，国丰民安，兵戈无用，崇德兴仁，务修礼让"（《无量寿经》卷下）。就是说，弥陀经典不仅虚构了一个美妙无比的西方极乐世界，而且还绘制了一个理想的现实社会的图景。在弥陀经典的传译者看来，在这个社会中应有一个信奉佛教的君主，由他带领全体臣民遵循佛教教义和封建道德规范，造成一个君君臣臣、父父子子，纲常等级森严，而又和平安定的社会局面。不难看出，这不过是一个涂有佛教色彩的儒家的"乌托邦"。

当然，在这样一个社会中仍有统治者和被统治者，富者和贫者。按照弥陀经典的观点，这一切都是由人们前生的善恶行为决定的。但现实社会的任何富者和贫者都摆脱不了生死苦恼；而如果真心信仰阿弥陀佛，死后就可以转生到西方极乐世界，在那里过永恒的幸福生活。

综上所述，《大阿弥陀经》和《无量寿经》适应传教的需要，虚构了一个极乐世界，提出了一套简单易行的修行理论。弥陀经典对于旧社会广大灾难深重的劳动人民有极大的欺骗性和腐蚀性。正如列宁在批判东正教时所指出的：

> 宗教教导人们"服服贴贴地"走过地狱，为了所谓升上天堂。[①]

弥陀经典教人们"服服贴贴"地忍受人间的一切不幸和苦

---

① 列宁：《政治鼓动和"阶级观点"》，《列宁全集》第5卷，第305页。

难，而一心一意地去追求死后的幸福境界——西方极乐净土。弥陀经典不仅把广大人民的注意力引向虚构的彼岸世界，而且极力用佛教的善恶报应理论来为现实社会的阶级压迫和剥削进行辩护，并且规劝统治者利用佛教教义和道德观念来巩固对人民的统治。

　　净土信仰传到中国内地以后立即受到人们的注意。据《出三藏记集·支谦传》，支谦除译《大阿弥陀经》等经以外，"又依《无量寿》、《中本起经》制《赞菩萨连句》、《梵呗》三契，注《了本生死经》，皆行于世"。这里所说的《无量寿经》，亦即支谦译的《大阿弥陀经》。前面已经提到，《赞菩萨连句》是选取歌颂佛陀事迹的经文以备歌咏，而《梵呗》则是据佛经所作的偈颂，也供歌咏之用。用这种文艺形式传教，可以吸引更多的群众。三国以后，净土信仰得到进一步传播。东晋时名僧慧远（334—416年）在庐山纠集不少名僧和文人于阿弥陀像前"建斋立誓，共期西方"。后人传说慧远成立白莲社，即指此事。北魏时，汾州（治在今山西汾阳）北山石壁玄中寺僧昙鸾（476—542年）为世亲《无量寿经论》作注，倡导称名念佛（口诵佛号，心念佛相等），大力宣传弥陀净土信仰，为以后净土宗的创立奠定了基础。隋唐时期，由道绰、善导正式创立了净土宗，净土信仰得到广泛传播，对佛教的其他宗派也有很大影响。宋代以后各宗互相融合，净土信仰成为佛教的一个重要方面。

附录一

东汉三国译经目录

　　本录主要根据梁僧祐《出三藏记集》（简称《祐录》），并部分参照隋费长房《历代三宝记》（《长房录》）、唐道宣《大唐内典录》（《内典录》）、智昇《开元释教录》（《开元录》）以及圆照《贞元新定释教目录》（《贞元录》）等制成。录中所列经典凡现存者，标出在《大正新修大藏经》（《大正藏》）中的卷数及《频伽精舍校刊大藏经》（《频伽藏》）的帙、册数。至于那些虽经前人标明是汉、三国的译著，疑出自后人伪托或介乎疑似之间的，这里未列。

人名	原籍	时间	经名	《大正藏》（卷）	《频伽藏》（帙、册）	简注	总数	异译本
安世高	安息	东汉桓、灵帝间（三世纪中）	《安般守意经》一卷	15	宿（15）	《祐录》：《道安录》云《小安般经》。		
			《阴持入经》二卷	15	宿（6）	《祐录》卷六有道安序。		
			《百六十品经》一卷			《祐录》《旧录》云《增一阿含百六十章》，缺。		
			《大十二门经》一卷			《祐录》卷六有道安序，缺。		
			《小十二门经》一卷			同上		
			《大道地经》二卷	15	署（6）	《祐录》：《道安录》云《修经》抄也，外国所抄。《祐录》卷十有道安序。		竺法护《修行道地经》。

467

人名	原籍	时间	经名	《大正藏》（卷）	《频伽藏》（帙、册）	简注	总数	异译本
			《人本欲生经》一卷	1	昃（10）	《祐录》卷六有道安序，认为此"似"安世高译。		《长阿含·大缘方便经》、《中阿含·大因经》，施护《大生义经》，玄奘《缘起经》。
			《道意发行经》二卷			缺		
			《阿毗昙五法经》	28	藏（1）	《祐录》：《旧录》云《阿毗昙五法行经》。		
			《七法经》一卷			《祐录》：《旧录》云《阿毗昙七法行经》，或云《七法行经》。今缺此经。		

人名	原籍	时间	经名	《大正藏》（卷）	《频伽藏》（帙、册）	简注	总数	异译本
			《五法经》一卷			缺		
			《十报经》二卷	1	昃（10）	《祐录》：《旧录》云《长阿含十报法》。		《长阿含·十上经》。
			《普法义经》一卷	1	宿（7）	《祐录》：一名《具法行经》，或《舍利弗普法行经》。		真谛《广义法门经》。
			《义决律》一卷			《祐录》：或云《义决律法行经》。道安云此上二经出《长阿含》。今缺。		
			《漏分布经》一卷	1	昃（8）			《中阿含·达梵行经》。

469

续表

人名	原籍	时间	经名	《大正藏》（卷）	《频伽藏》（帙、册）	简注	总数	异译本
			《四谛经》一卷	1	戾（8）			《中阿含·分别圣谛经》、《增一阿含经》卷十七（1）。
			《七处三观经》一卷	2	辰（6）			《杂阿含经》卷二（42）。
			《九横经》一卷	2	宿（7）			
			《八正道经》一卷	2	辰（6）	《祐录》：道安云上三经出《杂阿含》。		《杂阿含经》卷二十八（784）
			《杂经四十四篇》二卷			《祐录》：道安云出《增一阿含》。缺		

人名	原籍	时间	经名	《大正藏》（卷）	《频伽藏》（帙、册）	简注	总数	异译本
			《五十校计经》二卷	13	玄（4）	《祐录》：或云《明变五十校计经》。		
			《大安般经》一卷			缺		
			《思惟经》一卷			《祐录》：或《四惟略要法》。缺。		
			《十二因缘经》一卷			缺		
			《五阴喻经》一卷	2	辰（6）	《祐录》：《旧录》云《五阴譬喻经》。		《杂阿含》卷十五（265）。
			《转法轮经》一卷	5	辰（6）	《祐录》：或云《法轮转经》。		《杂阿含》卷十五（379），义净《三转法轮经》。

471

人名	原籍	时间	经名	《大正藏》（卷）	《频伽藏》（帙、册）	简注	总数	异译本
			《流摄经》一卷	1	昃（8）	《祐录》:《旧录》云《一切流摄经》，或云《一切流摄守经》。		《中阿含·漏尽经》，《增一阿含》卷三十四（6）。
			《是法非法经》一卷	1	昃（8）			《中阿含·真人经》。
			《法受尘经》一卷	17	宿（8）			
			《十四意经》			《祐录》:《旧录》云《菩萨十四意经》。缺。		
			《本相猗致经》一卷	1	昃（8）	《祐录》:道安云出《中阿含》。		《中阿含·本际经》。

人名	原籍	时间	经名	《大正藏》（卷）	《频伽藏》（帙、册）	简注	总数	异译本
			《阿錞口解》一卷	25	藏（4）	《祐录》：或云《阿錞口解十二因缘经》，或云《断十二因缘解》。《旧录》：安侯（世高）口解，凡有四名，同一本。《开元录》作安玄译。		
			《阿毗昙九十八结经》一卷			缺		
			《禅行法想经》一卷	15				
			《难提迦罗越经》一卷			缺	34部 40卷	

473

人名	原籍	时间	经名	《大正藏》（卷）	《频伽藏》（帙、册）	简注	总数	异译本
支谶 （支娄 迦谶）	大月氏	汉灵帝 光和、 中平年 间（约 178— 189年）	《般若道行品经》 十卷	8	月（6）	《祐录》：或云《摩诃般 若波罗蜜经》，或八卷， 光和二年（179年）十月 八日出。		支谦《大明度 无极经》，鸠 摩罗什《小品 般若波罗蜜 经》。
			《首楞严经》二卷			《祐录》：中平二年（185 年）十二月八日出。		鸠摩罗什《首 楞严三昧 经》。
			《般舟三昧经》一卷	13	玄（9）	《祐录》：《旧录》云《大 般舟三昧经》，光和二 年十月八日出。		

474

人名	原籍	时间	经名	《大正藏》（卷）	《频伽藏》（帙、册）	简注	总数	异译本
			《般舟三昧经》三卷	13	玄（9）	《祐录》：仅有一卷本，《长房录》作二卷，《开元录》作三卷。		阇那崛多《大方等大集贤护经》。
			《纯真陀罗经》二卷	15	宇（9）	《祐录》：《旧录》云《屯真陀罗经》。		鸠摩罗什《大树紧那罗王所问经》。
			《古品遗日说般若经》	12	地（12）	《祐录》作"今缺"。《开元录》作《佛遗日摩尼宝经》。		《大宝积经·普明菩萨会》。
			《光明三昧经》一卷			《祐录》：出《别录》，《道安录》无。		

人名	原籍	时间	经名	《大正藏》（卷）	《频伽藏》（帙、册）	简注	总数	异译本
			《阿阇世王经》二卷	15	宇（8）	《祐录》：道安云出《长阿含》云《阿阇世经》。		竺法护《普超三昧经》、《放钵经》（失译）、《开元录》附《西晋录》。
			《宝积经》一卷	12	地（12）	《祐录》：道安云一名《摩尼宝》，光和二年出；《旧录》云《摩尼宝经》二卷。		

人名	原籍	时间	经名	《大正藏》（卷）	《频伽藏》（帙、册）	简注	总数	异译本
			《问署经》一卷	14	宙（8）	《祐录》：道安云出方等部，或云《文殊问菩萨署经》。		
			《兜沙经》一卷	11	天（10）			聂道真《诸菩萨求佛本业经》，《华严经·净行品》。
			《胡般泥洹经》一卷			缺		
			《阿閦佛国经》一卷	12	地（8）	《祐录》：或云《阿閦佛成品经》，或云《阿閦佛刹诸菩萨学成品经》。		《宝积经·大乘十法会》。
			《孛本经》二卷			缺		

人名	原籍	时间	经名	《大正藏》（卷）	《频伽藏》（帙、册）	简注	总数	异译本
			《内藏百品经》一卷	17	宙（8）	《祐录》:道安云出方等部。《旧录》云《内藏百宝经》,遍校群录,并云《内藏百宝》,无《内藏百品》。		
						《祐录》:从《古品》以下至《内藏百品》,道安云"似支谶出也"。	15部 30卷	
竺佛朔	天竺	东汉桓、灵帝时	《道行经》一卷			《祐录》:道安云:《道行品经》者,《般若》抄也。外国高明者所撰,道安为之序注。缺。		

人名	原籍	时间	经名	《大正藏》（卷）	《频伽藏》（帙、册）	简注	总数	异译本
支曜	大月氏	东汉灵帝时	《成具光明经》一卷	15	宙（2）	《祐录》：或《成具光明三昧经》，或云《成具光明定意经》。	1部1卷	
严佛调安玄	中国临淮郡（下邳）安息	东汉灵帝时	《法镜经》一卷	12	地（11）	《祐录》：道安云出方等经（部）。《开元录》卷六有二卷。《祐录》序，康僧会序，康为此经作注。		竺法护《郁迦罗越问菩萨行经》，《大宝积经·郁伽长者会》。
			《十慧》一卷			《祐录》：或云《沙弥十慧》，是严佛调所撰。缺。		

479

人名	原籍	时间	经名	《大正藏》（卷）	《频伽藏》（帙、册）	简注	总数	异译本
							2部 2卷	
康孟详 竺大力 昙果	康居 天竺 天竺	东汉献帝建安年中（196—220年）	《修行本起经》二卷	3	辰(10)	《大唐内典录》：建安二年二月，沙门释昙果 竺大力、康孟详，于迦维罗卫国谙果 本末	2部 2卷	支谦《太子瑞应本起经》。
			《中本起经》二卷	4	辰(10)	《高僧传》讲由昙果从迦维罗卫国得梵本），于洛阳译。《祐录》：或云《太子中本起经》。	2部 4卷	

480

人名	原籍	时间	经名	《大正藏》（卷）	《频伽藏》（帙、册）	简注	总数	异译本
维祇难 竺律（或作"将"）炎	天竺 天竺	吴孙权黄武三年（224年）	《法句经》二卷	4	藏（6）	《祐录》卷七有未详译者的序（像是支谦作）。	2部 2卷	
							1部 2卷	
支谦	大月氏	吴孙权黄武初至孙亮建兴中（222—253年）	《维摩诘经》二卷	13	黄（7）	晋文敏度将支谦、竺法护、竺叔兰所译《维摩诘经》合为一本。《祐录》卷八有其《合维摩诘经序》。		鸠摩罗什《维摩诘所说经》、玄奘《说无垢称经》。

481

人名	原籍	时间	经名	《大正藏》（卷）	《频伽藏》（帙、册）	简注	总数	异译本
支谦	大月氏	吴孙权黄武初至孙亮建兴中（222—253年）	《大般泥洹经》二卷			《祐录》：道安云出《长阿含》，祐案，今《长阿含》与此异。《祐录》卷二："其支谦《大般泥洹》，与《方等泥洹》大同。但隋法经《众经目录》卷三认为此经是《长阿含·游行经》异译。缺。		竺法护《方等般泥洹经》。
			《瑞应本起经》二卷	3	辰（10）			康孟详《修行本起经》。
			《小阿差末经》二卷			缺		

人名	原籍	时间	经名	《大正藏》（卷）	《频伽藏》（帙、册）	简注	总数	异译本
			《慧印经》一卷	15	宙（1）	《祐录》：或云《慧印三昧经》，或云《实用慧印三昧经》。		失译《如来智印经》《开元录》附末录）。
			《本业经》一卷	10	天（10）	《祐录》：或云《菩萨本业经》。		聂道真《诸菩萨求佛本业经》，《华严经·净行品》。
			《法句经》二卷			此即现题为维祇难所译本。支谦对维祇难译本的改定本。		
			《须赖经》一卷			《祐录》：或云《须赖菩萨经》。缺。		帛延《须赖经》。

人名	原籍	时间	经名	《大正藏》（卷）	《频伽藏》（帙，册）	简注	总数	异译本
			《梵摩渝经》一卷	1	昊（8）			《中阿含·梵摩经》。
			《私阿昧经》一卷	14	苗（7）	《祐录》：或作《私阿昧经》《案此经即是菩萨道树经》。		
			《微密持经》一卷	19	成（9）	《祐录》：或云《无量门微密持经》。		佛陀跋陀罗《出生无量门持经》、求那跋陀罗《阿难陀目佉尼呵离陀经》等。

续表

人名	原籍	时间	经名	《大正藏》（卷）	《频伽藏》（帙、册）	简注	总数	异译本
			《阿弥陀三耶三佛萨楼檀过度人道经》二卷	12	地（8）	《祐录》作《阿弥陀经》，此即《大阿弥陀经》。		康僧铠《无量寿经》，竺法护《无量清平觉经》（现题《无量清平等觉经》）支娄迦谶译，《大宝积经·无量寿如来会》，法贤《大乘无量寿庄严经》。
			《月明童子经》一卷	3	宙（6）	《祐录》一名《月明童子》，一名《月明菩萨三昧经》，也称《月明菩萨经》。		

续表

人名	原籍	时间	经名	《大正藏》（卷）	《频伽藏》（帙、册）	简注	总数	异译本
			《义足经》二卷	4	宿(5)			
			《阿难四事经》一卷	14	宿(8)			
			《差摩竭经》一卷	14	宙(7)	即《菩萨生地经》。		
			《优多罗母经》一卷			缺		
			《七女经》一卷	14	宙(8)	《祐录》：道安出《阿毗昙》。		
			《八师经》一卷	14	宿(7)			
			《释摩男经》一卷	1	戾(8)	《祐录》：道安云出《中阿含》，全名应为《释摩男本四子经》。		《中阿含·苦阴经》，释法炬《苦阴因事经》。
			《孛抄经》一卷	17	宿(8)	《祐录》：今《孛经》即是。		

人名	原籍	时间	经名	《大正藏》（卷）	《频伽藏》（帙、册）	简注	总数	异译本
			《大明度无极经》四卷	8	月（8）	支谶《道行品经》的改译。		支谶《道行品经》等。
			《老女人经》一卷	14	黄（5）	《祐录》：道安云出《阿毗昙》。		《老母经》（《祐录》失译经）、求那跋陀罗《老母女六英经》。
			《斋经》一卷	1	戾（8）	《祐录》以为"缺"。		沮渠京声《八关斋经》、《中阿含·持斋经》。
			《四愿经》一卷	17	宿（8）			

487

人名	原籍	时间	经名	《大正藏》（卷）	《频伽藏》（帙、册）	简注	总数	异译本
			《悔过法经》一卷			《祐录》：或云《序十方礼悔过文》。缺。		
			《贤者德经》一卷			缺。		
			《佛从上所行三十偈》一卷			缺		
			《了本生死经》一卷	16	宙（7）	《祐录》：道安云《生经》出《生经》.《祐》案五卷《祐录》卷无此名也。《祐录》卷六有道安序,云支谦为此经作注解。		《稻芊经》（失译.《开元录》附《东晋录》）。
			《惟明二十偈》一卷			缺。		

488

人名	原籍	时间	经名	《大正藏》（卷）	《频伽藏》（帙、册）	简注	总数	异译本
			《首楞严经》二卷			《祐录》：《别录》所载，《道安录》无，今缺。		鸠摩罗什《首楞严三昧经》。
			《龙施女经》一卷	14	宙（7）	《祐录》：《别录》所载，《道安录》无。		竺法护《龙施菩萨本起经》。
			《法镜经》二卷			缺		安玄《法镜经》。
			《鹿子经》一卷			《祐录》：《别录》所载，《道安录》无，缺。		
			《十二门大方等经》一卷			《祐录》：《别录》所载，《道安录》无，今缺。		

人名	原籍	时间	经名	《大正藏》（卷）	《频伽藏》（帙、册）	简注	总数	异译本
			《赖吒和罗经》一卷	1	戾（8）	《祐录》：《别录》所载，《道安录》无，或云《罗汉赖吒和罗经》。		《中阿含·赖吒恕罗经》，法贤《护国经》。
							36部 48卷	
康僧会	康居	吴赤乌十年——晋武帝太康元年（247—280年）	《六度集经》九卷	3	宙（5）	《祐录》：或云《六度无极经》，或云《度无极集》，或云《杂无极经》。此经当是康僧会选编，非全译。		

人名	原籍	时间	经名	《大正藏》（卷）	《频伽藏》（帙、册）	简注	总数	异译本
		吴赤乌十年——	《吴品》五卷			《祐录》：凡有十品，今缺。《祐录》、《康僧会传》作《道品》，《长房录》云此即是《小品般若》。缺。		
康僧会	康居	晋武帝太康元年（247—280年）	《阿难念弥经》一卷 《镜面王经》一卷 《察微王经》一卷 《梵皇王经》一卷			《祐录·康僧会传》将此四经与《六度集经》并列，实则此四经全收入《六度集经》之中，不当单独计算。	2部 14卷	

人名	原籍	时间	经名	《大正藏》（卷）	《频伽藏》（帙、册）	简注	总数	异译本
白（或作帛）延	西域（龟兹?）	魏高贵乡公时（254—260年）	《首楞严经》二卷			缺		鸠摩罗什《首楞严三昧经》。
			《须赖经》一卷	12	地（11）	《祐录》：云缺。		
			《除灾患经》一卷			缺	3部4卷	
昙柯迦罗（法时）	中天竺	魏嘉平中（249—254年）到洛阳	《僧祗戒本》一卷			《高僧传·昙柯迦罗传》作《僧祗戒心》。此据《贞元录》。云见竺道祖《魏世录》。缺。	1部1卷	

492

人名	原籍	时间	经名	《大正藏》（卷）	《频伽藏》（帙、册）	简注	总数	异译本
康僧铠	天竺	魏嘉平四年（252年）于洛阳	《郁伽长者所问经》一卷	11	地（5）	此即《大宝积经·郁伽长者会》。		安玄《法镜经》。
			《无量寿经》二卷	12	地（8）	《长房录》云见竺道祖《魏晋录》，僧祐《出三藏记集》，宝唱《梁代录》。	2部 4卷	支谦《大阿弥陀经》等。
昙谛（或昙无谛）	安息	魏高贵乡公正元元年（254年）到洛阳	《昙无德羯磨》一卷	22	列（7）	《长房录》：初出见竺道祖《魏录》。	1部 1卷	
							100部 151卷	

493

附录二

历代佛教经录所载汉三国译经卷数

（一）汉译佛经

《出三藏记集》卷二：（不包括失译经）：54 部 74 卷。

《历代三宝记》卷四：359 部 427 卷（或云 464 卷）。

《大唐内典录》卷一：334 部 416 卷。

《开元释教录》卷一：292 部 395 卷。

《贞元新定释教目录》：294 部 395 卷。

（二）三国译佛经

《出三藏记集》卷二（不包括失译经）：42 部 68 卷。

《历代三宝记》卷五：312 部 483 卷。

《大唐内典录》卷二（不包括失译经）：

    魏　13 部 25 卷；

    吴　148 部 190 卷；

    共　161 部 215 卷。

《开元释教录》卷一、二（同上）：

魏　12 部 18 卷；

吴　189 部 417 卷；

共　201 部 435 卷。

《贞元新定释教目录》卷二、三（同上）：

魏　12 部 18 卷；

吴　189 部 417 卷；

共　201 部 435 卷。

中国佛教史大事年表
(汉、三国)

公元	朝代	帝号	年号	年月	记事
公元前三世纪	秦	秦始皇			印度孔雀王朝阿育王（前273—前232）派佛教僧侣到印度各地和邻国传教，其中末田底（末阐提）到印度西北迦湿弥罗、犍陀罗传教。
公元前二世纪左右	汉				佛教从印度西北的迦湿弥罗等地越过葱岭逐渐向西域各国传播。
公元前2		哀帝	元寿	1	大月氏使者伊存向博士弟子景庐口授《浮屠经》。

公元	朝代	帝号	年号	年月	记事
65		明帝	永平	8	楚王刘英以黄缣白纨三十匹送国相赎罪。明帝诏曰："楚王诵黄老之微言，尚浮屠之仁祠，洁斋三月，与神为誓……其还赎，以助伊蒲塞、桑门之盛馔。"史载刘英晚年"更喜黄老，学为浮屠，斋戒祭祠"。
					传说明帝遣使到印度求法。
71	东汉			14	楚王刘英因罪被迁徙丹阳，自杀而死。
二世纪中叶		顺帝			沛国丰县人张陵到蜀郡鹄鸣山学道，作《道书》，创五斗米道。张陵为后世"天师道"的教祖。张陵死，其子张衡继之，张衡死。其子张鲁继之。 于吉在东海曲阳作《太平清领书》，创太平道。其弟子琅琊人宫崇到洛阳向顺帝献《太平清领书》，"其言以阴阳五行为家，而多巫觋杂语"，朝廷以其"妖妄不经"，将此书封藏。

公元	朝代	帝号	年号	年月	记事
147			建和	1	大月氏僧支谶到洛阳译经，到灵帝中平年间（184—189）译出《道行品经》《首楞严经》《般舟三昧经》等佛经十五部三十卷。
148				2	安息僧安世高到洛阳译经，到灵帝建宁年间（168—172），译出《安般守意经》《阴持入经》《阿毗昙五法经》等佛经三十四部四十卷。
165		桓帝	延熹	8/1、8	桓帝派中常侍左悺到苦县老子庙致祭。桓帝派使者到蒙县祭"古仙人"王子乔墓。
166					桓帝在洛阳濯龙宫"设华盖以祠浮图老子"。
				9/7	襄楷奏言："闻宫中立黄老浮屠之祠，此道清虚，贵尚无为，好生恶杀，省欲去奢。今陛下嗜欲不去，杀罚过理，既乖其道，岂获其祚哉！"

公元	朝代	帝号	年号	年月	记事
172			熹平	1	印度僧竺佛朔在洛阳译出《般若经》抄本《道行经》一卷。
181			光和	4	安息居士安玄与汉僧严佛调译《法镜经》二卷。
184		灵帝	中平	1/2	钜鹿人张角利用太平道发动和组织农民，自称"黄天"，提出"苍天已死，黄天当立；岁在甲子，天下大吉"，率部众三十六万同日起义。巴郡五斗米道徒张修起兵响应。 起义被镇压后，朝廷严禁道教。《历代三宝记》卷四载："诸事老子妖巫医卜，并皆废之，其有奉佛五戒勿坐。"
195		献帝	兴平	2	因曹操兼并徐州，下邳相笮融率男女民众万人，马三千匹，南逃广陵、豫章，败于扬州刺史刘繇，被山民所杀。

公元	朝代	帝号	年号	年月	记事
195		献帝	兴平	2	此前，笮融为徐州牧陶谦督管广陵、下邳、彭城漕运，擅取三郡钱粮大建佛寺，以铜铸佛，黄金涂身，课人读经，令郡内及旁郡人信奉佛教者免除徭役，以此招徕民户五千余。每浴佛设斋，就食及观者达万人，费以巨亿计。
					约在此年，牟子从交趾回故乡苍梧娶妻。太守史璜谒请署吏，牟子不就；交州牧朱符之弟朱皓被笮融杀死，欲派兵报仇，请牟子到零阳、桂阳借路，因母卒亡，遂不果行。后信奉佛教，并著《理惑论》三十七章，认为佛教、道家、儒家是一致的。
197			建安	2	康孟详、竺大力等于洛阳译《修行本起经》，后又译《中本起经》。
					曹操在境内"除奸邪鬼神之事"，禁止官吏祠祀，集中全统治区的方士，统一管理，防止他们利用方术煽惑民众。

公元	朝代	帝号	年号	年月	记事
221	三国	魏文帝	黄初	2/1	下诏说：孔子是"命世之大圣，亿载之师表"，封孔子后裔为侯，令修孔子庙。
222		吴大帝	黄武	1	支谦从洛阳到武昌，后到建业，至建兴年间（252—253），译出《大明度无极经》《维摩诘经》《大阿弥陀经》等三十六部四十八卷。
224		魏文帝	黄初	5/12	下诏禁止祭祠"不在祀典"的鬼神，并说："自今其敢设非祀之祭、巫祝之言，皆从执左道伦，著于令典"。
		吴大帝	黄武	3	印度僧维祇难和竺律炎在武昌译《法句经》二卷，此经后由支谦重新校译。
229		魏明帝	太和	3/12	大月氏（贵霜）王波调遣使奉献，被封为"亲魏大月氏王"。中国内地与西域、印度的交往日益频繁。

公元	朝代	帝号	年号	年月	记事
233		魏明帝	青龙	1/5	诏各郡国，"山川不在祠典者、勿祠"。
247		吴大帝	赤乌	10	康僧会从交趾到建业，建立茅屋，设置佛像，从事传教，后来在孙权支持下建造建初寺，到晋武帝太康元年，（280），在此寺译编《六度集经》《道品》等佛经二部十四卷，并注《安般守意经》《法镜经》等。
250		魏邵陵厉公	嘉平	2	印度僧昙柯迦罗到洛阳，译《僧祇戒本》一卷，从此，汉地开始按佛教戒律出家。
251		吴大帝	太元	1/5	孙权在苍龙门外为罗阳县神巫王表建立第舍，常派人送去酒食，并问水旱之事。
252		魏邵陵厉公	嘉平	4	天竺僧康僧铠在洛阳译《郁伽长者经》和《无量寿经》佛经二部四卷。
254		魏高贵乡公	正元	1	安息僧昙谛在洛阳译《昙无德羯磨》一卷。

公元	朝代	帝号	年号	年月	记事
258		吴景帝	永安	1	丞相孙綝"侮慢民神，遂烧大桥伍子胥庙，又坏浮屠寺，斩道人"。
260		魏高贵乡公	甘露	5	汉僧朱士行从雍州出发，到于阗搜寻大品《般若经》，写得梵本九十章六十万余言，于晋初遣弟子弗如檀等送回洛阳，后由竺叔兰等译为《放光般若经》二十卷。 朱士行八十岁时死于于阗。

附录四

印度佛教哲学

黄心川

一、佛教的分期和史料

佛教起源于古代印度，在目前亚洲许多国家中有着重要影响。佛教在印度流行了一千五百年左右，它的发展过程在目前学者中有着不同的意见，根据印度社会历史发展的分期以及佛教自身的变化，可划分为下列四个时期：（1）原始佛教时期（约公元前六、五世纪至公元前四世纪中叶），即主要是佛陀和他的传承弟子们的佛教；（2）部派佛教时期（约公元前四世纪中叶至公元一世纪中叶），佛陀死后，佛教徒对于佛说的戒律和教理有了显著的分歧，因而形成了很多派别，有些派别在大乘兴起以后还保留下来；（3）大乘佛教时期（约公元一世纪中叶至公元七世纪），大乘佛教经历了兴起、隆盛和衰落的不同阶段，中观学说和瑜伽学说形成主流，可称为大乘隆盛的时期；（4）密教时期（约七世纪至十二世纪）。密教在大乘瑜伽行派后期已开始流行，它在七世纪后半叶取得主导地位。佛教在中亚信仰伊斯兰教的一些民族侵入印度以后急剧地衰落，迄十三世纪初终归消失。印度近代的佛教复兴运动是在十九世纪重新由斯里兰卡传入的。

佛教的经典被称为三藏，它是佛教徒在很长的时间中所编纂起来的。藏（Pitaka）有"箧藏"的意思，它分为经（Sūtra，佛所说的教义）、律（Vinaya，为僧侣所制订的戒律）、论（Abhidamma，关于教理的解释和研究的论著）三类。目前保存着的佛教三藏大致有下列来源：

（1）巴利文体系。这是在公元前三至二世纪以后逐渐由印度次大陆南传入缅甸、柬埔寨、斯里兰卡、老挝、巴基斯坦、泰国和我国云南省傣、崩龙、布朗等民族的经典，这些经典主要属小乘上座部。①

（2）汉语体系。这是在公元前后由印度次大陆通过西域北传入我国汉族地区，后又传入朝鲜、日本、蒙古、越南等国家的佛典。汉语体系的佛经大部分是从梵文中译出的，一部分是从巴利语或西域语言（"胡语"）译出的。汉译三藏通称大藏经。大藏经

---

① 巴利文佛经主要包括：

经藏：（1）长部经典（Dīgha—Nikāya，相当于汉译《长阿含经》）

（2）中部经典（Majjhima—Nikāya，《中阿含经》）

（3）相应部经典（Saṃyutta—Nikāya，《杂阿含经》）

（4）增支部经典（Aṅguttara—Nikāya，《增一阿含经》）

（5）小部经典（Khuddaka—Nikāya，我国有一大部分缺译，已有的译文也散在各处。）

律藏：（1）分别部（Sutta Vibhaṅga）是戒的条文；

（2）犍度部（Khandhaka，杂事）是僧团中的各种制度；

（3）附篇（Parivāra）是戒条的解释。

以上各部内容大体见于汉译《四分律》《五分律》《十诵律》《摩诃僧祇律》《根本说一切有部律》等。

论藏：（1）法聚论（Dhammasaṅgani）

（2）分别论（Vibhaṅga）

（3）界论（Dhātukathā）

（4）双论（Yamaka）

（5）发趣论（Paṭṭhāna）

（6）人施设论（Puggalapaññatti）

（7）论事（Kathāvatthu）

藏外：（1）弥兰王问经（Milindapañha，相当于汉译《那先比丘经》的主要部分）

（2）大王统史（Mahā—Vaṃsa）

（3）小王统史（Cūla—Vaṃsa）

（4）清净道论（Visuddhi—Magga，相当于汉译《解脱道论》）

（5）岛王统史（Dīpa—Vaṃsa）

（6）善见律毗婆沙（Samantapāsādikā，有相当汉译）

（7）摄阿毗达磨义论（Abhidhammattha—sangaha）

在我国自宋至民国时期约一千年间（971—1923）先后约有十七次的刻本。据我国《开元释教录》（公元713—714年收集）载，入藏的经典有一〇七六部，五〇四八卷，其中属于大乘的经、律、论有六三八部，二七四五卷；属于小乘的有三三〇部，一七六二卷。[①] 现有佛经中可以确定为属于翻译印度次大陆各国的约一千五百种、五千七百卷。自后汉末年至北宋末年（二—十二世纪），约一千年间直接参加翻译的有一百五十余人，其中有史书可征，属于次大陆来华的僧侣学者计七十一人。

（3）藏语体系。这是流传在我国藏、蒙、土、羌、裕固等民族以及尼泊尔、锡金、蒙古、俄罗斯西伯利亚和印度北部等地区的佛经。藏文大藏经极大部分是从梵文译出的，小部分是从汉文转译的。它分为两个部分：（1）正藏（甘珠尔，Kanjur），即佛的言教的部分，分经、律二种；（2）付藏（丹珠尔，Tanjur），即论著的部分。藏文大藏经在我国也有多次刻本。据北京版计算，甘珠尔有一〇五五部，丹珠尔有三九六二部。另外，在我国还有从汉语或藏语等转译的蒙文、满文大藏经。

由于印度很多佛教的著作已经失传，我国保存的译经对于研究印度佛教史有着重要的意义。

二、原始佛教时期

（甲）佛教兴起的社会历史背景

佛教产生的时期，一般认为是公元前六—前五世纪左右，相当于我国春秋百家争鸣的时代，以及希腊诡辩派开展活动的年代。

佛教兴起的时期正是古印度奴隶制经济急剧发展、大批城镇国家兴起的时期。由于次大陆社会经济发展的极不平衡，当时大部分

---

① 参见宇井伯寿著《佛教经典史》第184—189页，日本东成出版社。又据元代《至元法宝勘同总录》（公元1285—1287年收集），入藏经典为1532部，5814卷。

地区已进入了奴隶社会，但有的地区还保留着氏族公社制或它的不小的残余势力，在若干经济发达的地区生产力已有很大的提高，人民已较普遍地使用铁器，手工业已从农业中分化出来，商业也有巨大的发展。据《本生经》载，当时商人已有相当规模的陆运和航运的商队，使用着大块的铜币，重量最大的竟达一百四十六克，其贸易的范围东北达缅甸，西北达波斯、阿拉伯等国。随着商品经济的发展，一批批的城镇也开始建立起来，这些城镇在公元前六世纪至三世纪之间约有六十余个。如舍卫城、瞻波、王舍城、憍赏弥、迦尸、坦叉尸罗等，并且以这些城镇为中心建立了城市国家。另外，在佛陀时代印度的自然科学特别是医学已有一定的发展。外科医生已懂得使用局部开刀术、鼻工术、矫形等等。

在印度奴隶制加速发展过程中，由于阶级斗争日趋激烈，民族矛盾逐渐激化，奴隶主阶级的统治机构——比较强大的国家也就产生了。据希腊派遣印度的使臣麦加斯忒尼记述，在公元前四世纪前后印度境内曾经存在过一百八十个不同的种族和部落，其中大多数是不久前合并成的一些极小的城镇国家。佛典和耆那教经典亦载，当时北印度有十六个国家[①]。这些国家大部分分布在恒河和阎牟那流域的两岸。其中政治文化比较发达的，有摩揭陀（Magadha）、拘萨罗（Kośala）、阿苑蒂（Avanti）和跋耆（Vajjian）四国。这些国家有的是由君主统治的，有的则是共和形式的贵族寡头统治的，但它们的性质都是奴隶主占有制国家。另外，在恒河流域还残存着若干民主的部落组织，其中较为重要的有释迦（Sākya）、摩罗（Mallā）、梨车毗（Lichavī）等族。

印度奴隶制国家发展的过程，也就是印度各个阶级分化的过程。在这个过程中，婆罗门已经不再是一个单纯以祭祀为业的祭

---

① 参见《长阿含·阇尼沙经》、《中阿含·持斋经》、《大方无想经》第一、《大毗婆沙论》卷一二四、《出曜经》卷二十二、《仁王般若波罗蜜经》卷下，汉译佛经所记十六国的名称并不一致。

司贵族集团了。他们中的很多人已不是靠所谓"布施"而是靠剥削奴隶来维持生活。刹帝利是当时新形成的专制国家的统治者，也是奴隶制的代表。他们在建立和管理国家中要求无限制地扩张自己的权力以及最大可能地扩大自己剥削的对象，但是由于传统种姓制度规定的障碍（婆罗门最高），在经济上从而在政治上与婆罗门发生了矛盾，因而他们在与婆罗门争夺权力的斗争中有时也不得不从其他的种姓中寻求自己的支柱。但刹帝利和婆罗门都属于奴隶主阶级，他们的利益也有着基本一致的方面，特别是在他们与广大被剥削下层的斗争中，刹帝利就不仅不愿彻底打击婆罗门的势力，而且感到有与他们组成政治—精神联盟的必要，因之印度古代的很多典籍常常宣说："得助于婆罗门的刹帝利永盛不衰"。吠舍种姓在当时已开始分化，其中一小部分人上升为富有的工商业奴隶主，而大部分则沦于奴隶的地位。首陀罗是当时受剥削和压迫的种姓，他们被剥夺一切宗教和社会生活的平等权利，奴隶主可以任意宰割和奴役他们。《摩奴法典》规定"杀死首陀罗的人只需简单地净一次身，同杀死牲畜一样"。奴隶在忍无可忍的情况下，通过各种方式（大量逃亡，破坏水利建设，谋杀奴隶主等等）和奴隶主进行了斗争。

佛教就是在上述社会历史条件下产生的，它是上述社会变化的反映，恩格斯曾写道："历史上的伟大转折点有宗教变迁相伴随，只是就迄今存在的三种世界宗教——佛教、基督教和伊斯兰教而言。"[1]

（乙）佛陀时代思想界的斗争情形

上述的社会斗争必不可免地反映在思想领域当中。

佛陀时代思想界的主要潮流有二：一为婆罗门教的正统及其支流，二为非婆罗门的思潮。后者通称为沙门（道人，Śramaṇa）思潮。

佛陀的时代大概在古奥义书的中期，当时婆罗门教虽然在形

---

① 恩格斯：《路德维希·费尔巴哈和德国古典哲学的终结》。《马克思恩格斯选集》第4卷，第231页。

式上维持吠陀天启、祭祀万能、婆罗门至上的三大纲领，但精神已开始衰颓，在新的国家中不复能绝对成为指导社会宗教生活、蒙骗人民的精神力量，其支流的奥义书思潮，也仅仅成为少数精神贵族所玩弄的概念上的游戏。至于一般民众的信仰，如夜叉崇拜、动物崇拜等等，虽则仍很流行，但只是一些没有组织的活动。总之，婆罗门思潮在当时已不能适应作为新出现的奴隶制城市国家的思想武器。

沙门思潮是当时新出现的、自由思想界的通称。据耆那教经典说这种思潮有"三百六十三见"①，佛教也说有"九十六外道"（外道的意思是"心游道外"，即对不相信佛教的其他宗教或学说的贬称，"六十二外见"②）这都是形容思潮的繁多，但事实上，

---

① "三百六十三见"即"三百六十三种见解"。据耆那教经典，可分类如下：

（1）行为论（Kriyā-vāda），即承认人的意志有自由、行为有责任、罪恶有果报的学说，此类共 180 种。

（2）无行为论（Akriyā-vāda），上述学说的反对论，共 84 种。

（3）无知论（Ajñāna-vāda），即不可知论，共 67 种。

（4）持律论（Vinaya-vāda），即认为实行戒律、苦行可获得解脱的学说，共 32 种。

② "六十二见"据佛经《梵网经》、《大毗婆沙论》卷十九，《大乘法苑义林章记》卷十三等，可分类如下：

（1）关于过去的见解（本劫本见）：

a. 自我（阿特曼，灵魂）及世界永恒存在论，共四种。

b. 自我及世界一部分永恒存在，一部分变化无常论共四种。

c. 世界有限（边）无限论，共四种。

d. 诡辩论（异问异答），共四种。

e. 偶然论（自我及世界无因而存在论），共二种。

（2）关于未来的见解（末劫末见）：

a. 自我死后有意识论（有想论），共十六种。

b. 自我死后无意识论（无想论），共八种。

c. 自我死后非有意识，亦非无意识论（非想非非想论），共八种。

d. 断灭论（一切存在死后断灭无余论），共七种。

e. 现世解脱论（现在生涅槃），即人的幸福和解脱在现世可获得的学说，共五种。

并没有这样多的数目。与佛陀同时代，具有代表性，并且有文献可考的是下面"六师"。

（1）阿耆多·翅舍钦婆罗（Ajita Keśakambala 或 Keśakambala），顺世论的先驱之一。顺世论是印度古代唯物主义思想派别，梵文叫路伽耶陀（lokāyata），意思是"流行在人民中间的"，从公元前十世纪到公元前后已发展成为当时社会流行的重要哲学派别之一。顺世论承认世界的基础是物质，构成物质的元素是地、水、火、风，"大种为性，四大种外，无别有物"。[①] 并认为一切有情均由四大和合而生，人死后还归四大，"人依四大种所成，若命终者，地还归地身，水还归水身，火还归火身，风还归风身，诸根归入空虚"。[②] 还进一步承认物质是不断运动的，它具有内在的力量，他们写道："谁铦诸刺？谁画禽兽？谁积山原？谁凿涧谷？谁复雕镂？草木花果，如是一切，……皆无因生，自然而有。"[③] 从而否定了神和其他超自然的原因。对于灵魂和肉体的关系，顺世论也作了唯物主义的回答，他们否定了永恒的、无所不在的灵魂的存在，认为灵魂和肉体是不可分的，灵魂只是肉体的属性，"身坏命终，断灭消失，一无所存"。在认识论方面，他们认为感觉经验是认识的唯一来源，除知觉外，其他的证明都是可疑的。顺世的社会伦理观点集中地反映了广大下层人民的要求，他们主张种姓平等，反对轮回、业报、祭祀、苦行，指出婆罗门教、佛教以及其他宗教教条都是骗人的东西，世上根本没有天堂，也没有最后解脱，婆罗门的三吠陀和祭祀的种种仪式只不过是用以谋生的手段。他们还提出禁欲主义，实行苦行是和生活的目的不符的，幸福既不在天堂也不在来世，而在今生。因此佛教称他们

---

① 《广百论释》卷二。

② 巴利文《长阿含·沙门果经》，汉译《沙门果经》、《寂志果经》，意相同。

③ 《大毗婆沙论》卷一九九。

512

为"现世涅槃论"。这一派在当时农村公社的商人、手工业者、农民以及其他下层人民中间有着重要的影响。

（2）尼乾子·若提子（离系亲子，Nigantha Natāputra），耆那教传说中的创造者。本名筏驮摩那（Vardhamāna），号称"大雄"，据说是古印度毗舍离城王族之子，属刹帝利种姓，三十岁出家，苦修十二年成道，七十二岁死于白婆（Pāvā）。他宣称世界是由多种原素所构成的，这些原素可以大别为灵魂（"命"）与非灵魂（"非命"）两种。灵魂存在于地、水、火、风和动植物之中；非灵魂大别为物质和不定形物质两种，物质由原子复合而成，不定形物质则是由"运动的条件"（"法"）、"静止的条件"（"非法"）、空间、时间四种东西所组成的，这在哲学上明显的是一种多元论的实在论。耆那教在修行实践上宣传灵魂解脱、业报轮回、非暴力和苦行主义等。他们宣称：一切有生命和无生命的物类都有灵魂，灵魂的本性是无限清净的，但由于他们经常受到"肉身"即躯壳的障碍而失去了光辉；"肉身"是由细微的物质亦即"业"所组成的，人的现世一切均由前世的"业"所决定，要摆脱"业"的束缚，求得最后解脱，必须通过宗教的修持。这种宿命论的思想使人们安于现状，起到了麻痹人民革命斗志，维护统治阶级统治的作用。

耆那教提出解脱的道路有三：①正智，正确学习和理解教义；②正信，正确信仰经典、教义和"大雄"的教谕；③正行，正确实行教义和戒律。戒律有五：①不杀生（非暴力）；②不欺诳；③不偷盗；④不奸淫；⑤戒私财。除此之外，为了使灵魂从"肉身"中解脱出来，还提倡种种苦行，进行自我折磨如绝食、睡刺床、在烈日中曝晒、以火烤等等。

耆那教在兴起时同样也反对婆罗门祭司的特权，否定吠陀权威，在一定程度上反映了武士贵族和商人要求摆脱婆罗门统治的愿望，但归根结底还是为巩固奴隶主阶级的利益服务的。

（3）婆浮陀·伽旃那（Pakudha Kaccāyana，婆浮陀是名字，伽旃那是族姓），出身于婆罗门的家庭，他的哲学被称为"七原素说"（汉译佛经作"七士身"或"七事身"，Satta Kāyā）。伽旃那认为世界上的各种个体都是由地、水、火、风、苦、乐及灵魂（命）七种原素所构成的，这七种原素既不由任何东西创造出来（"非所作"），也不由任何东西生出来（"非创生"）；同时既不创造什么东西（"亦非使创生"），也不生出东西。这些原素像山顶一样永远不转变，相互不接触，相互不影响。人类也不过是这些原素单纯的机械的集合，在这些原素之外，没有认识的主体，如果以利刃切离人的头为二半，并不损害人类的生命，因为利刃只不过是通过七原素的间隙（Vivara）而已[①]。伽旃那七原素说和希腊恩培多克勒斯（Empedocles，公元前490—430）的"六原素说"（地、水、火、空气、爱、憎）有着某些相同的地方，这是一种实在论的见地。婆浮陀这种把世界和人类看作是由众多的原素所组合的学说，在印度后来一般称为积集说（Ārambha-Vāda）。

（4）富兰那·迦叶（Pūranṇa Kassapa）是一个奴隶的儿子，生于牛舍，故而得名。关于他的生卒活动，佛教记录得很模糊，经常与六师中的其他人相混。据说他曾裸形露体地从奴隶主那里逃跑出来，后在群众中说教，逐渐集中了一批信徒。他的学说在汉译佛经中称为"无因无缘论"（Ahetu-appaccaya-Vāda，即"偶然论"）。认为世界上一切事物的产生和发展都是偶然的。他从这个哲学观点出发，对社会上的一切宗教道德都表示了怀疑和否定。例如他说："人若自作，或教人作；人若残杀，人若罚，或教人罚；人若生苦害，或教人苦害；人若自悲伤，或使人悲伤；人若杀害众生，取非所与，擅入人居，结伴掠财、强盗、路劫，或作淫乱、或打诳语；

---

① 巴利文《沙门果经》，关于婆浮陀的思想材料散见于汉译各种佛经中，可参阅《大毗婆沙》卷一九八，《尊婆须密论》第9，《根本说一切有部毗奈耶卷》第1、13，汉译《沙门果经》、《寂志果经》等。在耆那教的《经造支》I.1、15—16及1、2中也有类似的记载，但耆那教只说明他们相信地、水、风、火、空（Akāśa）、灵魂六种原素。

关于此诸人无有罪恶。若用铁轮，刃利如薙刀，脔割世人众生，以为肉聚，此无罪恶过报，亦无罪恶之增加。"① 富兰那出身于奴隶，从他切身经历中，体会到了统治阶级的残暴、贪婪和婆罗门教的虚伪，因而直率地对它们进行了揭露和攻击。并且公开宣称，"使用暴力不以为罪"，把矛头直接指向当时的统治阶级，这反映了一部分被压迫和被剥削群众的革命愿望，在当时社会斗争中有着一定的意义。可惜这派保存下来的材料不多，佛教一直把"六师"看作他们的"劲敌"，诬蔑他们是"恶魔"，因此佛教和耆那教所记录他们的思想无疑地有歪曲的成分。

（5）末伽黎·拘舍罗（Makkhali Gosāla，死于公元前388年），关于他的生平，现在还不清楚。据说他是一个唱诗僧的儿子，又说他是一个逃亡的奴隶。拘舍罗的思想受过耆那教始祖大雄的重要影响。他是属于耆那教一个分支——"生活派"（汉译佛经称为"邪命外道"Ajiyika，原意是"严格遵守生活法的规定者"，别的教派贬称他们是"借行道以谋生活者"）的领袖，"生活派"在孔雀王朝时是一个有影响的教派。拘舍罗认为，宇宙和一切有生命的物类都是由灵魂、地、水、风、火、虚空、得、失、苦、乐、生、死十二个原素所构成的。地、水、风、火是纯粹的物质，虚空是其他原素赖以成立的场所，苦、乐、生、死等等是独立的精神原素，灵魂存在于地、水、风、火中，也存在于动植物等等有机物中。各种原素的结合是一种自然的、机械的、无关系的（"无因无缘"）结合，这是一种物心二元论的说法。

拘舍罗也提出了一种具有宿命论性质的社会道德学说，他认为世界上的一切事物都是受命运（Niyati）所支配着，在命运的锁链中，任何人的意志都是无能为力的，伦理道德也是没有意义

---

① 巴利文《沙门果经》，参阅汉译《沙门果经》、《寂志果经》、《梵网经》、《本生经》、《根本说一切有部毗奈耶》卷一、十三，《杂阿含经》卷三，耆那教《经造支》I．卷一、十三等等。

的。例如他说："无因无缘，令有情杂染。非因非缘而有情杂染。无因无缘，令有情清净，非因非缘而有情清净。无有自作，无他人作，无人可作。无力，无精进，无人力，无人势，一切有情，一切众生，一切活者，一切命者，无权，无力、无精进。定合其自有性，而变于六胜生①受诸苦乐。……以如是解量苦乐，于轮回中不可变换，无可增减，无可多少，如掷缕丸（丝球——引者），缕尽便住。如是若愚若智，流转轮回，乃能作苦尽边际。"②

拘舍罗宣传人是命运的盲目工具，人在命运规律面前的无力，消极无为，乐天听命，这是一种唯心主义的社会学说，它与社会历史发展的规律是背道而驰的。它反映了一部分在婆罗门教桎梏下和奴隶主残酷统治下的悲观失望、无可奈何而又不想起来革命的下层群众的思想，这种宿命论在西方基督教兴起时期的罗马思想界中以及后来的新柏拉图派中都可以找到。

（6）散惹邪·毗罗梨子（Sañjaya Belaṭṭhiputra），是毗罗梨部族的著名思想家。据佛经宣传，散惹邪因其二百五十个弟子相信了佛教，气愤而死。他宣传着一种怀疑论和不可知论（Ajñana-Vāda）。认为对于世界上的一切事物及其真理都是不可遽然断言的。例如我们对于来世化生、因果报应、罪恶等可以说有，可以说非有；可以说亦有亦非有；可以说非有非非有。③ 散惹邪这

———————

① 《大毗婆沙》卷一九八释："六胜生类谓黑、青、黄、赤、白、极白生类差别。黑胜生类，谓杂秽业者即屠脍等。青胜生类，谓余在家活命。黄胜生类，谓余出家活命。赤胜生类，谓沙门释子。白胜生类，谓诸离系（耆那教徒——引注）。极白胜生类，谓难陀伐蹉（拘舍罗之党徒），末塞羯利瞿赊利子（即末伽利·拘舍罗）等。"见《大正藏》第27册第992页。

② 巴利文《沙门果经》，参阅汉译《沙门果经》、《寂志果经》、《根本说一切有部毗奈耶》卷一、十三，《杂阿含经》卷一，《那先比丘经》上，《本生经》等。汉译和藏译佛经中有时把拘舍罗和婆浮陀的学说混淆了起来。耆那教的《经造支》I.卷一、二，卷一一十四；II.卷十二、九；III.卷六及《福经》XV.1，亦有记载。

③ 参阅《沙门果经》、《寂志果经》、《根本说一切有部毗奈耶》卷十三，及耆那教《经造支》I.卷二、七等。

种理论被佛教称为"难以捕捉的鳝鱼学说"（Amarā-vikkhepa）①。如果用符号来表述的话，可列为 S 是 P，S 不是 P，S 是 P 亦不是 P，S 不是 P 亦不是不是 P。这种对存在的说明有着某些辩证法的因素，但是这种辩证法如果一碰到内容，就要从内部被否定，因之列宁说："怀疑论的辩证法是'偶然的'。"② 这种理论的锋芒明显地一方面，也是主要方面，是针对婆罗门教的神造说的；另一方面也是针对顺世论的"断世"说（无后世说）的。它摇摆于唯心论和唯物论之间，但归根结底是唯心论的。我们知道，六师学说兴起的时代，正是印度社会等级制度中的吠舍种姓大量分化的时代，散惹邪的这种不可知论的世界观恰好代表了他们的社会倾向和利益。

"六师"学说虽然各有标榜，但他们反对吠陀权威和婆罗门政治、思想统治则是一致的。六师学说的出现标志了旧信仰的动摇，反映出了社会的深刻变化和矛盾。这些学说在当时有着一定的进步意义。"六师"虽然出身于印度的各个种姓，但他们的哲学和社会思想大体上可视为当时形成的新的社会关系——刹帝利和商业富有者以及一切城市下层居民的哲学。"六师"学说中除阿耆多的唯物论和无神论外，一般都有较大的历史局限性，例如他们摇摆于唯心主义和唯物主义之间，经常陷于诡辩论和不可知论，他们的社会主张具有消极和宿命论的性质。这种不彻底性是由印度奴隶制发展的不彻底性所决定的（印度的奴隶制是由原始农村公社的诸关系局限着的奴隶制）。

富兰那等的学说没有像大雄和佛陀那样获得成功和深远的影响，因为他们没有明确的反婆罗门教的目标（如反对婆罗门的专横、种姓的不平等等），也没有为压迫群众提供一条从精神上解

---

① 汉译《瑜伽师地论》把它译为"不死矫乱论"。

② 列宁：《哲学笔记》，《列宁全集》第 38 卷，第 332 页。详见列宁对于黑格尔摘录怀疑论者哲学的批判。

脱苦难的宗教上的出路。耆那教和佛教的抚慰和麻醉作用是比同时代的六师更为高明的。

佛陀的学说也是当时沙门思潮的一种。它一方面，也是主要的方面与婆罗门的思潮进行了战斗；另一方面也表示了和"六师"不尽相同的主张。

（丙）佛陀的生平

关于佛陀是一个历史人物还是神话中的人物，在外国学者中曾引起长期的争论。有些佛学史家认为，佛陀的传说在佛教以前婆罗门的理想中早已有了，佛陀是佛教信徒臆想出来的人物，毫无可靠的史实根据。例如欧洲逊那尔特（E. Senart）认为：在关于佛陀的神话中反映了早上出生，白天遨游天空，晚上消逝的太阳观点。苏联阿·科切托夫（А. Кочемов）也说："分析经典著作与研究早期佛教艺术，可以证实佛陀的虚构性。现在，坚持佛陀符合史实性的，只不过是佛教徒和一些资产阶级科学的代表人物罢了。"[1]

佛陀的传说无疑地充满着很多荒诞无稽的成分，但根据这些荒诞的成分而否定佛陀的历史真实性则是一个值得讨论的问题。据早期佛经的记载以及考古发现[2]，我们现在还没有足够的理由可以否认佛陀是一个历史人物。佛陀名悉达多（Siddhattha[3]），族名为乔达摩（Gotama）[4]，生于现在尼泊尔的迦毗罗卫城。释迦牟尼是佛教徒对他的尊称。释迦（Śākya）是种族的名称，牟尼（Muni）是"贤人"或"寂默"的意思，释迦牟尼的意思就是"释迦族中的贤人"。关于佛陀的生卒年月，我们剔除宗教的无稽

---

① 科切托夫：《佛教的起源》，第37页，李渊庭译，民族出版社1960年版。

② 在早期的佛经中有很多关于佛陀的生活和行道的记载。这些记载一般还没有渲染佛陀是一个神话性的人物。

③ 悉达多的字意是"目的达成了的人"。

④ 乔答摩的字意是"最好的牛"。

传说，大致可推定卒年为公元前480—490年间①。佛陀传说为净饭王（白米饭王 Suddhodana）的太子，幼时曾受婆罗门的五明教育，于二十九岁时出家，初跟数论的先驱者阿逻罗·迦罗摩（ĀlalaKalāma）及郁陀迦·罗摩子（Uddaka Rāmaputra）学习禅定，后又独创佛教。他从三十五岁起一直在印度北部、中部恒河流域一带进行传教活动，并创立了适应教徒生活的僧伽制度，年八十在拘尸那揭罗城（Kusināra）逝世。

（丁）原始佛教的宗教哲学思想

（1）原始佛教的反自然哲学的态度

佛陀严格地说不是一个哲学家而是一个宗教或道德的说教者，他像希腊的苏格拉底一样关心的是道德实践的问题，而不是哲学或理智探索的问题。例如有一个叫结发童子的向佛问道："世有常，世无常，世有底，世无底？命即是身，为命异身异？如来（tathāgata）终，如来不终，如来终不终，如来亦非终亦非不终耶？"佛陀认为对于这些问题的探讨是徒劳无益的，正像一个人受了严重的箭伤，不是首先去拔出箭头进行治疗，而是亟于去问箭是用什么东西做成的，弓是什么形状的，羽是用什么动物毛做的，等等②。因之，我们必须首先了解佛教哲学是一种宗教哲学，虽然这些哲学和别的宗教哲学（基督教、伊斯兰教等）相比还有着很多重要的不同之处。

（2）四谛和八正道

佛教的宗教道德学说重要地表现在所谓佛陀在成道时所悟得的"四谛说"和"十二因缘说"中。现在先谈谈"四谛"。谛（Satya）是"实在"或"真理"的意思，是印度哲学中一般通用

---

① 关于佛陀生卒年月，在南传和北传佛教中有着不同的记载。据我国《众圣点记》，佛死于公元前485年（周敬王三十五年），比孔子早死六年，佛活了八十岁，依此上推，生年为公元前565年。据《善见毗婆沙律》，佛入灭于公元前479年。据佛陀伽耶碑文（第一）为公元前481年。南传《缅甸佛传》又为公元前442年。目前东南亚佛教一般认为佛死于公元前545年。

② 《中阿含·箭喻经》。

的哲学概念和方法。四谛就是苦、集、灭、道。苦谛是说现实生存的种种痛苦现象，所谓"一切皆苦"；集谛表示造成痛苦的各项理由或根据；灭谛表示作为佛教最后理想的无苦涅槃；道谛则是说为实现佛教理想所应遵循的手段和方法①。

佛陀在波罗奈斯曾做过这样的说教：

> 比丘们，这就是痛苦的神圣的真理：出生是痛苦（生苦——引译者注），老年是痛苦（老苦），疾病是痛苦（病苦），死亡是痛苦（死苦），和不可爱的东西会合是痛苦（怨憎会苦），和可爱的东西离开是痛苦（爱别离苦），求不到所欲望的东西是痛苦（求不得苦）。总之是一切身心之苦（五取蕴苦）。

> 比丘们，这就是痛苦原因（集）的神圣真理：爱（Taṇhā）伴随着贪与欲导致生死轮回，爱到处寻求欲乐、生存、权力。

> 比丘们，这就是消灭痛苦的神圣真理：根除欲望以消灭爱，彻底驱除它，离开它。

> 比丘们，这就是引向消灭痛苦途径的神圣真理：有八种正确的途径（八正道），即正确的见解（正见），正确的意志（正思惟或正志），正确的言语（正语），正确的行为（正业），正确的生活（正命），正确的努力（正精选），正确的思想（正念），正确的精神统一（正定）。②

---

① 《五分律》卷十五，《四分律》卷三十二。

② 相应部经典（Samyutta-nikāya）V. 420。《增一阿含经·四谛品》卷二十五："彼云何名为苦谛？所谓苦谛者，生苦、老苦、病苦、死苦，忧悲恼苦，怨憎会苦、恩爱别离苦、所欲不得苦，取要言之五盛阴苦；是谓名为苦谛。彼云何名为苦习谛？所谓习谛者，爱与欲相应心恒染著，是谓名为苦习谛。彼云何名为苦尽谛？所谓尽谛者，欲爱永尽无余，不复更造；是谓名为苦尽谛。彼云何名为苦出要谛？所谓苦出要谛者，谓贤圣八品道：所谓正见、正治、正语、正行、正命、正方便、正念、正三昧。是谓名为苦出要谛。如是比丘，有此四谛，实有不虚。"（见《大正藏》卷二，第631页）《方广大庄严经》卷十一"佛告诸比丘有四圣谛。何等为四？所谓苦谛、苦集谛、苦灭谛、证苦灭道谛。比丘，何等名为苦圣谛？所谓生苦、老苦、病苦、死苦、

我们知道，任何宗教的学说都是现实的歪曲的反映，而只有依据现实生活才能给予宗教以正确的和科学的说明。马克思曾指出："事实上，通过分析来寻找宗教幻象的世俗核心，比反过来从当时的现实生活关系中引出它的天国形式要容易得多。后面这种方法是唯一的唯物主义的方法，因而也是唯一科学的方法。"①运用历史唯物主义的方法来分析佛陀的四谛说，无疑地也可以找出它的现实根源。四谛说是佛陀对于社会和人生观察所做出的结论，大致可以看出，这个观察曾借鉴了印度当时医学治病的"四诀"②。佛陀第一、第二个真理，在一定程度上反映出了在早期专制主义时期中由于那些掠夺、剥削压迫而出现的社会不安定的情况，歪曲地反映了人民在社会和自然压迫下的痛苦和呻吟，这正如马克思所指出："宗教的苦难既是现实苦难的表现，又是对这种现实苦难的抗议。宗教是被压迫生灵的叹息，是无情世界的感情，正像它是没有精神的状态的精神一样。"③他们把来自社会的苦难着重说成是生理的痛苦，并且力图掩饰印度当时种姓和民族压迫的事实，而把苦难单纯归结为个人的求生意志或人性的堕落。我们知道印度由无阶级的氏族社会向国家过渡也像恩格斯在描述易洛魁人的氏族向阶级社会过渡的情况那样，新的社会是通

爱别离苦、怨憎会苦、求不得苦、五盛蕴苦，如是名为苦圣谛。何等名为苦集圣谛？所谓爱取，有喜与贪俱，悕求圣乐，如是名为苦集圣谛，何等名为苦灭圣谛？所谓爱取，有喜与贪俱，悕求圣乐，尽此一切，如是名为苦灭圣谛。何等名为证苦灭圣道谛？即八圣道，所谓正见乃至正定，此即名为证苦灭圣道谛。"（见《大正藏》第3册，第607页）

① 参阅《资本论》第1卷，《马克思恩格斯全集》第23卷，第410页注（89）。

② 《杂阿含经》卷十五说："有四法成就，名曰大医王者。所应王之具王之分。何等为四，一者善知病，二者善知病源，三者善知病对治，四者善知治病，已当来更不动发。"

③ 马克思：《黑格尔法哲学批判导言》。见《马克思恩格斯全集》第1卷，第453页。

过一系列的可鄙手段——偷窃、暴力、欺诈、背信而诞生的。[①]"正是人的恶劣的情欲——贪欲和权势欲成了历史发展的杠杆"[②]。例如与佛陀同时代的摩揭陀的君主频毗沙罗王（Bimbisāra）是被他的儿子阿阇世王（Ajātaśatru）所杀害的，阿阇世王是被他的儿子邬达衍波达（Udayabhada）所杀死的，邬达衍波达是被他的儿子阿奴达伽（Anuruddhaka）所谋害的，阿奴达伽是被他的儿子孟达（Muṇda）所杀害的。另如拘萨罗的国王波斯匿王（Prasenajit）是被他的儿子琉璃（Virūdhaka）所驱逐的，这个琉璃王子也就是毁灭佛陀所属的释迦族的人。统治阶级的无尽的贪欲和掠夺才是真正的社会苦难的原因；佛陀在第三和第四真理所提出的消灭痛苦的号召以及具体的途径，充分说明了佛教的社会作用，佛陀在这里要想把世俗的问题，颠倒为意识的问题，把现实的苦难转化为主观的幻觉，他的真实意图是要把统治阶级压迫剥削所造成的苦难后果推卸到被压迫群众自身上去，让被压迫群众在剥削和奴役前面驯服，自我克制。

（3）十二因缘

佛陀在分析苦难以及苦难原因的真理时提出了十二因缘说（Paticcasamuppada）。他认为世界上各种现象的存在都是依赖于某种条件（缘）的。离开了条件，也就无所谓存在，所谓"此有故彼有，此无故彼无"。人的生命的起源和过程也是依赖于条件的，它可分作十二个彼此成为条件或因果联系的环节（支）。关于十二因缘，《过去现在因果经》曾作过这样的说明：

> 尔时菩萨至第三夜，观众生性以何因缘而有〔老死〕。即知〔老死〕以〔生〕为本，若离于〔生〕，则无〔老死〕。

---

① 恩格斯：《家庭、私有制和国家的起源》。见《马克思恩格斯选集》第 4 卷，第 94 页。

② 恩格斯：《费尔巴哈与德国古典哲学的终结》。见《马克思恩格斯选集》第 4 卷，第 233 页。

又复此〔生〕不从天生，不从自生，非无缘生，从因缘生，因于欲〔有〕、色〔有〕、无色〔有〕业生。又观三〔有〕业从何而生，即知三〔有〕业从四〔取〕生。又观四〔取〕从何而生，即知四〔取〕从〔爱〕而生。又复观〔爱〕从何而生，即便知〔爱〕从〔受〕而生。又复观〔受〕从何而生，即便知〔受〕从〔触〕而生。又复观〔触〕从何而生，即便知〔触〕从〔六入〕生。又观〔六入〕从何而生，即知〔六入〕从〔名色〕生。又观〔名色〕从何而生，即知〔名色〕从〔识〕而生。又复观〔识〕从何而生，即便知〔识〕从〔行〕而生。又复观〔行〕从何而生，即便知〔行〕从〔无明〕生。若灭〔无明〕则〔行〕灭，行〔灭〕则〔识〕灭，〔识〕灭则〔名色〕灭，〔名色〕灭则〔六入〕灭，〔六入〕灭则〔触〕灭，〔触〕灭则〔受〕灭，〔受〕灭则〔爱〕灭，〔爱〕灭则〔取〕灭，〔取〕灭则〔有〕灭，〔有〕灭则〔生〕灭，〔生〕灭则〔老死忧怨苦〕灭。[①]

佛陀认为上述十二个环节构成了生命的不断循环。它的次序可从顺的方面、也可从逆的方面来加以观察。如果从原因往结果上顺推，无明即与生俱来的盲目无知是根本的原因，由无明引起各种善和不善的意志和行为（行），由意志和行为引起个人精神统一体的（识），由识引起构成身体的精神（名）和肉体（色），有了名、色，就有了眼、耳、鼻、舌、身、意[②]等六种感觉器官（六入），有了六种感觉器官也就有了和外界事物的接触，由触引起苦和乐的感受，由受引起渴爱、贪爱、欲爱等等，有了渴爱就有了对外界事物的追求取着，由取着引起生存和生存的环境（有），由有就有生，由生也就有了老死。总之，整个人生现象就是这十二个环节所构成的流转过程。如果从结果往原因上倒推，

---

① 刘宋求那跋陀罗译《过去现在因果经》。

② 意（Manas）对五官所受的印象作统一思虑的机关，亦即心（Cittam itc pic, mano itc pi）。

即从老死推至无明，也可归结为无明是造成生死的根本原因。以上是阐明了苦、集二谛，如果消除无明，并按十二个环节逐步消灭老死的现象，那也就和灭道二谛结合起来了。

佛陀的十二缘起说在以后的佛教各派中有着不同的解释。小乘佛教为了建立佛教的天国而强调轮回之说，提出了"三世二重因果说"。他们宣称：在轮回之中十二缘生是涉及过去、现在和将来三世的，现在的果必有过去之因，势将发生来生之果。十二个环节的第一、第二个环节是指前生的，中间八个是指今生的，最后二个是指来生的。现试用图来阐明如下：

十二缘起

老死	生	有	取	爱	受	触	六处	名色	识	行	无明
未来的二果		现在的三因				现在的五果				过去的二因	

三世二重的因果

十二因缘说是佛陀的人生观。这个学说也是在和婆罗门教的神意说和"生活派"宿命论等的斗争中产生的。佛陀虽然从神或宿命力量的怀抱中提出了人能否自由的问题，但是他一开始就歪曲了人的社会本质。在他看来要消灭苦难不是要人去改造自然和社会，而是要消灭所谓人的无始以来盲目求生意志所造成的业力。他力图使人相信人间的一切苦难的根源是在人的自我意识中，而不是在社会制度中，因之要消灭苦难，只能求之于"自我净化"，而不能诉之于改造社会的努力和斗争。佛陀这种歪曲人生和社会生活的说教的目的是要阻挠人们改造生活、改造社会的行动，甚至打消人们要求改造的念头，是为维护既存的统治秩序效劳的。

（4）涅槃

佛陀在阐述第三个真理（灭谛）中提出了作为人生的归宿亦即佛教最高理想的涅槃，涅槃是梵文 Nirvāṇa 的音译。意译作圆寂、灭度等等[①]。它的原意是指火的熄灭或风的吹散。印度有的宗教也都采用这个术语作为最高的理想。

原始佛教认为涅槃是一种超越时空、超越经验、超越苦乐，不可思议、不可言传的实在。例如《本事经》说："云何名为无余依涅槃界？谓诸苾刍（比丘——引注），得阿罗汉（佛教徒修行所得的果位），诸漏（烦恼）已尽，梵行已立，所作已办，已舍重担，已证自义，已尽有结，已正了解，已善解脱，已得遍知；彼于今时一切所受，无引因故，不复希望，皆永灭尽，毕竟寂静，究竟清凉，隐没不现，惟由清净无戏论体（不可用言语和概念亲证的一种本体——引者），如是清净无戏论体，不可谓有，不可谓无，不可谓彼亦有亦无，不可谓非有非无，惟可说为不可施设（假定）究竟涅槃。"关于这个不可捉摸的实在，有人曾做过这样形象的描绘："譬如熟铁，捶打星流，散已寻灭，莫知所在，得正解脱，亦复如是。已度淫欲，诸有泥洹（即涅槃的另一音译），得无动处，不知所终。"佛教的涅槃是相对于现实世界而说的，他们认为在现实世界中是"一切无常，皆假非真，乐少苦多"，但在涅槃中则是"寂灭为乐"，既摆脱了外在的事物，亦摆脱了主观的理智、感受等等。《杂阿含经》卷十八说："贪欲永尽，瞋恚永尽，愚痴永尽，一切烦恼永尽，是名涅槃。"

涅槃的概念在后期佛教中有着各自不同的解释。小乘有些派别中曾看作"虚无绝灭"的意思。例如《俱舍论》卷六说："如灯焰涅槃，唯灯谢无别有物，如是世尊得心解脱，唯诸蕴灭，更

---

① 关于涅槃的异名，《大般涅槃经》举 25 种，《四谛论》举 66 种，如无为、真谛、彼岸、不生、无动、解脱、实相、真如、法身等等，这些异名反映了佛教各派的不同解释。

无所有。"但大乘佛教一些派别反对这种解释,他们认为涅槃具有常、乐、我、净四种德性或常、恒、安、清凉、不老、不死、无垢、快乐八种德性。① 这种不同的解释自然有着各自不同的阶级基础和深刻的社会原因。

佛教的涅槃虽然使人难以捉摸,但在这种难以捉摸中,恰恰最鲜明地表现出了他们的真正社会意图。原始佛教虽然渲染了人民的苦难,但他们并不唤醒人民去与造成这些苦难的社会原因和自然原因做斗争,力图改变自己的周围环境,而是要求人民尽可能地抑制自己的激情,改变自己的主观世界,把希望寄托于涅槃,寄托于彼岸世界,并从彼岸世界中获得慰藉。恩格斯说:"宗教按其本质来说就是剥夺人和大自然的全部内容,把它转给彼岸之神的幻影,然后彼岸之神大发慈悲,把一部分恩典还给人和大自然。只要对彼岸幻影的信仰还很强烈很狂热,人就只能用这种迂回的办法取得一些内容。"② 佛教的涅槃虽然说得很玄妙,但究其实质就是"彼岸之神的幻影"。从这里可以看出,佛教同其他的宗教一样也是麻醉人民的鸦片。

(5)五蕴

佛陀的哲学思想是为他的宗教伦理思想作论证的,是蕴涵于他的宗教伦理思想的。佛陀哲学的基本观点是缘起观。在佛陀时代,印度思想界中对于世界起源的问题的回答大致流行着下面五种主张:

①自在化作因说(iśvara-nimmāna-hetu-vāda),也就是神造说。他们认为世界上的一切现象都是由最高神梵天或自在神所创造的,人的生命活动都是受制于神的;

②宿作因说(pubb-kata-hetu-vāda),主张世界和人生都是由前世的宿业所决定,人是无法改变的;

---

① 《大般涅槃经》。

② 恩格斯:《英国状况——评托马斯·卡莱尔的"过去和现在"》,《马克思恩格斯全集》第1卷,第647页。

③结合因说（saṅgati-bhāva-hetu-vāda），主张世界和人类是由众多的原素，亦即是由众多的原因所结合或积聚而成。

④偶然机会因说（diṭṭha-dhamma-upakkamahetu-vāda），主张世界上一切事物的产生和发展都是偶然的机运，没有必然的因果关系。

⑤生类因说（Abhijāti-hetu-vāda），主张世界上的各类事物，以及人分成为不同的阶级以及他们的不同智慧、境遇都是天生命定的。

佛陀认为上述各种学说都有错误或偏激，不符合于"中道"，因而提出了他的缘起理论。缘是"关系"或"条件"的意思，所谓"缘起"就是"诸法①由缘而起"，也就是说一切事物或现象的生起都是相对的互存关系或条件，如果离开了关系或条件也就不能生起任何一种事物或现象。佛陀常用下面言语来说明他的缘起理论："此有则彼有，此生则彼生，此无则彼无，此灭则彼灭"，也就是说，此是彼之缘（条件），彼是此之缘（条件），此依彼而起，彼依此而起，如果离开了缘，也就不能生起一切。在佛陀的概念里，缘起和法（存在）是同位的格，所谓"若见缘起便见法，若见法便见缘起"。② 佛陀这个理论是在阐述他的宗教理论时提出的，但在他看来，同样适用于一切事物和思维的领域。

佛陀从缘起的理论出发，对宇宙和人生进行了分析。他认为一切有情识的生物（sattva，有情，众生）都是成立于因缘关系中的，它们是由种种的精神原素（名）和物质原素（色）所构成，精神原素和物质原素的集合才构成了有情。早期佛经曾用车和车的部件的关系来说明这种集合。

---

① 法（Dharma）在佛经中解释为"任持自性，轨生物解"，也就是说，每一种事物都保持着它自身的存在（自性，svabhāva），有它自己的轨范，人看到它时可以了解它是什么东西。佛教中常说的"一切法"、"诸法"有"一切事物"、"一切存在"的意思。

② 《中阿含经》卷三十。

众生为谁所作？众生于何处灭？

将欲问关于众生所为耶？汝为着魔意矣！此仅为诸行之集合，其间无可谓有情，恰如支节集合而名为车，如是仅依蕴（构成原素，下详）而有众生之名云。[①]

佛陀在对于构成有情的精神和物质原素的分析中提出了"六界说"（或译"六地说"）和"五蕴说"。

佛陀认为有情是由地、水、风、火、空、识六种原素（六地）所构成的，前五种是物质的原素（色），它们是有情的器官及其作用的来源——地是骨肉，水是血液，火是热气，风是呼吸，空是耳鼻等等感觉器官中间的空腔；后一种识是精神的原素（名），它是我们各种精神活动，例如苦、乐等等的来源。[②]

佛陀也认为有情的组织可以分成五蕴。蕴也作"阴"，原有"积聚"或"覆盖"的意思。[③] 它是用来区分心、物等等现象的范畴（每一类就是一"积聚"或"一堆"）。五蕴是色蕴（Rūpa）、受蕴（Vedana）、想蕴（saṃjña）、行蕴（saṃskhara）、识蕴（Viññana）。色蕴包括着心理现象以外的一切物质现象，受、想、行、识诸蕴概括着各别的心理现象。现将五蕴说明如下：

①色蕴相当于物质现象，它包括着四大（地、水、风、火）和由四大所组成的感觉器官（眼、耳、鼻、舌、身）以及感觉的对象（色、声、香、味、触）。早期佛教对色蕴曾下过这样的定义："一切色——或过去、或未来、或现在，或内、或外，或粗、或细、或劣、或胜、或远、或近。以如是为一群总摄之物，名之为色蕴。"[④]

②受蕴相当于感觉，即对外界感受所引起的感觉内容。佛陀

---

① 《杂阿含经》卷四十四。

② 《中阿含·分别六界经》。

③ 《广五蕴论》。

④ 参见汉译《集异门论》卷十一。

把它分为苦、乐、不苦不乐三种。

③想蕴相当于知觉或表象作用。它是一种"抽象的思考作用"，是从个别事物中"抽象出来"的具有共同特征的"标证"①，例如使人知道这是青色、白色、黄色、圆的、长的、苦的、乐的，就是想蕴。

④行蕴相当于意志，它是"先于行动的心的努力"（"以形成有为故名之为行"）②，亦即有目的行动的意志。

⑤识蕴相当于意识，即统一各种心理作用的根本意识。

此外，佛陀根据认识活动又把有情分别为六种感觉器官（眼、耳、鼻、舌、身、意），六种感觉对象（色、声、香、味、触、法③）以及属于主观的六识（眼识、耳识、鼻识、舌识、身识、意识）。六种感觉器官和六种感觉对象被称为十二入或十二处（ayata④）。六感觉器官、六感觉对象和六识被称为十八界⑤。

从以上的陈述中可以看出，佛陀没有否认外在的世界，但也没有承认物质对于精神说来是第一性的，在他看来，物质原素和精神原素是在一种因缘关系中互相结合变化而存在着的。佛陀的弟子摩诃拘绨罗说："我的朋友，正像三捆芦束互相对靠而立的那样，三者不可缺一，意识是以名色为条件的，而名色又以意识为条件的。这种联系正在不断发展下去。"⑥

---

① 谢尔巴斯基：《佛教的中心概念和"法"字的意义》第18页，英文版，1923年，伦敦。

② 同上书，第19页。

③ 法在这里的意思：不是由感觉器官所接触的个别对象，而是由意识作用所综合的整个对象。

④ "入"、"处"有"意识或心理活动进入的场所"的意思。

⑤ 界（dhātus）的中文译意很不确切。它是佛教从印度医学中借用过来的字，原意是"身体的原素"。

⑥ 《杂阿含经》卷十二原文："智者因譬得解，譬如三芦立于空地，展转相依，而得竖立，若去其一，二亦不立，若去其二，一亦不立，展转相依，而得竖立。识缘名色，亦复如是。展转相依，而得生长。"

由于佛教哲学是一种宗教哲学，佛陀对意识和物质的关系解释得很含糊，在原始佛典中也有着不同的解释。例如《经集》中说："一切依于识而立"（Viññanatthitiyo Sabba）；《杂阿含经》亦说："心持世界去，心拘引世界。其心为一法，能制御世间"。因此，在佛家史学家中曾引起很多的争执，有的认为佛陀的哲学是主观或客观唯心论，有的认为是一种多元论或心物平行论，这些意见当有待于马克思主义佛学家去进一步研究和检验。苏联谢尔巴斯基在分析这个问题时说："就我们所能理解他（佛陀——引译者）的哲学立场。他对一种永恒不断的、纯粹的精神原理深深地感觉矛盾……为此引导他否定了永久的原理。精神和物质，在他看来，乃是分解为生灭变化诸构成原素（诸法）——除虚空与非择灭以外的唯一存在——的无尽的演变过程……佛陀立场的独创性是在否认一切实体而相信世界的过程乃是生灭变化的各个原素和谐的表现。佛陀既舍弃了奥义书一元论和数论二元论，便建立了最彻底的多元论思想系统。"① 其实多元论，究其实质也就是二元论。

恩格斯在《自然辩证法》中说："辩证的思维——正因为它是以概念本性的研究为前提——只对于人才是可能的，并且只对于较高发展阶段上的人（佛教徒和希腊人）才是可能的，而其充分的发展还晚得多，在现代哲学中才达到。"② 这对于我们研究佛教的辩证法是有启发的。早期佛教的某些自发的辩证法因素，表现在他们把世界看作是一个发展过程。在南传论藏中的《法集论》《发趣论》以及汉译《法句经》《那先比丘经》等中，他们细致地描述了现象的发展过程（生、住、异、灭）以及它们外部之间的相互联系和制约性，并且提出了产生、停止、间断性、不间断性、统一性、多样性、来、去等等范畴。例如《法句经·老

---

① 谢尔巴斯基：《佛教涅槃的概念》第2—3页，英文版，苏联科学院，列宁格勒，1927。

② 恩格斯：《自然辩证法》。《马克思恩格斯全集》第20卷，第565—566页。

品》说："此衰老形骸，病薮而易坏；朽聚必毁灭，有生终归死。"又如在《弥兰陀王答问经》（相当于汉译《那先比丘经》）中通过佛教比丘和国王弥兰陀（即公元前 200 年统治次大陆西北的希腊国王麦南德）的对答也表达了这些观点：

国王说："那先，一个人生下来，他永远是原先那个人呢？还是会变成另外一个人呢？"

"不是原来那个人，也不是另外一个人。"

"请给我说明一下。"

"国王，你现在想些什么？你曾经是一个婴儿，是一个直躺着的、娇嫩的小东西，试问你现在长大了是否还是那个婴儿呢？"

"不，婴孩是一个人，我是另外一个人。"

"如果你不是那个婴孩，那就是说，你既没有母亲，亦没有父亲，也没有老师……。"

"不，先生，那你要说些什么呢？"

长者回答说："我一定说我是原来那个人，现在我长大了，我还是那个直躺着的、娇嫩的婴儿。这因为我的所有不同的变化都发生在这同一个身体上，依靠这个身体的。"

"请给我说明一下。"

"国王，如果有人点亮了一盏灯，请问这盏灯能通宵燃烧吗？"

"是，这是能够的。"

"先生，在初夜所燃烧的火焰和中夜所燃烧的火焰是同一个吗？"

"不。"

"或者，在中夜所燃烧的火焰和深夜所燃烧的火焰是同一个吗？"

"不。"

"那么，初夜的灯和中夜的灯是不同的吗？和深夜的灯也是不同的吗？"

"不，通宵的灯光都是从同一个灯中发出来的。"

⋯⋯

"请进一步给我说明一下。"

"牛奶从牛挤出之后，经过若干时间，就会变出凝奶，由凝奶变成奶酪，再由奶酪变成酪油，如果有人说，牛奶和凝奶、奶酪、酪油是同一种东西，这难道是正确的吗？"

"肯定不，它们都是牛奶中生出的。"

"国王呀！人和事物的持续变化也就是这样。一种产生了，另一种就死亡了，（死亡）和再生乃是同时发生的。因此，一个人接近他的最后的自觉的状态时（指解脱——译注）既不是原先那个人，也不是另外一个人。"①

但是佛陀的自发辩证法是不彻底和带有倏忽即逝的相对论色彩的。佛陀虽然分析了现象的发展过程，但没有去分析现象本身，在他看来，现象的发展和变化不是由于自身内在的原因，而是由于外在的、互相制约的结果。这正如有人所指出：在"人看见太阳的公式里"，"佛教哲学就不分别地去分析人和分析太阳，而只是看见太阳的人受到分析"。另外，佛陀虽然承认现象界的一切是互相联系、变化和发展的，但又认为在涅槃中则是一切静止、永恒、和无变化的。这是佛陀哲学的宗教性格的表现，因为任何宗教都要想建立一个目的论的体系。如果一切都是运动和变化，那么，这个目的论也就无法建立起来了。

尽管佛陀哲学中有着涅槃、业报等等反辩证法的观点，但是它的某些变化、发展的观点在反对奥义书的形而上学中仍然有着历史的意义，关于佛教的辩证法在目前学者中间几乎还没有人进行系统整理和研究。印度鲁易在他所著的《印度哲学史》中说："佛教徒的学说就其基础来说是辩证的，在他们那里所表明的不只是物质的运动，而且还有新生，存在和非存在、肯定和否定密

---

① 《弥兰陀王答问经》，译自《东方圣书》卷三十五第 63—65 页，旧译名《那先比丘经》。

切地交织在一起，所有这些范畴都是相互地交替着。恩格斯说希腊哲学家们天生就是辩证法家，恩格斯的这一说法绝不适用于巴门尼德、芝诺和其他的人，但是这却完全适用于佛教的大师们。……这种辩证唯物主义是地道的印度辩证唯物主义，并被视为印度的骄傲；这种辩证唯物主义不是外来的，而它本来就是印度的财富，它确实是土生土长的。"① 鲁易这种说法我们绝难表示同意。我们知道，辩证唯物主义是科学的世界观，是近代科学和工人运动的产物，并且是由马克思、恩格斯所建立起来的，把辩证唯物主义和佛教的某些唯心主义辩证法因素相提并论，这是十分错误的。至于把宗教哲学的佛教看作科学的唯物论更不用说了。

原始佛教的理论家们运用上述某些自发的辩证法观点观察和解释了当时的某些社会现象。例如他们认为专制统治、种姓制度、社会暴虐和不平等等等都是可变的，但是他们的这些观点也是和另一个原则——涅槃静寂密切相联系着。因而又引导了人民走向消极不反抗的道路，起着麻痹人民斗争的作用。原始佛教的这些说教，在后期佛教中得到了充分的发挥。佛教徒告诫人们说："……世间无常，无有牢固，皆当离散，无常在者，心识所行，但为自欺，恩爱合会，其谁得久，天地须弥，尚有萌坏，况于人物，而欲常存，生死忧苦，可以厌矣。"② 这种悲观主义的号召是和印度专制主义统治相配合的。

（6）无我

原始佛教既然承认宇宙和人生只是一些无尽的、个别的、刹那即逝的原素的联合，而且这些原素又依缘而生灭着，因此在逻辑上必然会导致否定永恒的实体——我或神的存在。"诸法无我"是佛教三法印之一③。所谓诸法无我，就是说在一切事物或现象

---

① 鲁易：《印度哲学史》第260—261页，俄文版。

② 《般泥洹经》卷上，东晋译。

③ 三法印是"诸行无常"、"诸法无我"、"涅槃静寂"，凡合乎上述学说的就是佛法。印是印信，如果掌握了上述佛法，也就好像有了印信一样，可以用来判断一切学说。

中没有起着主宰作用的我或灵魂。原始佛教的这个学说也是和当时其他宗教哲学进行斗争所提出的。在佛陀时代，印度各个宗教哲学学派对于灵魂存在的证明有着种种不同的说法。但归纳起来不外"断见"（否认死后的任何存在）和"常见"（主张永恒的、纯粹的精神原理或灵魂的存在）二种。奥义书、耆那教都主张永恒不变的精神原理的存在，而顺世论则主张"身坏命终，一无所存"。佛教在这个问题上的主张曾受到当时一些反对者的讥讽，例如耆那教说："佛教徒是假面的唯物论者。"① 但这种批判只是一种误解。原始佛教，对各派的"我"的理论，特别是对婆罗门教的梵我理论曾经进行了批判。例如《中阿含经》卷二十四中曾记述佛陀反驳各派神我理论的情形：

"阿难！（佛的弟子——引注）怎么有一种见解，认为有神我存在呢？"

"世尊！希望你老人家说明，使我懂得更多的道理。"

"阿难！认为有神我存在共有三种说法：第一，认为感觉是神我。第二，认为感觉不是神我，认为神我是能够感觉的主宰。然而神我通过自己的工具才能感觉。第三，认为感觉不是神我，也不认为神我是能够感觉的主宰，然而神我的工具能够感觉，但认为神我本身是无感觉的。阿难！若有人认为感觉是神我的话，应当问他，你有三种感觉，如快乐的感觉、痛苦的感觉、不痛苦也不快乐的感觉，你这三种感觉，认为那一种感觉是神我呢？阿难！应当再告诉他：若正在感到快乐的感觉的时候，那人在那时痛苦的感觉和不痛苦也不快乐的感觉就灭了，唯有感到快乐的感觉存在。快乐的感觉现象是生灭变异的无常存在。假若快乐的感觉已灭，那人那时不会作这样想：岂不是神我灭了吗？

⋯⋯⋯⋯⋯

---

① 耆那教《经造支》I. 12A。

"阿难！若复有人认为感觉不是神我，认为神我是能够感觉的主宰，然而神我通过自己的工具才能感觉的话，应当告诉他：若感觉既不是神我，神我即不是能够感觉的主宰了，神我既非感觉的主宰，就不能有感觉，不应该说是神我通过自己的工具在感觉。

....

"阿难！若复有人认为感觉不是神我，也不认为神我是能够感觉的主宰，然而神我的工具能够感觉。但认为神我本身是无所感觉的话，应当告诉他：感觉既不是神我，神我又不是能够感觉的主宰，神我本身又无所感觉，那末，神我及其工具都无所有。还有什么神我既已经离开了能够感觉可以安闲自在呢！"

但是佛教反对神我的态度并不像顺世论那样彻底。佛陀除提倡无我、无常的教义外，还提倡业报轮回的学说。在他看来，人的身心行为有着延续的力量（业力），虽然人的生命死亡了，而业力仍能够重新积聚起来，形成新的生命（新的五蕴），展开未来的人生的各种现象。这样，佛教在他的前门反对神我，但在后门又把变相的神我领进来了。原始佛教也反对婆罗门创世的说法。例如佛陀和给孤独长者的谈话中曾表达了下面的观点：

如果世界是由大自在天（婆罗门教的大神——引者）所创造的，那末，世界应该没有变化和毁灭，应该没有像烦恼和灾难、善或恶这类的东西，因为所有这些净与不净的东西都是来自他那儿的；如果一切众生的烦恼和欢乐、爱与恨都是大自在天所制造的，那末，他本人也一定有烦恼和欢乐、爱和恨。如果他具备这些东西，如何说他是完善无缺的呢？如果大自在天是个创造者，如果一切众生都缄默无言地服从他的创造者的权力，那末，修行为善还有什么作用？由于所有的行为都是他个人所作，人们作善或作恶将都是一样，而他本人也一定具有同样的善恶。但是，如果认为烦恼和痛苦是由于另一种原因而有的，那末，就会有某种不是以大自在天为因素的东西。既是这样，为什么所有存在的事物也不应该无因而有呢？如果大自在天是创造者，他的行动就变成有目的的，或没有目的的。如果他的行动是有目的的，那末，他不能是完善的，因为一种目的必然意味着满足某一种需要；如果他的行动是没有目的的，他一定像个疯子，或者是一个在啜奶的婴儿。复次，如果大自在天是创造者，为什么人们不敬畏地去服从他呢？他既是唯一无二地独占所有的必需品，为什么还要人们给他献祭品？同时，为什么人们要拜更多的神，而不是一个呢？这样，通过理智的论辩，证明大自在天这一概念是荒谬的。同时，所有这些矛盾的说法也要被揭发的。①

---

① 马鸣《佛所行赞》，巫白慧译，转引自《现代佛学》1957年2月号，第24页。原文：

> "不计自在因　亦非邪因生
> 亦复非无因　而生于世间
> 若自在天生　无长幼先后
> 亦无五道轮　生者不应灭
> 亦不应灾患　为恶亦非过
> 净与不净业　斯由自在天
> 若自在天生　世间不应疑
> 如子从父生　孰不识其尊
> 人遭穷苦时　不应反怨天
> 悉应宗自在　不应奉余神
> 自在是作者　不应名自在
> 以其是作故　彼则应常作
> 当作则自劳　何名为自在
> 若无心而作　如婴儿所为
> 若有心而作　有心非自在
> 苦乐由众生　则非自在作
> 自在生苦乐　彼应有爱憎
> 已有爱憎故　不应称自在
> ……"

但是佛教反对自在天创世论也很矛盾。他们虽然不承认自在天有创世的力量，但并不否定自在天本身的存在，他们把自在天贬低为是受自己业力所支配的有情。原始佛教的这种理论在宗教史家中曾引起广泛的争论，有人认为佛教和以信仰神为特征的宗教定义不合，因之不能称之为宗教，或者可称之为理智的宗教。当然，原始佛教关于人和神的关系的看法是和其他宗教有所不同的，但我在上面已指出，这个宗教也主张有彼岸世界和轮回，而且他们的无神、无我理论没有很久就被小乘的某些部派所重新解释了。

（7）种姓平等观

早期佛教对于婆罗门教的四姓理论进行了反驳："若婆罗门、刹帝利、田家（吠舍——引注）、工师（首陀罗）亦余种子在母腹中，时同十月（十月怀胎——引注）有增减耶……若曹（指婆罗门）何以说，言我种梵天子孙。生从口出……日月何以不独照若一种？何为并照余种？"[1]"为刹利族、梵志族（婆罗门）者，彼能持澡豆（洗澡的皂角——引注）至水洗浴去垢极净耶……为一切百种人皆能持澡豆至水洗浴去垢极净耶？"[2]同时也提出了自己的种姓观，认为各个种姓应是平等的，不应以人出身而应以德行来划分种姓。"不应问生处，宜其所行，微木能生火，卑贱生贤达"[3]。为此，他们制造了一套起源的理论。宣称：原初人类并没有种姓的分别，只是到了"划分田地，各立疆畔"，从而出现了盗窃和其他纠纷以后，才选出了统治者刹帝利。同时，有一类人因厌世出家，在旷野中修习禅定，探究哲学问题，并且设置场所，收集学徒，教授宗教的经典规章，从此他们被称为教授，也被称为婆罗门。又有一类人专门从事耕耘，经营农事，养活别

---

[1] 《梵志頞婆罗延问种尊经》，昙无兰译。
[2] 《中阿含经》卷三十七。
[3] 《别译杂阿含经》卷五。

人，被称吠舍。还有一类人以"伪巧渐生，营杂恶事"，被称为首陀罗①。原始佛教这套理论中有着某些类似社会契约论的主张，它对印度种姓起源的解释是和历史事实不符的，但是他们把种姓看作是后天的社会分工，从而也就驳斥了婆罗门教的神造理论。佛教的兴起不是一个社会革命运动。他们的种姓理论主要是为他们的宗教实践服务的。他们所宣传的平等也主要是他们在宗教生活和精神生活中的平等，换言之，就是在他们的僧伽中和天国中的平等，这正如他们自己所说："汝今当知，今我弟子，种姓不同，所出各异，于我法中出身修道。若有人问，姓谁种姓，当答彼言，我是沙门释种耶。"②又说："四姓平等是出世间法的施设。"③

佛教兴起的时代正是印度种姓大量分化的时代，刹帝利在争夺政权中与婆罗门的政治精神统治进行了斗争，并且设法把一部分下层人民吸引到他们那边去。佛教这一套理论不管他们说的是宗教语言，表现了十足的虚假，但确是反映了当时社会斗争的现实。其目的是要为刹帝利的统治制造理论根据。佛教反对婆罗门至上主义、反对以出身决定人的社会地位，在客观上是和当时次大陆消除氏族残余与发展奴隶制的要求相一致的，它在巩固奴隶制的国家中有着一定的意义。这种种姓平等观，其实也不是佛教独家的创导，与佛教同时代出现的耆那教、顺世论都有同样的主张。

＊　　　　　＊　　　　　＊

从以上种种分析中可以看出：原始佛教的哲学和社会理论主要是一种奴隶主的意识形态，它是直接为当时新出现的专制统治服务的。佛陀的弟子绝大部分出身于刹帝利和婆罗门种姓。佛陀的很多

---

① 《白衣金幢二婆罗门缘起经》卷中、下，参见《长阿含经》卷六及《中间含经》卷三十九。

② 《长阿含·小缘经》。

③ 南传《中部经典》Ⅱ，《巴利经典》英译本，第129页。

主张在他活着的时候曾获得拘萨罗国的波斯匿王、摩揭陀国的频毗沙罗王及阿阇世王的大力支持。在佛死后，传说有八个国家抢分佛的舍利。孔雀王朝的阿育王还宣布佛教为国教。佛教在印度奴隶制巩固的时期中获得了进一步发展，并且形成了很多派别。

三、部派佛教时期

（甲）部派佛教成立的时代

公元前四世纪至公元前一世纪是印度奴隶制鼎盛的时期。公元前327年希腊亚历山大的卫成部队侵入次大陆的西北部，占据了印度河流域附近一带，直逼恒河平原。马其顿的部队曾遭到当地人民的顽强抵抗。当时印度河流域最大的国家是在难陀王朝统治之下的摩揭陀。不久，难陀王朝为其部将旃陀罗笈多（月护王，Candragupta，有人根据他的名字考证他是有首陀罗种姓的血统）所覆灭。旃陀罗笈多在赶走希腊的入侵军队并合并中、西、北部以后，建立了孔雀王朝。在旃陀罗笈多的孙子阿育王（Asoka，约公元前273—前232年）的统治下，其版图又向印度东南地区扩展。孔雀王朝是印度历史上空前的统一大帝国，它包括在种姓成分、语言以及社会经济、文化发展水平上各不相同的许多地区和民族。阿育王对内建立了中央集权的官僚制度和强大的武装力量，兴办了巨大的水利灌溉和交通运输事业，发展了生产。对外和希腊、埃及、叙利亚等国家交换了使臣，建立了外交和贸易的关系。孔雀王朝虽然在表面上很繁荣富强，但隐伏着印度奴隶制关系内部所具有的深刻的矛盾。列宁说："所有一切压迫阶级，为了维持自己的统治，都需要有两种社会职能：一种是刽子手的职能，另一种是牧师的职能。刽子手镇压被压迫者的反抗和暴动，牧师安慰被压迫者，给他们描绘一幅在保存阶级统治的条件下减少痛苦和牺牲的远景（这些话说起来就特别容易，因为不用担保"实现"这种远景……），从而使他们忍受这种统治，使他们放弃革命行动，打消他们的革命热情，破坏他们的革命决心。"① 阿育王是历史上典型的一个例子。他为了巩固他的统治，一方面大举并吞邻近的国家，残酷地镇压人民，据佛教记载，他在征服羯陵伽国的过程中，曾毁灭了无数的乡镇，屠杀了数以万计的人民；另一方面，他扶植各种宗教，特别挑选欺骗性的佛教作为国教，设置"正法大官"（Dharma mahāmātras），巡回各地，宣传佛法。他从他的统治经验中得出了"依法胜，是为最胜"②的经验。佛教在他的支持下，由印度的恒河流域一带扩展到了次大陆各地，并传播到了希腊、埃及、叙利亚、马其顿、克莱奈、爱毗芬斯、斯里兰卡、缅甸、柬埔寨等国家，一跃成为世界性的宗教。

孔雀王朝在阿育王以后就开始衰落，在公元前 180 年左右为部将富奢密多罗（Pusyamitra）所消灭。富奢密多罗在中印度一带建立了巽伽王朝（Suṅga）。他拥护婆罗门教，反对佛教，佛教的僧众遭到了迫害，塔寺受到破坏。印度在这个时候又陷入了孔雀王朝以前的四分五裂的状态。

在巽伽王朝控制中部恒河流域一带的时候，西北部受到很多外来民族的侵略。先是希腊人，后来又有塞族人和安息人。这些外族入侵者所建立的国家，大部分都采用希腊的体制，奉祠希腊的宗教诸神，对佛教有的采取弹压的政策，有的采取宽容的态度。佛教开始受到了基督教甚至琐罗亚斯德教的影响。另外，在这个时期中，东南印度也分裂成为许多小国。其中势力最强的是由伽罗维拉王（Khāravela，约公元前二世纪）所统治的羯陵伽（Kaliṅga）。

在上述次大陆分裂为若干小国并且互相对峙的时候，印度的奴隶制关系已开始显现出某些衰颓的现象。以种姓分立为基础的

---

① 列宁：《第二国际的破产》。《列宁选集》第 2 卷，第 638 页。
② 见阿育王所立的《摩崖法敕》卷十三。

农村公社仍然处于十分孤立和封闭的状态中，阻碍着社会生产力的发展，并成为专制制度不可动摇的基础。

（乙）佛教的结集

佛陀逝世后二百多年中，相传佛教经过三次结集。所谓结集（Sangahiti），意思就是集体会诵经典。佛陀在世时所说的教义和所制定的戒律都没有文字记录，逝世以后，弟子们感到这样辗转的口授由于记忆的差错，容易产生误解和思想上的分歧。于是在比丘中选出最有学问的人为上座，在大众集会中诵出经典，得到大众同意的，就被认为是佛所说的教义和所制定的戒律，作为共同遵守的根据。第一次结集据说是佛陀逝世那年在王舍城举行的，有五百比丘参加。第二次结集是佛陀逝世后一百至二百多年[1]，在毗舍离举行，有七百比丘参加。结集的目的主要是讨论有关佛所制订的戒律问题。往后，据说在阿育王时（公元前242年）又有第三次结集，在波吒利弗城（华氏城）举行，参加这次结集的，有以国师目犍连子帝须（Moggaliputra Tissa）为首的一千比丘，结集的目的主要是想清除掺杂进佛教的其他教义。目犍连子帝须关于这次结集曾写有《论事》一书。[2]

（丙）统一佛教的分裂和原因

统一佛教的分派大概在佛陀死后一至二百余年间，但在这以前已有某些分裂的现象。据佛经记载，释迦在世时，佛教的另一个指导者提婆达多因戒律问题和佛陀持不同意见，曾率门徒五百余人离去，另组僧团。这个僧团，在法显和玄奘去印度时（公元五—七世纪）还看到它的影响。嗣后，在第一次结集中佛的弟子对于戒律的"八事"[3] 也发生过细微的争论，但统一佛教的公开

---

① 南北传的说法不同，此据北传《异部宗轮论》、《大毗婆沙论》。据南传的资料，在毗舍离七百人结集的同时，另外还有一次万人参加的结集，从此，发生了分裂。

② 北传无记录，此据南传《大史》、《岛史》。

③ 据《四分律》是内宿（储蓄）、内煮、自煮、自取食、早起坐食、从彼恃来食、若杂果、若池水所出可食者。

的分派还是在第二次结集以后。关于分裂的原因，南北传有不同的说法。据南传主要是关于戒律的意见不同，据北传主要是对教理的看法不同。

南传佛教的说法是：在佛灭约百年后，以毗舍离城为中心的东方跋耆族的比丘对于戒律采取较自由的行动而归结为"十事"；以耶舍为首的西方（以摩输罗城为中心，西北及于印度河流域）比丘则认为"十事"为非法，因而引起了争论。所谓十事是：

（1）角盐净（普通的食物容许第二天再吃，食盐可储蓄在角器中供日后使用）；

（2）二指净（比丘原定太阳照射南中，即正午前进食，但跋耆族比丘们认为如果中午太阳的影子过二个指头〔二时程〕时进食，还可算正午食）；

（3）复坐食净（吃完了，还能再坐就食）[①]；

（4）他聚落净（食后，还能到附近乡村聚落再吃）；

（5）酥油、蜜、石蜜和酪净（不到时候，也能饮上述食物）[②]；

（6）饮阇楼伽酒净（比丘不准饮酒，但在有病的时候，可吃一些未发酵的酒）；

（7）无缘坐具净（比丘用的坐具可随意大小）；

（8）所习净（出家前所习的东西在出家后仍可学习）；

（9）赞同净（僧团原规定有事需大家商量决定，不准独断专行，但跋耆族比丘认为在有些场合未经讨论决定的事情，可先作，事后再请求承诺）；

（10）受蓄金银钱净（比丘原规定不准接受金银财物，但跋耆比丘认为可以受蓄）；

---

① 另作住处净，僧团原规定每月要在一定场所全体举行一次布萨会（检讨忏悔会），但跋耆族比丘认为可以自由一些。

② 另作生和合净（在中午以后可以吃些水或加水的薄牛奶）。

对于这十事争论的结果，就是上座、大众二部的分裂。认为这十事是非法的耶舍一派，成为上座部，意思是由佛教长老为中心的正统派。

坚持实行这十事的跋耆一派，成为大众部，是佛教的非正统派。

照北传佛教的说法，统一佛教的分裂是由于对阿罗汉果有不同的看法。阿罗汉果是佛教徒所达到的一种精神境界，也就是修行所证得的果位。最初佛教把它作为究竟（最高）位，只要达到这个境界，就可以断尽一切烦恼，不再堕入轮回。当时有一个叫大天的比丘（Mahādeva，摩诃提婆）提出不同的看法，认为阿罗汉有五种局限性：①虽为阿罗汉，只要有生理欲望的存在，还有梦中遗精等事（余所诱）；②还为无明所覆盖（无知）；③还有对教理和戒律、三宝的存疑（犹豫）；④还需要佛和其他先辈的指示（他令入）；⑤虽为阿罗汉，有时如不发出"苦"的声音，仍有世无常、苦等痛切的感觉（道因声故起）。所以阿罗汉不是究竟位，佛才是究竟位。当时大天的这种说法曾在"四众"中进行过争论。[①] 所谓"四众"是：①龙象众，龙象众后人有种种不同的解释，有人解释为与当时的"边鄙众"相对的"大国众"，即印度当时大国或都市中的僧众；也有人解释是指依借统治阶级的权力欺压正直佛教徒的僧众，"龙象"是比喻那些僧众像龙象一般的暴；②边鄙众，有人解释为属于印度边鄙地区的僧众，也有人解释为"身在僧团，心在教外"的僧众。③多闻众，指爱好佛法，广学多闻，善解经义的僧众；④大德众，指"道德高超，智慧无上"的僧众。另外，据西藏佛教史料，"四众"是用四种不同言语诵戒的四种部派，即以梵语诵戒的说一切有部，以俗语诵戒的大众部，以杂语诵戒的犊子正量部，以鬼语（非雅利安系的地方语言）诵戒的上座部。

---

① 　汉译《异部宗轮论》、《大毗婆沙论》卷九十九。

统一佛教的分裂不仅有着上述的种种原因，而且还有着深刻的社会根源。佛教上座部和大众部的成立，据北传大概稍前于阿育王统治的时代，当时佛教已开始从局限的恒河流域向次大陆各个地区传播。由于印度社会经济、民族、文化发展极不平衡，各个地区存在着一定的差别，一般说恒河流域一带经济、文化比较发达，西北山地较差。这些差别不能不反映在佛教的信仰和实践中间，佛教在新的地区传教，不能不受当地宗教的一些影响，因而引起一系列的争论。另外，当时在印度若干先进的地区阶级社会已经得到巩固，商品经济已有一定的发展，私有财产也已被认为神圣不可侵犯。在这种情况下，原始佛教所规定的一系列的戒律和精神，例如"四方僧物"（僧团财产共有）以及"沙门释子不应蓄金银"等自然已难以实行。当时在出家的佛教徒中已出现了很多的剥削和掠夺现象，例如养蓄奴婢、放债收息（佛教称之为"无尽物"）等等。有些佛教的僧伽和上层分子本身就是巨大的奴隶主剥削者。例如在第二次结集时，据说另有界外万人结集的主持者萨婆摩伽罗婆·阿耆多就曾"受纳金钵，夜遣比丘，持赴市中收集金宝施物"等等。① 第二次结集中所争论的"十事"，其中心问题是"受蓄金银钱净"，大众部对这个问题采取十分肯定的态度，就是要想使他们的剥削和掠夺现象取得合法地位和社会的公认，无怪乎统治阶级会给予积极的支持。此外，在这段时间内，佛教已公开地、积极地参与政治，在阿育王时期成为继黩武政策以后的怀柔政策的思想武器。统治阶级为了吸引更多的人来参与佛教，除了进一步宣传适合巩固他们统治需要的佛教理论外（如转轮王思想），还尽量利用了佛陀本人的神话（见下节分析），冀图在文化较低的广大群众中树立一个崇拜信仰的中心。在他们看来，群众对佛陀的崇拜和誓诚也就是对统一君主的崇拜和誓诚。他们提高佛果贬低阿罗汉果也是为了进一步欺骗和麻痹

---

① 真谛：《部执异论疏》认为这次界外结集是在佛灭后第一结集。

群众。因为原始佛教所提出的一套修持行径，虽然严格一些，但对修行者说来还可亲证实现的，而大众部所提出的佛果观则是不可思议和不可企及的。如果把目的提高一些，而行践又宽容一些，则可以达到更大的欺骗。这一点连佛教徒也自我供认："大众系之于圣格，理想则崇高，行践则宽容，轻声闻而贵菩萨。思想多所启发，而言不及实。"① 大众系的这个修行观，后来被大乘佛教所发展，他们又提出"一切众生皆有佛性"的理论。

在大众和上座二个根本部成立以后百至二百余年间，又从这二个根本部分裂为十八部或二十部。部的原义是"说"，如"犊子部"就是"犊子说"。关于分裂的部名、时间、地点和原因，南北传有种种不同的说法。②

依南传《岛史》（Dīpavaṃsa）及《大史》（Mahāvaṃsa），可

---

①　演培：《异部宗轮论语体释》第23—24页，正闻学社1950年。
②　关于分派史料可见：
　　北传：（1）《十八部论》，后秦失译（一说罗什译）。
　　　　　（2）《部执异论》，陈真谛译。
　　　　　（3）《异部宗轮论》，唐玄奘译，目前有现代汉语译本，另有藏译。
　　　　　（4）《文殊师利问经》卷上，南朝梁僧伽婆罗译。
　　　　　（5）《舍利弗问经》，东晋失译。
　　　　　（6）《出三藏记集》卷三，南朝梁僧祐撰。
　　　　　（7）《三论玄义》，隋吉藏撰。
　　　　　（8）《异部宗精释》（Nikāyadabheda-vibhangavyāna），有藏译。
　　　　　（9）《异部说集》（Nikāyabhedarśana-samgraha），有藏译。
　　　　　（10）多罗那他：《印度佛教史》第42章，原本为藏文，有汉文节译。
　　　　　（11）法显：《佛国记》。
　　　　　（12）玄奘：《大唐西域记》。
　　　　　（13）慧立：《大慈恩寺三藏法师传》。
　　　　　（14）义净：《南海寄归内法传》。
　　南传：（1）《岛史》第5章。
　　　　　（2）《大史》第5章。
　　　　　（3）《论事注》。
　　　　　（4）《教史》。

列表如下：

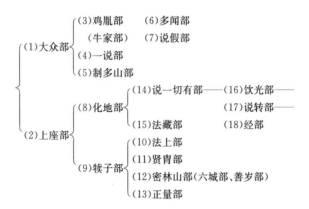

依北传世友著，玄奘译《异部宗轮论》（《部执异论》《十八部论》）可列表如下①：

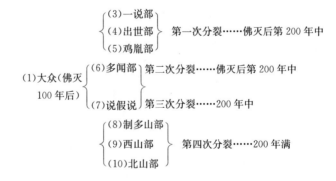

① 在汉、藏所传的分派史料中关于部派分裂的次序、时间与名称极不一致，现从略。

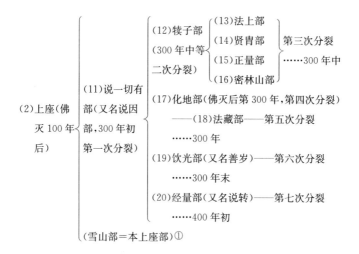

关于部派佛教分裂的原因，南传认为主要是关于戒律意见的不同，北传则认为主要是关于教理看法的不同，其实这两种原因都有，而更主要的还是理论上的分野。这我将在下一节中结合进行分析。部派佛教分裂为上座部和大众部是主要的，其余都是枝节微末的。例如法上、贤胄、正量、密林山部的分裂主要是对于佛经某些颂的解释不同所引起的。

（丁）部派佛教所争论的主要问题

早期佛教和其他宗教最明显的区别是：一般宗教是建立在对神道的崇拜的基础之上，而佛教是建立在它的宗教理论分析上的。因此，部派佛教之所以分立为十八部或二十部主要不是在于戒律意见的不同，而是在于宗教理论上的歧义。但是从总的看，各个部派对佛教的一些基本原理（四谛、涅槃等）都是坚持的，主要是在一些枝节末叶方面的争论，但是对这些差异的研究，也

①　关于部派的名字有的是根据部主的名字命名的，如犊子、法上、法藏等；有的是根据部派学说的性质或特征命名的，如一说部、多闻部、说假部、经量部、正量部、说一切有部等；有的是根据部派流传的地点命名的，如制多山部、西山部、北山部等。

可以看出佛教在不同历史条件下的变化。关于各个部派的教理在现存的三藏中，除小乘的经典有所叙述外①，已难窥见每一派别的系统说法，因此在研究它们时有着一定的困难，现将各派争论的问题归纳分析如下：

（1）宇宙实有、假有问题

原始佛教把有情分析为名、色两个方面，然后又用心法（精神现象）和色法（物质现象）两个范畴来概括一切物质和精神现象，另用五蕴、十二处、十八界作为宇宙万有的分类。部派佛教大体上继承了这种分析，并且使它向更细致和更烦琐的方面发展，他们提出了一大堆令人眼花缭乱的概念并且进行了喋喋不休的争论，有些争论比较重要，有些则是细微末节的。部派佛教一般把法（存在）分析为有为法（一切依缘〔条件〕而有造作生灭的事物或存在）和无为法（不依借因缘，本来不生不灭的事物或存在）两种。又把有为法和无为法分析为若干种。对于这些法的

---

① 关于部派佛教教理的史料：

（1）《十八部论》。

（2）《部执异论》。

（3）《异部宗轮论》。

（4）《尊婆须密菩萨所集论》，十卷，前秦僧伽跋澄译。

（5）甲《阿毗达磨大毗婆沙论》，二百卷，玄奘译。

乙《阿毗昙毗婆沙论》，六十卷，北凉道泰等译。

丙《鞞婆沙论》，十四卷，前秦僧伽跋澄译。

（6）《杂阿毗昙心论》，十一卷，南朝宋僧伽跋摩等译。

（7）甲《阿毗达磨俱舍论》，三十卷，唐玄奘译。

乙《阿毗达磨俱舍释论》二十二卷，南朝陈真谛译。

（8）《阿毗达磨顺正理论》，八十卷，唐玄奘译。

（9）《阿毗达磨藏显宗论》，四十卷，唐玄奘译。

（10）《舍利弗阿毗昙论》，三十卷，后秦昙摩耶舍等译。

（11）《成实论》，十六卷，后秦鸠摩罗什译。

（12）《四谛论》，四卷，南朝陈真谛译。

（13）《正法念处经》，七十卷，北魏瞿昙般若流支译。

实有与否的见解，亦即对于哲学基本问题的见解，部派佛教可分为六类①：①我法俱有论，主张这种学说的有上座部所分化出来的犊子部、法上部、贤胄部、正量部、密林山部等六部。这些部派不仅承认有为法和无为法都是实有或真正实在的，而且承认作为常一主宰的灵魂（我）也是实有的；②法有我无论。主张这种学说的有说一切有部、多闻部、雪山部、饮光部。他们认为有为法和无为法都是实有的，在对有为法的分析中他们又认为法体是永恒存在的，过去、现在和将来三世也都是实有的，所谓"三世实有，法体恒有"。只是作用没有生起的名为未来，作用已经生起的名为过去，作用正在生起的名为现在②。由于法体的作用是由各个法体的集合关系（因缘）所引起的，因此决不能有常一主宰的我。在主张我空法有的各派中，最值得注意的是说一切有部的主张。说一切有部主张过去、现在、未来三世的一切法都有自性，所谓"一切法自性有"，三世都是真正的实在，因果也是实在的。这一切法可分为五类：1）色法，包括各种物质现象；2）心法，包括眼识、耳识、鼻识、舌识、身识、意识六种精神现象；3）心所法，包括心所有的各种心理作用；4）心不相应行法，包括非色、非心而又有生灭的各种现象；5）无为法，包括无生灭而和真理相类的各种现象。这五类又细分为七十五种，叫作五位七十五法。有部这种主张和分析，在哲学上是心物平行的二元论，归根结底是唯心论，但有些学者只看到它对物质现象的承认，就说它是唯物论，这是不科学的。在分析色法时，说一切有部提出了极微（即原子）的概念。他们认为，所谓色，就是质碍，质碍就是物有形质，互为障碍的意思。许许多多有实体的极微积聚起来，组成一个有质碍的大物。极微是不可分的，实有

---

① 这是我国佛教史中传统的分法，可见其分派的主要特征参见《华严探玄记》卷一，《十住心论》卷四，《法华玄赞》卷一，等等。

② 《大毗婆娑论》卷七十六。

的，它是构成一切物质现象的基础。有的认为极微有方分（有上下左右的方面可分），在空间中占有体积；有的认为极微的形状是团圆的，无方分。这种极微说是有部哲学中的元子论，具有唯物主义的因素①。③法无去来论，主张这种学说的有大众、鸡胤、化地、制多山、西山、北山、法藏等七部。这些部派一般都承认无为法是实有的。例如大众都把无为法分析为九种②；对有为法则主张"过去未来非实有体"，即认为一切现象界都依借因缘而生灭，过去的已经灭了，没有实体，未来的没有生起，也没有实体，仅仅现在一刹那中③才有法体和作用；④现通假实论，主张这种学说的有说假部和经量部的末流。佛陀以蕴、处、界概括一切法。但未分别何者是真正的实在，何者是虚假的实在或唯名的实在。到部派佛教兴起时就有了不同意见的争论。说一切有部及犊子部都主张蕴、处、界都是实有；上座系的经量部主张蕴、处

---

① 说一切有部的根本典籍是公元前二世纪迦多衍尼子（Kātyāyaniputra）所著的《阿毗达磨发智论》（异译《阿毗昙八犍度论》），以及解释它的"六足论"，即《集异门足论》《法蕴足论》《施设论》《识身足论》《界身足论》《品类足论》。陈真谛所译出的《俱舍论》是从经量部的立场批判有部的著作，其中缕述了有部的理论，此派盛行于次大陆的迦湿弥罗和犍驮罗地方。

② （1）择灭无为（通过智慧的拣择力，断灭烦恼而得到的精神境界）。

（2）非择灭无为（非通过智慧拣择力，而因缺乏条件〔缘〕致使不生的精神境界）。

（3）虚空无为（认识真理犹如虚空的精神境界）。

（4）空无边处（断离物质碍而得到的虚空无限的精神境界）。

（5）识无边处（通过直观心识所得的精神境界）。

（6）无所有处（断灭直观心识而得到的无所有的精神境界）。

（7）非想非非想（识无边处是"有想"，无所有处是"非想"，舍"有想"和"非想"而达到的精神境界）。

（8）缘起支性（由因缘亦即由因果必然关系推论而达到的永恒的精神境界）。

（9）圣道支性（通过八正道而得到的佛教真理的精神境界）。

③ 梵语 Ksana 的音译。意译为"一瞬间"，印度古代用作最短促的时间单位之称。一刹那相当于现在时间一秒钟的七十五分之一。

是假有，界是真实，这意思是说：外界一切的事物或存在（蕴）以及我们的认识器官和对象（处）都是一种虚假的或唯名的实在（假有，Prajñapti-sat）①，它们不过是我们思想或认识中的感觉材料，只有我们的认识（界）才是真正的实在（实有）。经量部的这种主张就其对于哲学根本问题的回答实际上已改变了原始佛教的多元论的性质（即承认精神和物质的同时存在），它是原始佛教向大乘佛教过渡的中间理论状态。说假部主张蕴、界是真实，十二处是假有。关于这个学派为什么说蕴、界是实，处是假有的问题，窥基曾解释道："以依积聚，缘亦积聚，积聚之法，皆是假故，虽积聚假，义释于蕴，蕴体非假，无依缘故。"② 这大意是：蕴体是没有所依所缘的因缘关系的，因此是一种独立的、真实的存在，但十二处是由各种原素因缘和合而成的，和合的东西不可能有独自的实体，因此是一种虚假的实在。⑤俗妄真实论，主张这种说法的仅上座部系的出世部，出世部认为现实世界的存在都是由颠倒生的，因此一切都成虚妄，一切都是假名。与现实世界相对的出世间的存在，则不是从颠倒起的，因此一切是真实。⑥诸法俱名论，又名"诸法无名假体说"，这为大众系的一说部所主张。他们宣称不论有为法、无为法、世间法、出世间法都是不真实的，它们都不过是一种假名而已。真谛解释这派的主张说："一说部执世、出世法，悉是假名。故言一切法无有实体，同是一名，名即是说，故言一说部。"③

以上是部派佛教对于哲学根本问题所开展的争论。此外还有很多枝节微末的争论。例如原始佛教把色法分为四大和所造色（即由四大所成立的认识器官和认识对象），说一切有部承认四大及造色都是实有的，而经量部的某些理论家则承认四大而不承认

---

① 国内有人说经量部所主张的处是实有的，本作者很难同意。

② 窥基：《异部宗论述记》。

③ 真谛：《部执异论疏》。

所造色的实有。说一切有部把所造色分为十一法（五根、五境及无表色①），而上座部又分为二十四法（五根、五境、无表色、女根、男根、命根，心所依处、身表、语表、虚空界、色轻快性、色柔软性、色适业性②、色积聚、色相续、色无常性、段身③）。又如佛陀把心法概括为心及心所，说一切有部承认心与心相应的心所都是实有，而经量部譬喻师则说心所就是心的差别的表现，它不是另外一种实有。说一切有部把心所概括为九十六法，而南传上座部则为五十二法。说一切有部把心概括为六法，而上座部则又为八十九法。例如，有部及犊子部承认不相应行法（非心非物的存在）是一种独立的存在，而大众等部则认为不相应行法是不即不离心色的一种功能，不是一种独立的存在。

从以上的争论中可以看出：佛教的原始教义已开始了重要的变化。它在哲学上值得注意的是：上座系各派偏重于说有，即认为心法和色法都是实在的，这或多或少还带有一些唯物论的因素；大众系各派偏重于说空，对于现实世界抱着否定的态度，则已更进一步地向唯心主义的方向发展了。另外，佛教在这个时候也和婆罗门教的种种思想汇合起来。例如，出世部的俗妄真实论和吠檀多的摩耶论（幻论），一说部的俱名说和婆罗门教的文法学派的主张大致是相似的。上座部的一些派别从实在论的立场出发承认现象界的真实以及原子的理论明显地是受到了胜论或耆那教的影响，因为这是和佛陀原先主张的缘起说是分歧的。至于佛教和印度民间流行的信仰和实践的结合，如对夜叉崇拜等等则更不用说了。佛教与婆罗门教的结合反映出了婆罗门和刹帝利两个种姓在社会斗争中的联合，是有着深刻的社会原因的。这种结合在大乘初期的佛教中表现得更为明显。

---

① 无表色是"外相不显的物质"。
② 使身体的运动随身适合工作的特性。
③ 维持身体的营养素。

(2) 有我与无我问题

诸法无我是佛教三大法印之一，也是佛教之所以区别于印度其他宗教的一个重要特征。原始佛教认为世界上除了相依相待所谓业感缘起的理论外，并没有作为独立存在的我体。但是佛教这个理论联系到轮回流转、业果相续时就发生了矛盾，因为如果有情的生命是依缘而起并且处于经常不息的演变之中，那么生命的连续是以什么为它的主体呢？是谁在造业？谁在受果？谁进入生死轮回、又谁要求超脱生死轮回呢？部派佛教对于这个问题开展了激烈的争论。他们有的还坚持业感缘起的理论；有的则通过各种途径建立一个变相的我或灵魂。其中最突出的是犊子部，犊子部提出了一种叫作"不可说的补特伽罗"（"不可说的我"）。补特伽罗（Pudagala），意译为"数取趣"①，即我的异名。他们认为补特伽罗是从前世转到后世的联系者，亦即轮回与解脱的主体。补特伽罗是依有情身内的五蕴而建立起来的，但它不可说就是五蕴的我（非即蕴），也不可说是离五蕴而存在的我（离蕴）。《俱舍论·破戒品》解释道："犊子部执有补特伽罗，其体与蕴不一不异。……此如世间依薪立火，谓非离薪可立有火，而薪与火非一非异。……如是，不离蕴立补特伽罗，然补特伽罗与蕴非异非一。"犊子部这个"不可说的补特伽罗"与《奥义书》的神我和耆那教的我的说法有着相同的地方，也有不同的地方。《奥义书》的神我是离开有情，即离开五蕴的一种独立存在（佛典称之为"离蕴我"），而犊子部还是主张不离蕴的。耆那教的我在它没有解脱以前，是附着于有情亦即附着于五蕴的（佛典称之为"即蕴我"），而犊子部还主张非蕴而有我。犊子部这个"我"虽然说得很玄妙，但归根结底它还是一种脱离自然、脱离人的意识的人类认识的变种，是一种用哲学雕琢过的灵魂。这是一种客观唯心主

① "趣"是天、人、阿修罗、傍生（畜生）、鬼、地狱六趣。"数取趣"的意思是说一次一次地在六趣里面轮回受生。亦即轮回主体的我。

义的说明。犊子部提出这种理论已超出原始佛教哲学原有的理论，实际上已开始改变它本身的性质了。

经量部也提出一种"胜义补特伽罗"。"胜义"是"真实"的意思。它是相对于有部提出的"假名补特伽罗"而说的（有部反对有我说，把补特伽罗看作一种假名）。经量部认为，"胜义补特伽罗"是由体性永恒的"一味蕴"（根元的细意识）和由"一味蕴"所派生的、作用生灭的"根边蕴"（感觉材料）二者所合而构成的①。它是一种真实的我，这真实的我行相（大小、形状等）据说是"细微难知，难可设施"，但是它确是由前生转到后世的主体。所谓"此若无者，云何得有忆识诵习恩怨等事？谁能造业？谁复受果？谁于生死轮回诸趣？谁复灭苦求趣涅槃？"经量部这个主张实际上已彻底改变了原始佛教原素和合学说的性质，它是大乘法相唯识理论——阿赖耶识理论的先驱。此外，正量部像经量部一样立"果报识"。化地部立色心功能的"穷生死蕴"②。上座部分别论者立"有分识"③。以上这些名称虽然五花八门，但骨子里都是一样的。

大众系对于诸法所依主体的回答虽然和犊子部、经量部等等有所不同，他们在表面上至少还维持着佛陀因缘所生法的理论，但在实际上他们把解脱的根据求之于人们的心中，提倡"一心相续说"以及与之相应的"心性本净说"。他们认为有情的心和心

---

① "一味蕴"，苏联谢尔巴斯基译为"根元的意识"，（data of mind），我国窥基解释为"细意识"，它的属性是五蕴除色蕴以外的其他四蕴（受、想、行、识），"一味"的意思是"无始以来展转和合一味而转，即细意识曾不间断"。"根边蕴"，谢尔巴斯基译为"感觉材料"（sensedata）。"根边蕴"是由"一味蕴"所引起或生出的作用蕴。"根"是"生死根本"的意思，即指"一味蕴"，边是"枝末"的意思，参见窥基《异部宗轮论述记》卷下，及谢尔巴斯基《佛教涅槃的概念》第24页。

② 《异部宗轮论》作"齐首补特伽罗"。化地部相信轮回，相信生死是连续的，这种连续只有最后解脱才有可能。穷生死蕴就是直到死之后才能完结的蕴。

③ "有分识"是"恒遍三有的原因识"，"有"是过去、现在、未来三有，即三种实在，"分"是"原因"的意思，"有分"就是"恒遍三有的原因"。

所的相续活动中，有着一种永恒的内在的本性，这种本性就是移转的主体。一说有情的心性本来是清净的，由于它被外来的、无始有终的客尘烦恼所杂染，因此变得不净，如果断除烦恼，心性就会显现。另说心性不是原来就清净的，只是本来有达到清净界的可能性。大众系的这种说法究其实质也是想回答诸法所依的主体的理论问题。[①]

（3）有神与无神问题

佛陀创立的佛教对当时正统的婆罗门教说来是一种对吠陀权威和诸神的反抗。他没有把自己创造成为神。例如佛陀在去世时曾告诉他的弟子要"依法不依他处"，即要相信他的理论，虽则在他弥留时，在他的某些信仰较深的弟子中，已有把他看作三界的导师、人天的救世主，但偶像崇拜还未成为佛教徒的一般信仰原则。在佛逝世后，佛教受了统治阶级的全力支持，统治阶级为了利用"法轮"作为欺骗和麻醉人民的精神武器，他们感到除了进行理论宣传外，还需要利用佛陀本人。因而他们把佛陀描绘为神通广大、威力无比、大智大慧、全知全能的最高神，于是佛教否定了神而回过头来又承认佛陀本身是神。

在把佛陀神话化的过程中，产生了种种问题，佛陀是一个历史人物还是神？佛陀和他的弟子究竟有什么区别？佛陀的生平究竟是一种真象还是一种显现？佛陀之所以为佛陀，究竟在什么地方？部派佛教对于这些问题作了种种不同的回答。

关于佛陀之为佛陀，佛陀是人间的还是超人间的？在部派之间展开了激烈的争论。大体上说，上座部方面着重主张历史的佛陀，认为佛陀的肉身仍然是有限制的，寿命也是有边际的，他的特点主要是思想的伟大，智慧的湛深和精神的纯洁。而大众部则把佛陀的人格极力提高，把他描绘为神通广大的神，所谓具有"三十二相"（例如手过膝，面颊如狮，音深远，胸表卐字等，这

---

① 参见北山、船庵：《试论部派佛教》，载《现代佛学》1961年第1期，第28页。

些在印度就是所谓帝王的相貌）、"八十种好"等等。而这个神又带有遍布一切事物的宇宙本体的性质，例如《异部宗轮论》描绘道：佛陀是出世间的神，他的身体已经断尽漏失，根绝烦恼，他的言教无不如法如意，真实不虚，可以摧毁众生的惑障。佛的肉身、寿命是无边际的，威力也是无限的。至于历史的佛陀，那不是佛的真身，而是为了在人间宣传教化的方便所托的肉身。

关于佛陀和其弟子的区别，上座部尽量提高阿罗汉的价值，几与佛果同。大众部则以佛为最高，把阿罗汉作常识的解释，在他们看来，阿罗汉还有很多局限性（五事），在修持中还有退转的可能性，没有达到最后解脱的地步。

部派佛教的有神论是当时印度各种宗教的共同倾向，这种倾向的出现是和印度甚至称为亚细亚的专制主义的巩固有关的。统一的神实际上就是地上统一的专制君主的写照。这可从当时很多极端专制的帝王，例如孔雀王朝的阿育王，巽伽王朝的达那提婆王（Dhanadeva），羯陵伽国的伽罗维拉王（Khāravela）被称呼为"转轮圣王"（Cakravartin）或"法王"（Dhāmarāja）的事实中获得证明。

部派佛教思想的发展过程，虽然很曲折，但从小乘向大乘的发展中可以看出两条明显的路线：一是从小乘的大众系向大乘的空宗发展；另一是从小乘的上座部向经量部发展，再进而为大乘法相唯识的有宗。

四、大乘佛教时期

（甲）大乘佛教兴起的时代

大乘教派正式形成一般认为是在公元一世纪中叶或以后一些时候，这个时期大约是次大陆历史上的所谓"南北朝时代"，亦即贵霜王朝（Kusāna）和安达罗王朝（Andhra）分立的时代。贵霜族是月氏的一种，月氏族的历史情况在我国史籍中有重要的记载。《后汉书》说："大月氏居兰氏城，西接安息（波斯），东去长安所居六千五百三十七里，去洛阳万六千三百七十里……初月氏为匈奴所灭，遂迁于大夏……后百余岁（约公元 60 年左右——引者注），贵霜族（氏族部长）丘就却（Kujūla Kadphises）攻灭四翕侯，自立为王，国号贵霜王。侵安息，取高附地（今喀布尔），又灭濮达（今在阿富汗国境）、罽宾（加湿弥罗之西北），悉有其他，丘就却年八十余殁，子阎膏珍（Vima Kadphises）代为王。复灭天竺（次大陆西北）。"[①] 贵霜王朝传至迦腻色迦（Kaniska，约 129—152 年在位）时，又进兵恒河流域一带，统治了北印的全部。其势力远达中亚细亚伊朗一带，贵霜王朝是印度孔雀王朝以后比较统一的帝国，迦腻色迦对内提高了生产，发展了文化科学事业。以综合东西方艺术著称的犍陀罗雕刻，就是在这个时候出现的。他像阿育王一样竭力推崇佛教，在他的护持下，佛教又举行了第四次结集，编集和注释了三藏。迦腻色迦提倡佛教的一个主要目的是要缓和印度民族对外来民族压迫的反抗，并借此削弱婆罗门贵族的势力。对外，他和希腊、罗马及亚洲很多国家建立了文化和贸易的关系，印度佛教的学说和文化开始大量的传入我国。

在南印度诸国中最有威势的是安达罗王朝，安达罗的著名君主是波洛摩耶（Pulumaya），他抗击了波斯希腊人等等的侵略，大力提倡婆罗门教与佛教相对抗，婆罗门教是当时南印诸国中最有势力的宗教。

在次大陆南北分立的时代，印度的奴隶占有制关系已显出了衰颓的现象，同时封建制度的因素已开始得到发展。在这个时期，印度的商品经济已有进一步的发展，伴随着商业和货币的流通也产生了高利贷的资本，这种资本深入农村，开始瓦解了先前的生产资料占有形式，因而也瓦解了很多公社成员的社会关系。

---

① 《后汉书》卷八十八，参见《史记》卷一二三。

在商业和高利贷的影响下，"越来越多的自由公社成员变成了穷人，丧失了自己祖传的分地，因而自由公社成员吠舍的地位下降到首陀罗的水平，被迫以无权的佃户资格或手工业者资格赚取生活资料或补充奴仆的队伍。有产的上层分子的代表人物事实上仍是有充分权力的公社成员，于是吠舍的概念开始逐渐与商人和高利贷者的概念融合起来……公社以大大改变了的面貌进入封建社会，进入那佃户终于起来代替被剥削的奴隶关系"[1]。

大乘佛教就是在上述奴隶制逐渐向封建制过渡中，阶级矛盾与民族矛盾日益尖锐化的情况下所产生的。

（乙）大乘思想的性质

大乘佛教兴起以后，为了争夺佛教的正统，把部派佛教贬低为小乘。"乘"一般解释为"运载"、"车辆"，但按此字梵文语根yāna 原有"道路"或"事业"的意思。在大乘看来，小乘是"小道"或"小业"，是佛陀为小根器的人所说的教法。

大乘和小乘的区别不单表现在教义理论方面，也表现在修持实践方面。从理论方面看，小乘一般主张"我空法有"，即否认有实有的我体，但不否认客观物质世界的存在。大乘佛教则主张"我法二空"，既否认有一个实有的我体，也否认有客观世界的真实存在。大乘佛教把小乘佛教中残存的一些唯物主义因素从理论上作了彻底的否定，从实践方面看，大小乘的分歧首先表现在他们的佛陀观方面。如上章所述，在部派佛教的分化中，小乘有些部派对佛陀已作了神话的解释，而另一些部派还或多或少地保留了对佛陀的历史性的看法，但在大乘佛教则把佛陀全般地看作崇拜的原则了，他们提出了佛有二身、三身以至十身的说法，并且进行了喋喋不休的争论。其次也表现在修持的行径和结果方面，小乘一般主张阿罗汉果，即主张求得自己的解脱，但大乘认为这

---

① 奥西波夫：《十世纪前印度简史》第73—74 页，中文版，生活·读书·新知三联书店，1957。

种目标不够高级，应该修持佛果，如果一下子不能达到佛的境地，至少可以先做佛的候补者菩萨（bodhisattva，求大觉之人），菩萨要上求菩提，下化众生，为自己、为世界做好事。所谓阿罗汉和菩萨不同的是：前者据佛教徒自称，在修持中虽然已破我执，但还未破法执，虽已证我空，但还未证法空，虽已断烦恼障，但还未断所知障，后者则已证法空，所知障也已彻底破断了。由于目标的不同，他们在修持的内容和方法上也提出了不同的要求。小乘一般主张修三学（戒、定、慧）、八正道。大乘则兼修六波罗蜜或六度（Satpāramita，波罗蜜的意思是"到彼岸"，"转入绝对完全"，即大乘把佛过去的种种行事分为六类，谓通过六度可以得到解脱），即布施、持戒、忍辱、精进、禅定、智慧。小乘在态度上要求所谓利己、独善、大乘则是所谓利他（"自未度先度他"）。大乘提出"普度众生"的目的是要想欺骗更多的群众来参加佛教。总之，大乘的佛教哲学比小乘更精致，唯心主义更彻底、更露骨，因而其欺骗性也更大。

（丙）中观派

（1）中观派的发展简况和论师

大乘佛教的主要哲学派别有二：中观派或空宗，瑜伽行派或有宗。

大乘最早的理论家有人认为是生于二世纪的马鸣（Aśvaghosa），他著有《大乘起信论》一书，但对此书还有很多争论。

龙树（龙猛，龙胜，Nāgārjuna，约150—250年）是大乘佛教的奠基人，也是中观派系统理论最早的阐述者，他出生于南印度维达婆国（今比拉尔）一个婆罗门的家庭中，幼时受过五明教育，后来皈依佛教，出家在雪山一带，足迹遍及全印，深得南印度侨萨罗国引证王（宝行王）的推崇。晚年住在阿摩罗缚底大塔的吉祥山。据汉译佛典说，他是在政治斗争中自杀的[①]。他的著

[①] 鸠摩罗什曾译有《马鸣传》和《龙树传》，虽满纸神话，亦可参考。

作很多，在当时被吹嘘为"千部论主"，其中重要的有：

①《中论颂》

释论有：一、《无畏注》，藏译；二、青目注，罗什译《中论》；三、佛护注，藏译《根本中疏》；四、清辨注，汉译《般若灯论》；五、月称注，藏译《明句论》；六、安慧注，汉译《大乘中观释论》。

②《十二门论》，鸠摩罗什译，印度已倒译成梵文。

③《七十空性论》，胜友与智军论师译藏，由藏译汉。

④《回诤论》，毗目智仙与瞿昙流支共译。

⑤《广破论》，藏译。

⑥《六十颂如理论》，施护译。

⑦《集经论》，有藏译。

⑧《大智度论》鸠摩罗什译，百卷。

⑨《十住毗婆沙论》，鸠摩罗什译，十七卷。

⑩《大乘二十颂论》，施护译，藏译。

⑪《菩提资粮论颂》，自在作的释，达磨笈多译。

⑫《因缘心论颂》及释，失译。

⑬《宝行王正论》，真谛译。

⑭《龙树菩萨劝诫王颂》，义净译及异译二种。

龙树的著名学生有提婆（圣天，Āryadeva，约170—270）。他著有《百论》（罗什译），《百字论》（菩提流支），《四百论》（玄奘译《大乘广百论》后二百偈相当，目前已有从藏译转译出的汉译）。提婆的后继者有罗睺罗跋陀罗，（Rāhulabhadra，200—300）。龙树的《中论》《十二门论》及提婆的《百论》被称为"三论"，它是我国三论宗所依的主要经典。罗睺罗系传至清辨（Bhāvaviveka，约490—570年）及佛护（Buddhapālita，约470—540年）时，因对中观的理论有着不同的解释，分裂成为两个派系：自意立宗派（Svātantrika）及必过空性派（Prāsangika）。现将中观派的师承列表如下：

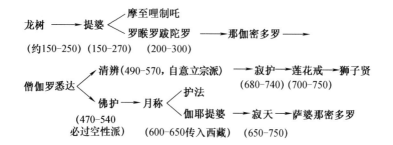

（2）中观派的哲学理论

空

中观派把他们的最高真理或实在称之谓空（舜若，Śūnya），空不是像我们数学上所说"空无"、"缺除"，而是意谓"不可描述的"（Avācya，Anabhilāpya），即不可用言语描述或用概念认识的实在。中观派认为世界上的一切事物以及我们的认识，甚至包括佛陀、涅槃等等都是一种相对的、依存的关系（因缘、缘会），一种假借的概念或名相（假名），它们本身并没有独立的实体性或自性（无自性），所谓"众因缘生法，我说即是空（无），亦为是假名，亦是中道义"①。只有排除了这种因缘关系，亦即破除了执着名相的"边见"，才能达到最高的真理，达到空或中道。他们说：

> 常是一边，断灭是一边，离是二边行中道，是为般若波罗蜜。又复常无常、苦乐、空实、我无我等，亦如是。色法是一边，无色法是一边。可见法不可见法、有对无对、有为无为、有漏无漏、世间出世间等诸二法，亦如是。复次，无明是一边，无明尽是一边，乃至老死是一边，老死尽是一边；诸法有是一边，诸法无是一边，离是二边行中道，是为般若波罗蜜。

---

① 《中论·观四谛品》卷二十四，青木释，鸠摩罗什译，此偈"众因缘生法"一句，梵本无"法"字，是译者为了适合汉文语法而加进去的；译本"无"字，梵本作"空"（Śūnya）。

菩萨是一边，六波罗蜜是一边；佛是一边，菩提是一边；离是二边行中道，是为般若波罗蜜。略说内六情是一边，外六尘是一边，离是二边行中道，是名般若波罗蜜。此般若波罗蜜是一边，此非般若波罗蜜是一边，离是二边行中道，是名般若波罗蜜。如是等二门，广说无量般若波罗蜜相。①

中观派用这种否定（遮）达到肯定（表）的方法，亦即所谓"破邪显正"的方法，是要想建立他们的目的论体系。他们在一连串的否定后曾给最高真理或实在（tattva）下过这样一个定义："自知不随他（缘——引译者），寂静，不能用言语分别，不能用概念亲证，没有差别性，这就是实在的本质。"② 这个实在也被他们概括为："非有，非无，非亦有亦无，非非有非无。"③ 中观派的这个空是主观与客观的泯灭，没有任何性质或规定的内容，也是理智或科学思维所不能及的存在。空宗对于哲学根本问题的回答，明显地是一种客观唯心主义，它否定任何客观真理的确实性，就必然使自己陷入了怀疑论、不可知论和虚无主义，因此很多人把它解释为虚无主义也不是没有根据的④。

---

① 龙树：《大智度论》卷四十三，见《大正藏》卷二十五，第370页。

② 《中论》，谢尔巴斯基由梵文英译，汉泽《中论·观法品》卷十八作："自知不随他，寂灭无戏论，无异五分别。"

③ 《中论·观涅槃品》卷二十五，参见摩陀婆《哲学体系纲要》第1章。

④ 关于中观派的空，在中观派的内部和外部也有作为虚无主义解释的。例如中观派的敌人，弥曼差派的著名思想家鸠摩哩罗（Kumārila, Bhatta 约650—750），在反击空的理论中曾说中观派是既否定客观事物也否定主观认识的一种虚无主义（Slokavārtika Nirāl-bamavāda, 14）。数论的著名注释家婆察户巴蒂·弥斯罗（约850—900）也攻击中观派把认识和逻辑归结为虚无（《正理经释》Ⅳ.1、18）；又中观注释家护法在其《广百论释论》卷六中说："又此空言，是遮非表，非唯空有，亦复空空。"（见《大正藏》卷三十，第219页）"是遮"是指中观派否定"实有自性"，"非表"是指不肯定任何规定性的存在，在这位注释家看来，任何对空的认识本身也要加以空除。至于现代学者接受这种解释的那就不足论了（如达斯古普塔、凯纳、基斯），但中观派的很多理论家都反对这种虚无主义的解释。月称在其《明句论》中公开声明："我们（指中观派——译引者）是相对主义者，我们不是否定主义者。"

"二谛"

中观派在阐述空的同时又提出了二谛说。二谛说就是两种真理说，二谛说是中观派在和其他宗教哲学派别的思想斗争中产生的，当时有人对中观派提出过这样的反驳：如果一切皆空，那就不能有生活的规范和认识的原则，也不可能有佛法、四谛以及善恶、果报等等。中观派在回答中说：佛是用二谛为不同根底的人说法的，为那些覆盖无明的凡夫说俗谛。俗谛说有世界和众生，真谛则说没有世界和众生。如果不能区别真谛和俗谛，也就没有理解佛法的真义①。从这些回答中可以看出，中观派是为真谛而说俗谛的，为绝对而说相对的，为涅槃而说世间的，所谓"若不依俗谛，不得第一义"。他们之所以承认世界的相对性，就是为了从根本上消灭世界的真实性。

"八不"

中观派在排除关系，破除名相中提出了"八不"，所谓八不，就是不生、不灭（从实体方面说），不常、不断（从运动方面说），不一、不异（从空间方面说），不来、不去（从运动方面说）。在他们看来，生灭、常断、一异、来去这四对范畴是一切存在的基本范畴，也是我们认识之所以成立的根据。如果在这些范畴上一一冠以不字并加以否定，那就否定了我们主观上的一切认识以及整个客观世界，从而也就显示了空性真理。关于"八不"，在中观派的注释家中有着不尽相同的解释，青目曾用日常的经验事例说明如下：

> 万物"无生"，何以故？世间现见故，世间眼见初谷不生。何以故？离劫②初谷今谷不可得。若离劫初谷有今谷者，则应有生，而实不尔。是故不生。

> 问曰：若不生则应灭？答曰"不灭"。何以故？世间现见故。

---

① 在《大智度论》、《广破论》、《中论》中都有同样的表述。

② "劫"是"世界周期劫灭"的意思，是一个极大的时间单位。

世间眼见劫初谷不灭。若灭，今不应有谷而实有谷，是故不灭。

问曰：若不灭则应常？答曰"不常"。何以故？世间现见故。世间眼见万物不常。如谷芽时，种则变坏，是故不常。

问曰：若不常则应断？答曰"不断"。何以故？世间现见故，世间眼见万物不断。如从谷有芽，是故不断，若断不应相续。

问曰：若尔者万物是一？答曰"不一"。何以故？世间现见故，世间眼见万物不一，如谷不作芽，芽不作谷，若谷作芽，芽作谷者，应是一，而实不尔，是故不一。

问曰：若不一，则应异？答曰"不异"。何以故？世间现见故。世间眼见万物不异。若异者何故分别谷芽、谷茎、谷叶，不说树芽、树茎、树叶，是故不异。

问曰：若不异，应有来？答曰"无来"。何以故？世间现见故。世间眼见万物不来。如谷子中芽无所从来。若来者，芽应从余处来。如鸟栖树，而实不尔，是故不来。

问曰：若不来应有出？答曰"不出"。世间现见故，世间眼见万物不出。若有出，应见芽从谷出，如蛇从穴出，而实不尔，是故不出。[1]

关于中观派的哲学是否具有辩证法的意义的问题，在学者中间曾引起过一系列的争论，有人认为是唯心主义辩证法，也有人认为是诡辩和不可知论。[2] 恰好恩格斯和客观唯心主义者黑格尔

---

[1] 《中论·观因缘品》卷一，青目释。

[2] 例如谢尔巴斯基说："……或许我们在黑格尔的辩证法和龙树的辩证法之间能发现更大的、亲密的相似性……我们进一步看到（空的）方法的充分运用，这个方法主张：我们只有考虑到了一个对象以及和这个对象相比的、其他的对象，才能正确的给这个对象下定义；排除了这种对比，这个对象就会'缺乏'任何内容；而且两个对立面会合于包括它们自身在内的更高度的境一。一切事实只有作为相互的关系时，我们才能够认识。相对性的普遍法则就是实在所正该意味的东西。这二位哲学家都使我们确信：否定性（空性）是宇宙的灵魂。'否定性就是世界的灵魂'（Negatirität ist die Seel der Welt），把事实世界归复到普遍相对性的领域的话，这就意味着每一个可

对于辩证法规律的说明也都用麦芽和花果作例子①，我现在结合这些例子试作一些分析。

中观派的"中道"是和唯物、唯心的辩证法都不同的，这种不同大致可以归结为如下的几个方面：①我们知道唯物辩证法是根植于客观现实中的，它揭示了自然、社会和人类思维的发展的最一般规律。黑格尔的辩证法中天才地猜到了、不自觉地反映了

认知的东西都是虚假的、暂时的和幻觉的，也意味着实在的世界的结构就是立足于（原文为'依存'）这一事实本身。即使最初显现为终极实在的感觉和感觉的材料（色），我们也会慢慢发现是处于一切关系中的。没有这种关系，感觉和感觉资料显得毫无意义。相对性或者否定性确是宇宙的灵魂。"（《涅槃的概念》第53页）

黑格尔也说："彼佛教徒认作万事万物的普遍原则，究竟目的和最后归宿的'无'，也是同样的抽象体，……〔无〕之最高形式就其为独立的原则而言，可以说是〔自由〕。但这种自由乃是一种否定。因为它深入于它自身之最高限度，自己本身即是一种肯定，甚至即是一绝对的肯定。"（黑格尔：《小逻辑》第203—204页，中文本，生活·读书·新知三联书店，1954。）

① 黑格尔说："花朵开放的时候花蕾消逝，人们会说花蕾是被花朵否定了的，同样地，当结果的时候花朵又被解释为植物的一种虚假的存在形式，而果实是作为植物的真实形式出现而代替花朵的，这些形式不但彼此不同，并且互相排斥互不相容。但是，它们的流动性却使它们同时成为有机统一体的环节，它们在有机统一体中不但不相互抵触，而且彼此都同样是必要的，而正是这种同样的必要性才构成整体的生命。"（黑格尔：《精神现象学》上卷，序言第2页，商务印书馆，1962年。）

恩格斯说："我们以大麦粒为例。亿万颗大麦粒被磨碎、煮熟、酿制，然后被消费。但是，如果这样的一颗大麦粒得到它所需要的正常的条件，落到适宜的土壤里，那么它在热和水分的影响下就发生特有的变化：发芽；而麦粒本身就消失了，被否定了，代替它的是从它生长起来的植物，即麦粒的否定。而这种植物的生命的正常进程是怎样的呢？它生长，开花，结实，最后又产生大麦粒，大麦粒一成熟，植株就渐渐死去，它本身被否定了。作为这一否定的否定的结果，我们又有了原来的大麦粒。"（《反杜林论》，见《马克思恩格斯选集》第3卷，第175—176页。）

客观事物的本身方面。而中观派的"中道"则完全是不以客观事物和科学认识为转移的。它是瑜伽行者在直观或出神状态中所亲证的一种神秘主义的实在。②在辩证法看来，任何客观事物或概念都具有矛盾的两个方面，这两个方面既是互相排斥、对立的，但同时又是互相渗透、依赖的。斗争性既寓于同一性之中，而同一性又包含着斗争性。毛泽东同志说："同一性、统一性、一致性、互相渗透、互相贯通、互相依赖（或依存）、互相联结或互相合作，这些不同的名词都是一个意思，说的是如下两种情形：第一，事物发展过程中的每一种矛盾的两个方面，各以和它对立着的方面为自己存在的前提，双方共处于一个统一体中；第二，矛盾着的双方，依据一定的条件，各向着其相反的方面转化。"①中观派虽然假定事物或概念有着矛盾的两个方面，但他们同时认为这两个方面是"二边的"，既不斗争又不转化。他们不是在事物的自身运动中，亦即在事物的相互渗透、相互联结、相互贯通中求得矛盾的"统一"（空），而是在事物之外，亦即在对立双方之外，求得"统一"。他们的"统一"也就是矛盾的排除。例如他们在谷与芽的例子中不是从谷芽本身的变化，亦即从内在的联系中去解释生灭、常断、一异等现象，而把上述各种现象看作是"一边的"。他们的"统一"（空）就是对生灭矛盾等等的排除。③辩证法认为，事物或概念的内在矛盾、发展，是通过否定的否定规律进行的，否定的过程是正、反、合的两个质变，其发展的形式是螺旋式的。但在中观派看来，否定的过程是通过正、反同时排除的一次质变进行的。④在辩证法看来，统一体分解时，对立双方并非互相抵消为零，变为抽象的无，而是矛盾的双方互相转化或转变到较高的形态，对自己特定内容的否定，同时也包含着对另一种特定内容的肯定，在否定中有肯定，不是否定一切，分解为零。中观派虽然承认否定（遮）是为了肯定（表），但他

---

① 毛泽东：《矛盾论》，《毛泽东选集》合订本第301页。

们肯定的是和否定的特定的内容截然无关的，是特定内容的彻底取消，是归结为无规定性的空，所谓"无得亦无至"①，或者"空亦复空"。

从上面的分析中可以看出：中观派虽然在极抽象的意义上提出了肯定和否定、有无等等范畴，但它的"中道"的原理绝不是辩证法，而是通向诡辩的相对主义。中观派承认矛盾是为了消灭和抹煞矛盾，它承认客观事物和思维的相对的或唯名的实在是为了消灭这些实在。当中观派这个哲学理论被引到社会领域中的时候，那就是要抹煞阶级和阶级斗争，它的社会意义就很明显了。

涅槃—世间

中观派的哲学理论是直接指导他们的宗教和社会实践的，他们从空出发，挖掉了现实世界和彼岸世界（涅槃）的鸿沟，如说："涅槃与世间，无有少分别，世间与涅槃，亦无少分别。涅槃之实际，及与世间际，如是二际者，无毫厘差别。"② 在他们看来，涅槃和世间原是一纸表里的东西（空），它们之所以有差别，主要是由于人们无明的结果。如果消除了无明，否定了世界（相对），也就进入了涅槃。为此他们还规定了五十二位的修行阶段。中观派这个对于涅槃的解释，显然与前期佛教所主张的、以灭绝生死为标志的涅槃有所不同。他们提出这种理论的目的是要为大乘的广泛运动建立一种理论根据，从而把群众引向消极的道路上去，否定自己，否定自己所生存的环境，回避社会斗争。早期中观派的学说反映了印度奴隶制度开始溃替时期的奴隶主阶级的思想动向。它是麻痹人民革命斗争的思想武器，关于这一点，中观派的理论奠基人龙树自己就表白："一切诸法皆自性空者，为依

---

① 《中论·观涅槃品》。

② 同上。

国王教敕而说。"①

（丁）瑜伽行派

（1）瑜伽行派兴起的时代

瑜伽行派蔚为主流的时代大概在公元四至五世纪，这个时代正是印度笈多王朝隆盛的时期。笈多王朝是在推翻贵霜王朝以后建立起来的，它的创业者是旃陀罗笈多（月护王），三传至旃陀罗笈多二世（超日王，380—415年）时，次大陆除南部地区以外尽入笈多的势力范围。超日王比较注意国内生产和水利建设，并且加强国防的力量。因此，经济和文化都有巨大的发展，史学家称这一时期为印度中世的黄金时代，我国著名僧人法显就在这个时期去印度的。

笈多王朝的时代是印度社会从奴隶制过渡到封建制完成时期。当时商品经济虽在城市已有迅速的发展，但农村的原始自然经济仍还占着相当的优势。与此相适应的，在印度社会中盛行着严格的种姓制度，各个种姓各自经营着世袭的职业，互不通婚。下层种姓最受剥削和压迫。法显在《佛国记》中曾写道："首陀罗名为恶人，与人别居，若入城市则击木以自异，人则识而避之，不相唐突。"笈多诸王都崇信湿婆神，但亦放任其他宗教的发展。佛教在这时虽然因婆罗门教的兴隆而受到表面的一些压抑，但在封建贵族、拉阇、大富商中拥有巨大势力。佛教徒上层受到统治者的优渥礼待，过着寄生的剥削生活。法显在同一书中曾说："自佛般泥洹后，诸国王、长者，为众僧起精舍供养，供给田宅、园圃、民户、牛犊、铁券书录后，王王相传，无敢废者，至今不绝。"因之，有更多的人可能去做哲学烦琐的研究了。

（2）瑜伽行派的论师和传承

瑜伽行派（Yogācāra）也叫作唯识派，因为他们强调瑜伽的

---

① 龙树：《十空性论》卷首。

修持方法而得名的。

瑜伽行派的创立者据称是弥勒（Maitreyanātha，约350—430）。在汉译佛经中关于弥勒有着种种荒诞的记载，但经某些学者的考证，他确是一个历史人物[1]。以弥勒命名的著作有：

①《瑜伽师地论》，玄奘译，百卷，另有部分别译。

②《大乘庄严经论》（颂），唐波罗颇蜜多罗译，十三卷。

③《中边分别论》，陈真谛译，二卷。

④《究竟一乘宝性论》，勒那摩提译。

瑜伽行派的系统论述者是无著（无著，Asaṅga，约395—470）以及他的兄弟世亲（婆薮槃豆，Vasubandhu，约400—430）。无著和世亲的生平在汉、藏译佛经虽然有种种传记，但仍不很清楚[2]。他们生于次大陆北部犍陀罗国，属婆罗门种姓。无著初习小乘哲学，后改从大乘，终老于憍赏弥国。他的主要著作有：

①《摄大乘论》，北魏佛陀扇多译，二卷；真谛译，三卷；唐玄奘译，三卷，世亲的注释，隋达磨笈多等译。

②《六门教授习定论》，唐义净译，一卷。

③《顺中论》，北魏瞿昙般若流支译，二卷。

④《金刚般若经论》，隋达磨笈多译，二卷。

⑤《显扬圣教论》唐玄奘译，二〇卷。

⑥《大乘阿毗达磨集论》，唐玄奘译，七卷。

⑦《解深密经释》，藏译。

世亲的思想发展经过了曲折过程，他初学小乘说一切有部，著《俱舍论》，后改学大乘并有所发展。他从一个实在论者变为彻底的唯心主义者，主要著作有：

---

[1] 日本宇井伯寿根据所传弥勒的著作以及其他资料论证弥勒是一个历史人物。详见宇井伯寿《印度哲学研究》第1，第335页。

[2] 可见真谛译《婆薮槃豆法师传》，及玄奘撰《大唐西域记》等。

①《唯识二十论》，玄奘译，一卷；真谛译，一卷；般若流支译，一卷。有梵本。

②《唯识三十颂》，玄奘等译，一卷，有梵本。

③《大乘成业论》，玄奘等译，一卷。

④《大乘百法明门论》，玄奘译，一卷。

⑤《大成五蕴论》，玄奘译，一卷。

⑥《佛性论》，真谛译，四卷。

⑦《止观门论》，义净译，一卷。

⑧对《中边分别论》《摄大乘论》《大乘庄严经论》《六门教授习定论》等的注释。

⑨对《金刚般若经论》《法华经》《无量寿经》《十地经》《宝髻经》《胜思惟梵天所问经》等的注释。

世亲以后，世亲学说的继承者有亲胜（Bandhuśri，410—409）、火辨（Citrabhāṇa，约410—490）二家。较亲胜稍后并发挥亲胜学说的有德慧（Guṇamati，440—520）、安慧（Sthiramati，475—555）二兄弟以及真谛（Paramārtha，499—569）。以上史家称之为前期瑜伽派或无相唯识派（Nirākara jñāna vādinyogācara）。

世亲学说的另一继承者和发挥者是陈那（Dignāga，域龙，约440—520年），陈那特别注意于因明和认识论的研究，他把瑜伽和小乘经量部的学说结合了起来，是后期瑜伽派或有相唯识派（Sākāra jñānavadin yogācara）的先驱者。陈那的主要著作有：

（一）《佛母般若波罗蜜多圆集要义论》，宋施护等译，一卷。

（二）《观所缘论》，玄奘译，一卷。

（三）《掌中论》，义净译，一卷。

（四）《取因假设论》，义净译，一卷。

（五）《因明正理门论》（Nyāyamukha）。

（六）《集量论》（Pramāṇasamuccaya），有藏译。

陈那学说的发挥者是无性（Asvabhāva，470—550年）、护法（Dharmapāla，530—610年）以及法称（Dharmkirti，活动时期

约为 643—673 年）等，法称继承陈那的逻辑理论但也有发展。现将唯识派的大师列表如下①：

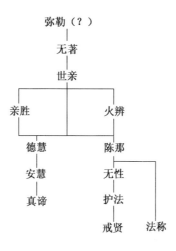

（3）瑜伽行派的哲学理论

瑜伽行派的哲学是典型的经院哲学，它的烦琐是世界哲学史中所罕见的，现在把它的几个主要理论阐述如下：

（一）唯识论

瑜伽行派的哲学是最露骨的唯心主义，他们和中观派一样对客观世界抱着否定的态度，不过在他们的否定中还有所肯定，即肯定思维意识的真实存在，他们断言：世界上一切现象都是由人们的精神总体或作用——识所变现出来的，事物的一切属性——广延性、体积、香味等等都是人们的主观意识。所谓"万法唯识"，"三界唯心"。《唯识三十颂》十七说：

---

①　关于唯识派大师的年代，见日本学者干泻龙祥：《世亲年代再考》。此文编入《宫本还历纪念论文集·印度学佛教论集》第305—323 页，三省堂，昭和 29 年。

是诸识（指下述的八识——引者）转变，分别（主观认识能力）、所分别（客观对象反映到主观上的幻现的表象），由此（指上句所说的意义）彼（自我及一切存在）皆无，故一切唯识。[1]

《唯识二十论》一也说：

内识生时，似外境现（幻现为外面的世界），如有眩见发、蝇等（就像害眩翳病的人见毛发、蝇等），此中都无少分实义。

瑜伽行派对人的主观认识能力或精神作用进行了分析，他们把小乘的六识扩大到了八识，即眼识、耳识、鼻识、舌识、身识、意识、末那识、阿赖耶识，他们认为这八识既是差别的存在，又是统一的整体，宇宙万有都是八识的变现。如果按照它们能变（能动的变现）的性质，可分为下列三类：

1. 前六识——眼识，耳识，舌识，鼻识，身识，意识。前六识的主要职能是起了别（区别）和认识的作用。它们都以各自相应的认识器官（眼、耳、鼻、舌、身、心脏）[2]为其活动的根据，并以相应的、幻现的外境（色、声、香、味、触、法）为其认识的对象。前五识相当于我们所说的感觉，后一识相当于综合感觉的知觉。在瑜伽行派看来，前五识只能了解外界现象的个别方面，而意识却能了别现象的整体方面，它不单能了解和认识现

---

① 玄奘译的《成唯识论》卷七对这个颂作了如下的解释："论曰：是诸识者，谓前所说三能变识及彼心所（指八个识，即眼、耳、鼻、舌、身、意前六转识，第七末那识，第八阿赖耶识以及上述每个识所相关联的心理作用——引者），皆能变似'见'（认识能力的本身）、'相'（认识中出现的幻现的外界对象的形相）二分。立转变名。所变见分，说名'分别'能取'相'故；所变相分，名'所分别'，见所'取'故。由此正理，彼（在'见''相'二分上执着为存在）实我、法，离识所变（见相二分）皆定非有（非存在），离能（认识能力本身）、所取（认识的对象），无别物故，非有实物离二相故。是故一切有为无为若实若假皆不离识。唯言为遮离识实物，非不离心所法等。"（见《大正藏》卷三十一，第38页）

② 旧译"胸中色物"，即心脏。

572

在，也能了解认识过去和将来，意识当其进行活动时，它有时可和前五识在一起，对前五识进行指导和帮助，使前五识所得到的感觉内容更加具体和明确（"五俱意识"）；它有时自己也可进行单独的思维活动，起着单独的认识作用（"独行意识"）。

2. 第七识——末那识（Mano-vijñāna），末那识的职能是起思维度量的作用。末那识以第八识即阿赖耶识的存在为其自己存在的前提，并以第八识为其自己认识的对象，即把第八识所变现的各种现象以及第八识本身经常执为"实我实法"（在瑜伽行派看来第八识本来不是自我和法）。据说当末那识思量我的时候，还伴随有四种根本烦恼或谬误的心理作用，即妄生有我、有法的作用（我见），不明事理的作用（我痴），执著妄生我、法而傲慢自大的作用（我慢），执著自我的心理作用（我爱）。由于它伴随着上述的四种谬误心理作用或根本烦恼，因而使人们永远陷于痛苦和生死轮回。

3. 第八识——阿赖耶识（阿黎耶识，Ālaya-Vijñāna）①，Ālaya 字原有"谷物仓库"的意思。阿赖耶识是前述七识的共同根据和主宰者，也是前七识存在的前提。它的作用据说最大、最细，不能用逻辑范畴或语言所可表述。阿赖耶识（藏识）具有下列三种含义：一、能藏，即阿赖耶识能摄持和保存一切"种子"（bija），亦即摄持和保存"能够生起宇宙万有的一切潜在力"（dharma utpādana sakti）。在瑜伽行派看来，宇宙万有的潜在力或潜在状态（种子）和宇宙万有的显现状态（现行）是互为因果关系的。这种关系是：潜在状态在时机成熟的时候能够生出宇宙万有（"种子生现行"），宇宙万有也可致发（熏习②）新的宇宙万有的潜在状态，（"现行熏种子"）；另外，潜在状态可生出自己

---

① 它的异名有"心"，"阿陀那"（"执恃识"），"所知依"，"种子识"，"阿赖耶"（"藏识"），"异熟识"，"无垢识"，"根本识"，"宅识"等。

② 《成唯识论述记》卷三："熏者发也，或由致也，习者生也，近也数也，即发致果于本识内，令种子生近，令生长故。"（见《大正藏》第 43 册，第 312 页）

的、新的潜在状态（"种子生种子"），显现状态也可生出自己的、新的显现状态（"现行生现行"），这种势如暴流永恒不断的因果变化，也就是"人间苦海"的无限变化过程。二、所藏，即阿赖耶识是一切"种子"，亦即生起宇宙万有潜在力的所藏处。三、我爱执藏，阿赖耶识原非自我而是识的流转，但第七识妄执为常一主宰的自我（灵魂），因此被称为我爱执藏。另外，在联系因果业报中，阿赖耶识也被称为执持识（ādānavijñāna，即执持心身环境的识）或"心"，执持识是无始以来各种生类轮回转生的生命的主宰和维持者，肉体有死亡，但这个识据说是永生的。

唯识行派再进一步对上述各个识的认识作用做了说明。他们认为前六识都有"四分"（四种作用的分限），即"相分"（lakṣana-bhāga，客体或被认识的形相），"见分"（darśara-bhāga，主体亦即认识的能力或作用），"自证分"（Sakṣatkari-bhāga，自己证知鉴定认识能力或作用），"证自证分"（自己再证知、鉴定"自证分"的能力或作用）。"相分"是幻现的外界对象反映在我们认识中的形相，亦即客观对象反映在主观上的表象；"见分"是我们自己对于形相的认识能力或作用；"自证分"是证知鉴定自己如何认识形相的了别作用，亦即上述"见分"、"相分"的自觉作用，所谓"自之证"；"证自证分"是对于上述"自证分"的再证知、鉴定，所谓"自证之证"。"证自证分"是认识能力或作用的最高阶段和全部的总结。瑜伽行派曾用以尺量布的例子来说明这四分的关系。"相分"好比布，"见分"好比尺，"自证分"好比根据尺所量知布的大小，"证自证分"是对于所量布的大小的证实。关于四分的理论在印度瑜伽行派注释家们中曾引起很多的争论，所谓"安难陈护，一二三四"：安慧立"自证一分说"，他主张"见分"和"相分"是虚幻的实在（"遍计无体"），"自证分"才是相对的实在（"依他实体"）；难陀，亲胜，安慧，净月等立"见、相二分说"；陈那，护月，火辨立"见、相、自证三分说"；护法立"四分说"。这些繁琐的争论都是为了同一个目

574

的，即如何更有效地抹去主、客观的分野，彻底消灭客观世界的真实性。在这里也不必烦琐地去分析了。

从以上的分析中可以看出：瑜伽行派的八识是一种虚构的精神作用的体系，在八识中居于主导地位的是阿赖耶识，阿赖耶识是宇宙万有的根源，它既是认识的主体，也是被认识的客体。瑜伽行派的认识作用不是主观对客观事物的认识，而是八个识对于由他们自己所变现出来的认识对象的认识，亦就是认识自体的认识。单就它们的认识作用和过程来说，他们是主观唯心主义者，但就阿赖耶是永恒暴流的种子，它在因果业报中一味相续，阿赖耶不单是人而为众生共有而说，他们是客观唯心主义者。瑜伽行派的阿赖耶说进一步发挥了小乘"不可说的补特伽罗"、"穷生死蕴"、"一味蕴"等等变相的灵魂学说，并且推向了极端，佛教唯心主义到此进入了高峰。

（二）唯识论与唯物论的斗争

瑜伽行派的阿赖耶识理论是在和数论、胜论、顺世论以及佛教的说一切有部等进行意识形态的斗争中产生的①。它的斗争锋芒主要是针对以上各派中的唯物主义因素。《摄大乘论》说："于阿赖耶识中，若愚第一缘起（阿赖耶识中的种子，是宇宙万有生起的原因，所以称'第一缘起'，'愚'是'不悟'的意思。整个句子的大意是：假如不悟阿赖耶识中种子是宇宙万有生起原因的人，便有如下的各种谬误——引者），或有分别自性为因（按指数论），或有分别宿作为因（耆那教），或有分别自在变化为因

---

① 《瑜伽师地论》所反驳的学说有十六种：1. 因中有果论，2. 从缘显了论（主张一切诸法的性或体本有），3. 去来实有论（小乘说一切有部等主张），4. 计我论，5. 计常论，6. 宿作因论，7. 计自在等为作者论，8. 害为正法论（婆罗门的牺牲奉祠论），9. 有边无边论，10. 不死骄乱论（不可知论）11. 无因见论，12. 断见论，13. 空见论，14. 妄计最胜论（婆罗门种姓最高论），15. 妄计清净论（现在涅槃论），16. 妄计吉祥论（按历数祝祠论）。

（婆罗门教），或有分别实我为因（婆罗门教、数论等），或有分别无因无缘（顺世论）；若愚第二缘起（第二缘起指由第一缘起所生的东西，即造业受果方面），复有分别我为作者（婆罗门教），我为受者（数论）。譬如众多生盲士夫（生而目盲的人），未曾见象，复有以象说而示之。彼诸生盲，有触象鼻，有触其牙，有触其足，有触其尾，有触其脊梁。诸有问言：象为何相？或有说言，象如犁柄，或说如杵，或说如箕，或说如皿，或说如帚，或有说言，象如石山，若不解了此二缘起，无明（无知）生盲，亦复如是。"

瑜伽行派的唯心主义在和唯物主义的斗争中竭尽心思地否认物质世界的真实性，特别是原子的客观存在及其运动。《唯识二十论》曾记述当时瑜伽行派和有唯物因素倾向的说一切有部、胜论等驳难的情形。瑜伽行派的敌人在反驳唯识无境中提出了下面四个难点：一、如果只有识而没有外界真实对象的话，那么，我们对于特定地点的对象的认识和了别就不可能成立，因为对于一个特定地点的对象的认识势必成为对于一切地点的对象的认识（"定处不应成"①）；二、同样，对于特定时间的对象的认识也势必成为对于一切时间的对象的认识（"定时不应成"）；三、如果外界的对象都是由识转变的话，那么，多数人或不同的人在同一时间、同一地点对于某一对象的认识和了别势必发生不同的结果，亦即生起不同形相的识，这与唯识论的主张和经验事实都是不符的（"不定相续不应成"）；四、如果外界的对象都由识转变的话，那么这些由识转变的对象在性能或作用上将会是一样的，但事实上是不一样的，例如幻梦中的穿衣吃饭和在醒时实际生活中的穿衣吃饭是不一样的。梦中所见的和醒时所见的猛虎的作用也不是一样的，（"作用不应成"）。瑜伽行派针对上述的论点又进行了论驳。他们认为上述第一、二、四几个论点可用做梦的例子

---

① 《唯识二十论》第二颂，玄奘译。

576

来加以回答。梦境虽然人们多承认是不实而且是没有的，但是睡梦中的人仍能看到特定处、时而非一般处、时的对象。例如可以看到具体的村园男女等等。另外，从梦中看到猛虎相扑、男女交合因而骇惊以及流出冷汗、精液等等事实，也可说明即使没有真实的东西同样能发生作用（"处、时定如梦，如梦损有用"[1]）。至于上述三、四的论点亦可用饿鬼见脓河的例子来回答。脓河人们多知道是不实的，可是当一群群的饿鬼被饥渴逼迫聚集到有河水的地方时，由于他们的恶业应该得到恶果是相同的，因而便共同看见了有充满脓血的大河，而不是一个饿鬼能看见，别的饿鬼便看不见（"身不定如鬼，同见脓河等"）。从以上的回答中可以看出瑜伽行派的反驳纯然是一种诡辩和宗教的胡诌。其中稍堪注意的是第三个论点。我们知道，梦中的心理活动主要是大脑皮质孤立的兴奋点的活动的结果，这些活动是与过去的感觉相联系着的，它不能被证明是和外界完全无关的。

瑜伽行派对原子论也进行了反驳，他们反驳的主要论点在《成唯识论》卷一中有一段很好概括的话，现摘引如下：

> 彼有对色定非实有，能成极微非实有故。谓诸极微若有质碍，应如瓶等是假非实；若无质碍，应如非色，如何可集成衣瓶等？又诸极微若有方分，必可分析，便非实有；若无方分，则如非色，云何和合成光发影？日轮才举照柱（日暑）等时，东西二面光、影各现，承光发影处既不同，所执极微定有方分！又如见触壁等物时，唯得此边，不得彼分，既和合物既诸极微，故此极微必有方分。又诸极微随所住处，必有上下四方差别；不尔：便无共和集义；或相涉入，应不成粗。由此极微定有方分。执有对色即诸极微，若无方分，应无障隔；若尔：便非障碍、有对。是故汝等所执极微，必有方分，有方分故，便可分析，定非实有！故有对色，实有不成。

---

① 《唯识二十论》第三颂，玄奘译。

瑜伽行派反对原子论的手法首先是否认原子存在于三度空间之中，从而再否认原子的客观实在性和物质性，《唯识二十论》第十二颂说：

> 极微与六合，一应成六分，若与六同处，聚应如极微。

这个颂可解释如下："凡是有质体的东西，那就需要占空间，凡是占空间的东西，那它就得有面对四方上下的六个部分而与六方相应合。〔极微〕既是有质体的色法，那它自然要占空间，也自然要〔与六〕方相应〔合〕。那末，与东面相应合的极微，并不就是西面的；同样地，与西面相合的，也不就是东面的。南、北、上、下也都是这样。就如写字台的前面不是后面，上面不是下面一样。这样，那末〔一〕个极微就〔应〕该〔成〕为〔六〕个部〔分〕，就如写字台有四方上下的六面一样。如果极微真有六分，那还能称为极微吗？假〔若〕说：极微不占空间而〔与六〕方〔同处〕，就是说：假若以为极微是微小之极，所以不占空间而能与它周围（也就是六方）的极微浑然同处而分不出六方，所以也就不必有六分。那末，由此极微组合成的粗大的〔聚〕色物体，也〔应〕该〔如极微〕一样而不占空间，那末根本就没有六方之可言！

如果说：极微是最极微细的，没有〔方分〕，也没有相〔合〕义，到了聚色而成物体阶段，它是粗大的，有〔方分〕才有六分相〔合〕的意义。这样说吗？讲不通！"[①]。

我们知道：空间是物质存在的形式，物质是和空间不可分的，作为物质微粒的原子也是和空间不能分开的。列宁曾指出："自然科学毫不怀疑它所研究的物质只存在于三维空间中，因而

---

① 时三：《唯识二十论颂释》（续3），载《现代佛学》1954年，第10期，第10页，引者作了个别字的修改。

这个物质的粒子虽然小到我们不能看见，也'必定'存在于那个三维空间，中。"[1] 现代科学也证明一个原子在空间中的直距为 10^{-8} cm（一亿分之一厘米）但是在瑜伽行派看来，原子是不能感觉到的，绝对不能再分割的（他们抓住了旧唯物论的形而上学[2] 每个原子是不能具有空间三度性的），如果原子存在于空间三度性之中，原子有了分割，就不复成为原子，因而也没有由原子结合而成的一切物质现象（聚色）。他们企图否认原子在空间中的位置，从而否认原子的客观实在性，再进而否认物理世界的一切，这是一种诡辩。

瑜伽行派对中观派的虚无主义也作了批判，《瑜伽师地论·真实义品》说："云何名为恶取空者（durgṛhita śunyata，不正确的理解空者—引者）？谓有沙门或婆罗门，由彼故空，亦不信受；由此而空，亦不信受；如是名为恶取空者。何以故？由彼故空，彼实是无；于此而空，此实是有；由此道理，可说为空。如说一切都无有，何处、何者、何故名空？亦不应言，由此、于此，即说为空，是故名为恶取空者。"[3] 瑜伽行派不满意中观派的实是中观派否定的太多了，连作为佛教基础的佛法也否定了，这对佛教徒的修持会失去目标和信心。另外，空宗对外间世界的来源没有做出理论上的说明，这个漏洞还需要作弥补。我们从一种唯心主义反对另一种唯心主义的斗争中，也可以看出他们共有的破绽，这对唯物主义是有利的。

（三）三性论

瑜伽行派从境无识有的立场出发对宇宙万有的本性进行了考

---

[1]　列宁：《唯物主义和经验批判主义》，《列宁选集》第 2 卷，第 182 页。

[2]　十九世纪九十年代电子及放射性元素的发现，攻破了原子不可分的观点，三十多种微观"粒子"及其相互作用的发现，进一步攻破了所谓基本粒子不可再分的学说。

[3]　关于"恶取空者"有人指中观派清辩，也有人指较早的时候在南印度流行的"大空派"，其说不一。

察，他们提出了三性、三无性的学说。

他们认为从存在或有的方面看，宇宙万有可分析为三性：遍计所执性（妄有性，Parikalpitā-laksana）、依他起性（假有性，Paratantra-laksana）、圆成实性（实有性，Parinispanna-laksana）。

A. 遍计所执性是一种虚妄的实在。瑜伽行派认为：一切事物本来不是实在的，但有人却周遍计度（从各个方面思度）为实在，但这种实在只是一种主观的迷妄，为了方便而附与的名称。例如绳子本来不是蛇，但有人妄执为蛇。

B. 依他起性是一种相对的实在。它是由因缘或条件引起的，而实非永恒的存在。例如房屋是依砖、瓦等所聚合而成，离开砖、瓦等就无房屋。瑜伽行派也承认因缘，但他们和小乘作了完全不同的解释，在他们看来，因缘只不过是"识的流转"，亦即在人们心中前一观念和后一观念刹那生灭的因果关系。

C. 圆成实性是一种绝对的实在，它不借因缘或条件，而由自身并在自身中存在着的一种实在，这种实在最圆满和最真实，是由无上智慧的人通过神秘的直觉，即通过瑜伽所亲证所得到的。圆成实性也就是"真如佛性"。《瑜伽师地论》卷七十三释："云何圆成实自性？谓诸法真如。圣智所行，圣智境界，圣智所缘。"

从非存在或无的方面看，宇宙万有可分析为三无性：相无性（laksana）、生无性（jati）、胜义无性（Paramārtha）。所谓相无性是说没有实体，没有属性，一切体性都无；生无性是说没有生，没有自然所有之性，非有似有。一切犹如幻象；胜义无性是说，远离妄执的我和一切事物，无相空寂，一切清静。三无性是相对于三性而说的。

三性、三无性学说是瑜伽行派对于宇宙万有实相的说明，这种说明也涉及他们对人生观的看法，瑜伽行派对于世界不惮烦琐的分析，目的是要想证明这个现实世界是充满痛苦和虚妄不实的，从而使人们逃避社会斗争，在彼岸世界中获得慰藉。瑜伽行派的"真如实性"① 充分暴露了他们的真实的社会意图。

（四）五位百法

关于宇宙万有的分类。《瑜伽师地论》作六百五十法，《百法明门论》、《五蕴论》等作五位百法。百法是在改造说一切有部《俱舍论》七十五法的基础上建立起来的，说一切有部的七十五分还带有某种程度的二元论倾向，但瑜伽行派在改造中已把心、物颠倒过来，作了"万法唯识"的唯心主义解释，现将他们的分类列表说明，见第 583 页。

瑜伽行派分析上述百法的目的是想要破除客观世界的物质基础，论证一切现象都是由人识所变现出来的，从而为宗教解脱铺平道路。在他们看来，不论色法、心法、心所有法、不相应行法都是有变化生灭的，因而也都是不真实的，只有无为法才是最真实、最圆满的，它是无限的本体，最高的真理。

（五）五性各别说

关于佛性问题在前述的小乘部派佛教中已有争论。但在大乘兴起以后就成为佛法的中心问题了。在大乘的经典中，我们明显地可以看出二种对立的说法。一种主张一切众生悉有佛性，都能成佛，例如《法华经·方便品》说："十方佛土中，唯有一乘法，无二亦无三"，"若有闻法者，无有不成佛。"另一种主张非一切有情都有佛性，有一部分人，由于他们的根器，即使勤修苦练也不能成佛。例如《解深密经·无自性相品》说："非于一切有情界中，无有种种有情种性，或纯根性，或中根性，或利根性有情差别。善男子，若一向趣寂声闻种性补特伽罗。虽蒙诸佛施设种

---

① "真如"的意思是"常如其性故"。

种勇猛，加行方便化导，终不能令当坐道场证得阿耨多罗三藐三菩提（无上正觉，Anuttarasamyaksambodhi，佛教最高的理想）。何以故？由彼本来唯有下劣种性故……"这两种说法虽然在大乘各期佛经中都有所反映，但如果我们细细分析的话，可以看出：大乘初期出现的经典如华严经典、法华经典、净土经典等一般都着重说前一种主张（般若经典有异）；大乘中期的经典，如《解深密经》、《瑜伽师地论》、《显扬论》、《楞伽经》、《胜鬘经》①等一般都着重说后一种主张；另外，在印度婆罗门教老根据地（种姓制度盛行的地区）流行的佛教一般都着重说后一种主张。大乘佛教的这两种主张都是印度封建统治阶级为了巩固自己的统治，用以欺骗和麻痹人民的手段。封建阶级在初期反对奴隶主的斗争中，为了获得人民的支持和同情，他们提出了虚伪的"人人成佛"的号召。但当他们力量日益巩固，封建制度扎下根来的时期，便不惜撕下"平等"的面具，公开主张"种性各别"了。

瑜伽行派主后一说。他们把一切众生分为五类：一为"声闻种性"，二为"独觉种性"，三为"如来种性"，四为"不定种性"，五为"无性有情"（"无有出世功德种性"）。所谓种性（gotra）也就是前述的阿赖耶识中所具有种子②。瑜伽行派认为，这五性由于它们本身所具有的无漏种子（没有烦恼所污，可以获得解脱的种子）和有漏种子（为烦恼所污，束缚限制，不能解脱的种子）的不同而修持所得的结果也是不同的。第一声闻种性可以修证阿罗汉；第二独觉种姓可修证辟支佛（Pralyeka-buddha，即

---

① 参见唐译《解深密经》卷二（见《大正藏》卷十六，第695页）。《楞伽经》卷二（十卷本），《显扬圣教论》卷二十，《大乘庄严经论》卷一，《摄大乘论》卷一（三卷本），《瑜伽师地论》卷二十一，三十五，六十七—九十一。

② 《成唯识论》卷九对种姓曾作过这样的解释："何谓大乘种姓，一本性住种性，谓无始以来依附本识（阿赖耶识——引者）、法尔（法本身所具有的——引者）所得无漏法因（至善种子）；二习所成种姓，谓闻法界等流法已，闻所成等熏习所成。"

582

五位百法《大乘百法明门论》①

心法（精神现象）	心所有法（心的随属现象或作用）	
1. 眼识	**A**	25. 精进（努力）
2. 耳识	遍行（普遍都有）	26. 轻安（心情舒适）
3. 鼻识	9. 触（感触）	27. 不放逸（不断努力）
4. 舌识	10. 受（感觉）	28. 舍（心情放松）
5. 身识	11. 思（思想）	29. 不害（不杀，非暴力）
6. 意识	12. 想（观念）	**D**
7. 末那识（染污识）	13. 作意（意愿）	烦恼
8. 阿赖耶识（根本识）	**B**	30. 贪（贪求）
	别境（特殊境遇而有）	31. 瞋（仇恨）
	14. 欲（欲望）	32. 痴（愚昧）
	15. 胜解（认为）	33. 慢（傲慢）
	16. 念（记忆）	34. 疑（犹豫不决）
	17. 定（专注一心）	35. 恶见（错误见解）
	18. 慧（智慧）	**E**
	C	随烦恼（从烦恼派生的）
	善（善的心理活动）	36. 忿（怒）
	19. 信（信念）	37. 恨（仇恨）
	20. 惭（惭愧对自己而言）	38. 复（掩饰错误）
	21. 愧（惭愧对别人而言）	39. 恼（狠戾）
	22. 无贪（不贪求）	40. 嫉（忌妒）
	23. 无瞋（不仇恨）	41. 悭
	24. 无痴（不愚昧）	42. 诳

---

① 参见任继愈：《汉唐佛教思想论集》，人民出版社 1973 年版，第 210—213 页。

五位百法《大乘百法明门论》

心法（精神现象）　　　　心所有法（心的随属现象或作用）

43. 诌

44. 害

45. 侨（骄傲）

46. 无惭（对自己的不知惭愧）

47. 无愧（对别人的不知惭愧）

48. 掉举（心不平静）

49. 惛沉（懵懂）

50. 不信

51. 懈怠

52. 放逸

53. 失念（不记忆）

54. 散乱（放逸的加重）

55. 不正知（荒谬的知解）

F

不定

56. 悔（懊悔）

57. 随眠（睡梦）

58. 寻（寻求）

59. 伺（深度的寻求）

五位百法《大乘百法明门论》

色法（物质现象）

60. 眼

61. 耳

62. 鼻

63. 舌

64. 身

65. 色

66. 声

67. 香

68. 味

69. 触

70. 法处所摄色（意识的客体）

a. 极略色（最小的原子）

b. 极回色（最远的原子）

c. 受所引色（感觉所引起的色）

d. 遍计所起色（刹那安有的色）

e. 定所生自在色（在禅定中所生的色）

不相应行法（非精神、非物质的现象）

71. 得（成就）

72. 命根（即众生在一生全部活动过程）

73. 众同分（众生各各自类相似的一些活动）

74. 异生法（或异生性形成众生不同，种类本性）

75. 无想定（坚持不去思想外界，使心不动）

76. 灭尽定（用力使思想不活动的一种心理状态）

77. 无想果（无相定所追求的精神境界）

78. 名身（两个以上的音节合集而成的概念）

79. 句身（两个以上的句子的合集）

80. 文身（两个以上的字母合集）

81. 生

82. 老

83. 住（暂时停止）

84. 无常（刹那生灭）

85. 流转（变化）

86. 定异（区别）

87. 相应（因果的联系）

88. 势速（速度）

89. 次第（继续）

90. 方（空间）

91. 时（时间）

92. 数（数量）

93. 和合（全部，总体）

94. 不和合（分解）

无为法（不生不灭的现象）

95. 虚空无为（认识真理犹如虚空的境界）

96. 择灭无为（得到至善的智慧的精神境界）

97. 非择灭无为（通过神秘的直观得到真理的境界）

98. 不动灭无为（通过深思静虑，不为苦乐所动的境界）

99. 想受灭无为（灭断一切观念、感觉，以直观显现真理的境界）

100. 真如无为（得到真理的精神境界）

独觉，观悟十二因缘两修成的佛，在大乘看来这是独善自身而不拯救众生的佛）。以上两种性仅能成菩萨而不能成佛。第三如来种性因具有证佛果的无漏种子，可以成如来佛；第四不定种性的证果很不肯定，它或者能够修证为阿罗汉、辟支佛，或者能修证为菩萨；第五无性有情，因它只具有有漏种子，要受轮回业报的限制，即使苦心修持，也不能成为阿罗汉、菩萨等。以上是瑜伽行派的"五性各别说"。瑜伽行派的"五性"是印度封建社会等级亦即种姓在佛国中的反映，声闻、触觉、如来种姓是世俗的婆罗门、刹帝利等等的写照，无性有情是受压迫的首陀罗、旃陀罗的写照，中性有情（不定种姓）则是反映了当时统治种姓内部分化的情形。他们提出这种理论的目的，无非是要论证封建的等级制度是神圣的、先天而有的，统治阶级的奴役和压迫是合理的，被剥削被奴役的群众的地位由于他们固有的业力是永世不能改变的。

从以上种种理论中可以看出，瑜伽行派是直接为印度的封建统治阶级辩护的宗教哲学。

五、密教的兴起和佛教的衰亡

（甲）密教兴起的时代

印度佛教最后一个时期是密教流行时期。密教是佛教和婆罗门教——印度教相结合的一种形态。它以高度组织化了的咒术、仪礼、俗信为其特征。印度的咒术是一种古老的、流行在民间的原始信仰。这种原始信仰，我们约在公元前第二千纪至一千纪之交前所形成的《阿闼婆吠陀》中已有记载，佛陀在创立佛教时对于这些咒术密法采取排斥的态度。他甚至规定他的弟子实行咒术就算违犯了佛戒，但是他的这种态度并没有被他的后继者所遵守。在部派佛教及早期大乘佛教中，我们都可以看到咒术仪式的采用，不过这些咒术仪式还是附属的东西。

密教成为独立的思想体系究竟在什么时候，在目前学者中还有着不同的看法。但一般认为大乘佛教在六到七世纪以后就开始密教化了，八世纪初密教在印度佛教中已取得主导的地位。密教盛行的地点在德干高原、西南印度、南印度一带，这是印度教流行的中心地区，它曾获得孟加拉波罗王朝等等的奖励。波罗王朝的君主达磨波罗（Dharmapāla，769—815 年）在恒河南岸所支持的超戒大学（Vikramaśila）是当时密教的学术中心。密教在西南印度的兴起是和当时的政治经济的急剧变化有着重要的关系。在八九世纪以后，印度的封建生产关系已经发展缓慢。当时西南印度一带在政治上分立为若干个小国家，专制主义的统治极为残酷。在经济上，由于前些时候西罗马的灭亡，同时由于阿拉伯人的入侵，西海岸重要商港、城市相继遭到破坏或毁灭，致使印度的国外贸易和商业资本一落千丈，商业的衰落反过来又进一步加深了农村经济的封锁和孤立。另外，密教的兴起也和当时印度新婆罗门教运动或富烂那宗教运动的发生有着密切关系。密教是大乘佛教和印度教相妥协的产物。

密教的根本经典有"六经三论"①，其中主要的是《大日经》和《金刚顶经》。

---

① 六经是：

(1)《金刚顶经》（《金刚顶一切如来真实摄大乘现证大教王经》），三卷，不空译。

(2)《大日经》（《大毗卢遮那成佛神变加持经》），七卷，善无畏译。

(3)《金刚顶五秘密经》（《金刚顶五秘密修行念诵仪轨》），一卷，不空译。

(4)《瑜祇经》（《金刚峰楼阁一切瑜伽瑜祇经》），一卷，金刚智译。

(5)《圣位经》（《略述金刚顶瑜伽分别圣位修证法门》），一卷，不空译。

(6)《楞伽经》，十卷，菩提流支译。

三论是：

(1)《菩提心论》（《金刚顶瑜伽中发阿耨多罗三藐三菩提心论》），一卷，龙树造，不空译。

(2)《释摩诃衍论》，十卷，龙树造，筏提摩多译。

(3)《大智度论》，百卷，龙树造，罗什译。

（乙）密教的哲学思想

密教的哲学思想是为它的宗教实践服务的。密教首先认为宇宙的本体是和森罗万象二而为一的。如果离开了本体也就无所谓现象，离开了现象也就无所谓本体（"当相而道，即事而真"）。宇宙的本体和现象都是由六大，亦即是由六种原素（地、水、风、火、空、识）所成立的。六大或六界的学说我们在原始佛教中已看到，但原始佛教和密教不同的是：前者只承认六种原素是一种随缘而起、刹那生灭的现象，而不承其为本体的存在，但后者则都加以承认。

密教把六大分为"随缘六大"（随缘而起的六种原素）和"法尔六大"（本来具有的六种原素）。"法尔六大"是一种本体的或绝对的实在，这种六大有着相应的属性（性德）和作用（业用）。地性坚，起着保护万物的作用；水性湿，起着摄受万物的作用，火性煖，起着促使万物成熟的作用；风性动，起着长养万物的作用；空性无碍，起着不使障碍的作用；识性了别，起着决断或判断一切的作用。在密教看来，这六种属性和作用也就是宇宙万有的本性和根本作用："随缘六大"是假托于"法尔六大"而存在的一种相对的、现象的实在，它是随缘（因果关系）显现为现实的东西，这种现实的东西据说由于它和我们的业烦恼相伴随，因而可以被我们的感官所认识（"法尔六大"因没有了业烦恼，我们的感官就不再能认识）。"法尔六大"与"随缘六大"的关系是能生（jāti）和所生（jātya）的关系。它好比月与月光的关系，离开了"法尔六大"就没有"随缘六大"，离开了"随缘六大"也就没有"法尔六大"。密宗的哲学思想是为它的宗教思想作论证的，它认为作为宇宙的本体或现象的六大法体，也就是"六大法身"（佛的真身）。"六大法身"综合十界、六凡（地狱、饿鬼、畜生、修罗、人、天）、四圣（声闻、独觉、菩萨、佛）。总之，宇宙一切无一不是"六大法身"的各别显现。这样，哲学的思辨也就进入了神学的天国。

关于密宗的哲学理论，日本高神觉升在其所著的《密教概论》一书中曾把它和斯宾诺莎（Spinoza，1632—1677）的泛神论相比。高神认为密宗的"法尔六大"可借斯宾诺莎的"本生的自然"（Natura naturans）来加以表示，"随缘六大"可借"从生的自然"（natura naturata）来加以表示。斯宾诺莎把自然分为本生和从生，实在（实体本身）和现象正像密宗把六大分为法尔和随缘，能生和所生一样①。我觉得这种类比是形式的、主观的。我们知道斯宾诺莎的泛神论是一种"神学的唯物主义"（费尔巴哈语），是一种不彻底的无神论，他的神或实体诚如马克思所说是"形而上学地改装了的、脱离人的自然"。神实质上就是自然，神的属性实质上也就是自然的属性，为此，斯宾诺莎竭力反对当时神学家所主张的神有无限的智慧和绝对的意志。但密宗认为具有属性和作用的"法尔六大"，亦即诸佛菩萨的体性，它是瑜伽行者在直观或出神状态中所亲证，而不以实际经验或具体事物为转移的一种神秘主义的东西。另外，斯宾诺莎认为"本生的自然"和"从生的自然"在自然的基础上是统一的，它们都是真真实实的存在。"本生的自然"是实体自身，"从生的自然"是样态或现象的世界。但密宗认为"随缘六大"是假托于'法尔六大'的一种相对的、随缘而起的实在（关系），在大乘佛家的词汇中相对的或因缘的实在也就是不真实的存在。密教在它的思想体系中撮取地、水、风、火等等一些唯物主义的原素，但给予唯心主义的解释。其目的是要想论证由地、水、风、火等原素所组成的万物都是诸佛菩萨的化身，有着诸佛菩萨的灵性，这实质上是一种万物有灵论的观点。密宗这种歪曲和取消唯物主义的手法是当时印度宗教唯心主义的共同手法。这在与密宗同时或稍后的后期数论或胜论中，我们也同样可以看到。

---

① 高神觉升：《密教概论》增订本，第70页，第一书房。

密教维护封建专制的统治，竭力宣传"四恩说"[1]（父母之恩、国王之恩、众生之恩、三宝之恩），四恩中的国王之恩乃是它的阶级性格的鲜明表现。

密教的实践因不属于哲学史研究的范围，这里从略了。

（丙）佛教衰落的原因

佛教在印度流行了一千五百多年，在十世纪开始急剧的衰落，到十三世纪溃灭。关于佛教衰落的原因在外国学者中间曾进行过不少的探讨，他们的结论有时也说明了某些现象，但一般由于没有和佛教衰亡的社会历史条件联系起来考察，因而往往是片面的、不科学的。例如印度恩·杜特（E. Dutt）把佛教衰亡的原因归结为：（1）僧伽的超然地位；（2）佛教不干涉社会习俗的态度；（3）比丘们学问的退堕；（4）密宗的兴起[2]。英国汤姆士(E. J. Thomas）也说："僧伽的消失就意味着佛教的完结。"[3] 又如拉特克里希南说："对于道德的笃信是佛教力量的秘密；对于人性神秘方面的忽视是促使它失败的原因。"[4] 杜特和汤姆士把佛教的衰落完全归结为佛教本身的原因，这是一种极为片面的看祛。至于拉特克里希南把佛教失败归因于人性的神秘则纯然是主观的假定了。

由于佛教衰亡的很多历史事实资料还很缺乏，印度封建社会的分期和特点还不清楚，同时，用马克思主义观点研究佛教史还刚刚开始，因此目前要对佛教衰亡的原因做出一个科学的分析有很多困难，这也不是本文作者所可勉强做的，现将促使佛教衰亡的一些表面现象试作分析如下：

---

① 参见《心地观经》，此经在唐高宗时，锡兰国王就已送给我国。

② 恩·杜特：《佛教在印度的兴起和衰落》，李晓明译，载《现代佛学》，1956年9月号。

③ 爱·汤姆士：《佛教思想史》第247页，伦敦出版公司出版，1933。

④ 拉特克里希南：《印度哲学》第1卷，第608页，英国麦克米伦公司，1951年。

佛教的衰亡有着内在和外在的原因：

上几章中已阐明：印度佛教的兴起和衰落都是适应印度社会经济的变化，并且是为统治阶级的政策服务的。释迦牟尼创立的佛教主要是适应印度部落奴隶制社会向大国奴隶制社会过渡，刹帝利反对婆罗门的政治和思想斗争的需要；部派佛教主要是适应奴隶占有制的全面巩固，专制主义的确立，特别是为阿育王继黩武政策以后的怀柔政策服务的；大乘空宗是在印度奴隶制开始崩溃的过程中出现的；瑜伽行派则是为巩固封建种姓制度服务的。佛教唯心主义哲学到印度封建制全面巩固时期，亦即超日王朝时发展到了顶峰，嗣后进入了烦琐的注释以及玄想清谈的道路，成为少数封建僧侣上层分子和知识分子所玩弄的概念游戏，人民反对它。大乘佛教所宣传的一套欺骗人民的说教（非暴力等等）对于政治上统一的帝国的统治阶级还感觉有一定的需要，但在超日王以后，印度封建经济开始停滞，政治上分立为若干小国，日以兵戈相见的时候，便显得不相适应了（在公元九世纪至十二世纪，南北印度分裂为几十个小国，藩侯称雄割据，内战频仍），因而又有了密教的兴起。密教是大乘瑜伽行派烦琐理论形式上的一种反动，它的理论基础极为薄弱，一经非佛教理论家的攻击，便显出了破绽，其末流所趋的左道密教又迷信、淫秽不堪，甚至发展到对鬼神、生殖器形相等崇拜，以"五露"（尿、屎、骨髓、男精、女阴），"五肉"（狗、牛、马、象、人肉）为供奉，等等。这样的宗教当然会被群众识破和唾弃了。

此外，佛教的衰落和僧团的日益腐化堕落也有着一定的关系。释迦立僧团，原是为了实施他的宗教主张的一种组织措施。他规定了各种必须遵守的戒律，例如要过清贫知足的生活，不许畜私有财产等等，但是这种规定随着社会经济的发展，在小乘佛教中已流于形式以至变质了。到了大乘佛教时期，佛教僧团在国王的庇护以及贵族、大商人的支持下，拥有大量的土地房屋经卷，实行放债收息。佛教僧侣个人也积累了私有财产，过着"破戒无惭"的生活。寺院经济在当时成为封建经济的一个重要组成部分，并且是统治阶级内部争夺的重要标志。例如在五世纪中叶扩建起来的、玄奘曾留过学的那烂陀寺就拥有无数的房屋器皿以及附近的大片村舍庄园，义净描述它是"金宝莹饰，实成稀有"，僧众万人过着十分奢侈的生活。这个寺一直为非佛教徒统治者所垂涎，在十二世纪曾为崇信毗湿奴教的孙族（Sen）土王及相信伊斯兰教的突厥侵入者所掠夺一空。又如在八世纪前后建造起来的超戒大学拥有一○七座寺院、六所研究院，并藏有无数的财宝、文物。1203 年中亚伊斯兰教军进入恒河流域时，这个寺首先就是攻击和掠夺的目标。佛教寺院经济的破坏，物质条件的丧失，以及僧团的日益腐化堕落也是佛教衰亡的一个内部的原因。

印度自笈多王朝以后，婆罗门教——印度教获得了巨大的发展，这些教与种姓制度相结合，在当时政治和社会生活中有着极为深厚的影响。新的婆罗门教对佛教采取了压迫和同化等等不同策略。例如印度教著名的理论家商羯罗、鸠摩哩罗在建立他们的理论体系时都曾摄取过佛教的某些理论原则，但同时又对佛教的其他理论进行了猛烈的攻击。在印度教以及其他宗教的种种攻击下，佛教也就日益失去了它的特点和社会影响。印度佛教最后一个阶段的密教是大乘佛教和印度教、印度民间的信仰妥协的产物，它的兴起使二者之间的鸿沟变得更加狭窄，最后终于使佛教融合在新婆罗门教或印度教中。佛陀被宣布为印度教神祇中第九位化身，佛教的寺院也改为印度教的庙宇（如浦里的世主寺等）。

在中亚伊斯兰教诸王侵入印度时期中（约八世纪至十三世纪，主要是后二世纪），佛教受到了致命的攻击。崇奉伊斯兰教的诸王如伽色尼（Ghazni），阿拉乌定（Ala-ud-din），图谷拉（Jughlak）及帖木尔（Jimur）等等，都认为佛教对于他们的军事封建贵族政权有损害，同时从宗教偏见出发（认为杀害异教徒及偶像崇拜者对于自己的宗教有功绩），对于佛教徒采取了无情的镇压政策，大量的僧众被残杀，其幸存者亦被强制改信为伊斯兰教徒，佛教的寺院及文物几乎全部受到破坏。1203 年，伊斯兰教军的将军伊伽蒂耶乌定（lktiyārud-din））平定孟加拉地方，超戒大学遭到破坏后，佛教在印度也就全面溃灭了。

印度的佛教虽然在十三世纪初就消亡了，但佛教的各种学说在亚洲其他各国仍在发生影响。当然这些国家接受和传播佛教都是由它们的社会原因，是由其社会政治、经济发展需要所决定的。

十九世纪后半叶，印度的佛教徒也和其他教徒一样掀起了复兴运动，他们修复了佛教圣地，组织了"大菩提会"，创立了佛教大学和研究机构，出版了巴利文三藏，并且组织了纪念释迦牟尼涅槃二千五百年的隆重大会和各种国际性的佛教会议。另外，在印度的低种姓中发起了改信佛教的运动，组织了政党，参加佛教的大都是"不可接触者"，但是他们在印度政治社会生活中所起的作用并不大。

索　引

（按笔画顺序排列，带＊号者有专章、节）

人名索引

名词索引

601